AF187680

Clara Hermans

Lebe wohl, Italien !

Raymund meinen herzlichen Dank

Clara Hermans

Lebe wohl, Italien !

Goethes Reise in die Schweiz 1797

Klassizismus im Selbstversuch - eine Fußnote zu Goethes Leben

BoD

Bibliographische Information der Deutschen Nationalbibliothek: Die
Deutsche Nationalbibliothek verzeichnet diese Publikation in der
Deutschen Nationalbibliographie; detaillierte bibliographische Daten sind
im Internet über http://dnb.d-nb.de abrufbar.

© 2009 Clara Hermans
Herstellung und Verlag: Books on Demand GmbH, Norderstedt
Umschlaggestaltung mit Hilfe von scribus unter Verwendung einer
Darstellung Goethes von Angelika Kauffmann von 1787
Layout mit Hilfe von LyX und LaTeX
ISBN 9783744887021

MIX
Papier aus verantwortungsvollen Quellen
Paper from responsible sources
FSC® C105338
FSC
www.fsc.org

Inhaltsverzeichnis

Einleitung

Von jeher ist Goethes "Reise in die Schweiz 1797" ein Stiefkind der Literatur. Auch Goethe selber hat, was er dem mitreisenden Schreiber Geist damals an Ort und Stelle ins Tagebuch diktierte, jahrzehntelang in seinem Archiv vergraben - und vielleicht seit 1797 niemals wieder auch nur eines Blickes gewürdigt - bis er 26 Jahre später, 1823, seinem neuen Gehilfen Eckermann die Hinterlassenschaft seiner Schweizerreise [1] zum Redigieren der Texte für die Aufnahme in seine Gesammelten Werke übergab: "Sie werden sehen, es ist alles nur so hingeschrieben, wie es der Augenblick gab; an einen Plan und eine künstlerische Ründung ist dabei gar nicht gedacht, es ist, als wenn man einen Eimer Wasser ausgießt."[2] Für Eckermann war eine solche Aufgabe, seine allererste, eine hohe Auszeichnung, möglicherweise auch eine Talentprobe? Außer drei Heften mit Niederschriften enthielt das Konvolut auch alles, was Goethe 1797 auf der Reise gesammelt und nach Weimar mitgebracht hatte; nach seinen Worten

"alle Arten von öffentlichen Papieren: Zeitungen, Wochenblätter,

---

[1] Am 25.Oktober 1823 schreibt Eckermann: "Wir sprachen darauf dies und jenes über vorhabende Arbeiten. Es war die Rede von seiner Reise über Frankfurt und Stuttgart nach der Schweiz, die er in drei Heften liegen hat und die er mir zusenden will, damit ich die Einzelheiten lese und Vorschläge tue, wie daraus ein Ganzes zu machen."

Vom 23.Dezember 1823 berichtet Eckermann: "Abends mit Goethe allein in allerlei Gesprächen. Er sagte mir, dass er die Absicht habe, seine Reise in die Schweiz 1797 in seine Werke aufzunehmen."

[2] Eckermann kommentiert: "Ich freute mich dieses Gleichnisses, welches mir sehr geeignet schien, um etwas durchaus Planloses zu bezeichnen." Als "planlos" kann man gerade die Schweizerreise 1797 nun keineswegs bezeichnen. Vielleicht ist sie ganz im Gegenteil an ihrer Planhaftigkeit - ihrer Über-Planung - gescheitert, d.h. nicht umgesetzt worden in einen künstlerisch umgearbeiteten Reisebericht.

Predigtauszüge, Verordnungen, Komödienzettel, Preiskuraten",

die jetzt allerdings keine Verwendung mehr finden würden. Denn ursprünglich war durchaus an eine spätere "künstlerische Ründung" gedacht und hatte Goethe Tagebuch, Reisebriefe und das Informationsmaterial zu einem Buch verarbeiten wollen. Schade, dass er nach seiner Rückkehr die Flinte so schnell ins Korn warf und damit das ganze Sammelsurium von Zeitungen und "fliegenden Blättern" Makulatur werden ließ - anstatt ein Stück Literatur daraus zu machen. Auf die von Eckermann besorgte Redaktion hat mit Gewißheit der alte Goethe ein Auge gehabt. Das Tagebuch wurde aufgefüllt durch dazwischengestreute Briefe: Goethe von unterwegs an Schiller, an den Herzog Karl August, an andere Freunde; so bekommt auch derjenige Leser, der sich keine Ausgabe von Goethe-Briefen leisten kann, einen Eindruck von des Dichters exzellenter brieflicher Schreibe. Und gerade weil Tagebuch und Briefe später nicht geglättet, nicht poliert und nicht vereinheitlichend durcheinander und ineinander verarbeitet wurden, behielt das Material seine originale Frische und Unmittelbarkeit, und wer sich wirklich für Goethe interessiert, wird die "Schweizerreise" gewiß nicht gelangweilt aus der Hand legen. Allerdings: dass Goethe die Redaktion seiner Reiseaufzeichnungen für die Veröffentlichung nicht eigenhändig besorgt hat, kostete seine "Reise in die Schweiz 1797" in den Augen der Goethe-Philologie einen Teil ihrer Authentizität - obgleich sämtliche Texte von Goethe legitimierte Originale sind.

Es liegt also die Beschreibung einer dem Anschein nach wohlgelungenen Reise vor.

Der bedeutende Goethe-Kenner und -Forscher B. Suphan hat innerhalb der Großen Weimarer Sophienausgabe einen Ergänzungsband zur Schweizer Reise 1797 herausgegeben und ihr, die immer noch mit dem Ruch der Illegitimität behaftet war, kraft seines hohen Ansehens als Gelehrter einen ganz besonderen Rang als *Gesinnungs-Dokument* zugesprochen. lässt sich das verifizieren?

Man muss wissen: Goethe unternahm 1797 seine nunmehr dritte Reise in die Schweiz keineswegs, um wieder einmal das schöne Land zu besuchen. Die Reise musste gewissermaßen herhalten als psychologischer Schlusspunkt eines Dramas, das - von der Goethe-Biographik so gut wie nie beachtet - soeben zu Ende gegangen war. Es handelt sich um eine seit mehreren Jahren mit großem Einsatz vorbereitete, mit den höchsten Hoffnungen verbundene - geplante - zweite große Reise Goethes nach Italien, die der wissenschaftlichen Dokumentation seiner unvergleichlichen Idealvorstellung von Italien hätte dienen sollen. Sie musste abgesagt werden - und zwar für immer. Sämtliche Unterlagen der jahrelangen Vor-Arbeiten blieben jedoch in Goethes Archiv erhalten: der umfangreiche Briefwechsel zwischen Goethe und dem Maler Heinrich Meyer, der sich in Goethes Auftrag bereits seit 1795 in Italien aufhielt, sowie Goethes Aufzeichnungen über seine eigenen Studien - die eindrucksvollen Bruchstücke eines monumentalen Ideengebäudes: *Goethes Traum - Italiens Apotheose.*

Entstehen sollte die umfassende Darstellung, das Panorama der einzigartigen Idealität Italiens, in dem alles mit allem durch das Medium seiner Kunst zu klassischer Einheit verbunden war - Natur, Kunst, Geschichte. Wenn es so gelungen wäre, wie Goethes Vision es vorsah - zumindest der Goethe'sche Teil - besäße Italien heute womöglich ein Nationaldenkmal aus deutscher Hand, vorausgesetzt, Goethe hätte seine rund zwei Jahre lang theoretisch vorbereiteten Pläne verwirklichen und zur Vollendung bringen können. Da Goethes Briefpartner Meyer nicht nur Maler, sondern auch Kunstgeschichtler war, dreht sich in seinen wie in Goethes Briefen naturgemäß alles um Malerei, Bildhauerei, Architektur - und zwar ausschließlich unter dem Patronat der damaligen Zeitströmung "Klassizismus". Man darf annehmen, dass Kunst und Kunstwerke das alles verbindende Herzstück von Goethes Italienprojekt gewesen sind.

So ist - durch diesen Briefwechsel dokumentiert - Vokabular und Geist des Klassizismus die Haupt-Erbschaft, vielmehr die Haupt-Erblast des Italien-Projekts mit seinen Stichworten: Ordnung, Regelhaftigkeit, Gesetzmäßigkeit, Ebenmaß, Harmonie, Proportion, das makellos Schöne in der Kunst - und die Beurteilbarkeit, ja, Herstellbarkeit von Kunst mittels Lehren und Erlernen eindeutiger Regeln. Diese Regeln sind gleichsam das Arkanum, nach dem Goethe in seiner klassizistischen Lebensphase auf der Suche war und das er nirgendwo anders als in Italien zu finden hoffte. Die Kunst "der Alten" ist ihm inzwischen zu einer Art Kunst-Religion geworden - und er selbst zum Missionar, ja, zu ihrem Apostel. Unter dieser Prämisse befand sich Goethes Mitarbeiter, der Maler und Kunstgelehrte Heinrich Meyer, schon seit Herbst 1795 in Italien. Sein Ressort: Kunst und ihre Geschichte.

Ein Jahr lang bearbeitete er in Rom und ein weiteres Jahr in Florenz herausragende Kunstwerke stichwortartig beschreibend nach der von Goethe vorgedachten, tabellarischen Methode - indessen er je länger desto schmerzlicher darauf wartete, dass der durch die Kriegsereignisse immer wieder verhinderte Goethe endlich höchstselbst in Italien erscheinen würde, um vor Ort sein eigenes, weitaus umfassenderes Programm abzuwickeln. Goethe indes wurde ein Opfer der Folgen der Französischen Revolution, respektive des derzeitigen Hauptdarstellers auf der politischen Bühne: Napoleon eroberte erst Oberitalien, später Rom, ließ eine Menge bedeutender Kunstschätze nach Paris abschleppen - und machte Goethe auch in dieser Hinsicht einen Strich durch die Rechnung. Das Projekt Italien - ein Projekt ganz im Geiste des Klassizismus - immer wieder in Frage gestellt, aber bis zum letzten Moment am Tropf der Hoffnung hangend, wurde endlich im Sommer 1797 endgültig aufgegeben und landete im Papierkorb der Literaturgeschichte unter dem Titel

"Vorbereitung zur zweiten Reise nach Italien.1795. 1796",

Material, das - in der gelehrten Diktion Suphans

"ALS EIGENARTIGES PARALIPOMENON[3] MEHR DER GANZEN EPOCHE ALS EINES EINZELNEN WERKES HIER AN DIE ÖFFENTLICHKEIT GELANGT".

Denn wirklich verkörpert dieser zwischen Goethe und Meyer brieflich hin- und hergehende Diskurs über Kunst, in den auch immer wieder Schiller einbezogen wird, geradezu paradigmatisch die Ideen, ja, die Ideologie des Klassizismus: jenes Bildungsideals, das in dieser Epoche nicht nur Goethe leidenschaftlich bewegte. Wobei er sie im Werk *und* als Person verinnerlicht hat und sich in einer Rolle gefiel, die alles Ungeordnete, Aggressive, Chaotische, Pathologische in Kunst und Leben kategorisch ablehnte. dass man die Ideale des Klassizismus auch *leben* kann, beweisen Goethes mittlere und späte 1790er Jahre. Ein Zeugnis dieser *"klassizistischen"* Lebensart liefert die Reise in die Schweiz des Jahres 1797, die damit hinter die phantastischen italienischen Träume einen definitiven Schlusspunkt setzt. Davon handelt dieses Buch.

---

[3]Paralipomenon: Randbemerkung, Ergänzung, Nachtrag

Meyer hatte sich Mitte 1797 krank und depressiv nach der Schweiz in seinen Heimatort Stäfa am Züricher See abgesetzt. Jetzt kannte Goethe nur noch ein Ziel: seinen Meyer in die Arme zu schließen, sich mit ihm endlich in persona über ihrer beider Vorstellungen von Kunst auszutauschen.

So also kam es zu Goethes Reise in die Schweiz. Fortan obsiegte notgedrungen die Kunst-Theorie über die Kunst-Anschauung - sprich: die Theorie über die Kunst.

"... lerne ich, freylich etwas spät, noch reisen"

Der Kontinent Goethe

Genau genommen gab es objektiv weder Grund noch Veranlassung für Goethes Reise in die Schweiz. Meyer war in der heimatlichen Luft gut aufgehoben und sogar unerwartet rasch genesen, er hatte auch keinen Hilferuf an Goethe gerichtet ihn abzuholen, wohl aber spürbar aufgeatmet, als Goethe das italienische Unternehmen endgültig und, wörtlich zu verstehen, zu den Akten legte. Zwar flackerten Goethes Hoffnungen immer wieder einmal auf - und möglichweise spielte bei der Reise nach Stäfa auch eine Rolle, dass sie dem Italien-Vorhaben zu einer heimlichen Gnadenfrist verhalf, schließlich kam Goethe seinem Sehnsuchtsland auf dem Umweg über die Schweiz in nächste Nähe und konnte von da aus die politische Lage Italiens viel besser beurteilen als von Weimar aus. Eventuell würde man sich ja vielleicht doch noch spontan zum Schritt und nicht nur zum Blick über die Alpen entschließen, je nach Lage der Dinge. Auch wenn dieser Glücksfall einer Wende vom Krieg zum Frieden ziemlich unwahrscheinlich war: die spezifische Denkweise, den Blick, den er für Italiens Kunst, Kultur und Geschichte, seine geographische Struktur, seine Geologie, die Physiognomie, die Lebensart seiner Menschen, den Charakter ihrer Städte entwickelt hatte, - für die Urbanität Italiens im Ganzen, - das alles hat Goethe sich natürlich nicht von heute auf morgen aus dem Kopf schlagen können und schon gar nicht wollen. Das sich wohl niemals mehr konkretisierende Programm wird ihn auf die Ersatz-Reise begleiten: Goethe wird mindestens einen wenn auch geringen Teil des sorgfältig erarbeiteten Fragenkatalogs, dieses auf Anwendung drängenden Instrumentariums, jetzt endlich einmal ausprobieren können. Allein: wie vergleichbar sind "Reise in die Schweiz" und "Unternehmen Italien"? Goethe wird auf dem Weg nach der Schweiz durch Länder und Städte kommen, ohne irgendwo Kunstwerke und Architektur zu finden wie in Italien, und nirgendwo werden ihm - mit einer Ausname - Kunstkenner und Künstler - Maler, Bildhauer, Architekten - wie in Rom begegnen. Aber *suchen* wird er sie!

Er macht es sich jedoch nicht leicht. Er gibt dem Notbehelf eine eigene Würde: die Ersatz-Reise, er zelebriert sie! Denn nie zuvor ist der wahrlich nicht wenig gereiste Goethe so auf Reisen gegangen[4]: lange Wochen bevor die Reise beginnt, beginnt das *Nachdenken* über sie. Da ihm die Schweiz, das Ziel der Reise, wohl kein genügend attraktiver Gegenstand der Reflexion sein kann, denkt er sich zunächst einmal - wie es seinem ersten Impuls entspricht - die Reise selbst als Experiment, im Grunde nichts anderes als: eine Reise in den "Kontinent Goethe". Gegenüber Schiller spricht er einmal scherzhaft von einer "sentimentalen" Reise[5] - worunter er nicht, wie unser heutiger Sprachgebrauch, einen gefühlsbetonten und eher feuilletonistischen Text versteht, - auch gerade nicht so wie 1789, wo er "so viel als möglich von sich zu verleugnen" versucht hat, - sondern im Sinne von Schillers 1795 erschienenem Aufsatz "Über naive und sentimentalische Dichtung": "sentimentalisch" gleich "modern", "von Reflexion dominiert" - und zwar eindeutig einer Reflexion über sich selbst. Er ist inzwischen annähernd zehn Jahre älter geworden und längst dabei, sich eine Facon zu geben, die dem Inbegriff seines humanistisch-klassizistischen Menschenbildes entspricht: dem eines umfassend gebildeten, allem Katastrophischen, Chaotischen, Tragi-

---

[4]Im Jahzehnt zwischen 1790 und 1800 unternahm Goethe folgende größere Reisen: 1790: G. erwartet die Herzoginmutter Anna Amalia am Ende ihrer Italienreise in Venedig und begleitet sie zurück nach Weimar. 1790, Reise nach Schlesien, Krakau, Riesengebirge 1792, Campagne in Frankreich. 1793, **Belagerung von Mainz.**

[5]In seinen Annalen oder Tag und Jahresheften schreibt Goethe für 1789: "Gleich nach meiner Rückkehr aus Italien machte mir eine andere Arbeit viel Vergnügen. Seit Sterne's unnachahmliche sentimentale Reise den Ton gegeben und Nachahmer geweckt, waren Reisebeschreibungen fast durchgängig den Gefühlen und Ansichten des Reisenden gewidmet. Ich dagegen hatte die Maxime ergriffen, mich so viel als möglich zu verleugnen und das Objekt so rein, als nur zu tun wäre, in mich aufzunehmen. Diesen Grundsatz befolgte ich getreulich, als ich dem Römischen Karneval beiwohnte ..."

schen, Leidenschaftlichen abgeneigten homo humanus.

Das Jahr 1794 ist das Entscheidungsjahr, das ihm eine Sternstunde beschert hatte: die Begegnung und die endlich herbeigeführte Verständigung mit Schiller, die ihn von einer jahrelangen Vereinsamung - einer schweren Kränkung - erlöst, wie er sie, ihr ganzes Ausmaß keineswegs beschönigend, später in seinen Annalen für 1794 beschreibt:

"Nach meiner Rückkunft aus Italien, wo ich mich zu größerer Bestimmtheit und Reinheit in allen Kunstfächern auszubilden gesucht hatte ... fand ich neuere und ältere Dichterwerke in großem Ansehen, von ausgebreiteter Wirkung. leider solche, die mich äußerst anwiderten; ich nenne nur Heinses Ardinghello und Schillers Räuber. Jener war mir verhaßt, weil er Sinnlichkeit und abstruse Denkweisen durch bildende Kunst zu veredeln und aufzustutzen unternahm; dieser, weil ein kraftvolles, aber unreifes Talent gerade die ethischen und theatralischen Paradoxen, von denen ich mich zu reinigen gestrebt, recht im vollen hinreißenden Strome über das Vaterland ausgegossen hatte. Beiden Männern verargte ich nicht, was sie unternommen und geleistet ... Das Rumoren aber, das im Vaterland dadurch erregt, der Beifall, der jenen wunderlichen Ausgeburten allgemein, so von wilden Studenten als der gebildeten Hofdame, gezollt ward, der erschreckte mich; denn ich glaubte, all mein Bemühen völlig verloren zu sehen, die Gegenstände, zu welchen, die Art und Weise, wie ich mich gebildet hatte, schien mir beseitigt und gelähmt. Und was mich am meisten schmerzte, alle mir verbundenen Freunde, Heinrich Meyer und Moritz, so wie die im gleichen Sinne fortwaltenden Künstler Tischbein und Bury schienen mir gleichfalls gefährdet; ich war sehr betroffen. Die Betrachtung der bildenden Kunst, die Ausübung der Dichtkunst hätte ich gerne völlig aufgegeben, wenn es möglich gewesen wäre; denn wo war eine Aussicht, jene Produktionen von genialem Wert und wilder Form zu überbieten? Man denke sich meinen Zustand! die reinsten Anschauungen suchte ich zu nähren und mitzuteilen; und nun fand ich mich zwischen Ardinghello und Franz Moor eingeklemmt. . . ich vermied Schillern, der, sich in Weimar aufhaltend, in meiner Nachbarschaft wohnte. Die Erscheinung des Don Carlos war nicht geeignet, mich ihm näher zu führen; alle Versuche von Personen, die ihm und mir gleich nahe standen, lehnte ich ab, und so lebten wir eine Zeit lang neben einander fort. Sein Aufsatz über Anmut und Würde war eben so wenig ein Mittel, mich zu versöhnen. Die Kantische Philosophie, welche das Subjekt so hoch erhebt, indem sie es einzuengen scheint,

hatte er mit Freuden in sich aufgenommen; sie entwickelte das Außerordentliche, was die Natur in sein Wesen gelegt, und er, im höchsten
Gefühl der Freiheit und Selbstbestimmung, war undankbar gegen die
große Mutter, die ihn gewiß nicht stiefmütterlich behandelte ..."

Gerade in diesem neuen, 1794 dann endlich doch begonnenen Lebensabschnitt der Freundschaft mit Schiller befindet der dem Klassizismus ergebe-
ne Goethe sich im Diskurs mit ihm einerseits auf einem wahren Höhepunkt
der Spekulation: das Nachdenken über die Dinge ist ihm mindestens so
wichtig wie die Gegenstände seiner Reflexion selbst - andererseits gehören
zum Kanon der klassizistischen Begrifflichkeit wenige Begriffe so innig wie
der der "Reflexion" und fast zwangsläufig auch der der Selbstreflexion. Folgerichtig sollen ihm die Materialien seiner Schweizerreise nachträglich, wie
er es unterwegs formuliert, zu einer "Geschichte des Äußern und Innern"
verhelfen. Genau genommen ist Selbstbeobachtung und Weiterentwicklung
der eigenen Person in jenem Sinn, den er schon in seinen italienischen Jahren sich zu eigen gemacht hatte, das innerste Ziel seines Reiseprogramms
- immer mit dem Vorbehalt, seine klassizistische Statuarik beizubehalten
und sie nirgends und durch nichts erschüttern zu lassen. Die Versuchung
dazu wird ihm zwar begegnen - sowohl angesichts des Rheinfalls bei Schaffhausen wie angesichts der vorwinterlichen Gebirgswelt beim Aufstieg zum
St.Gotthard - aber Goethe besitzt längst jene Mentalität, die ihm alles
Wertherische Leiden und Mitleiden in und mit der Natur, die er "die große
Mutter" nennt, vermeiden hilft.

Seine literarischen und wissenschaftlichen Probleme und Projekte - so
auch die Weiterarbeit am Faust - durchdenkt Goethe seit Jahren, indem er
sie mittels eines Schemas inhaltlich formalisiert. Das Schema als Hilfsmittel
hat für ihn eine lange Tradition. Schon zu Beginn seines Weimarer Schaf-
fens ist die Rede davon: Goethe hat den Versuch einer Lebensbeschreibung
Herzog Bernhards - eines Vorfahren der Fürstenfamilie im 17.Jh. - unternommen und schließlich aufgeben müssen, denn "nach vielfachem Sammeln
und mehrmaligem Schematisieren ward zuletzt nur allzu klar, dass die Ereignisse des Helden kein Bild machen". Auch jetzt versucht er, dem Gehalt
der Schweizerreise, vor allem dem, was er an Wissen und Erkennen über
sich selbst aus ihr herauszuholen hofft, einen geeigneten Rahmen in Form
eines Schemas zu geben, das heißt, die Gegenstände der Erfahrung so zu

sortieren, dass sie seinem klassizistischen Pathos Genugtuung verschaffen. Schon im frühesten Hinweis auf die geplante Reise taucht der Begriff "Reiseschema" in Goethes Tagebuch auf. Wie über alles, was ihn wirklich bewegt, eröffnet Goethe sofort ein Gespräch darüber mit Schiller. Innerhalb weniger Tage spinnt er das Nachdenken über die Reise weiter. Allein der Gedankenaustausch mit Schiller - Wochen vor Reisebeginn - ist ein Beweis, wie wichtig gerade das *Konzeptionelle* an dieser Reise für Goethe gewesen ist.

Am 8.Juni 1797:

> "Ideen zu einem Reiseschema. Abends zu Schiller, mit ihm darüber conferiert."

Am 11.Juni:

> "Früh Character des Lord Bristol und einiger andern. Vorsatz auf der Reise sich das unbedeutende und unangenehme des Umgangs durch solche Schilderungen einigermaßen zu ersetzen."[6]

Am 12.Juni:

> "Abends bey Schiller. Verschiednes über die Reise."

---

[6]Unter "Biographische Einzelheiten" veröffentlichte Goethe später in seinen Gesammelten Werken folgenden Abschnitt: "LORD BRISTOL, BISCHOF ZU DERBY. Etwa dreiundsechzig Jahre alt, mittlerer, eher kleiner Statur, von feiner Körper- und Gesichtsbildung, lebhaft in Bewegungen und Betragen, im Gespräch schnell, rauh, eher mitunter grob; in mehr als einem Sinne einseitig beschränkt; als Brite starr, als Individuum eigensinnig, als Geistlicher streng, als Gelehrter pedantisch. Rechtschaffenheit, Eifer für das Gute und dessen unmittelbares Wirken sieht überall durch das Unangenehme jener Eigenschaften, wird auch balanciert durch große Welt-, Menschen- und Bücherkenntnis, durch Liberalität eines vornehmen, durch Aisance eines reichen Mannes. So heftig er auch spricht und weder allgemeine noch besondere Verhältnisse schont, so hört er doch sehr genau auf Alles, was gesprochen wird, sei es für oder gegen ihn; gibt bald nach, wenn man ihm widerspricht; widerspricht, wenn ihm ein Argument nicht gefällt, das man ihm zu Gunsten aufstellt; lässt bald einen Satz fallen, bald fasst er einen andern an, indem er ein paar Hauptideen gerade durchsetzt ... Er will nur gelten lassen, was das klare Bewusstsein des Verstandes anerkennen mag, und doch lässt sich im Streite bemerken, dass er viel zarterer Ansichten fähig ist, als er sich selbst gesteht. Übrigens scheint sein Betragen nachlässig, aber angenehm, höflich und zuvorkommend. So ist's ungefähr, wie ich diesen merkwürdigen Mann, für und gegen den ich so viel gehört, in einer Abendstunde gesehen habe . Jena, den 10.Juni 1797."

Erst sieben Wochen nach dem ersten Eintrag, am 3o.Juli nachmittags, verlässt Goethe Weimar in Richtung Frankfurt. Unterwegs:

> "Über die Characteristik der Städte."

Während der Reise präzisieren sich die "Ideen zu einem Reiseschema", - eine
Anleihe beim italienischen Programm. Allerdings: Für diese Reise, wenn sie
denn einer Theorie entsprechen, wenn sie mehr sein soll als ein von Hier nach
Dort, gibt es kein Konzept, das an Faszination dem klassischen Entwurf seines Italien-Programms gleichkäme. Es bleibt nun einmal vom Anfang bis
zum Ende der prosaische Zweck dieser Schweiz-Reise, sich unterwegs und
überall, wo Goethe Station macht - in Frankfurt, Stuttgart, Tübingen - bei
Kunstverständigen und anderen Fachleuten kundig zu machen, sich schließlich in Stäfa mit Heinrich Meyer zu treffen und zusammen mit ihm die
Heimreise anzutreten. Es mag diese Reise unterwegs mit noch so vielen
Kunstbetrachtungen und Kunstgesprächen garniert sein, ihr wird immer
jene *Aura* fehlen, die das Projekt Italien umglänzte. Dennoch: eingebettet
in ein zeitlich weiterreichendes Vorfeld von Goethes damaliger Lebenssituation - und sogar unabhängig von der italienischen Enttäuschung - erhält
die Schweizerreise eine Bedeutung über sich hinaus, als Dokument einer
besonderen, persönlichen Problematik. "Planlos", ohne Konzeption kann er
nicht reisen: das eine, doch nicht das einzige Denk-Motiv ist das Reisen als
Selbstversuch. Zum andern gibt es ein zweites, möglicherweise kaum lösba-
res Problem: Goethe wehrt sich gegen alles Erfahrungswissen, die Empirie
- "die ganze Breite der Empirie" sagt er verächtlich. Ihr steht definitions-
gemäß die Theorie, Goethes derzeitiges intellektuelles Lieblingsinstrument,
entgegen. Er lehnt - explizit in diesem Lebensaugenblick - die pure Erfahrung der Wirklichkeit und ihrer Gegenstände als Lehrmeister ab, er will
sich Tatsachen und Erscheinungen durch Erforschung und Begründung ihrer Ursachen, Gesetzmäßigkeiten, Prinzipien erklären, um sie begrifflich einer ihnen zubestimmten abstrakten Ordnung einzuverleiben. Genau dies
Prinzip Ordnung vermisst er in der puren Wirklichkeitserfahrung. Deshalb
fordert er den Abstand der Dinge, die seinem Theoriebedürfnis aus Zeit-
mangel, aber auch aufgrund ihrer Zufälligkeit nicht genügen können, - ein
Anspruch, den er der Reise gleichsam wie eine Leerformel einprogrammiert
hat. Der sodann kunstvoll an allen psychologischen Klippen vorbeigesteu-
erte Reiseverlauf - und vermutlich auch der Zuwachs an Selbsterfahrung -

wird am Ende Goethes unbestechliche Intellektualität dann doch nicht zufriedenstellen können. Erst hinterher, nach seiner Rückkehr, wird Goethe sich dieser Bilanz bewusst werden. Gerade die Traumata auf Goethes Lebensweg sind es jedoch, die Goethe von seinem schrecklichen Image eines "Olympiers" erlösen. Und die Nachwirkung der Schweizerreise ist eine solche Verletzung, - eben das macht sie interessant: eine Schwäche, die uns jenen Goethe in klassizistischer Garderobe und mit der feierlichen Attitüde, - zu der auch seine Theorieversessenheit gehört - die er sich in diesem Lebensabschnitt zugelegt hat, menschlich erscheinen lässt.

Über Erfurt, Eisenach, Fürth, Gelnhausen und Hanau trifft Goethe am 3.August 1797 vormittags um acht Uhr, am vierten Tag seiner Reise, in Frankfurt zu längerem Aufenthalt ein. Das Thema Reise wird er hartnäckig weiterverfolgen bis zu ihrem Schluss. "Reisen": mehr als eine sinnliche und rationale Erfahrung, ein transitorischer Vorgang, der den Reisenden vorübergehend in einen elementar veränderteneneen seelischen Aggregatzustand versetzt - wie Wasser, das zu Eis wird. Im übrigen erfährt jeder Reisende, wenn er nur sensibel genug ist, jene seltsame Erregung, in der er das Reisen intensiv als Ausnahmezustand erlebt. Goethe registriert ihn als Irritation, die ihm das Medium "Reise" im Umgang mit den "Gegenständen der Erfahrung" verursacht.

An Meyer in Stäfa schreibt er:

> "Auf der kurzen Reise von Weimar hierher und diese wenigen Tage hier habe ich über die Methode der Beobachtung auf Reisen, über Bemerken und Aufzeichnen manches gedacht. Die Gegenstände der Erfahrung sind so vielfach, dass sie uns immer zerstreuen, indem sie uns einzeln in jedem Augenblick anziehen; die Zeit ist kurz, und man ist nicht immer aufzumerken fähig. Ich will die Zeit, die ich hier bleibe, ein Schema und eine bequemere Form eines Tagebuchs auszudenken suchen, und die zweite Hälfte meiner Reise durch Deutschland bis zu Ihnen durch diese Hülfsmittel zu benutzen suchen; das übrige wird eine gemeinsame Bemühung vollenden."

Worüber er schon seit den vorhergegangenen sechs Wochen nachgedacht hat, nämlich über die *Methodik* des Reisens, der Beobachtung, des Wahrnehmens und Aufzeichnens beim Reisen - das beschäftigt ihn noch immer während "der wenigen Tage" - es sind immerhin vier! - von Weimar bis

Frankfurt. Goethe liefert da ein anschauliches Beispiel, wie hartnäckig und ausdauernd er Probleme auf den Leib zu rücken pflegt, die sich ihm als wichtig und zugleich als schwierig darstellen - auch, dass für ihn im Grunde das Faszinosum dieser Reise erst einmal im Erfinden einer Methode als "Hülfsmittel" zum "Beobachten, Bemerken und Aufzeichnen" besteht.

Aus diesem Brief erfährt man nebenbei auch, dass Goethe zusammen mit Meyer gesprächsweise diese Reise aufzuarbeiten plant, vermutlich mit der Absicht, den Stoff für eine Publikation vorzubereiten - ähnlich wie er vorher mit Schiller die Reise "vorbesprochen" hat. Man kann daran sehen, wie sehr Goethe der Kommunikation mit einem Geistesverwandten bedarf. Jahrelang, nach seiner Rückkehr aus Italien 1788, hat er das schmerzlich vermisst, erst seit 1794, durch das Gespräch mit Schiller über Literatur und Philosophie - und durch das Gespräch mit dem seit 1792 in Weimar ansässigen Meyer über Kunst, das ihn bis zum Lebensende begleiten wird, ist ihm dies Geschenk inzwischen - gleich doppelt - zuteil geworden

Mittels eines höchst einfachen Prinzips wird er mit dem überwältigenden Andrang von Eindrücken fertig - den er einerseits fürchtet, andererseits zu sich heranzieht: er registriert einfach alles, was ihm über den Weg läuft, ihm zu Ohren, unter die Augen, in die Hände kommt. Das Resultat dieser Entscheidung ist, neben den Tagebucheintragungen, jenes Bündel verschiedenartigster Papiere, die bedauerlichweise den Weg in die "Schweizer Reise" nicht gefunden haben. Heutzutage werden Ansichtspostkarten und Fremdenverkehrsprospekte gesammelt - schwer zu sagen, um wie viel interessanter das Goethe'sche Sammelsurium gewesen wäre.

> "Ich gewöhne mich nun, alles, wie mir die Gegenstände vorkommen und was ich über sie denke, aufzuschreiben, ohne die genaueste Beobachtung und das reifste Urteil von mir zu fordern oder auch an einen künftigen Gebrauch zu denken. Wenn man den Weg einmal ganz zurückgelegt hat, so kann man das Vorräthige immer wieder als Stoff gebrauchen.
>
> So gibt es Materialien, die mir künftig als Geschichte des Äußern und Innern interessant genug bleiben müssen."

Entschlossen greift Goethe damit zum einzigen Verfahren, das ihn von möglichen Skrupeln mit einem Schlag befreit. Wann hat er sich je so wie hier um Beliebiges, Zufälliges gekümmert? Aber in diesem Fall hat er mit der ihm sonst ganz fremden Art von Stoffsammlung eine gute Wahl getroffen. Denn intuitiv lässt Goethe damit den Zufall für sich arbeiten wie einen - mathematisch legitimierte Resultate liefernden - Zufallsgenerator. Faszinierend ist es schon, sich das Goethe´sche Auswahlprinzip *"alles"* durch moderne Rechenmethoden halbwegs sanktioniert zu denken, sich zu vergegenwärtigen, dass der Willkür seiner Reiseeindrücke, insofern sie von großer Menge und also von statistischer Beweiskraft sind, durchaus eine rational begründbare Evidenz - und noch dazu von besonderem Reiz - zugrunde liegt, die letztlich genau das Gewünschte erbracht hätte: eine umfassende, gerade durch ihr inhaltlich nicht vorausbestimmbares Zustandekommen faszinierende Reise-Dokumentation. Als subjektives Element verleiht Goethes Reaktion auf Gehörtes und Geschautes, das ihn anmutet, seinen Reisebildern an bestimmten Stellen des Tagebuchs eine eigene literarische - und zuweilen sogar eine wahrhaft poetische Grundierung. Wenn er sich obendrein "Materialien" für seine "Geschichte des Äußern und Innern" verspricht, - also eine Geschichte, des Was und Wie seiner Reise, dann gesteht er dem Zufall tatsächlich eine Art Vernunft zu, ein fatales, schicksalhaftes Walten. Es bleibt zu bedauern, dass Goethe sich nicht die Mühe gemacht hat, die Zusammenhänge seiner Biographie mit seiner Sammlung von Theaterzetteln, Predigtauszügen, Verordnungen etcetera, sowie seine Reflexionen darüber, der Nachwelt zu hinterlassen: wir könnten heute in der Außen-Welt von damals wie in einem Spiegel seine Innenwelt erblicken.

Tag für Tag signalisiert Goethe im übrigen, wie wohl ihm *unterwegs* auf der Reise ums Herz ist: ohne den geringsten Skrupel verwendet er zeitsparend die immergleichen Epitheta, mit denen er Land und Leute im Vorüberfahren charakterisiert. Und es fällt ihm auch später, im Alter, offensichtlich nicht im Traum ein, daran herumzuverbessern, was nur Goethes ungeheuren Seelenabstand beweist. Aber: seine Wortwahl, das Streben nach Begrifflichkeit akzentuiert immer wieder seine Selbst-Beschreibungen, ohne den früh angeschlagenen Grundton, das Wohlgefallen an seiner Reise je in Frage zu stellen:

> "Vom 25.August an, da ich von Frankfurt abreiste, habe ich langsam meinen Weg hierher genommen. Ich bin nur bey Tage gereist und habe nun, vom schönen Wetter begünstigt, einen deutlichen Begriff von den Gegenden, die ich durchwandert, ihren Lagen, Verhältnissen,

Ansichten und Fruchtbarkeiten."

Goethes Landschaftsschilderungen - auch wenn sie anfangs so abstrakt erscheinen wie oben - werden, im weiteren Verlauf der Reise, mehr und mehr zu Musterbeispielen der Anschaulichkeit - er schüttelt gleichsam eine Prosa aus dem Ärmel, so natürlich wie die Natur selbst, wie sie nur einem wahren Liebhaber und vielleicht auch ihm nur in einem vom Reifen und Ernten glücklich geprägten Augenblick wie dem Übergang vom späten Sommer zum frühen Herbst gelingt. Das Tagebuch beschreibt von Mal zu Mal detailreicher die Landschaften Süddeutschlands, durch die Goethe seines Wegs zieht - und bis zum gartengleichen Übergang in die Schweiz werden viele Landschaften einander gleichen - jede eine Kulturlandschaft, eine *Idylle*, von menschlicher Hand geschaffen und eher von ihr gestreichelt als je von ihr vergewaltigt oder ausgepowert. Goethe liebt sie, aber noch viel mehr liebt er ihr Abbild in der Kunst: es ist die Landschaftsmalerei Poussins und Claude Lorrains, deren Pendant er auch in der wirklichen Landschaft sucht - nicht umgekehrt, - reale Landschaften beschreibt er mit Maleraugen wie ein Gemälde. Der Klassizist in Goethe liebt eben noch mehr die Vollkommenheit der gemalten Natur - und damit möglicherweise auch das Künstliche in der Kunst - mehr als das Natürliche in der Natur. Und er steigt niemals unterwegs aus, auf dem Land schon gar nicht, nie äußert er auch nur in Gedanken einen solchen Wunsch - sein Ziel ist immer die *Stadt*.

Schon den Auftakt, die viertägige Fahrt von Weimar her und wie er sich in Frankfurt fühlt, schildert er in Briefen an verschiedene Adressaten mit Genuss:

> "Zum ersten Male habe ich die Reise aus Thüringen nach dem Mainstrome durchaus bei Tage, mit Ruhe und bewusstseyn gemacht ... So bin ich denn vergnügt und gesund am 3. in Frankfurt angekommen und überlege nun in einer ruhigen und heitern Wohnung, was es heiße, in meinen Jahren in die Welt zu gehen."

Andererseits: schon auf dieser ersten Station seiner Reise erwägt er, was es für ihn bedeute, "in die Welt zu gehen." Die Bemerkung "in meinen Jahren . . ." steckt wie ein kleiner Widerhaken im Text. Goethe wird am 28.August 1797 achtundvierzig Jahre alt. 1792 hat er als Begleiter Carl Augusts, der den Rang eines Generals der Preußischen Armee innehatte, die Kampagne in

Frankreich, die schicksalhafte Kanonade von Valmy und den anschließenden Rückzug absolviert - und nebenbei der Weltgeschichte ein unvergessliches Bonmot geschenkt. Fühlt er sich, nur fünf Jahre später, um so viel gealtert?

Und ist es Koketterie, wenn er schreibt:

> "Durch die Gelassenheit, womit ich meinen Weg mache, lerne ich, freylich etwas spät, noch reisen".

Damit unterscheidet Goethe seine Schweizerreise 1797 von früheren wie zukünftigen Reisen. *Nur diese* und keine andere Reise wird für ihn bis zum Schluss zum Experiment, wo er *Reisenlernen* sich geradezu schulmäßig auferlegt, - gerade weil diese Reise nur ein Ersatz für die große italienische Tour, auf der *alles* Erfahrung und Lernen gewesen wäre, nur gerade das Reisen nicht. "Lernen" steht auf der klassizistischen Werte-Skala weit oben. "Reisenlernen" war demnach für Goethe - trotz so vieler vorausgegangener Reisen - in eben diesem Augenblick ein willkommenes, sozusagen speziell kreiertes Übungsprogramm: eine Technik, sich zu "versammeln", alles Vorübergehende rasch aufzufassen und im Gedächtnis zu speichern - die Überfülle der Farben und Formen von Wiesen, Wäldern, Gärten, Weinbergen, Gewässern und Naturerscheinungen wie Nebel oder Sonnenuntergang in höchster Konzentration wahrzunehmen - und gerade dadurch dies alles, auch die eigene Virtuosität, aufs Höchste zu genießen. Mit gutem Recht hätte Goethe sich der perfekt erlernten *Kunst* des Reisens rühmen können, die er durch seine täglichen Diktate unter Beweis stellt, - wie er überhaupt bei allem, was er sich lernend aneignet, auf einem sehr hohen Niveau seine Fertigkeiten trainiert und aus vielen Fertigkeiten eine Kunst macht:

> "Es gibt eine Methode, durch die man überhaupt in einer gewissen Zeit die Verhältnisse eines Ortes und einer Gegend und die Existenz einzelner vorzüglicher Menschen gewahr werden kann. Ich sage gewahr werden, weil der Reisende kaum mehr von sich fordern darf; es ist schon genug, wenn er einen saubern Umriß nach der Natur machen lernt und allenfalls die großen Parthien von Licht und Schatten anzulegen weiß; an das Ausführen muss er nicht denken."

Man könnte sich fragen: warum diese bohrende Suche nach einer "Methode", die es ermöglicht, auf Reisen in kürzester Zeit "die Verhältnisse eines

Ortes ... und die Existenz einzelner vorzüglicher Menschen gewahr zu werden". Und man könnte versuchen, sich dieses Experimentieren und Erfragen mit einem für diese Reise gültigen Grundprinzip Goethes zu erklären: sich über alles und alle, Dinge wie Menschen, im Licht äußerster rationaler Klarheit und Erklärbarkeit "einen Begriff" zu verschaffen - eben jene Begrifflichkeit herzustellen, die ihm sein klassizistischer Impetus in diesem Lebensaugenblick als Pflichtübung vorschreibt. Daher ein weiterer Leitsatz seiner "Reise-Methode": Skizzieren, ein "sauberer Umriß nach der Natur" genügt. Es bedeutet verzichten auf liebgewohnte Gepflogenheiten des Ausführens - kein Verweilen, kein Hinterfragen, kein Differenzieren wie in seiner Beschreibung des Lord Bristol, keine Farben, keine Psychologie, und schon gar keine Floskeln, keine Füllsel. Auch heute noch, nach über zweihundert Jahren, fesselt Goethes klares, knappes Deutsch, das an wenn auch nur wenigen, bewunderungswürdigen Stellen seine volle Sprachkunst spontan durchbrechen lässt. Andererseits kommt auch immer wieder der klassizistische Goethe zum Vorschein. Er hat um eine Methode gerungen - und er hat sie gefunden, nämlich: alles - und das sind nicht nur Stoffe, Projekte, Unternehmungen, sondern ganz besonders ist es auch jede Art von Problematik - mit der Gelenkigkeit seines Geistes methodisch zu bewältigen, Irrationales zu meiden, Krisenhaftes zu neglegieren. Ein Rezept, das Goethe gerade in diesem Schicksalsaugenblick instinktiv auch für sich selber nutzbringend anwendet: mit dem italienischen Fehlschlag wird er am einfachsten dadurch fertig, dass er, anstatt zuhause in Weimar die Trümmer seiner Hoffnungen im Doppelsinn "aufzuheben", sich auf eine Reise begibt. Es ist also, diesbezüglich, eine überaus "vernünftige" Reise - sie lässt Schmerz und Enttäuschung nicht ein einziges Mal unterwegs offen zur Sprache kommen. In den Tagebucheintragungen existieren die italienischen Pläne überhaupt nicht, nur beispielsweise über die Preise in Italien denkt Goethe gelegentlich einmal nach. Die Tragödie - und das war sie für Goethe - ist scheinbar schon unter der Erde. Außerdem bieten sich, in Stuttgart besonders, auf passablem Niveau allerlei Gespräche an über Kunst und Kunstwerke, Themen, die ihm natürlich am allermeisten am Herzen liegen - und die ihm auch dadurch Genugtuung verschaffen, dass ihm von den verschiedenen Gesprächspartnern Resonanz und Beifall für seine inzwischen zu Dogmen gewordene Kunst-Meinung zuteil wird: hier ist er Lehrmeister - überall sonst auf der Reise ein ungewöhnlich intelligenter Schüler.

> "Über den eigentlichen Zustand eines aufmerksam Reisenden habe ich eigene Erfahrungen gemacht und eingesehen, worin sehr oft der Fehler der Reisebeschreibungen liegt. Man mag sich stellen, wie man will, so sieht man auf der Reise die Sache nur von einer Seite und übereilt sich im Urteil; dagegen sieht man aber auch die Sache von dieser Seite lebhaft, und das Urteil ist in gewissem Sinne richtig. Ich habe mir daher Akten gemacht, worin ich alle Arten von öffentlichen Papieren, die mir jetzt begegnen: Zeitungen, Wochenblätter, Predigtauszüge, Verordnungen, Komödienzettel, Preiskourante, einheften lasse und sodann auch wohl das, was ich sehe und bemerke, als auch mein augenblickliches Urteil einschalte. Ich spreche nachher von diesen Dingen in Gesellschaft und bringe meine Meinung vor, da ich denn bald sehe, in wiefern ich gut unterrichtet bin, und in wiefern mein Urteil mit dem Urteil wohlunterrichteter Menschen übereintrifft. Sodann nehme ich die neue Erfahrung und Belehrung auch wieder zu den Akten . . . Wenn ich bei meinen Vorkenntnissen und meiner Geistesgeübtheit Lust behalte, dieses Handwerk eine Weile fortzusetzen, so kann ich eine große Masse zusammenbringen."

Dies ein Glanzbeispiel der Sorgfalt und Eindringlichkeit Goethes. Er scheut keine Mühe, sich Wissen und Einblick zu verschaffen, dann, was er erfahren und wozu er eine eigene Meinung hat, einer vielfachen Kontrolle zu unterziehen - und die Systematik seines Vorgehens Schritt für Schritt zu dokumentieren. Das ist er sich und seinem Selbstbild schuldig. Es ist im übrigen typisch für Goethe, dass er das Gespräch sucht mit informierten Personen als seinen Informanten - sichtlich entschädigt ihn das für den Verzicht auf eine systematische Vertiefung und theoriebildende Auseinandersetzung. Das Gespräch macht ihm die "Empirie" erträglich, vielleicht sogar attraktiv. Mit Lust demonstriert er jedoch fast buchhalterisch genau seine inzwischen wohlerprobte *Methode*, ihre Vorteile und Erfolge. Sein Wortschatz hat etwas verblüffend Schulmäßiges: "aufmerksam" - "Fehler" "richtig" - "wohlunterrichtet" - "gut unterrichtet" - "Erfahrung und Belehrung" - "Vorkenntnisse" - "Geistesgeübtheit". Und vermutlich nicht zufällig taucht in diesem Passus der Begriff "Reisebeschreibungen" auf - und lässt vermuten, dass auch er auf dies Genre hinarbeitet, mit dem Bemühen, selbige in Schatten zu stellen, was ihm zweifellos triumphal gelungen wäre.

Gegen Ende seiner Reise ändert sich Goethes Einstellung bemerkenswert. Denn zuguterletzt glaubt er, das Reisen so souverän zu beherrschen, dass es ihm zum "Spiel", wenn nicht gar zur Lotterie wird. Im klassizistischer Repertoir fehlt nicht der Begriff "Spiel", "spielerisch": als eine der Möglichkeiten vollkommen müheloser Perfektion, und genau diese Stufe glaubt Goethe jetzt erreicht zu haben:

> "Überhaupt aber bin ich auf einer Idee, zu deren Ausführung mir nur noch ein wenig Gewohnheit mangelt; es würde nämlich nicht schwer werden, sich so einzurichten, dass man auf der Reise selbst mit Sammlung und Zufriedenheit arbeiten könnte; denn wenn sie zu gewissen Zeiten zerstreut, so führt sie uns zu andern desto schneller auf uns selbst zurück: der Mangel an äußern Verhältnissen und Verbindungen, ja die Langeweile ist demjenigen günätig, der manches zu verarbeiten hat. Die Reise gleicht einem Spiel: es ist immer Gewinn und Verlust dabei; man empfängt mehr oder weniger als man hofft, man kann ungestraft eine Weile hinschlendern, und dann ist man wieder genötigt, sich einen Augenblick zusammenzunehmen. Für Naturen wie die meine ist eine Reise unschätzbar: sie belebt, berichtigt, belehrt und bildet."

Dies Zitat stammt aus einem Brief kurz vor der Rückreise. Sein Resümee muss man sich auf der Zunge zergehen lassen: für Naturen wie die seine sei eine Reise "unschätzbar": "sie belebt, berichtigt" und - das ist nun wirklich das Credo des Klassizismus: sie " belehrt und bildet " - womit er dem Reisen das überhaupt höchste Prädikat zuspricht, das der Klassizismus zu vergeben hat: ihr Geschenk für den Reisenden ist " *Bildung* ", " *Belehrung*" - und das fast ohne Mühen für ihn; die Reise allein ist es, die "wenn sie zu gewissen Zeiten zerstreut, so führt sie uns zu andern desto schneller auf uns selbst zurück." Jede moderne sogenannte "Bildungsreise" kann sich das Goethezitat in ihren Werbe-Prospekt setzen. Die Reise : seine Lehrmeisterin, mit deren Hilfe er während der Reise leben gelernt hat; vor allem aber hat er gelernt, nicht mehr unter ihr zu leiden. Dies aber, leiden vermeiden, ist auf allen Gebieten, im Leben wie in der Kunst, ein Hauptanliegen des Klassizismus - weshalb in der Kunst z.B. das Zeigen von Leiden zum Problem wird, sofern es ein Gesicht verzerrt, einen Körper entstellt. Die Schönheit darf nicht preisgegeben werden - um der Sinnhaftigkeit unsres Daseins willen, die sich in der Sinnhaftigkeit und Harmonie der schönen Künste spiegelt und keine

Entstellung, kein Infragestellen, keine Deformation verträgt: ein Grundgesetz des Klassizismus. Das gilt auch für die Seele und ihren Ausdruck in Malerei und Bildhauerkunst. Und es gilt letztlich auch für die Vermeidbarkeit des Tragischen im menschlichen Schicksal. Deshalb muss auch diese Reise - was das Reisen als solches und was ihn selbst als Reisenden angeht - zuletzt mit einem erfolgreichen Abschluss enden. Wie anders ist sie zu Beginn in Frankfurt von Goethe gesehen worden:

> "Hier möchte ich mich nun an ein großes Stadtleben wieder gewöhnen, mich gewöhnen, nicht mehr zu reisen, sondern auch auf der Reise zu leben. Wenn mir nur dieses vom Schicksal nicht ganz versagt ist! denn ich fühle recht gut, dass meine Natur nur nach Sammlung und Stimmung strebt und an allem keinen Genuss hat, was diese hindert. Hätte ich nicht an meinem Hermann und Dorothea ein Beyspiel, dass die modernen Gegenstände, in einem gewissen Sinne genommen, sich zum Epischen bequemten, so möchte ich von aller dieser empirischen Breite nichts mehr wissen."

Sich wieder an ein großes Stadtleben gewöhnen - nicht mehr nur reisen - auch auf der Reise leben; das klingt alles eher nach dem Gegenteil von reisen, nach verweilen. Was er wirklich braucht, ist "Sammlung und Stimmung", er kennt seine Natur, sie wird ihm nicht beides erlauben: sich sammeln und sich zerstreuen. Was also wäre dann letztlich für ihn der Sinn dieser Reise? Sein vor kurzem vollendetes und veröffentlichtes Epos "Hermann und Dorothea" hat er mitgenommen, einem ausgewählten Zuhörerkreis wird er es gelegentlich vorlesen. "Epos", "Heldengedicht" - Homers Odyssee ist ein solches, ist das Urmodell aller Epen. "Hermanns" Vorgängerin, die "Luise" von Voss, ein *bürgerliches* Epos, ist also eigentlich eine contradictio in adjecto. Auch Goethes "Hermann" ist ein bürgerliches Epos, mit einem hochaktuellen, einem modernen Sujet: eine Gruppe von Flüchtlingen unterwegs in kriegserfüllter Jetzt-Zeit, nicht Helden, sondern Menschen wie du und ich, die sich jedoch in das aus der Antike überkommene heroische Schnittmuster eines epischen Gedichtes fügten, "in einem gewissen Sinne genommen sich zum Epischen bequemten." Immerhin fühlte Goethe sich mit den "modernen Gegenständen" mindestens in diesem Augenblick ausgesöhnt, die er sonst grundsätzlich mit "aller dieser empirischen Breite" assoziiert, von der er "nichts mehr wissen möchte". Nicht auszuschließen war immerhin, dass ihm auf der Reise nochmals ein moderner Stoff wie sein "Hermann" glücklich entgegen käme, oder auch nur ein einzelnes, genügend markantes, später vielleicht brauchbares Konterfei eines Charakters, den Goethe mit spürbarer Skepsis registriert:

> "Unter anderem skizzierten sie einen Character, der wohl irgendwie zu brauchen wäre; ein schweigender allenfalls trocken humoristischer Mensch, der aber, wenn er erzählt und schwört, gewiß eine Lüge sagt, sie aber ohne Zweifel selbst glaubt."

Mit dem sehr ausführlichen, mit seinen "englischen" Widersprüchen sehr eindrucksvollen Porträt des "Lord Bristol, Bischofs zu Derby", im Tagebuch vom 8.Juni 1797 lässt sich der obige, nur hingestrichelte "saubere Umriß nach der Natur" freilich nicht vergleichen. Das praktisch am Vorabend seiner Reisevorbereitungen als Impression weniger Stunden entstandene Charakterbild des Lord Bristol hat Goethe später in seine Gesammelten Werke aufgenommen - vermutlich war es wohl ursprünglich unmittelbar im Hinblick auf seine bevorstehende Reise angefertigt worden, um auf der Reise als Modell für weitere Charakterskizzen zu dienen, die "das Unbedeutende und Unangenehme des Umgangs durch solche Schilderungen einigermaßen ersetzen" sollten - sprich: die ihm die Widrigkeiten der Begegnung mit anderen Reisenden durch ihre literarische Verwertbarkeit erträglicher gemacht hätten. Die Skizze hat sich später nicht nachweisbar verdichtet zu einem ausgeführten Porträt. Es gab überhaupt keine nennenswerte Ausbeute an derartigen Studien auf der Schweizerreise - was für die Überzahl angenehmer Begegnungen spricht. Weiterhin jedoch ist Goethe bemüht, das feine Sensorium seiner dichterischen Existenz zur "rohen Wirklichkeit" in Distanz zu halten. Ungefiltert, unveredelt bleibt sie für ihn unverwendbar - auch das eine Maxime, die Goethe seinem Klassizismus verdankt. Festzustehen scheint ihm: auf der Reise wird es kein Tun, keine Aktion, kein Arbeiten in seinem ureigenen Metier geben können.

Es wundert nicht, dass Goethe sich vornimmt, auf der ganzen Reise alles Poetische von vornherein zu meiden - womit er das Herzstück seiner Veranlagung, die Lyrik, versteht - und es klingt fast so, als wolle er sich "das Poetische" durch die "rohe" Erfahrung der Wirklichkeit nicht entweihen lassen. Er drückt das mit einer Metapher in der Art jener poetischen

Sprachgebilde aus, von denen sich noch einige weitere in der Schweizerreise finden - die dem Sprachzauberer Goethe sozusagen "herausgerutscht" sind.

> "Für einen Reisenden geziemt sich ein skeptischer Realism; was noch idealistisch in mir ist, wird in einem Schatullchen, wohlverschlossen, mitgeführt, wie jenes Undenische Pygmäenweibchen".

Fundstücke hütet er sorgfältig -:

> "Ein paar poetische Stoffe bin ich schon gewahr geworden, die ich in einem feinen Herzen aufbewahren werde; und dann kann man niemals wissen, was sich aus der rohen Erfahrung in der Folgezeit noch als wahreres Gehalt aussondert."

> "Wenn man den Weg einmal ganz zurückgelegt hat, so kann man mit besserer Übersicht das Vorräthige immer wieder als Stoff gebrauchen."

> "Da in der Empirie fast alles einzeln unangenehm auf mich wirkt, so tut doch das Ganze sehr wohl, wenn man endlich zum Bewusstsein seiner eigenen Besonnenheit kommt."

Goethe hat - so wie oben - Freunden wie Schiller oder Meyer und anderen - unzählige Male Einblick in seine Werkstatt, in seine Gedanken- und seine Gefühlswelt, in seine Stimmungen, in seine Philosophie gegeben. Auch verbirgt er Freunden nicht, wenn er einmal leidet an Welt und Menschen. Und offensichtlich erwartet er keine Resonanz - weder Beschwichtigung noch Aufmunterung. Es sind immer lapidare Sätze der Selbstbeschreibung, an denen es auch vonseiten eines Freundes nichts zu deuten und zu beschönigen gibt. Manchmal könnte man denken, er führe gar keine Unterhaltung, sondern ein Selbstgespräch, währenddessen er mit sich selbst oder auch mit einem Problem ins Reine zu kommen versucht. Ist er ein Egomane? Oder braucht er einfach das Darüber-Sprechen, also das Gespräch, um kraft der Formulierung des Problems das Problem selber zu erfassen? Hält er es ähnlich wie Kleist mit seinem "Über das allmähliche Verfertigen der Gedanken beim Reden"? - nur ist es bei Goethe nicht bloß das Reden an sich, sondern er braucht die Wechselrede, den vertraulichen Dialog, das befreundete Gegenüber, die eingeübte Kommunikation, ganz besonders den Briefpartner, der schweigt. Vielleicht ist für ihn gerade deshalb der Briefwechsel mit Freunden und Vertrauten so wichtig: der Zuhörer existiert nur in der Vorstellung, kann den Gang der Gedanken nicht unterbrechen, dann aber lässt er in seiner Antwort das Gespräch wie eine Girlande weiterschwingen. Weniger aus den Tagebuch-Eintragungen, mehr aus Goethes Briefen erfährt man, wie ihm während der Reise zumute ist, wie sehr ihn "das Reisen" als solches beschäftigt, wie er sich zuweilen dagegen wehrt, wie er - gelegentlich ein Misanthrop - seiner Abneigung gegen die Menschheit freien Lauf lässt. Der Reiz dieser Reise liegt auch und manchmal besonders in den Briefen, weil sie zeigen, wie Goethe mit sich als ein Reisender herumexperimentiert, der auch im weiteren Verlauf der Reise lange nicht herausbekommt, ob er wirklich Befriedigung daran findet, ein solcher zu sein.

Zu Beginn seiner Reise, die so unbeschwert begann, schreibt er aus Frankfurt an Meyer in Stäfa:

> "In der Lage, in der ich mich befinde, habe ich mir zugeschworen, an nichts mehr teilzunehmen als an dem, was ich so in der Gewalt habe wie ein Gedicht; wo man weiß, dass man zuletzt nur sich selbst zu tadeln oder zu loben hat; an einem Werk, an dem man, wenn der Plan einmal gut ist, nicht das Schicksal des Penelopeischen Schleiers erlebt. Denn leider in allen übrigen irdischen Dingen lösen Einem die Menschen gewöhnlich wieder auf, was man mir großer Sorgfalt gewoben hat, und das Leben gleicht jener beschwerlichen Art zu wallfahrten, wo man drei Schritte vor und zwei zurück tun muss."

Sein Menschenbild, seine Lebenserfahrung: illusionslos. Schon als Meyer sich noch in Italien aufhielt, hat Goethe seiner Resignation und melancholischen Distanzierung zu Welt und Menschen hin und wieder freien Lauf gelassen. Wenn er in Frankfurt schreibt, er "überlege nun in einer ruhigen und heitern Wohnung, was es heißt, in meinen Jahren in die Welt zu gehen" stellt er nun auch sich selbst - desillusioniert - in Frage. Ist das derselbe Goethe, der noch vor wenigen Wochen nach Italien aufbrechen wollte, um dort ein weit strapaziöseres Unternehmen als die Schweizerreise in Gang zu bringen? Wandelt ihn in solchen Momenten eine Ahnung vom Verlust jener ihm sehr lange erhalten gebliebenen jugendlichen Schaffenskraft an, deren Schwung ihn noch hinüber nach Italien tragen sollte, und für die der Abschied von Italien etwas endgültig und unwiederbringlich Verlorenes bedeutet, eine Zäsur, die eine nur schwer heilbare Verlustangst hinterließ? Fühlt er sich im Stich gelassen von jener Zukunftsfähigkeit, die ihn über Jahre hinweg ein zeitlich fast nicht einzugrenzendes Unternehmen projektieren ließ, ohne dass er den ungeheuren, zu seiner Ausführung benötigten Kraftaufwand auch nur ein einziges

Mal überdachte? und womit lässt das Vakuum seines zerstörten Plans - der ja seinem Umfang nach ein Stück Lebensplan war - sich schließlich auffüllen? Wenn Goethe sich auf dieser Reise in die Schweiz gewissermaßen "ausprobiert", so schwankt er dabei wohl immer wieder zwischen der Alternative: ist "das Reisen" für ihn wirklich eine prinzipielle Erfahrung, ein existentielles Problem, - als ein geistiges Experiment überhaupt des Nachdenkens wert - oder würde er besser daran tun, zu resignieren: sich mit der "Illiberalität" abfinden, dass er fortan jene Freiheit nicht mehr besitzt, sich einen Plan wie den italienischen auch nur auszudenken - geschweige seine Realisierung zu betreiben. Es wird ihm wohl auch jetzt erst bewusst, dass er die Grenzen seines Handwerks weit überschritten hat, dass er jetzt klein beigeben muss - worüber er "einen um den andern Tag rasend werden" könnte. Bei einer solchen Gelegenheit lässt Goethe doch einmal spüren, dass im Kern seines Wesens, wenn auch eingehüllt von einer glänzenden klassizistischen Ummantelung, Melancholie wohnt, und manchmal auch Verzweiflung. Hilflosigkeit ist die Konsequenz aus ihrer beider - seiner wie Meyers - Erfahrung, dem Schicksal sei nichts abzuringen, was es nicht freiwillig herzugeben bereit ist. Meyer kann sich damit abfinden, er ist Lehrer an der Weimarer Akademie, kein Universalist, er bedarf der Mahnung Goethes nicht. Den Appell an Meyer richtet Goethe an sich selbst.

> "Kommen Sie zurück, so wünschte ich, Sie könnten sich auf jede Weise zuschwören, dass Sie nur innerhalb einer bestimmten Fläche, ja ich möchte wohl sagen, innerhalb eines Rahmens, wo Sie ganz Herr und Meister sind, Ihre Kunst ausüben wollen. Zwar ist, ich gestehe es, ein solcher EntSchluss sehr illiberal, und nur Verzweiflung kann einen dazu bringen; aber es ist doch immer besser, ein- für allemal zu entsagen, als immer einmal einen um den andern Tag rasend zu werden. Was mich betrifft, so sehe ich immer mehr ein, dass jeder nur sein Handwerk ernsthaft treiben und das übrige alles lustig nehmen soll. Ein paar Verse, die ich zu machen habe, interessieren mich jetzt viel mehr als wichtigere Dinge, auf die mir kein EinFluss gestattet ist, und wenn ein Jeder das Gleiche tut, so wird es in der Stadt und im Hause wohl stehen."

Für solche Stichworte seines Ausbruchs: "illiberal" - "Verzweiflung" - "ein für allemal zu entsagen" - "rasend werden" - gibt es zu diesem Zeitpunkt von Tag und Stunde dem Anschein nach noch keinen konkreten Anlaß. Und doch: "Verzweiflung" allein hat ihn zu seinem "illiberalen", seinem erzwungenen Entschluss bringen können, sich nur auf das zu beschränken, worüber er "ganz Herr und Meister" ist wie über ein paar Verse. Vielleicht steckt in seiner Verzweiflung auch Enttäuschung, dass - außer Meyer- niemand aus seinem Freundeskreis wirklich den Kummer über die gescheiterte Italien-Mission mit ihm teilt. Und er wäre doch wirklich der Sendbote einer großen, einer fast säkularen Idee gewesen! Er mag auch wohl ahnen, dass es gerade seine Freunde waren, die seine Italien-Ideen für eine Grenzüberschreitung hielten, ja, dass sie eher für seine eigentliche Berufung fürchteten, als für seine hochfliegenden Pläne hofften. Für einen Kopf von der unglaublichen Vielseitigkeit Goethes, der - während er die Italienische Reise vorbereitete - unter anderem "nebenher" Cellinis Lebensbeschreibung aus dem Italienischen übersetzte, zusammen mit Schiller die frechen "Xenien"verfasste, eine Anzahl wunderbarer Balladen und außerdem fast in Windeseile das Epos "Hermann und Dorothea" schrieb - und der gleichzeitig eine mirakulöse Menge von Literatur über Kunst und Künstler, Architektur, Botanik, Geografie, Geologie, Geschichte Italiens rezipierte - für den muss das peinliche Desinteresse seiner Umwelt, ihr unausgesprochenes "Schuster, bleib bei deinem Leisten" enttäuschend, demütigend gewesen sein. Vielleicht hat ihm das Vorgefühl des in Bälde langsam sich einschleichenden Alters und der ihm damit zuwachsenden Würde geholfen, "ein- für allemal" dem zu entsagen., was ihm vom Schicksal ver-sagt worden ist. Auch eine Genugtuung ist ihm ohne Zweifel die im Verlauf der Reise gewonnene Perfektion seiner Methode, ohne die er sich "gar übel befinden" würde. Seine Methode: ein technisches Hilfsmittel, das schon beinahe zur Lebenshilfe mutiert, das Schema - in seiner reifsten Form ein Beinahe-Kunstwerk.

> "In früherer Zeit imponieren und verwirren uns die Gegenstände mehr, weil wir sie nicht beurteilen noch zusammenfassen können, aber wir werden doch mit ihnen leichter fertig, weil wir nur aufnehmen, was in unserem Wege liegt, und rechts und links wenig achten. Später kennen wir die Dinge mehr, es interessiert uns deren eine größere Anzahl, und wir würden uns gar übel befinden, wenn uns nicht Gemütsruhe und Methode zuhilfe kämen."

> "Bey dem allem leugne ich nicht, dass mich mehrmals eine Sehnsucht nach dem Saalgrunde wieder angewandelt und würde ich heute dahin

versetzt, so würde ich gleich, ohne irgendeinen Rückblick, etwa meinen
Faust oder sonst ein poetisches Werk anfangen können."

Die Reise - er würde ihr nicht nachweinen, "ohne irgendeinen Rückblick" daheim "ein poetisches Werk anfangen", sich in Weimar an irgendeine Arbeit
machen; es würde sich jedoch so leicht wohl gar nichts finden, auch der Faust
bleibt nach der tatsächlichen Rückkehr - obgleich Schiller ständig mahnte -
vorerst liegen. Wie sich zeigen wird, hat sich das vom Ialien-Plan hinterlas-
sene Vakuum so rasch nicht aufgefüllt. Vielleicht ist das einzige, was ihm im
Augenblick über einen gewissen Tiefpunkt hinweghilft, sein hohes, exklusi-
ves Bildungsideal. Vermutlich wurde Goethe eher von einem vorübergehenden Fluchtreflex heimgesucht, der sich in einem Gedankenspiel Luft machte
- und nichts weiter. Aber ganz so unwichtig sind solche kleinen Splitter nun
doch nicht, denn sie beweisen, dass bei allem Bildungsoptimismus, ja, aller
Bildungseuphorie die Seele hungern kann und dass das wehtut, auch wenn
Goethe immer aufs neue den Höhenweg der Bildung einschlägt und von den
Wissenschaften zur Weisheit seinen "lieben Landsleuten" voranschreitet:

> "Wer in dem immer fortdauernden Streben begriffen ist, die Sachen in
> sich und nicht, wie unsere lieben Landsleute, sich nur in den Sachen
> zu sehen, der muss immer vorwärts kommen, indem er seine Kenntnis-
> fähigkeit vermehrt und mehrere und bessere Dinge in sich aufnehmen
> kann."

Der schulbuchmäßige Lehrsatz zeigt nur, wie steif der Klassizismus daher-
kommt, wenn ihm einmal für eine Weile das Feuer der Begeisterung verglüht;
ein vertrockneter Moralismus sucht ihn heim, ein "immer fortdauerndes Streben" treibt ihn an, seine "Kenntnisfähigkeit" zu vermehren, "mehrere und
bessere Dinge in sich aufzunehmen", "immer vorwärts" zu kommen. Dazu
noch ein Seitenhieb gegen seine "lieben Landsleute". Vielleicht weiß Goethe
sich in diesem Moment nicht anders gegen seinen Fluchtreflex zu helfen, als
mit dieser dürren und pedantischen Aufzählung. Nicht immer sind seine Methode, sein Schema die Zaubermittel, die ihm diese Reise und die ungeliebte
"ganze Breite der Empirie" schmackhaft machen. Noch hat Goethe dies so
sorgfältig ausgearbeitete Schema nicht an großen Objekten ausprobiert, an
Landschaft und Städten.

Woraus besteht Goethes Schema nun also? Es ist eine Tabelle und es ist
mehr als eine Tabelle. Es ist eine Gedächtnishilfe, um zum Beispiel eine Na-

turlandschaft oder eine Stadtlandschaft systematisch abzufragen. Wenn ein solches Schema zur Kunst tendiert, ist es mehr als eine Gedächtnishilfe. Seine Kunst-Ähnlichkeit besteht aus der Auswahl der einzelnen Komponenten und ihrer Zuordnung zueinander - ein Bauplan, der einen lebendigen Organismus erkennen lässt, der sich aus den einzelnen Gliedern als harmonische Ordnung eines übereinstimmenden Ganzen darstellt - ein Konzept, das *Ordnung* als solche zum Idealzustand macht. Das Schema einer Landschaft ist das tabellarische Muster einer abstrakten idealtypischen Landschaft, zerlegt in sämtliche für eine Landschaft typischen Einzelteile, in die naturgegebenen Bauteile ihrer Architektur: geordnet nach ihren Waagrechten, Senkrechten, Diagonalen, ihren Strukturen, ihrem Rhythmus, nach Unbeweglichem, Beweglichem, nach Himmelsrichtungen, Einflüssen der Jahreszeiten etc. Nach den jeweiligen genormten Spalten werden die Variablen ermittelt, so hat jede reale in der idealen Landschaft eines Schemas ihre individuelle Entsprechung. Das Landschafts-Schema, die tabellarische Darstellung einer abstrakten, idealtypischen Landschaft, ist also ein allgemeingültiges graphisches Muster, welches versucht, der Gliederung, der individuellen Architektur, der Singularität einer realen Landschaft mithilfe der Normen einer idealen Landschaft zum Ausdruck zu verhelfen, - wie sie gerade noch zu jenem Zeitpunkt, kurz vor Anbruch des Industriezeitalters in Europa möglich gewesen ist.

Die Einengung, die jede Verstofflichung und Kategorisierung eines Objektes mit sich bringt, wird durch die innere Freiheit, die Ordnung durch Gliederung, die das ideale Schema verleiht, kompensiert. Die Denk-Arbeit, die zur Herstellung eines solchen Schemas aufgewendet wurde, drückt das Schema unmittelbar aus - die mechanische Funktion der Gedächtnishilfe wird von der ideellen Funktion, von der Evidenz der Idealität seiner graphischen Figur, weit übertroffen.

"Die Idee geht aller Erfahrung voraus"

Das Schema, - eine Denk-Übung, die nicht wörtlich zu nehmen, sondern stets anzupassen ist an das jeweilige Objekt, in der Ausführung variabel, und immer zu Abweichungen vom Idealfall gezwungen. Als Gedankenbild hat es im Auge Goethes weitergewirkt, ihm den Überblick erleichtert. Sein Modell einer Ideal-Stadt hat jedes Städtebild dieser Reise mitgeprägt - mit seiner jedem anderen Gesichtspunkt übergeordneten Idee der Urbanität, der Grundidee der Stadt schlechthin. Sie allein drückt das absolute Primat der Stadt aus, ja, berechtigt überhaupt erst dazu - kraft ihrer Wesenhaftigkeit, ihrer Persönlichkeit, ihrer vielfachen Potentiale, ihrer architektonischen Hervorbringungen, ihrer Bedeutung in der Geschichte, ihrer seit Jahrhunderten entwickelten Rechte und Pflichten, ihrer bürgerschaftlichen Selbstverwaltung, ihrer stolzen Stadtregierung, ihrer Organe und Organisationen, ihrer Steuerhoheit, ihrer niedern und hohen Gerichtsbarkeit, ihrer Produktivität - und nicht zuletzt kraft ihrer Wurzeln in der Antike: der Vielzahl all jener Eigenschaften, die die Stadt abheben von allen anderen denkbaren, ihr nachgeordneten Wohnstätten und Siedlungen, - und die Stadt wiederum gleichsetzen nur mit ihresgleichen. Obwohl das Schema im Text der Schweizerreise nicht als Muster "zitiert" wird, nicht als "Gebrauchsanweisung" in Erscheinung tritt, sondern unsichtbares Hilfsmittel bleibt, lassen Goethes Städtebilder seine Struktur, sein durchdachtes Raster ahnen, seine Wertordnung, - und den zentralen Bezugspunkt, der diese Wertordnung legitimiert. Denn erst eine übergeordnete Idee kann die Priorität der Stadt rechtfertigen, dem Schema einen Sinn wie einen Stempel aufdrücken, der sich dann auch dem späteren Städtebild deutlich erkennbar vermittelt. Damit wird im Idealfall ein Schema generiert nach einem dem jeweiligen Gegenstand - der Stadt - immanenten Ordnungsprinzip, das scheinbar diesem Objekt selber entstammt und ihm nicht etwa aufgepfropft wurde: nach Maßgabe menschlicher Denkformen hebt sich die Idee des Gegenstandes aus dem Gegenstand selbst heraus. Dass dies allerdings ein Irrtum ist, macht Goethe sich am sinnfälligen Beispiel der Kunst deutlich[7].

Was der Bildhauer vollzieht, wenn er eine von ihm erdachte Form auf den Stein überträgt, bzw. "aus ihm herausholt", das führt der Betrachtende und Denkende auf seine Weise aus, wenn er mit seiner spezifischen Art des Denkens die Beschaffenheit, das Wesen einer Sache, einer Gegebenheit, einer Gegenstandes - von Personen oder Dingen - ableitet.

Goethe beruft sich dabei auf zwei aristotelische Grundgedanken. [8]

Einmal: Die Idee geht aller Erfahrung voraus - somit auch jeder Deutung und Wesensbestimmung. Das bedeutet aber nichts anderes, als dass Goethe weiß, wissen muss: die Idee wächst nicht aus der Sache heraus, sondern sie wird in die Sache hinein gelegt - von ihm selbst. Sein Bild der Stadt ist demzufolge mehr ein Dokument seiner Gesinnung, als ein Produkt seiner Erfahrung. Zum zweiten: die Idee in ihrer Reinheit ist weder darstell- noch fassbar, eine für Goethe bittere Einsicht: Auch das Schema selber - so rein in seiner Struktur es die Idee der Stadt darzustellen vorgibt - kann sie nicht vollständig verkörpern und erst recht wird sich diese Idee nicht im Erscheinungsbild einer realen Stadt manifestieren.

Die allmählich sich ausprägende, verbindliche Ideal-Struktur des Sche-

---

[7]Vgl. die Maxime: "Euch wird aber der Stein, der durch Kunst zur schönen Gestalt gebracht worden, alsbald schön erscheinen; doch nicht, weil er Stein ist - denn sonst würde die andere Masse gleichfalls für schön gelten, sondern daher, dass er eine andere Gestalt hat, welche die Kunst ihm erteilte.

Die Materie aber hatte eine solche Gestalt nicht, sondern diese war in dem Ersinnenden früher, als sie zum Stein gelangte. Sie war jedoch in dem Künstler nicht, weil er Augen und Hände hatte, sondern weil er mit der Kunst begabt war.

Also war in der Kunst noch eine weit größere Schönheit; denn nicht die Gestalt, die in der Kunst ruht, gelangt in den Stein, sondern dorten bleibt sie, und es gehet indessen eine andere geringere hervor, die rein in sich nicht selbst verharret, noch auch, wie sie der Künstler wünschte, sondern insofern der Stoff der Kunst gehorchte."

[8]Vgl. dazu A.Meyer "Goethes Naturerkenntnis, ihre Voraussetzungen in der Antike, ihre Krönung durch Carus" a.a.O.

mas ist also ein Abbild Goethe´schen Bemühens, sinnliche Erscheinung in eine "gereinigte" Begrifflichkeit umzuformen, die Individualität der einzelnen Erscheinungen einer schematisierten Typologie unterzuordnen, die Idee eines Gegenstandes seiner konkreten Gestalt vorauszubilden. Immer wird ihn hernach der reale Gegenstand in der Unvollkommenheit seiner Erscheinung zur Resignation zwingen.[9]

Die höchste Form der Resignation, die sich an den Grenzen der Erkenntnisfähigkeit angelangt sieht, wird den Gegenstand ganz zu vergeistigen suchen - sich also aus den Schranken der Empirie einen Ausweg ersinnen. Dem entspricht eine Maxime Goethes:

> "Es gibt eine zarte Empirie, die sich mit dem Gegenstand innigst identisch macht und dadurch zur eigentlichen Theorie wird. Diese Steigerung des geistigen Vermögens aber gehört einer hochgebildeten Zeit an."

Wieder die beiden Stichworte des Goethe'schen Klassizismus: "Theorie" und "hochgebildet", die hier als Geistesverwandte auftreten. Entsprechendes formuliert Goethe gegen Ende der Schweizerreise - wobei er letztendlich in der Übereinstimmung von Empirie und Theorie auch den Zusammenfall von Idee und Wirklichkeit so gut wie postuliert:

> "Man erfährt wieder bei dieser Gelegenheit, dass eine vollständige Erfahrung die Theorie in sich enthalten muss."

Das Schema verkörpert auf vollkommene Weise jenen Ort, wo eine "zarte Empirie" in sich selbst zur "eigentlichen Theorie" wird. Ja, innerhalb dieses Begriffsraumes ist es seinem Wesen und seiner Bedeutung nach überhaupt erst richtig zu bestimmen. Deutlich strebt es zur Idealität, ist sublimierte Form Goethe´scher Erkenntnis: es gliedert, ordnet, reiht und klassifiziert die Ergebnisse einer schöpferischen Anschauungskraft.

In seiner nur scheinbaren additiven Beschaffenheit leistet es als vorgeformtes Strukturbild sowohl analytische wie synthetische Vorarbeit.

---

[9]Vgl. dazu die Maxime:
"Wenn ich mich beim Urphänomen zuletzt beruhige, so ist es doch auch nur Resignation; aber es bleibt ein großer Unterschied, ob ich mich an den Grenzen der Menschheit resigniere oder innerhalb einer hypothetischen Beschränktheit meines bornierten Individuums."

Über diese hohe geistige, aber immer noch zweckgebundene Funktion hinaus stellt das Schema als selbständige Gestalt einen idealen, formal völlig ausgereiften Gegenstand dar und erreicht damit den höchsten erreichbaren Grad der schöpferischen Genugtuung für Goethe.

Demnach wird das Schema allen Forderungen genügen müssen, die an ein Kunstwerk gestellt werden: Inhalt, Gehalt und Form sollen untereinander im Einklang stehen - d.h. es muss ein stoffliches Interesse und einen idellen wie formalen Anspruch in seiner wenn auch chiffrenartigen Sprache voll befriedigen können.

Eines der gültigsten Schemata, die aus dem betreffenden Zeitabschnitt überliefert sind, hat sich erhalten als Eröffnung der "Materialien zur Schweizerreise". Hier lässt sich ein eindrucksvoller Begriff von den Möglichkeiten gewinnen, die dem Schema als Denk- und Darstellungsform gegeben sind.

Zum Reiseschema

Obere	zum allgemeinen	Fluss
Mittlere		Lauf desselben
Untere Region		Region
		Allgemeiner Charakter der Region
		Rechte Seite
		Linke Seite
		Subordinierte Wasser
		Lauf
		Regionen
		Gebürge
		Ursprung
		Seitengrenze
		Endgrenze
	zum besonderen	Stadt
		Allgemeine Lage nach Obigem
		Besondere Lage
		Entstehen
		Durch nächste Ursache, Terrain
		Durch entfernte, Handel, Transpo
		Erste Epoche des Entstehens
		Fernere
		Charaktere der Epoche
		Jetziger Zustand
		Einwohner
		Form der bürgerlichen Zuordnung
	das beste was fabriziert	Gewerbe Charakter
	wird. Das worauf sich	Gestalt
	ein Ort im allgemeinen	Betragen
	oder im Besonderen	Gewohnheiten
	ctwas einbildet	Feste und Lustbarkeiten
		Speise überhaupt
Nächste Gegend		Brot Bier Wein
Vorstädte		Policey
Felder		Wohlfeile des Marktes
Weinberge		Ruhe
Gärten, Gartenhäuser		Reinlichkeit
Mühlen		Wirtshäuser

Die Spannung des schematisierten Materials entsteht aus der Gegen-überstellung: "allgemeines und besonderes" - welche begrifflich den Gegensatz von Typus und Individualität bezeichnet. Diesen beiden Spannungsfaktoren ordnet Goethe jeweils seine Einzelrubriken zu.

Das "allgemeine" bezieht sich auf die verbindlichen Züge der Landschaftsformation. Goethe gliedert nach den einfachsten Grundzügen der Wahrnehmung: oben, unten, rechts, links. Er stellt die Wasserläufe voran, das Bewegend-Bewegte der Landschaft - frägt nach Lauf und Himmelsrichtung, "orientiert" sich, schreitet dann von beiden Seiten des Wasserlaufs ins Breite, tastet die geologische Struktur des Landstrichs ab, versucht Zeitliches und Örtliches als Ursprung und Grenze zu fassen.

Das Gegengewicht zur Natur bildet die Siedlung im weitesten Sinne. Sie untersteht der Begriffsbestimmung "zum besondern". Schon die Hauptrubrik enthält mit dieser Bezeichnung eine vorgreifende Bewertung der späteren Inhalte, eine ideelle Tendenz. Auf das Bild der geologischen Struktur folgt das Bild der Gesellschaftsstruktur und ihrer formenden Kräfte in schematisierter Allgemeingültigkeit. Besiedlungsepochen - Entwicklungsstadien führen zur derzeitigen Form bürgerlicher Ordnung. Individuelle Gliederungen werden bis ins kleinste verfolgt.

Ein dritter Abschnitt widmet sich dem Wechselspiel der Kräfte zwischen Landschaft und Individuum: das Vorfeld der Kultur, nächste Gegend - Vorstädte - Felder - Gärten - Gartenhäuser - Mühlen. So schließt sich der Kreislauf zwischen landschaftlicher und menschlicher Individualität

DIe "Idee, die aller Erfahrung vorausgeht", wie sie Goethe seinem Schema leicht erkennbar einverleibt hat, ist jenes Prinzip, das er in dieser - klassizistischen - Lebensphase vor allen anderen bevorzugt: die Geordnetheit, die Schöngestalt, den Wohlklang der Ordnung, die wohlgeordnete soziale Dimension des Zusammenlebens, die natürlich für den Minister von Goethe ein klares Oben und Unten bedeutet, weit entfernt von der vom französischen Nachbarn proklamierten Egalität.

Es fällt auf, dass dem Schema jede Art von Rubriken für negative, störende Elemente fehlt: es spiegelt einen harmonischen Ordnungszustand wider, in dem alle Kräfte, sowohl organische wie anorganische, sich im Gleichgewicht halten. "Wohlfeile des Marktes - Ruhe - Reinlichkeit - Feste und Lustbarkeiten" könnten zwar im Einzelfall verneint oder durch negative Kritik eingeschränkt werden - im System selbst sind nur Zustände vorgesehen, die das Ergebnis tragender, erhaltender und fördernder Kräfte darstellen. Ein klassisch objektiver Blick baut eine sowohl landschaftliche wie kulturelle und soziale Idealität auf.

Diese positive, episch ausgeglichene Atmosphäre teilt Goethe später auch tatsächlich den einzelnen, auf realen Anschauungen beruhenden Schilderungen seiner Reiseeindrücke mit. Sein Blick sucht in erster Linie den Ordnungszustand, im griechischen Wortsinn den *"Kosmos"* des Zusammenlebens. Selbst durch die aktuellen Kriegsereignisse in Europa, die politischen Umbrüche lässt er sich nicht die Idee einer aus- und überdauernden Harmonie und ihrer sich immer wieder ins Gleichgewicht rückenden Kräfte trüben. So schreibt er in einem Brief aus der Schweiz angesichts der ziemlich verworrenen Verhältnisse Italiens:

> "Ich bin auch jetzt überzeugt, dass man recht gut nach Italien gehen könnte, denn alles setzt sich in der Welt nach einem Erdbeben, Brand und Überschwemmung so geschwind als möglich wieder in seine alte Lage."

Damit dokumentiert Goethe eine Grundgesinnung, die im "Reiseschema" unmittelbar Gestalt angenommen hat: er glaubt generell an das Übergewicht positiver Kräfte in einem gewachsenen Organismus. Destruktive Elemente machen sich immer nur vorübergehend geltend. Sie sind ein auch ideell beschränktes Prinzip. Die Norm des Natur- und Weltwesens ist und bleibt für Goethe die *Ordnung*, ein klassizistischer Gedanke katexochen, der letztlich im Anti-Tragischen wurzelt.

Das "Reiseschema" verkörpert das verborgene Pathos dieser Ordnungsgesinnung in seiner abstrahierenden Form - es präzisiert das Welt-Bild Goethes während dieser Epoche in bündiger Gestalt. Da es zugleich Thema und These darstellt, sich dialogisch als Kräftespiel gliedert, lässt sich ihm die wesenhafte Bedeutung der Reisematerialien besser als dem stofflichen Verhaftetsein der Eckermann´schen Redaktion entnehmen.

So erhält etwa die Aufstellung der Frankfurter Schauspielerphysiognomien, ihrer darstellerischen Kraft, ihrer Chargen erst vom Anliegen des Reiseschemas her einen gültigen Sinn und wird nur durch diesen Rahmen der Zufälligkeit des Ortes und des gegenwärtigen Zeitpunktes enthoben. Unter denselben Gesichtspunkt sind Preisnotizen und Börsenberichte einzuordnen:

sie sind überhistorisches Material, das seine Funktion innerhalb eines mor-
phologischen Gesamtinteresses ausübt. Dabei versucht Goethe stets, den
gründlichen Einblick mit dem Reiz des Zufälligen zu verbinden - daher der
bei aller Vollständigkeit doch fragmentarische Charakter der Informationen.

Das Schema in seiner wenn auch nicht buchstabentreuen Anwendung
bestätigt, wie stark sich Methode und Gesinnung gegenseitig durchdringen.
Dabei versucht Goethe, konkrete, verwandte Gegenstände mithilfe einer gewissen Schematisierung für den Vergleich zu präparieren. So sind etwa die
Städtebilder Frankfurts, Heilbronns und Stuttgarts - auch noch Tübingens
in kleinerem Ausmaß - in deutlicher formaler Analogie angelegt. Goethe
pointiert ihre Hauptmerkmale; die betonte Licht- und Schattenführung arbeitet dem Vergleich vor. Besonders spiegeln dies verdichtende Verfahren
Frankfurt, Stuttgart und die Schweiz. Ihre geschlossene Existenz und dabei
das Auffällige ihrer Individualität wecken Goethes besonderes Interesse.

Frankfurt verbildlicht ihm die pralle Lebensfülle einer wenn auch noch
immer bedrohten Freien Reichsstadt - mit ihrer jahrhundertealten Struktur, ihren mächtigen bürgerlichen Institutionen - eine kollektive Vitalität,
die sich trotz aller Kriegswirren in ihrer Substanz kraftvoll durchzusetzen
vermag.

Stuttgart bietet ihm den Anblick einer langsam sich wandelnden Struktur von höfischem und städtischem Zusammenwirken, bei zunehmender Ver-
bürgerlichung von Bildung und Kultur, und - nach dem Tode des langjährig
dominierenden Souveräns Karl Eugen - bei gleichzeitiger Rückbildung ehemals fürstlicher, kultureller Repräsentanz.

Schließlich verkörpert ihm die bereits sichtbar von äußerer Gewalt bedrohte Schweiz den Umbruch eines alten, in sich ruhenden Kulturlandes
durch neue, revolutionäre Ideen.

Alle drei Fälle bilden ein jeweils in sich geschlossenes, zum Vergleich
geeignetes, lebendiges "System". Konkret kündigt Goethe das umwälzende
Ereignis, das der Schweiz bevorsteht, an:

> "Seit einigen Tagen sind die Nachrichten vom Rhein beunruhigend,
> und die Franzosen scheinen selbst an die Schweizer Händel zu suchen;
> sollte der Krieg wieder angehen, so ist ein ungeheures Unheil zu be-
> fürchten."

Und kurze Zeit darauf:

"Wäre die Jahreszeit nicht so weit, so sähe ich mich wohl noch gern einen Monat in der Schweiz um, um mich von den Verhältnissen im ganzen zu unterrichten. Es ist wunderbar wie alte Verfassungen, die bloß auf seyn und erhalten gegründet sind, sich in Zeiten ausnehmen, wo alles zum werden und verändern strebt."

Die Zuspitzung der Lage, die Heraufkunft der Katastrophe, die Veränderung ist es, die Goethes Interesse fesselt und zugleich nicht nur den Höhepunkt seiner politischen Intuition bildet, sondern ihn auch sprachlich einen vollendeten Gedanken in ein vollendetes Satzgebilde fassen lässt. Künstlerisch wohlabgestuft gipfeln die Reisematerialien in diesem Politikum, das den bewegenden historischen Augenblick an das persönliche Erlebnis anzuschließen trachtet.

Vorher, in Stuttgart, findet Goethe wohl eine durch kriegerische Ereignisse und schwere finanzielle Einbußen stark erschütterte Situation vor - aber auch ein im einzelnen durch private, bürgerliche Initiativen fortbestehendes Kontinuum kulturellen Lebens, das seine belebende Wirkung ganz aus sich selbst, aus bürgerlichen Ressourcen, zu unterhalten vermag. Während der Hof und das sich überlebende Fürstenhaus seine Mittel für feudale, ausstattungshafte Ansprüche, für in Goethes Augen minderwertige Schloss- und Gartenarchitektur vergeudet. Der Beobachter stellt die langsame Entleerung eines einst lebenskräftigen obrigkeitlichen Kulturwillens fest, - aber zugleich das Emporkommen weiterführender und fördernder Elemente aus der Bürgerschaft, also von unten. Theater und Oper, als Gegenstand früher hochgeschätzter, inzwischen abgelebter Tradition wird ihm zum Inbegriff der schon halb gelähmten, offiziellen kulturellen Existenz dieser Haupt-Stadt - und damit einer ganzen kulturellen Provinz:

"Aus den brillanten Zeiten des Herzogs Karl, wo Jomelli die Oper dirigierte, ist der Eindruck und die Liebe zur italiänischen Musik bei ältern Personen hier noch lebhaft verblieben. Man sieht, wie sehr sich etwas im Publikum erhält, das einmal solid gepflanzt ist. Leider dienen die Zeitumstände den Obern zu einer Art Rechtfertigung, dass man die Künste, die mit Wenigem hier zu erhalten und zu pflegen wären, nach und nach ganz sinken und verklingen lässt."

Doch greift diese Kritik nicht die Grundsubstanz an sie wahrt auch in

diesem Falle die Idee einer in sich unzerstörbaren Ordnung. "Zeitumstände", selbst wenn sie dem Staat als Vorwand zu kultureller Einschränkung
dienen, sind etwas Vorübergehendes; das Absolutum der Gesellschafts und
Kulturidee wird bei Goethe nicht wirklich in Frage gestellt. Wenn Goethe
auch die praktische Konsequenz der politischen und finanziellen Situation
nicht bestreitet:

> "Übrigens hat man vom Kriege her viel gelitten und leidet immerfort.
> Wenn die Franzosen im Lande fünf Millionen abnahmen, so sollen die
> Kaiserlichen nun schon sechzehn verzehrt haben" -

so zieht er doch keine radikalen Folgerungen daraus. Das Publikum ist
lässlich-genügsam, aber immerhin interessiert:

> "Die Stuttgarter sind übrigens mit ihrem Theater nicht übel zufrieden,
> ob man gleich hier und da darauf schilt."

Auch Elemente eines geschulten Geschmacks haben sich erhalten können:

> "Merkwürdig war mir´s auch heute. dass das Publikum, wenn es bey-
> sammen ist, es mag seyn, wie es will, durch sein Schweigen und seinen
> Beyfall immer das richtige Gefühl verräth. Sowohl im heutigen Stücke
> als neulich im Carlos wurden die Schauspieler fast nie, einigemal aber
> das Stück applaudiert; kaum aber trat diesen Abend die Tänzerin mit
> ihren wirklich reizenden Bewegungen auf, so war der Beyfall gleich
> da."

In der Fruchtbarkeit der Landschaft und in ihren Kraftreserven findet die
noch vorhandene kulturelle Energie eine vitale Entsprechung:

> "Dagegen erstaunt man freylich als Fremder über die ungeheure Frucht-
> barkeit des Landes und begreift die Möglichkeit, solche Lasten zu tra-
> gen."

Dem Bild Stuttgarts geht als erstes Städteporträt Frankfurt voraus. Es verkörpert auf ganz andere, individuelle Weise den Begriff "Stadt":

> "Sehr merkwürdig ist mir aufgefallen, wie es eigentlich mit dem Pu-
> blikum einer großen Stadt beschaffen ist. Es lebt in einem ständigen
> Taumel von Erwerben und Verzehren, und das, was wir Stimmung

nennen, lässt sich weder hervorbringen noch mittheilen; alle Vergnü-
gungen, selbst das Theater soll nur zerstreuen, und die große Neigung
des lesenden Publikums zu Journalen und Romanen entsteht eben daher, weil jene immer und diese meist Zerstreuung in die Zerstreuung
bringen.Ich glaube sogar eine Art von Scheu gegen poetische Produktionen oder wenigatens insofern sie poetisch sind, bemerkt zu haben.
die mir aus eben diesen Ursachen ganz natürlich vorkommt. Die Poesie verlangt, ja gebiet Sammlung, sie isoliert den Menschen wider
seinen Willen, sie drängt sich wiederholt auf und ist in der breiten
Welt, um nicht zu sagen in der großen, so unbequem wie eine treue
Liebhaberin."

In der methodischen Schematisierung vorbildlich für alle folgenden Städtebilder, bieten sich doch hier inhaltlich wie formal ausgeprägt individuelle
Züge. Das primäre Erlebnis ist die Spiegelung der Französischen Revolution im Charakterbild einer modernen Handelsstadt - beziehungsweise ihre
eigentliche "Charakterlosigkeit". Sie ist unmittelbare Auswirkung der politischen Ereignisse auf das mainfränkische Temperament, - ein fesselndes
Schauspiel für den überraschten Beobachter;

"In Frankfurt ist alles thätig und lebhaft, und das vielfache Unglück
scheint nur einen allgemeinen Leichtsinn bewirkt zu haben. Die Millionen Kriegskontributionen, die man im vorigen Jahr den vorgedrunge-
nen Franzosen hingeben musste, sind, so wie die Noth des Augenblicks,
vergessen, und Jedermann findet es äußerst unbequem, dass er nun
zu den Interessen und Abzahlungen das Seinige beytragen soll. Jeder
beklagt sich über die äußerste Theuerung und fährt fort, Geld auszu-
geben und den Luxus zu vermehren, über den er sich beschwert. Doch
habe ich auch schon viele wunderliche und unerwartete Ausnahmen
bemerken können."

Hier also keine im Rückwärtigen verhaftete, konservative und aus den Re-
serven der Vergangenheit schöpfende Gesellschaft, sondern ein allseits sich
kräftig durchsetzender Egoismus - ein Publikum, das nach bereits modernen Gesichtspunkten als Masse auf den Betrachter wirkt. Trotz kritischer
Distanz schwingt in Goethes Urteil aber noch eine Art Wohlwollen mit. Zustände, die er im allgemeinen ausschließlich negativ bewertet: Zerstreuungs-
sucht, Verschwendung und vermehrter äußerer Aufwand - sind ihm hier, auf

der anderen Seite, nur die extremen Begleiterscheinungen eines allgemein lebhaften und tätigen Gesamtzustandes. Daher fügt sich auch das Porträt des Publikums ohne Disharmonie in den größeren Rahmen von Stadt und Landschaft ein:

> "Die Fruchtbarkeit des herrlichen Grundes um Frankfurt und die Mannigfaltigkeit seiner Erzeugnisse erregt Erstaunen, und an den neuen Zäunen, Stacketen und Lusthäuern, die sich weit um die Stadt umher verbreitern, sieht man, wie viel wohlhabende Leute in der letzten Zeit nach größern und kleinern Stücken eines fruchtbaren Bodens gegriffen haben. Das große Feld, worauf nur Gemüse gebaut wird, gewährt in der jetzigen Jahreszeit einen sehr angenehmen und mannigfaltigen Anblick. Überhaupt ist die Lage, wie ich sie an einem schönen Morgen vom Thurme wieder gesehen, ganz herrlich und zu einem heitern und sinnlichen Genusse ausgestattet, deswegen sich auch die Menschen so zeitig hier angesiedelt und ausgebreitet haben."[10]

Das natürliche Terrain, Frankfurts nähere und fernere Umgebung, wird in fruchtbaren Bezug zur Stadt gebracht, der den Beitrag der Umgebung zur kräftigen Existenz der Stadt erkennen lässt. Natur- und Kulturgegend stehen, entsprechend dem Schema, in gegenseitig förderndem Bezug. Der aktive Mittelpunkt ist für Goethe ohne Frage die Stadt. Die Schilderung macht dies auch bewegungsmäßig deutlich: von ihr als Zentrum breiten sich die Kreise menschlicher Tätigkeit bis hin zur Peripherie, wo die Natur ihren Ertragswert ablegt und nur noch der Erholung dient, bis sie sich schließlich in sich selbst verliert.

Alles, was Goethe über Frankfurt als Stadt aussagt, ist so beschaffen, dass es trotz kritischer Einwürfe die Idee und das Ideal "Stadt" und ihren Ursprung - sozusagen ihr Herauswachsen aus der Landschaft - leibhaftig erfahren lässt.

Das ideale Schema findet also in Frankfurt nahezu eine Erfüllung. "Zarte Empirie" bestätigt ihren Vorläufer, die schematisierte Abstraktion. Diese Steigerung des geistigen Vermögens aber "gehört einer hochgebildeten Zeit an" -: sie ist also nach Goethes Worten nicht Ausgangspunkt, sondern Resultat eines geistigen Prozesses.

10

Die Schweizerreise demonstriert als einen ihrer ideellen Schwerpunkte - im Rahmen des im voraus entworfenen Schemas - die Stadt als urbane Mitte und Ort urbaner Gesinnung. Goethe ist ein Stadtmensch, auch wenn sein Weimar mit Frankfurt verglichen zwar eine Residenz, aber doch eher ein Städtchen als eine Stadt ist. Die Ideen der voraufgegangenen "italienischen" Jahre inspirierten Goethe zu einem "Reiseschema", das in einem weiten Umland die Stadt als natürlichen Mittelpunkt umschließt und ihn ihr nicht unter- sondern zuordnet - die Stadt, kein das Umland auffressender Moloch, sondern ein naturgegebenes, nach allen Seiten ausstrahlendes Zentralgestirn. Deshalb enthält Goethes Tagebuch als allererstes Stichwort seiner geplanten Schweizerreise als einen Spiegel seiner Grundgesinnung den Eintrag "Über die Characteristik der Städte". Die Stadt: Inbegriff einer Ordnung, Idealbild einer Struktur.

Italien! Italien!

Ein Weltbürger entpuppt sich

Jeder Text hat einen Hintergrund. Um den Code der Schweizerreise zu entschlüsseln, bedarf es der Kenntnis von Goethes "Vorbereitung zur zweiten Reise nach Italien. 1795. 1796", Materialien, die das nötige Hintergrundwissen für bestimmte Aspekte seiner damaligen Lebenssituation liefern. Da diese Akten sich nie zu einem Opus verdichtet haben, wurden sie auch nicht in Goethes Werkverzeichnis aufgenommen, sondern ruhen wie in Goethes Tagen fast unzugänglich im Verborgenen, ausgenommen der Großen Weimarer Sophienausgabe. Das Hauptmerkmal dieser wirklich kostbaren Hinterlassenschaft und zugleich ihr Hauptproblem ist Goethes im Konzeptionellen, im Theoretisch-Formalen, im Persönlich-Menschlichen sich auffächernder, ganz spezifischer, um nicht zu sagen - spezieller - Klassizismus, der im Hinblick auf die Schweizerreise wie eine Interpretationsanleitung gelesen werden kann. Dieser Goethe'sche Klassizismus ist in Fülle in seinen Briefen an H.Meyer aus der Vorbereitungszeit der italienischen Reise gespeichert, dargelegt in seinen programmatischen Entwürfen, - als deren kostbarste Essenz eine immer wieder erneuerte Apologie der Schönheit in der Kunst zu betrachten ist - und daraus folgend Goethes Wunsch, die Lehrsätze dieses Kunst-Schönen, - sei es in der Malerei, in der Bildhauerei, - als klar formulierte Postulate überall in der Kunstwelt zu proklamieren und sie akademisch-schulmäßig lehrend zu verbreiten. Möglicherweise, weil Goethe zu seinem Leidwesen sich selbst nicht als Künstler, sondern "nur" als Liebhaber der Kunst versteht, drängt es ihn über das übliche Maß hinaus, die bildende Kunst zu verehren, um nicht zu sagen, sie zu vergöttern. Viel später, 1821, zur Einweihung von Schinkels für die Architektur des Klassizismus vorbildhaftes Schauspielhaus in Berlin schreibt er: "So Alte, so Junge sind alle geladen, in unserem Äther sich munter zu baden". Der Äther, die Wohnung der Götter, bedeutet ihm den Himmel der Kunst, und das wörtlich. Für ihn war der Klassizismus weit mehr als die Ablösung des feudalen, sinnenfreudigen Barock - auch mehr als eine eher bürgerliche, doch heroisch stilisierte Emanation des Zeitgeistes, oder auch nur des Zeitgeschmacks, - er war für Goethe überhaupt kein Zeitstil, sondern ein Bekenntnis zum überzeitlichen Geist der Antike, zur Würde des Menschen schlechthin - verkörpert in Wort, Schrift und Bild.

Einige Entdeckungen des frühen und mittleren 18.Jh. gehen dem Klassizismus des späten 18. und frühen 19.Jahrhunderts voraus und bahnen ihm den Weg;

1711 -: Herculaneum wird entdeckt

1748 -: Pompeji wird entdeckt

1732 -: Rom, Kapitolinisches Museum. Von jetzt an werden verstärkt Antiken gesammelt.

1756 -: von Piranesi ercheinen 4 Bde Serien graphischer Abbildungen antiker Ruinen

1764 -: von Winckelmann erscheint die "Geschichte der Kunst des Altertums"

Goethe hatte den Maler und Kunstgelehrten Heinrich Meyer 1786 kurz nach seiner Ankunft in Rom kennengelernt. Aus der Bekanntschaft wird eine Lebensfreundschaft:[11]

Nach seiner Rückkehr aus Italien, 1788, beginnt Goethe neben seiner

---

[11]Johann Heinrich Meyer, geb. Zürich 16.3.1760, gest. Jena, 11.1o.1832, allgemein als "Vertreter eines trockenen Klassizismus" kritisiert, menschlich aber von Goethe lebenslang als unentbehrlich empfunden. Die Freundschaft wurde 1786 in Rom geschlossen, wo Meyer sich schon seit zwei Jahren aufhielt, er wurde zu Goethes ständigem Berater. Sie stimmten so fraglos in ihrem klassizistischen Glaubensbekenntnis überein, dass Goethe nach seiner Rückkehr in seinem Bedürfnis nach einem Geistesverwandten ihn mittels eine Stipendiums 1791 nach Weimar holte und Meyer bei sich in der Mansarde seines Hauses bis zu dessen Verheiratung 1802 aufnahm.Während Goethe den Herzog Carl August 1792 auf die Kampagne nach Frankreich begleitete, gab Meyer dem barocken Haus am Frauenplan ein klassizistisches Gesicht. 1806 wurde Meyer Direktor der Weimarer Zeichenschule. Er verfasste eine "Geschichte der bildenden Künste bei den Griechen und Römern", die 1828 - 1836 erschien.

poetischen Arbeit mit umfangreichen naturwissenschaftliche Studien, welche ein gesteigertes theoretisches Interesse erfordern. Das in seinen Zielsetzungen am unbekanntesten gebliebene, jedoch am stärksten von der Theorie her beeinflusste und zugleich auf die Theorie hinzielende Dokument dieser Epoche ist der Plan einer zweiten großen Reise nach Italien, deren Ergebnis eine vollständige Kultur- und Naturdarstellung des Südens sein sollte. Selbst das Anliegen der Farbenlehre bleibt hinter dem Umfang dieses Projektes zurück. Es stellt die theoretische Höchstleistung der Jahre zwischen dem italienischen Aufenthalt der achtziger Jahre und der Wende zum 19.Jahrhundert dar. Seine hypothetischen Zielsetzungen fassen wie ein Sammelbecken sämtliche Goethe´schen Kunst- und Naturideen in einem zur Einheit strebenden Ideengebilde zusammen. Die Entwürfe dazu dokumentieren den Plan einer alle Teilgebiete des kulturellen und sozialen Lebens vereinigenden Gesamtdarstellung. Während der Vorbereitung auf diese zweite italienische Reise wird ihm - um den ungeheuren Zuwachs an Wissen zu verarbeiten - das Schema mehr und mehr zum ausschließlichen Hilfsmittel. Goethe hat es nicht etwa jetzt erst "erfunden", sondern machte es sich schon seit Jahren vielfach beim Entwurf und bei der Planung seiner Werke zunutze. Es ist also sowohl langerprobter technischer Apparat wie chiffrenartiger Ideenträger. So entwirft Goethe später auch ein für die Zwecke der Schweizerreise umgewidmetes Schema. In seinem Beispiel "Zum Reiseschema" mit seinem aus dem italienischen Projekt vereinfacht übernommenen Herzstück *"Stadt"* werden, statt von Antike, Renaissance und Barock geprägte italienische Stadtrepubliken und Fürstenhöfe, nun Freie Reichs-, Universitäts- und Residenzstädte avisiert, und damit aus einer geschlossenen, als "klassisch" definierten "Weltgegend" auf ein in seiner Zusammensetzung für Goethes Kunstverständnis weniger ergiebiges, dafür modernes und auf andere Weise interessantes Ambiente umgesiedelt, das Goethes Blick für die Heraufkunft eines neuen Bürgertums fesselt. Ein erheblicher Umbruch, der versucht, den theoretischen Bestand physiognomisch dem veränderten Gegenstand anzupassen. Trotzdem ließe es die Bedeutung der dritten Schweizerreise unangemessen zu lokalisieeren, wollte man sie als isoliertes Phänomen betrachten. Nach wie vor erschließt sie sich erst vor dem Hintergrund der Vorbereitung auf die geplante zweite Italienreise, ihr großes Programm und ihr Scheitern - die ihre Ideen dann doch hinüberrettet in eine Zukunft weit über die

Schweizerreise hinaus - und Goethes klassizistisches Lebensgefühl noch fast ein ganzes Jahzehnt bestimmt.

Obwohl Goethe während der "italienischen Phase"auf allen Interessengebieten in engem Kontakt mit Schiller steht, ist er bei seinen italienischen Plänen völlig selbständig und vor allem in der Idee unabhängig von Schiller, vielleicht sogar ein wenig von ihm isoliert. Die historischen Daten, die den Gang des Italienprojektes umgreifen, sind folgende:

Ende Oktober 1795 geht der drei Jahre zuvor durch Goethe nach Weimar berufene Maler und Kunstgelehrte Heinrich Meyer nach Italien, um auf seinem Spezialgebiet Kunstgeschichte das von Goethe geplante Werk über Italien, seine Kultur, Natur und Gesellschaftsform vorzubereiten. Ein abschließender gemeinsamer Aufenthalt sollte Goethe und Meyer in breit angelegter Forschungstätigkeit vereinigen. Schon vorher - in den Monaten Mai bis September 1794 - hatte sich Meyer einen Überblick über die Kunstschätze in Dresden verschafft. Auf der Reise nach Rom, 1795, streifte er noch den Bestand altdeutscher Kunstschätze in Nürnberg, Augsburg und München. Bis Mitte 1796 hält sich Meyer in Rom auf und muss sich dann, im Verzicht auf das ursprünglich vorgesehene Ziel Neapel, nach Florenz begeben. Dort bleibt er ein weiteres Jahr. Schließlich kehrt er im Juni 1797 zur Ausheilung einer schweren, wohl zum größeren Teil psychosomatisch bedingten Erkrankung in seine schweizerische Heimat Stäfa zurück.

Goethe selbst rüstet sich während dieses Zeitraums von zwei Jahren mehrmals zum Aufbruch nach Italien. Immer wieder vereiteln politische und militärische Ereignisse im Zuge der französischen Feldzüge seine Abreise. Im Frühsommer des Jahres 1797 fallen die Pläne einer zweiten Reise nach Italien endgültig den Umständen zum Opfer. Goethe verzichtet. Er reist nach Stäfa, um Meyer dort abzuholen und zusammen mit ihm nach Weimar zurückzukehren.

Die Quellen des Planes finden sich hauptrsächlich in dem umfangreichen Briefwechsel zwischen Goethe und Meyer, sowie in den von Goethe als "Vorbereitung zur zweiten Reise nach Italien" bezeichneten Aktenmaterialien; schließlich im Briefwechsel mit Schiller. Hinweise enthalten auch Briefe an andere Personen.

Eckermann deutet den inneren Zusammenhang der Schweizerreise mit den Italienplänen durch Auszüge "Aus Briefen, wenige Zeit vor der Abreise an Meyer nach Florenz und Stäfa geschrieben" an, die er an den Beginn seiner Redaktion stellt.

Notgedrungen bleibt selbst diese verhältnismäßig umfangreiche Einleitung unvollständig, obwohl sie wichtige Stellen zitiert. Denn sie erweckt den Eindruck, als habe sich Goethe von einem bestimmten und relativ weit zurückliegenden Zeitpunkt an von Italien ab- und der Schweiz zugewendet. Die Auszüge der Redaktion lassen nicht erkennen, wie Goethe gerade in den letzten Wochen noch einmal zwischen konkreten Hoffnungen und damit abwechselnden Enttäuschungen hin- und hergerissen worden ist.

Die Briefe an Schiller und andere Adressaten lässt Eckermann völlig unberücksichtigt in seiner Einleitung. Gerade sie aber ergänzen den Gedankenaustausch mit Meyer um entscheidende seelische Einblicke und stellen dar, was die Bearbeitung ausspart: den langen inneren Leidensweg, der schließlich in Resignation, Entsagung und den Versuch eines Neubeginns mündet.

Um ihn verfolgen und seine Wirkung auf Goethe beschreiben zu können, muss man auch zeitlich weiter zurückgreifen als es Eckermann getan hat - ja, die Zeit der Vorbereitung insgesamt ins Auge fassen.

Schon die Abreise Meyers im Herbst 1795 begleitet Goethe mit großer Wärme. Zugleich setzt nun eine lebhafte, auf Italien gerichtete theoretische Vorbereitung und Spekulation ein. Im September 1795 berichtet Goethe an Schiller:

> "Meyer bereitet sich zur Abreise. Was mich betrifft, so habe ich, wie Sie wohl fühlen, auch nur diese Zeit auf Einem Fuße gestanden und mit dem andern mich schon nach den Alpen bewegt. Die Mineralogische und Geologische Base, die anfängliche und fortschreitende und gestörte Cultur des Landes habe ich von unten herauf theils zu gründen, theils zu überblicken gesucht und mich auch von oben herein, von der Kunstseite, noch mit Meyern auf alle Weise verständiget. Und doch sind das alles nur Schul Vorübungen. Ein guter Geist helfe uns zum Schauen, zum rechten Begriff und zum fröhlichen Wiedersehen."

Daraus geht hervor, wie vielseitig und gründlich Goethe seiner späteren Arbeit in Italien schon lange vor Meyers Abreise im Herbst 1795 vorgearbeitet hat. Schon allein das Arbeitspensum - neben seiner fortgesetzten literarischen Arbeit - ist beachtlich. Für 1796 war auch Goethes Ankunft in Italien geplant. Die Kriegsereignisse in Oberitalien zögerten aber die Abreise immer wieder hinaus, bis schließlich diese äußeren Umstände den Termin auf das folgende Frühjahr verschoben. Schon durch diesen ersten Aufschub ist Goethe in seinem wissenschaftlichen Interesse und als Mensch empfindlich verwundet. Ehe er jetzt an die zukünftige praktische Tätigkeit in Italien denkt, will er sich dort zuerst als Mensch erneuern dürfen, wie er Meyer berichtet:

> "Ich habe keinen andern Wunsch, als Sie mit dem ersten Frühjahr in Rom zu finden und daselbst eine Zeit lang ruhig zu leben, durch Sie die sinnlich-ästhetische Cultur zu erneuern und erst wieder ein Mensch zu werden, ehe ich etwas anderes beginne."

Doch schon im August 1796 hat Goethe die Tragweite eines möglichen endgültigen Verzichts zum ersten Mal vorweggenommen - in seinem Brief an Schiller vom 2.8.96:

> "Sie werden mein Lieber, noch manchmal in diesen Tagen zur Geduld gegen mich aufgefordert werden, denn jetzt, da die Zeit herbeykommt, in welcher ich abreisen sollte, fühle ich nur zu sehr, was ich verliere. indem mir eine so nahe Hoffnung aufgeschoben wird, was in meinem Alter so gut wie *vernichtet* heißt. Was ich noch von Cultur bedarf, konnte ich nur auf jenem Wege finden, was ich vermag, konnte ich nur auf jene Weise nützen und anwenden, und ich war sicher, in unsern engen Bezirk einen großen Schatz zurückzubringen, bey welchem wir uns der Zeit, die ich entfernt von Ihnen zugebracht hätte, künftig doppelt erfreut haben würden. Des guten Meyers Beobachtungen schmerzen mich; er hat selbst nur den halben Genuss davon, wenn sie für mich nur Worte bleiben sollen, und dass ich jetzt keine Arbeit vor mir sehe. die mich beleben und erheben könnte, macht mich auch verdrießlich. Eine große Reise und viele von allen Seiten zudringende Gegenstände waren mir nöthiger als jemals; ich mag es indessen nehmen wie ich will, so wäre es töricht, gegenwärtig aufzubrechen, und wir müssen uns also drin finden."

Ein spezifisches AltersBewusstsein kündigt sich hier an, die Vision einer möglicherweise ins Unerreichbare entschwindenden Persönlichkeitskultur, deren Verwirklichung nun einmal für Goethe an jene südlich-klassische Weltgegend gebunden ist.

Andere, herbere Laute als beim ersten Abschied von Italien - 1788 - klingen auf. Dort hatte er sich von einem gesättigten Wirklichkeitserlebnis getrennt; es blieb ihm die Hoffnung einer Wiederkehr. Damals schrieb er an den noch in Italien verbliebenen Meyer:

> "Ich kann und darf nicht sagen, wie viel ich bey meiner Abreise von Rom gelitten habe. wie schmerzlich es mir war, das schöne Land zu verlassen; mein eifriger Wunsch ist, Sie dort wiederzufinden."

Jetzt fühlt Goethe, dass ihm ein Abschied für immer bevorstehen könnte. Doch belebt sich die schon fast preisgegebene Hoffnung aufs neue. Mitte Januar 1797 scheint sich eine konkrete Möglichkeit des Übergangs nach Italien zu zeigen:

> "Der leidige Krieg scheint sich noch nicht endigen zu wollen, und in der Lombardei geht es wilder und confuser zu als jemahls. Ich habe daher den Gedanken gehabt: ob ich nicht über Wien und Triest suchen sollte, direkt nach Ancona oder vielleicht gar nach Neapel zu kommen ...Dieses würde mit Ihrem Plan, gegen Fastnacht südlicher zurück zu gehen, übereinstimmen, und es wäre vergnüglich genug, wenn wir uns am Molo von Neapel erst wiedersehen ... Ich werde gleich die Negotiation mit den Freunden eingehen und sodann das Weitere melden."

Auch Angelika Kauffmann in Rom erhält eine Ankündigung:

> "Die Hoffnung, Sie, verehrteste Freundin, in dem vorigen Jahr besuchen zu können, ist leider durch den unglücklichen Krieg, der mir den Weg versperrte und uns nachher so nah bedrohte, wenigstens für den Augenblick vereitelt worden. Professor Meyer war indessen so glücklich Ihnen aufzuwarten ... sein Aufenthalt in Italien ist noch immer der Grund meiner Hoffnung jene herrlichen Gegenden, obwohl nicht so ruhig wie das erstemal, durchzusehen."

Am 18.März 97 teilt Goethe indessen an Meyer mit:

> "Ich will nicht läugnen. dass ich diesen Monath über auch sehr mit der bösen Laune zu kämpfen hatte; denn kaum war der schöne Plan, über Wien zu gehen, ausgedacht, als die Folgen der Einnahme von Mantua auch diese Tour mit neuen Hindernissen bedrohten. Indessen hat Gerning mich eingeladen, im April mit ihm über die Schweiz zu gehen, ich glaube und traue ihm aber nicht, denn er ist schon ein ganzes Jahr in Gedanken unterwegos."

Obgleich sich die äußere Lage wieder zum Negativen gewendet hat, vollzieht Goethe eine zunehmende innere Ablösung von Weimar, wie derselbe Brief an Meyer bekundet:

> "Übrigens habe ich fast alle meine Fäden losgeknüpft und mein Haus bestellt, so dass ich wie ein Schiff im Hafen nur auf einen günstigen Wind warte. Es freut mich über die Maßen. dass ich Sie noch in Florenz denken kann und dass ich hoffen darf, Sie ruhig unter diesen Schätzen zu finden. Möchte das gute Geschick uns bald zusammenführen und uns für die mancherley Unruhe und Sehnsucht endlich belohnen!"

Ein Brief vom 28.März 1797 an Unger bekundet die schwankende innere Bewegung:

> "Leider ist es nun bald ein Jahr dass ich nach Italien reisefertig bin und die Hoffnung auf Ruhe und Ordnung, deren ich zu meinen Zwecken so sehr bedürftig bin, hat mich noch immer getäuscht, indessen wirft sich ein Tag dem andern zu und der Abend ist oft da ohne dass man sich den Gewinn des Moments aufweisen kann."

Der Brief vom 28.April 1797, der die Eckermann´sche Redaktion eröffnet, zeigt erhöhte Nervosität. Die Kriegsereignisse schreiten in immer größerem Umfange fort. Italiens Lage ist völlig zerrüttet.

> "... nun aber gesteh´ ich Ihnen gern dass meine Unruhe und mein Unmuth auf einen hohen Grad zunimmt, da nicht allein alle Wege für den Augenblick versperrt, sondern auch die Aussichten auf die nächste Zeit äußerst schlimm sind ... Sie können leicht denken, dass unter diesen Umständen mich alles, was einigen Antheil an mir nimmt von einer Reise abmahnt, und, ob ich gleich recht gut weiß, dass man bey allen einigermaßen gewagten Unternehmungen auf die Negativen nicht achten soll, so ist doch der Fall von der Art dass man selbst durch eigenes Nachdenken das Unräthliche einer solchen Expedition sehr leicht einsehen kann. Dieses alles zusammen drängt mir beynah den EntSchluss ab, diesen Sommer, und vielleicht das ganze Jahr, an eine solche Reise nicht weiter zu denken."

Wenige Tage später trifft jedoch die Friedensnachricht aus Frankfurt ein[12] - sie feuert die Hoffnung neuerdings an:

---

[12] Mit diesem Brief vom 28.April 1797 setzt die Eckermann'sche Bearbeitung ein.

> "In weniger Zeit muss sich nun vieles aufklären und ich hoffe, der Wunsch uns in Italien zuerst wieder zu sehen soll uns endlich gewährt werden."

Eine Stelle des Briefs an Schiller vom 6.Mai 1797 deutet darauf hin, dass Goethe bei dem immerwährenden qualvollen Hin und Her den Gedanken an Italien bereits im Innersten von sich abzulösen beginnt - doch weckt die Hoffnung noch einmal erneute Aktivität:

> "Bisher hatte ich mich von der Idee Italiens fast losgemacht, jetzt da die Hoffnung wieder lebendig wird, so sehe ich wie nöthig es ist meine Collectaneen wieder vorzunehmen, zu ordnen und zu schematisieren."

Am 8.Mai 1797 teilt Goethe den energischen Vorsatz an Meyer mit:

> "Am 28.April schrieb ich Ihnen einen Brief voll übler Laune, die Friedensnachrichten, die in dem Augenblick dazu kamen, rectifizierten den Inhalt. Seit der Zeit habe ich mir vorgesetzt so sicher als ein Mensch sich etwas vorsetzen kann: dass ich anfangs Juli hier weggehe, nach Frankfurt, mit meiner Mutter noch allerley zu arrangieren, und dass ich alsdann, von da aus, nach Italien gehen will, um Sie aufzusuchen. Ich darf Sie also wohl bitten in jenen Gegenden zu verweilen und wenn Sie nicht thätig seyn können inzwischen zu vegetieren. Sollten Sie aber Ihrer Gesundheit wegen nach der Schweiz zurückgehen wollen, so schreiben Sie mir, wo ich Sie treffe ... Ich wiederhole nur kürzlich dass es mir ganz gleich ist, in welche Gegend ich mich von Frankfurt aus bewege, wenn ich nur erfahre, wo ich Sie am nächsten treffen kann."

Obwohl Goethe sich hier ganz auf die Entscheidung des erkrankten Meyer einstellt und eine Wiedervereinigung, gleichgültig an welchem Ort, für ihn das primäre Anliegen geworden scheint, lebt eine optimistische Hoffnung fort. Am 17.Mai 1797 erhält Schiller die Botschaft:

> "Seitdem die Hoffnung, das gelobte, obgleich jetzt sehr mißhandelte Land zu sehen bey mir wieder auflebt, bin ich mit aller Welt Freund und mehr als jemals überzeugt: dass man im theoretischen und praktischen, und besonders in unserm Falle im wissenschaftlichen und dichterischen immer mehr mit sich selbst eins zu werden und eins zu bleiben suchen müsse. Übrigens mag alles gehen wie es kann."

In einem Brief vom 30.Juni 1797 an Christiane findet sich die erste Bezug-
nahme auf eine gemeinsame Reise:

> "Ich bin hier fleißig so wie es gehen will, und mache eins nach dem
> andern fertig. Besorge nur von deiner Seite dass wir packen und reisen
> können sobald wir wollen, und dass ich nachher keine Sorge noch
> Beschwerlichkeit habe."

Den Zweck dieser Reise bezeichnet näher ein Gesuch an den Herzog vom
6.Juni 1797:

> "Auch mir kommt, indem ich andre sich fortbewegen sehe, die Lust
> wieder an in die Welt wieder einmal hinaus zu blicken. Ich hoffe dazu
> Ihre Erlaubnis. Zu Anfangs Juli möchte ich meine Mutter besuchen,
> um doch einmal die Lage unsres Vermögend näher kennen zu lernen ...
> Meyer ist in Florenz nicht wohl, ich erwarte, dass er nach der Schweiz
> zurückgeht, wo er schon einmal genas. Vielleicht würde ich einige Zeit
> mit ihm am Zürcher See zubringen, dessen Atmosphäre Wielanden so
> wohl bekommen ist."

Was sich inzwischen verändert und Goethes EntSchluss nach der Schweiz
gelenkt hat, zeigt Meyers Brief vom 13.Mai und Goethes Antwort unter
dem Datum des 6.Juni 1797: Meyer kündigt eine ihm aus gesundheitlichen
Gründen auferlegte Befristung an, wie lange er noch in Florenz auf Goethe
warten könne. Er setzt die Frist bis Ende Juni. Dann will er endgültig in
die Schweiz zurückkehren. Goethe hat die definitive Entscheidung, ob Meyer
seinen eigenen, späteren Abreisetermin noch abwarten könne, bis dahin noch
nicht erhalten. Wieder schwebt er im Ungewissen - die Anwort vom 6.Juni
1797 spiegelt die Unruhe:

> "Sie haben indessen noch zwey Briefe von mir erhalten ... möchten
> Sie doch auf den letzten diejenige Entschließung gefasst haben die zu
> Ihrem besten dient! Ihre Antwort ...wird meine Wege leiten. Selbst
> mit vielem Vergnügen würde ich Sie in Ihrem Vaterland aufsuchen
> und an dem Züricher See einige Zeit mit Ihnen verweilen."

Der entscheidende EntSchluss zur Initiative - am 8.Mai 1797 - von Frankfurt aus nach Italien vorzudringen, ist zu spät gekommen. Diesmal wird
der Italien-Plan nicht ein Opfer äußerer Zeitumstände, sondern von Meyers

Gesundheitszustand. Schon am 27.Mai 1797 war in Florenz die Entscheidung Meyers gefallen: so rasch wie möglich in die Schweiz zurückzukehren. Er kann Goethes Aufbruch nicht mehr länger abwarten - selbst für den von Goethe angekündigten Termin - Juli - reichen seine erschöpften Kräfte nicht mehr aus.

Ehe nun diese entgültige Entscheidung Meyers an Goethe gelangt, hält Goethe sich, wie sein Brief an Christiane vom 6.Juni 1797 zeigt, in Geduld hin:

> "Wir müssen nun eben noch so manches abwarten und uns in der Stille zu unserer Expedition vorbereiten."

Die Wetterlage schiebt die Abreise nach Frankfurt zwar noch hinaus - vgl. Brief vom 9.Juni 1797 an Christiane - aber die Zusendung eines Briefes der Frau Rat ist von dem Hinweis begleitet:

> "Hier schicke ich dir einen Brief meiner Mutter daraus du sehen kannst wie gut sie denkt. Alle Einrichtungen können nunmehr aufs beste gemacht werden und ehe 14 Tage herumgehen kann alles in der besten Ordnung seyn."

Noch einmal mindert ungünstige Witterung die Reisestimmung (13.Juni):

> "Das Barometer steht noch immer tief und wir werden unsere große Tour wohl nicht machen können."

Da schaltet sich unvermittelt der vielbesprochene, ebenfalls seit langem nach Italien strebende Gerning noch einmal ein. Er schlägt Goethe eine Möglichkeit gemeinsamen Reisens vor. Goethe lässt sich aber von seinem Frankfurter Vorhaben nicht abbringen und wahrt alle Vorsicht gegenüber der unzuverlässigen Plänemacherei Gernings:

> "Es wäre doch schön, wenn wir noch, nach so mancherley Störung und Veränderung unserer Pläne, zusammen nach dem gelobten Lande wallfahreten!"

> Ich würde Ihre Einladung sogleich ohne Anstand annehmen, wenn ich den Tag der Abreise von hier genau bestimmen könnte und wenn ich nicht sorgen müßte, dass Meyer wegen seiner Gesundheit in die Schweiz diesen Sommer zurückgeht, wo ich ihn aufzusuchen versprochen habe.

> Ob ich nun gleich bey dieser Ungewißheit Ihren wie es scheint schon
> festgesetzten Reisetermin nicht weiter hinausschieben möchte, so wer-
> de ich doch, sobald ich meiner Sache gewiß bin Ihnen unter EinSchluss
> meiner Mutter schreiben, vernehmen ob Sie noch in Frankfurt sind
> und im Falle mich Ihrer Gesellschaft auf dem Weg erfreuen."

dass der Plan, gemeinsam mit Gerning doch noch die Reise nach Italien
auszuführen, ernsthaft erwogen wurde, beweist der Brief an Christiane vom
14.Juni 1797:

> "Gerning lädt mich ein mit ihm über Regenspurg und Wien nach
> Italien zu gehen, ich kann mich aber nicht darauf einlassen, weil ich
> noch Nachricht von Meyer erwarte und ungewiß bin ob dieser nicht
> gar wegen seiner Gesundheit heraus und in die Schweiz geht."

Den Spannungszustand, der aus dem Schwanken zwischen wiederauflebben-
dem Italienprojekt und den noch ausstehenden Entschlüssen Meyers hervorgeht, unterschlägt Eckermanns Redaktion. Seine Auswahl führt von hier
aus direkt auf die Reise nach der Schweiz. In Wirklichkeit wird Goethe hier
noch einmal in Atem gehalten, wie sein Brief vom 21.Juni 1797 an Schiller
es beschreibt:

> "Mein Zustand, der zwischen Nähe und Ferne, zwischen einer großen
> und kleinen Expedition sich hin und her wiegt, hat in dem Augen-
> blicke wenig erfreuliches, und ich werde mich noch einige Wochen so
> hinhalten müssen."

Doch ahnt Goethe schon fast die Entscheidung Meyers voraus:

> "Bringe ich den guten Meyer zurück, so soll unser Winterleben eine
> gute Wendung nehmen."

Immerhin ist er wieder mit der Arbeit zur Vorbereitung des italienischen
Planes begriffen:

> "Ich habe dieser Tage mancherley angegriffen und nichts gethan. Die
> Geschichte der Peterskirche habe ich besser und vollständiger sche-
> matisiert und sowohl diese Arbeit als der Moses und andere werden
> schon nach und nach reif werden. Ich muss die jetzige Zeit, die nur ein
> zerstreutes Interesse bey der Ungewißheit, in der ich schwebe, hervor-
> bringt, so gut es gehen will, benutzen, bis ich wieder auf eine Einheit
> hingeführt werde."

Aus der letzten Phase seelischer Zerrissenheit sucht sich Goethe einen Ausweg in der poetischen Betätigung - wie sein Brief an Schiller vom 22.Juni 1797 berichtet:

> "Da es höchst nötig ist dass ich mir, in meinem jetzigen unruhigen Zustande, etwas zu thun gebe, so habe ich mich entschlossen an meinen Faust zu gehen und ihn, wo nicht zu vollenden, doch wenigstens um ein gutes Theil weiter zubringen . . ."

Die schöpferische Aufgabe wird hier fast nebenrangig - sie soll vor allem beruhigen, überleiten, hinhalten. Das zeigt auch der Brief an den Herzog vom 20.Juni 1797:

> "Die Ungewißheit, in der ich gegenwärtig vor meiner Abreise schwebe, ist ein peinlicher Zustand, ich habe manches zu ordnen und einzurichten, dabey ich um die übrigen Stunden zu nutzen den wunderlichen EntSchluss gefasst habe meinen Faust wieder vorzunehmen, eine Arbeit die sich zu einer verworrenen Stimmung recht gut paßt."

Doch stellt sich bei der Vertiefung in den Stoff zeitweilig eine hinreichende Befriedigung ein, vgl. Brief an Schiller vom 1.Juni. Wenige Tage später, am 5.Juli1797, schränkt Goethe seine Tätigkeit schon wieder ein - an Schiller gewendet:

> "Faust ist die Zeit zurückgelegt worden, die nordischen Phantome sind durch die südlichen Reminiscenzen auf einige Zeit zurückgedrängt worden, doch habe ich das Ganze als Schema und Übersicht sehr umständlich durchgeführt."

Noch immer stehen die Entschlüsse Meyers aus:

> "Von Meyer habe ich noch nichts vernommen."

Goethes Brief an Meyer vom 7.Juli 1797 setzt jedoch die Nachricht von der Ankunft Meyers in der Schweiz voraus. Jetzt endlich, nach mehrwöchiger Wartezeit, ist das Schicksal des italienischen Vorhabens so gut wie endgültig entschieden. Es mutet fast wie eine fatale Ironie an, dass die letzliche Entscheidung dem Mitarbeiter Meyer und nicht Goethe selbst vorbehalten blieb.

Mit dem Zitat dieses Goethe-Briefes schließt Eckermann an die bisher übersprungene Entwicklung an:

"Seien Sie mir bestens auf vaterländischem Grund und Boden gegrüßt.
Ihr Brief vom 26.Juni hat mir eine große Last vom Herzen gewälzt"

Selbständig und klar kann Goethe von nun an wieder seine Entschlüsse
fassen:

"Indessen habe ich alles geordnet und bin so los und ledig als ich
jemals war. Ich gehe sodann nach Frankfurt mit den Meinigen um sie
meiner Mutter vorzustellen, und nach einem kurzen Aufenthalt sende
ich jene zurück und komme Sie am schönen See zu finden."

Fühlbar erleichtert berichtet Goethe am 8.Juli 1797 an Schiller:

"Da unser Freund Meyer wieder auf nordischem Grund und Boden
gerettet ist, so sehe ich manches Gute voraus."

Und von da an pflanzt sich diese Erleichterung in die positive Erwartung
künftiger gemeinschaftlicher Unternehmungen fort, wie Goethe am 14.Juli
1797 an Meyer schreibt:

"Seitdem ich weiß, dass Sie wieder in Ihr Vaterland gerettet sind, ist
mein Beginnen von ganz anderer Art als vorher, und meine Gedanken
sind nun hauptsächlich darauf gerichtet: dass wir wechselseitig mit
demjenigen bekannt werden was jeder bisher einzeln für sich gethan
hat. Sie haben durch Anschauung und Betrachtung ein unendliches
Feld kennen gelernt und ich habe indessen, von meiner Seite, durch
Nachdenken und Gespräch über Theorie und Methode mich weiter
auszubilden nicht versäumt, so dass wir nun entweder unmittelbar mit
unsern Arbeiten zusammen treffen, oder uns wenigstens sehr leicht
werden erklären und vereinigen können."

Ein Brief vom 19.Juli 1797 an A.W.Schlegel fasst präzise Weimar als den
Ort künftiger gemeinsamer Arbeit mit Meyer ins Auge:

"Mein Freund Meyer ist, seiner Gesundheit wegen, aus Italien nach
der Schweiz zurückgegangen, ich gedenke ihn am Zürcher See zu besuchen, und mit ihm Rath zu pflegen was weiter zu thun sey? So viel
ich seine Constitution kenne möchte es wohl nicht räthlich seyn ihn
gleich wieder hineinzuführen, und das Bild das dieses schöne Land
im Augenblicke darstellt, ist auch für den Beschauer nicht reizend.
Wahrscheinlich sind wir gegen den Winter wieder hier, und erfreuen
uns des Umgangs unserer Freunde."

Doch begleitet eine leise Unsicherheit das Vorgefühl der herannahenden Epoche, wie der Brief an C.G.Körner vom 20.Juli 1797 zeigt:

> "Freund Meyer ist in der Schweiz und ich gehe ihn zu besuchen. Was weiter aus uns werden wird, weiß ich nicht."

Am 21.Juli 1797 kündigt Goethe an Meyer die Voraussendung seines Gepäcks nach Frankfurt an:

> "Mein Koffer ist mit dem Planwagen heute früh nach Frankfurt abgegangen und . . . also schon ein Theil von mir nach Ihnen zu in Bewegung . . . der Körper wird nun auch wohl bald dem Geiste und den Kleidern nachfolgen."

Am 22.Juli 1797 erhält der Herzog eine Bitte über Erbschaftsregelung im Falle von Goethes Ableben.[13] Am 26.Juli hofft Goethe gegenüber Schiller:

> "...noch zu Ende dieser Woche zu reisen ... .Ich bin so außer Stimmung dass ich heute sogar meine Prosa bald schließen muss."

Am 27.Juli 1797 wird der Pass für Frankfurt - für Goethe, Christiane und den Sohn - beantragt. Am 29. verabschiedet sich Goethe von Schiller:

> "Morgen werde ich denn endlich im Ernste hier abgehen, gerade abermals 4 Wochen später als ich mir vorgenommen hatte. Bey der Schwierigkeit loszukommen sollte von rechtswegen meine Reise recht bedeutend werden, ich fürchte aber dass sie den übrigen menschlichen Dingen gleichen wird."

Am selben Tag wird der Reiseantritt auch dem Arzt Hufeland mitgeteilt. unter der kennzeichnenden Einschränkung, die schon gegenüber Schiller anklang:

---

[13]Erst nachdem Goethes Mutter - bis dahin die einzige legale Erbin ihres unverheirateten und dem Gesetz nach kinderlosen Sohnes - auf Goethes Bitte eine am 17.Juni 1797 notariell beglaubigte Erbverzichtserklärung unterschrieben hatte, konnte Goethe mit Zustimmung des Herzogs testamentarisch für den Fall seines Todes "den mit meiner Freundinn und vieljährigen Hausgenossin Christiane Vulpius erzeugten Sohn August" zum Universalerben bestimmen, wobei Christiane die Nutznießung von Vermögen und Grundbesitz zugesprochen wurde, so lange sie den Sohn vorschriftsmäßig erzog. Sollte ihm auf dieser Reise etwas zustoßen, würde Christiane also nicht unversorgt zurückbleiben

"Morgen werde ich endlich nach Frankfurt abgehen, schwerlich wird
meine Reise so lange als die Vorbereitung dauern, worüber ich am
Ende ganz getröstet bin, denn man befindet sich denn doch in einem
gewissen Kreise, umgeben mit Personen mit denen man sich versteht,
immer am besten."

Dann setzen die Briefmitteilungen erst wieder in Frankfurt ein.

Auf Italien bezieht Goethe sich verschiedene Male während der Reise
in die Schweiz: so auf die Lektüre italienischer Zeitungen, deren Rezension
einem Brief an den Herzog beigelegt wird. In einem Brief an Knebel vom
10.August 1797 aus Frankfurt schreibt er - (ein geradezu unvergeßliches
Beispiel der schlagend bildhaften Formulierungskraft Goethes!):

"Ich will hernach unsern guten Meyer, der am Zürcher See angekom-
men ist, aufsuchen und, ehe ich meinen Rückweg antrete, noch irgend
eine kleine Tour mit ihm machen. Nach Italien habe ich keine Lust,
ich mag die Raupen und Chrysaliden der Freyheit nicht beobachten,
weit lieber möchte ich die ausgekrochenen französischen Schmetterlinge sehen."

Entschiedene Ablehnung Italiens spricht Goethe in seinem Brief vom 25.Au-
gust 1797 an Christiane aus:

"Vor allen Dingen muss ich dich bitten, mein liebes Kind, dass du dich
über meine weitere Reise nicht ängstigst und dir nicht die guten Tage
verdirbst die du haben kannst ... Du weißt überhaupt und hast auch
auf der letzten Reise gesehen, dass ich bey solchen Unternehmungen
sorgfältig und vorsichtig bin, du kannst leicht denken, dass ich mich
nicht von heiler Haut in Gefahr begeben werde, und ich kann dir wohl
gewiß versichern, dass ich diesmal nicht nach Italien gehe. Behalte das
für dich und laß die Menschen reden was sie wollen, du weißt ja die
Art des ganzen Geschlechts, dass es lieber beunruhigt und hetzt, als
tröstet und aufrichtet."

Erst in der Schweiz verzeichnet das Tagebuch am 24.September 1797 wieder
eine Reminiszenz:

"Gespräch über die vorhabende rhetorische Reisebeschreibung. Wech-
selseitige Teilnahme. Über die Nothwendigkeit, die Terminologie zuerst festzusetzen, wornach man Kunstwerke beschreiben und beurtheilen kann."

.Aus "Stäfa, vom 14.Oktober 1797" datiert, berichtet ein Brief an Schiller über den einzuschlagenden Heimweg. Italien als Möglichkeit wird hier noch einmal ernsthaft erwogen:

> "Nun aber entsteht eine Frage, die uns doch von Zeit zu Zeit zweifelhaft ist: wo wir uns hinwenden sollen? um sowohl Meyers Collectaneen als meinen eignen alten und neuen Vorrath auf´s bequemste und baldigste zu verarbeiten. Leider sind hier am Orte die Quartiere nicht auf den Winter eingerichtet, sonst leugne ich nicht, dass ich recht geneigt gewesen wäre hier zu bleiben, da uns denn die völlige Einsamkeit nicht wenig gefördert haben würde. Dazu kommt dass es der geschickteste Platz gewesen wäre um abzuwarten, ob Italien oder Frankreich auf´s künftige Frühjahr den Reisenden wieder anlockt oder einlässt. In Zürich selbst kann ich mir keine Existenz denken und wir werden uns wohl nunmehr sachte wieder nach Frankfurt begeben."

Goethe bleibt bei seiner bisherigen Entscheidung - obgleich es jetzt nicht mehr äußere, sondern innere Gründe sind, die ihn von einem Übertritt nach Italien abhalten:

> "Ich bin auch jetzt überzeugt, dass man recht gut nach Italien gehen könnte, denn alles setzt sich in der Welt nach einem Erdbeben, Brand und Überschwemmung so geschwind als möglich in seine alte Lage, und ich würde persönlich die Reise ohne Bedenken unternehmen, wenn mich nicht andere Bedenken abhielten. Vielleicht sehen wir uns also sehr bald wieder, und die Hoffnung mit Ihnen das erbeutete zu theilen und zu einer immer größern theoretischen und praktischen Vereinigung zu gelangen, ist eine der schönsten, die mich nach Hause lockt. Wir wollen sehen, was wir noch alles unterweges mitnehmen können. So hat Basel wegen der Nähe von Frankreich einen besonderen Reiz für mich, auch sind schöne Kunstwerke, sowohl ältere als ausgewanderte, daselbst befindlich."

Der Brief an C.G. Voigt vom 25.Oktober 1797 präzisiert bereits die Reiseroute des Heimwegs:

> "Wir gedenken noch Basel zu sehen und alsdann über Schaffhausen, Tübingen und wahrscheinlich Anspach und Nürnberg unsere Rückreise zu nehmen."

Die aus der Nähe deutlicher wahrnehmbare Verworrenheit, in der sich das kriegszerrüttete Italien befand, bestärkt Goethes Vorsatz, "die Raupen und Chrysaliden der Freiheit" zu meiden und sich so schnell wie möglich in die Vertrautheit der Weimarer Verhältnisse zurückzubegeben. So heißt es in einem Brief an Böttiger vom 25.Oktober 1797:

> "Gegenwärtig wollen wir nur noch von Basel in das nicht gelobte Land hinübersehen und dann wahrscheinlich über Schaffhausen und durch Schwaben unsern Rückweg antreten."

Basel wird jedoch auf der Heimreise gar nicht berührt - vgl. an Schiller vom 30.Oktober 1797 aus Tübingen:

> "Wir haben die Tour auf Basel aufgegeben und sind gerade auf Tübingen gegangen. Die Jahreszeit, Wetter und Weg sind nun nicht mehr einladend, und da wir nun einmal nicht in der Ferne bleiben wollen, so können wir uns nun nach Hause wenden. Welchen Weg wir nehmen ist noch unentschieden."

Das Bedürfnis nach Bewegung und Erlebnis ist gesättigt. Goethe drängt nachhause. An Christiane schreibt er am 30.Oktober 1797 aus Tübingen:

> "Nun weiß ich nicht, ob wir über Frankfurt oder Nürnberg gehen, auf beyden Seiten brauchen wir acht Tage Reise, wenn ich nun den Aufenthalt hie und da dazu rechne, so können wir in der Mitte Novembers wohl bey dir seyn. Das ist dir ja wohl ganz recht, deinen Freund so bald wieder zu sehen. Ich kann aber auch wohl sagen dass ich nur um deinet und des Kleinen willen zurück gehe. Ihr allein bedürft meiner, die übrige Welt kann mich entbehren."

Der Überblick über die Quellen, die den Zeitraum der Vorbereitung auf Italien einschließlich der Schweizerreise umfassen, zeigt eine langsame Umwandlung der Seelenstimmung. Mehr als die Redaktion Eckermanns deutlich macht, fließen die Übergänge von Italienplan und Reise ineinander, und das jahrelang vorbereitete Unternehmen beschattet selbst den Höhepunkt der Reise, wo Goethe sich zum letzten Male sein jetzt seelisches Unvermögen eingesteht, den Übertritt über die Alpen zu vollziehen. Während er über lange Jahre hinweg mit Nachdruck sich von allen persönlichen und gesellschaftlichen Bindungen abzulösen und das exklusive Unternehmen zu verwirklichen gesucht hatte, drängt es ihn jetzt in die allerengste, ja intime Bindung zurück.

Dieses seelengeschichtliche Resultat sei andeutungsweise vorweggenommen. Es ist aber nicht wirklich kennzeichnend für den Rang der Italienpläne und kann die Tiefe des Verzichts und seine Nachwirkungen auf Goethe nur unvollständig kennzeichnen. Denn obzwar er am Ende der Schweizerreise freiwillig auf Italien verzichtet, so sind an diesem EntSchluss doch sekundäre Motive beteiligt, die das frühere große Objekt unangemessen verkleinern: verständliche Reisemüdigkeit, Furcht vor der Unbequemlichkeit des nahenden Winters, Vorsicht vor Gefahren militärischer Art. Solche Überlegungen können Goethes Motiv für seinen Rückzug ins Enge, Häusliche nicht von Grund auf erklären.

Als echter Beweggrund kann wohl vermutet werden, dass die für Italien vom ersten Aufenthalt her angesammelte seelische Kraftreserve sich allmählich aufgezehrt habe und nun vollends den letzten dramatischen Wochen vor Antritt der Schweizerreise erlegen sei. Das besondere Pathos, das Goethes Bewunderung für das klassische Land bislang getragen hatte, lässt, wie die Briefe an Meyer zeigen, allmählich nach, an seine Stelle tritt Resignation. Italien rückt in historischen Abstand.

Dazu setzt sich die Erkenntnis durch, dass aus der Beschreibung von Kunstwerken - und sei sie noch so exakt und zugleich begeistert-begeisternd - ihr Gedächtnis nicht lebendig erhalten werden könne; dass sie "nur Worte bleiben" müssen.

Das "humanistische" Erlebnis griechischen (und damit italienischen) Wesens, das nach W.Rehm immer mehr in den Vordergrund für Goethe rückt, verlangt zunehmende Abstrahierung des sinnlichen Augenerlebnisses. Die Übertragung der Anschauung in begriffliche Definition verursacht dem Augenmenschen Goethe eine besondere, seelische Not. Meyer in seiner Mittlerrolle kann für Goethe trotz alles theoretischen Aufwandes die Frage einer immer wieder notwendigen, selten aber realisierbaren Begegnung mit dem Original nur mittelbar lösen. So rückt das innige Besitzverhältnis zum italienischen Kunstwesen, das die frühe nachitalienische Zeit erfüllte, im Laufe der neunziger Jahre in den natürlichen Abstand einer antiquierenden Erinnerung. Die lebendigen Schätze wandeln sich in musealen Bestand um:

"Wenn ich so bedenke, dass mir der große Wert der Kunstwerke jetzt

doch nur wie in einer Art von Tradition ercheinet und alle Erinnerung
dieser Art mehr oder weniger stumpf ist ..."

Die Geschichte der deutschen Griechenverehrung, in deren Tradition der
Italienplan Goethes steht, ist zugleich eine Geschichte der Not deutschen
Geistes, das Original "zitieren", es aus der Vorstellung heraus abstrahieren
zu müssen. Bei der säkularisiert religiösen Bedeutung des Kunstwerks für
den klassischen Idealismus wirkt sich die Eigenart dieses Verhältnisses auf
das Lebensgefühl unmittelbar krisenhaft aus. Goethe "fühlt nur zu sehr,
was er verliert" - indem er es endgültig verloren weiß -: die wechselseiti-
ge, unmittelbare Zwiesprache mit dem Kunstwerk. Die Einseitigkeit des
Bezugs versucht er durch Intensität der Erinnerung und durch vermehrte
theoretische Klärung auszugleichen. Er muss also eine besondere Art der
Lebensleistung vollbringen.

Diese Forderung an sich selbst beginnt Goethe jetzt in seinen Aufgaben-
bereich einzubeziehen. Je mehr sie als Aufgabe spekulativ erschlossen wird,
um so konkreter bildet sich der in diesem Lebensstadium aufkeimende Ent-
sagungsbegriff heraus.

E. Cassirer umschreibt den Zeitraum, der die Auseinandersetzung mit
diesem Problem enthält, von den neunziger Jahren bis zur Entstehung der
"Pandora", 1807. Zu diesem Zeitpunkt ergreift ihn "mitten auf der höchsten
Fülle das Gefühl des kommenden Abstiegs", das sich in die Worte fasst:

"Wer von der Schönen zu scheiden verdammt ist
Fliehe mit abgewendetem Blick" [14]

---

[14] E.Cassirer "Idee und Gestalt" a.a.O. Vgl. auch ebendort:
"Denn nicht gelassen und ruhig trennt sich Goethe, im Gefühl seiner neuen Einsicht,
die er gewonnen, von dem Ideal seiner klassischen Zeit, sondern es ist ein Stück des
eigenen Lebens, das er zugleich mit ihm versinken sieht . . . Der eigentliche Sinn der
Entsagung und ihre ganze schmerzliche Bedeutung ergibt sich für Goethe erst dort, wo
sie von den Menschen nicht nur den Verzicht auf visuelle Güter, sondern auch den Verzicht
auf den höchsten ideellen Gehalt verllangt. Und eben diese Forderung ist es, die sich in
Goethe, seit der Epoche der Pandora und der Wahlverwandtschaften, innerlich immer
bewusster und entschiedener durchsetzt. Mehr und mehr sieht er sich dazu gedrängt, das
ausschließende ästhetisch-humanistische Ideal, das er in Italien festgestellt und das er
im Verein mit Schiller und Humboldt zu seiner höchsten Durchbildung geführt hatte, zu
beschränken."

Der weiträumige Prozeß einer langsam dämmernden Einsicht in das Un-
wiederholbare des ersten italienischen Erlebnisses bildet nach Cassirer das
unmittelbare Vor-Stadium einer Goethe´schen Altersmetamorphose. Innerhalb dieser Umgestaltung stellt der Plan eines zweiten Aufenthalts in Italien
den repräsentativsten Akt jahrelanger Auflehnung gegen die Vergänglichkeit
des "schönen Augen-Blicks" dar. Die Erinnerung an diese Schönheit

> "Wie er sie schauend im Tiefsten entflammt ist,
> Zieht sie, ach, reißt sie ihn ewig zurück "

Sie zehrt aber nicht nur einen aufgespeicherten Seelenvorrat unablässig auf,
sie bereitet zugleich auch das "humanistische" Erlebnis, die Begegnung mit
dem Kunstwerk in der Reflexion vor. Auch das reflektierte Kunstwerk ist
im seelischen Bereich beheimatet, von dorther erfolgt der Anstoß zu seiner
theoretisch-spekulativen Aneignung.

So ist die Alterswende, die die Lebensepoche von Goethes fünfziger Jahren dann biologisch wie geistig herbeiführen wird, vom doppelten seelischen
Kraftaufwand gezeichnet: Abschied zu nehmen vom unerreichbaren Original
und sich für immer mit Kunstabstraktion und Kunsttheorie zu begnügen.
Der letzte Akt dieses Verzichtes wird sein, wie es Cassirer beschreibt: das
lange Jahre ausschließliche "ästhetisch-humanistische Ideal, das er in Italien
festgestellt und im Verein mit Schiller und Humboldt zu seiner höchsten
Durchbildung geführt hatte," endgültig zu beschränken - und sich letzten
Endes von seiner Ausschließlichkeit zu befreien. Dies jedoch bahnt sich gerade erst an, sein Vollzug liegt noch in weiter Ferne.

Schon während der Vorbereitungszeit auf Italien wehrt sich Goethe ab
und zu instinktiv gegen die damit eingeleitete, einseitige gedankliche Auseinandersetzung, gegen die zehrende, alleinige Vorstellung von Kunstwerken.
Der immer mehr erweiterte, umfassende wissenschaftlich-theoretische Anspruch staute seine eigentliche produktiv-poetische Kraft und künstlerische
Substanz fühlbar zurück:

> "... indessen ich mich herzlich zu Ihnen sehne, um durch Anschauung
> so mancher herrlicher Formen mich wieder zu beleben. Denn für uns
> andere, die wir doch eigentlich zu Künstlern geboren sind, bleiben
> doch immer die Speculation so wie das Studium der Naturlehre falsche
> Tendenzen, denen man freylich nicht ausweichen kann, weil alles, was
> einen umgibt, sich dahin neigt und gewaltsam dahin strebt."

Allmählich bildet sich auf diese Weise eine antithetische Selbstsicht heraus
- Goethe findet sich zwischen gegensätzlichen Richtungen seines Wesens in
einer mehr und mehr krisenhaften Zwangslage:

> "Wenn Sie über das, was Sie in Ihrem Fache aufzeichnen und leisten
> sorglich sind, so habe ich bey meiner Natur noch viel mehr Ursache,
> es zu seyn, da ich weit mehr als Sie von der Stimmung abhänge und so
> selten eben das thun kann, was ich mir vornehme. So geht es mir eben
> bey meinem Roman, den zu endigen ich abermahls hierher gegangen
> bin, und in vierzehn Tagen allerley löbliche und erfreuliche Dinge zu-
> stande gebracht habe, nur gerade das nicht, was ich mir vorgenommen
> hatte. Auch weiß ich recht gut, dass die sammelnde Aufmerksamkeit
> bey mir nur eine gewisse Zeit lang dauert und dass die verbindende,
> und, wenn Sie so wollen, poetische Tendenz alsdann desto lebhafter
> und unaufhaltsamer sich in Bewegung setzt."

Alle Tendenzen zusammengefasst, die Goethe den Weg nach Italien ein-
schlagen ließen: private Sehnsucht und überprivater wissenschaftlicher For-
schungstrieb - mit EinSchluss von Goethes höchster geistiger Konzeption
einer klassischen Ordnung, die er in Italien realiter existierend zu finden hoffte - unterliegen der Notwendigkeit, die unvermeidliche Vernachlässigung der
"poetischen Tendenz" durch einen vermehrten Aufwand von "Welt-Gefühl"
zu entschädigen. Für Goethe bedeutet dies ein Lebensproblem,[15] aber niemals vorher oder nachher in solcher Weise dringlich.

Das italienische Programm kreiste um die eine zentrale Frage: sich selbst
als klassische Persönlichkeit in ein klassisch-humanistisches Weltbild einzuordnen. Italien als geographische, kulturelle und historische Realität galt
dabei nur stellvertretend für das antike Urbild. Goethe sah Italien noch immer mit großgriechischem Auge. "Cultur" im höchsten Sinne von Goethes
Ansprüchen konnte nur dort erfahren und eingelebt werden. Sie war Übung,

---

[15] Vgl. Eckermann "Gespräche mit Goethe", 2o.April 1825 .

"Ich habe gar zu viele Zeit auf Dinge verwendet, sagte er eines Tages, die nicht zu
meinem eigentlichen Fache gehörten. Wenn ich bedenke, was Lope de Vega gemacht hat,
so kommt mir die Zahl meiner poetischen Werke sehr klein vor. Ich hätte mich mehr an
mein eigentliches Metier halten sollen.

Hätte ich mich nicht so viel mit Steinen beschäftigt, sagte er ein andermal, und meine
Zeit zu etwas Besserem verwendet, ich könnte den schönsten Schmuck von Diamanten
haben."

Nachahmung, Lehre. Ihre Spitze bildete das Kunsterlebnis, ihre Wurzeln reichten hinab ins Menschlich-Profane und ins Geologisch-Amorphe.

Blieb dies "eigentliche Unternehmen" unausgeführt, so bedeutete das vornehmlich einen menschlichen, ja, seelischen Verlust für Goethe. Der Aufwand im Geistigen lässt sich dabei noch durch die erlangte methodische Geläufigkeit rechtfertigen - im Seelischen aber muss er unersetzlich bleiben und kann sich daher nur negativ auswirken.

Deshalb ist es nur folgerichtig, wenn Goethe alsbald beim Scheitern der Pläne zu neuer geistiger Aktivität fortschreitet. Wenn ihm auch die Reise nach der Schweiz nur Ersatzlösung sein kann, so treten doch die an sie geknüpften Erwartungen teilweise in die der Italienreise ein. Doch löst sich die für Italien geschaffene großartige Konzeption nun in ihre Einzelbestandteile auf. Der scharfe Umriß der Idee eines einheitlichen Kunst-, Kultur- und Naturkörpers fließt auseinander, - jetzt tritt Goethe nicht mehr mit vorgefassten Erwartungen an den Gegenstand, sondern gleichsam neutral an die Dinge heran, bereit, "alles" wahrzunehmen - aber andererseits ebenso darauf eingestellt, sich nur noch auf dasjenige zu beschränken, was er "so in der Gewalt hat wie ein Gedicht." Immerhin bleibt die geistige Initiative erhalten:

> "Nun geht eine neue Epoche an, in welcher alles eine bessere Gestalt gewinnen wird."

Darf aber aus dieser Tatkraft im Geistigen bereits geschlossen werden, dass die Notwendigkeit eines nochmaligen Italienerlebnisses von Goethe selbst während der voraufgegangenen Jahre überschätzt worden ist, wenn er die leibliche Anschauung dieser Kunstwelt ein zweites Mal als unabdingbar notwendig für seine "Cultur" forderte? Unterlag er nur einer vorübergehenden, wenn auch fruchtbaren Illusion?

"Nur auf jene Weise" hatte Goethe sich seinen Bedarf an "Cultur" noch verschaffen zu können geglaubt. Das bedeutet Exklusivität mit sehr konkreten Ansprüchen. Zugleich sollte hier nicht nur ein geistiges, sondern vornehmlich ein vom Seelischen getragenes Programm abgewickelt werden. Wenn er nun darauf verzichtet, kann man das nicht als Mangel an echter Notwendigkeit abtun. Auch die historisch konstruierte Prognose einer Kräftezersplitterung erscheint angesichts Goethe´scher Umsicht und Lebensplanung als willkürlich. Eine Würdigung und Sinngebung dieses Verzichtes kann angesichts der Brief- und sonstiger Zeugnisse einfach nicht unterbleiben: er ist echte Passion und wächst unmittelbar bereichernd in Goethes Entsagungshaltung ein. Goethes "italienischer Leidensweg" führt vom ersten Abschied - 1788 - über den Klassizismus zu einem endgültigen Verzicht auf die langgehegten seelischen Bindungen, zu einem Abschied "mit abgewendetem Blick". Jenseits dieser Stationen liegt der seelische Anschluss an die eigene, nationale Kunst, der einer jahrzehntelangen zukünftigen Entwicklung als Ergebnis vorbehalten bleibt.

Wenn die Schweizerreise auf ihrem Höhepunkt noch einmal das "Gespräch über die vorhabende Reisebeschreibung" aufnimmt und "Kunstwerke" und ihre "Terminologie" abhandelt, so bekundet Goethe damit eine nachhaltig in die Gegenwart herüberwirkende geistige Bindung an Programm und Idee "Italien". 1798 entsteht, als unmittelbare Frucht der langjährigen thematischen Vorbereitung, die "Einleitung in die Propyläen". Den "symbolischen Titel" erläuternd, weist Goethe auch in die eigene Mitte:

> "Der Jüngling, wenn Natur und Kunst ihn anziehen, glaubt, mit einem lebhaften Streben bald in das innerste Heiligtum zu dringen; der Mann bemerkt nach langem Umherwandeln, dass er sich noch immer in den Vorhöfen befinde."

Die "Vorhöfe" der Kunst, in denen Goethe resigniert, umfassen einen geistigen wie seelischen Bereich. Mag sich darin in den auf die Schweizerreise folgenden Jahren eine noch so große geistige und ideelle Aktivität entfalten, so bleiben Sehnsucht und seelisches Bedürfnis dabei doch letztlich unerfüllt.

Bereits 1798, also nur ein Jahr nach Preisgabe des Italienplanes, besteht für Goethe die einzigartige Personalunion Italiens als Kunst-, Kultur- und Naturkörper nicht mehr, wie die "Einleitung in die Propyläen" offenbart. Abschließend heißt es dort:

> "Für die Bildung des Künstlers, für den Genuss des Kunstfreundes war es von jeher von der größten Bedeutung, an welchem Orte sich Kunstwerke befanden; es war eine Zeit, in der sie, geringere Dislokationen abgerechnet, meistens an Ort und Stelle blieben; nun aber hat sich eine große Veränderung zugetragen, welche für die Kunst im Ganzen sowohl als im Besonderen wichtige Folgen haben wird. Man hat vielleicht jetzo mehr Ursache als jemals, Italien als einen großen Kunstkörper zu betrachten, wie er vor kurzem noch bestand. Ist es

möglich, davon eine Übersicht zu geben, so wird sich alsdann erst zeigen, was die Welt in diesem Augenblicke verliert, da so viele Theile von diesem großen und alten Ganzen abgerissen wurden.

Was in dem Akte des Abreißens selbst zu Grund gegangen, wird wohl ewig ein Geheimnis bleiben; allein eine Darstellung jenes neuen Kunstkörpers, der sich in Paris bildet, wird in einigen Jahren möglich werden; die Methode, wie ein Künstler und Kunstliebhaber Frankreich und Italien zu nutzen hat, wird sich angeben lassen, so wie dabei noch eine wichtige und schöne Frage zu erörtern ist: was andere Nationen, besonders Deutsche und Engländer, thun sollten, um in dieser Zeit der Zerstreuung und des Verlustes mit einem wahren *weltbürgerlichen* Sinne, der vielleicht nirgends reiner als bei Künsten und Wissenschaften stattfinden kann, die mannigfaltigen Kunstschätze, die bei ihnen zerstreut niedergelegt sind, allgemein brauchbar zu machen und einen idealen Kunstkörper bilden zu helfen, der uns mit der Zeit für Das, was uns der gegenwärtige Augenblick zerreißt, wo nicht entreißt, vielleicht glücklich zu entschädigen vermöchte."

Schon 1798 ist Italien - in dem idealen Sinne, wie Goethes Werk es hatte darstellen wollen - Vergangenheit. Die abgewanderten Kunstwerke finden im napoleonischen Paris eine neue Heimstätte. Mit ihrer körperhaften Existenz siedelt auch die Idee eines Kunstganzen um. Obzwar Paris vorher nur eine Art künstlerische Filiation von Rom bzw. Italien darstellte, so zieht es doch bereits jetzt schon den geistigen Vorrang an sich. Die Zukunft gehört Paris nicht in erster Linie wegen der Kunst-Raubzüge Napoleons, die ja zum Teil rückgängig gemacht werden mussten, sondern wegen der in nächster Zukunft in Paris entstehenden Moderne: Frankreich ist es, dem die Kunstwelt des neunzehnten Jahrhunderts gehören wird. Goethes Idee von Italien, die er so lange in sich genährt hatte, wird bald obsolet geworden sein. Sie kann sich nur noch als Bildungsgut fortsetzen. Der Realität in Großstädten wie Paris oder London gegenüber ist sie schon fast ein Anachronismus. Man denke an die unglaublich waghalsigen Entwürfe der Pariser Revolutionsarchitektur, an die oft bis an die Grenze des Absurden gehende Zitatwelt des aufkommenden Empire in Mode und Möbelstil - an die hochmoderne Bautechnik, die in Bälde von Schinkel und seinesgleichen genial konstruktiv verwendet, wenn auch von palladianischen Säulen oder von gotischer Kathedralarchitektur kaschiert und hinter Marmor und Sandstein versteckt werden wird

- und deren Manifestationen von Pseudo-Renaissance und -Klassik unendlich weit von Goethes ästhetisch-humanistischem Kunst- und Menschenbild entfernt sein werden.

Wichtig dagegen erscheint Goethes Einstellung zur Frage des Nationalitätencharakters der Kunst. Seither war das Kunstwesen ausschließlich Eigentum einer einzigen, nationalen Provinz gewesen - in ihrer nunmehrigen Zerstreuung wandelt es sich für Goethe zu einem grundsätzlich Allgemeinen, Übernationalen, woran allen Nationen gleichmäßig und produktiv teilzunehmen gestattet ist. Ja, ein "wahrer, weltbürgerlicher Sinn" soll in England wie in Deutschland die "mannigfaltigen Kunstschätze, die bei ihnen zerstreut niedergelegt sind", allgemein zugänglich machen und einen neuen "idealen Kunstkörper" in gemeinsamer schöpferischer Bemühung hervorbringen helfen. So weit Goethes Vision zukünftiger Institutionen, großen staatlichen, öffentlich zugänglichen Museen, die das neunzehnte Jahrhundert dann kraft kunstbegeisterter Mäzene wie etwa Ludwig I. von Bayern entstehen lässt. Seine höchste Bestimmung soll sein die ideelle Heimat für alle in der Liebe zur Kunst geeinten Weltbürger.

Damit dokumentiert Goethe, auf welche Weise er sich mit dem Abschied vom ehemaligen Sehnsuchtsland Italien abfinden könnte. Nur untergründig klingt der Seelenschmerz um das endgültig Verlorene mit, dessen Umfang und Wert "wohl ewig ein Geheimnis bleiben wird." "Dieses große und alte Ganze" leiblich in Erfahrung zu bringen, wäre Goethe in jenem historischen Augenblick in jeder Hinsicht zum letzten Mal geschenkt worden. Den Zeitereignissen sich anpassend, wandeln sich auch die großen geistigen Richtlinien für Goethe. Die Seele aber ist ihrer Natur nach konservativ. Sie bleibt Italien in Treue verbunden. So vereinigt der Lebensaugenblick widerstreitende Tendenzen: Versuch einer geistigen Neuorientierung und seelisches Verhaftetbleiben im Rückwärtigen, historisch Abgelebten. Das, was die Gegenwart "entreißt", ist zwar vielleicht als Idee neu vorstellbar, aber als Tradition und echter Liebesgegenstand bleibt es unersetzlich. Der "wahre, weltbürgerliche Sinn" ist freilich zuletzt auch ein Stück intellektuelles Konstrukt, ein neues suggestives Ideengebilde, - Paris, das neue Rom - ebenso unerreichbar fern wie das alte.

"Ein wundersames Werk wird zusammengestellt werden können"

Der Nachlass der Italienpläne gliedert sich in seinen Ideenvorrat und einen methodischen Hilfsapparat.

Schon mit festen Vereinbarungen über ein tabellarisches Verfahren der Bearbeitung künstlerischer Objekte ausgerüstet, wandte sich Meyer 1795 nach Italien. Die Arbeitsaufteilung zwischen beiden Partnern hatte die jeweiligen Wissenschaftsgebiete gegeneinander abgegrenzt: Meyer verblieb in seinem speziellen Fach als Kunstgelehrter; Goethe Schloss darum das weite Umfeld der kulturellen, gesellschaftlichen und naturwissenschaftlichen Bereiche als seine persönliche Aufgabe an. So, wie Goethe der Schöpfer der Gesamtkonzeption war, ist er auch der Initiator ihrer methodischen Grundlagen. Meyer handelt nach Instruktion und arbeitet nur als kritischer Beobachter selbständig.

Schon Meyers erster brieflicher Bericht an Goethe vom 30.Oktober 1795 aus München kündigt systematische Beschreibungen von Kunstwerken an:

> "Der Anfang meiner Relationen über Gegenstände der Kunst ist um des Überflusses willen sehr mager ausgefallen ... Ich sende Ihnen hier einiges zur Probe von meinen Bemerkungen. Das andere ist noch nicht ins Reine gebracht ..."

Doch ist sich Meyer der methodischen Ergebnisse seiner "beygelegten Tabellen" noch nicht sicher:

> "Da ich durch Sehen und Handeln und Wirken am Denken über die gebrauchte Methode gehindert werde, so wünschte ich von Ihnen zu vernehmen, ob die Manier in den tabellarischen Noten wirklich so brauchbar ist, als sie Mühe kostet (man hat beynahe eine Stunde zu thun, ein Bild unter allen diesen Gesichtspunkten zu betrachten); und ob dieselbe fortzusetzen sey; denn ich bin mehr als acht Tage hier und habe mirs sauer werden lassen und doch nicht einen Strich gezeichnet, und es frägt sich, ob ich auch wohl gethan, die Skizzen von Bildern an Buchstaben zu tauschen."

Besser hätte Heinrich Meyer das Problem der ihm bevorstehenden beiden italienischen Jahre gar nicht fassen können. Immer wieder einmal wird Mey-

er die ihm so viel Not bereitende Auseinandersetzung mit dem ihm von
Goethe aufgetragenen Verfahren beklagen. Goethe selbst verfügt darüber
mit weit größerer Sicherheit und Überzeugung und muss den Mitarbeiter
mehrmals darin bestärken und unterstützen. So bestätigt er Meyers Anfra-
ge:

> "Die Art, wie Sie die Merkwürdigkeiten in und um München gesehen
> und beschrieben, zeigt zum voraus, was vor eine reiche Ärndte jenseits
> der Alpen zu erwarten ist. Lassen Sie sich nicht reuen, auch in Buch-
> staben freigebig zu sein. Die Worte des guten Beobachters sind keine
> Buchstaben mehr; sein Urtheil spricht unmittelbar zu unserem bes-
> seren Selbst, lehrt uns aufmerken, genau und bescheiden zu sein. Die
> tabellarische Methode finde ich auch in Ihrer Ausführung vortrefflich,
> besonders wird sie dem kunstrichterlichen Gedächtnis auf das beste
> zur Hülfe kommen und ich sollte denken, wenn man sich einmal geübt
> hat, so müßte es auch so viel Zeit nicht wegnehmen; denn es verlang-
> te doch mehr Stimmung und Anstrengung, zu einem jeden Bilde die
> eigenthümliche Formel der Beschreibung zu erfinden, die dazu paßte
> und gehörte."

An diesen sehr bestimmten Hinweis knüpft Goethe die Darstellung seines
vollständigen eigenen Programms an:

> "Ich habe indessen auch mancherley zu unserm Zwecke zusammen ge-
> tragen und hoffe die Base zu unserm Gebäude breit und hoch und
> dauerhaft genug aufzuführen. Ich sehe schon die Möglichkeit vor mir,
> eine Darstellung zu geben der physikalischen Lage, im allgemeinen
> und besondern, des Bodens und der Cultur, von der ältesten bis zur
> neuesten Zeit, und des Menschen in seinen nächsten Verhältnissen zu
> diesen Naturumgebungen. Auch ist Italien eins von den Ländern, wo
> Grund und Boden bey allem, was geschieht, immer mit zur Sprache
> kommt. Höhe und Tiefe, Feuchtigkeit und Trockne sind bey Begeben-
> heiten viel bedeutender, und die entscheidenden Abwechslungen der
> Lage und der Witterung haben auf Cultur des Bodens und der Men-
> schen, auf Einheimische, Colonisten und Durchziehende mehr Ein-
> Fluss als in nördlichern und breiter ausgedehnten Ländern."

Bereits bei Meyers Abreise lag dies Programm in theoretischer Vollständigkeit vor. Die Methode der Durchführung ist eine "tabellarische Schematisierung" der Gegenstände - in Meyers Fall sind es Kunstwerke - wie sie Goethe selbst bei seiner auf alle Wissens- und Lebensbereiche ausgedehnten Vorbereitung anwendet. Was er "indessen zu unserem Zwecke zusammengetragen" hat, sammelt sich von jetzt an als aktenmäßig gegliedertes Material unter der Bezeichnung "Vorbereitung zur zweiten Reise nach Italien"[16]

Über die Systematisierung der Studien hatte Goethe schon am 25.Oktober 1795 bei der Abreise Meyers, an Schiller berichtet:

> "In diesen letzten zerstreuten Tagen habe ich meine Italiänischen Collectaneen vorgenommen und zu ordnen angefangen und mit viel Freude gesehen: dass, mit einiger Beharrlichkeit, ein wundersames Werk wird zusammengestellt werden können."

In ihrem endgültigen Zustand bestehen diese "Collectaneen" aus Register und drei darauffolgemden Lagen, die Goethe selber beschrieb - und damit authentisch ihre Bedeutung für die Nachwelt festgehalten hat:

> " Die vorderste Lage, die auf das Register folgt, besteht aus vier zusammengelegten Bogen und einem ungehefteten halben. Wir haben hierin den Rest der frühesten Sammlungen und Schemata vor uns . . . Mehrere einzelne Bogen, am gleichen Papier kenntlich, die beim Heften an andere Stelle gerathen sind, gehörten diesem älteren Bestand an ".

Als Goethe "zu ordnen anfing" (25.Oktober 1795), "beurtheilte und verpflanzte" er "unter besonderen Überschriften auf einzelne Bogen, was dort noch in zufälliger Folge zusammensteht"; so ist die größere Masse zusammengekommen, die, eigenhändig von Goethe folienweise beziffert (1 - 78), die große Mittelschicht des Bandes ausmacht. Auf die letzte Partie, eine Lage von sechs Bogen, hat sich die Bezifferung nicht erstreckt. Nur die Mittelschicht, also die 78 bezifferten Blätter, ist einbezogen in das Register, das Goethe selbst anfertigte und schließlich vorheften ließ.

Die vorderste Lage, die einen Eindruck von Goethes frühester theoretischer Planung vermittelt. wird durch einen statistischen Überblick eingeleitet:

---

[16]Vgl. die Vorrede von B.Suphan. W.A., I, 43, 2.

"Italien
hat 5625 Meilen
14 Millionen Menschen"

Es folgen die Hauptrubriken:

"Urgeographie, Oryktologie, Mineralogie
Älteste Geographie
Mittlere Geographie
Neueste Geographie

Cultur.
Eigenheiten als Lebensart"

Diese sind im einzelnen thematisch untergliedert, am ausführlichsten der
letzte Punkt: "Eigenheiten als Lebensart". Er bildet eine sehr konkrete Vor-
form des späteren Reise-Schemas:

Eigenheiten als Lebensart

Gebäude als Wohnung
Hausrath
(Kleidungen
(Schmuck

Äußerliches worauf sie halten   (Schmuck
Lebensart   Lebensart im Essen
   des Adels   Kochart. Speisen. Verschiedene
   der Geistlichkeit   Versch. Gegenden.
   der wohlhabenden Bürger   Brot. Gute Form. Bequemlichkeit des Volckes
   des Volckes   Makaroni

Trinken
schlechter Wein. Guter?
Arbeiten
Ergötzungen
  Feste
   Religiöse

Profane
  Öffentliche nach den Kirch-
    und Jahreszeiten.
Private
  Hochzeiten
  Taufen
  Leichen pp.
Theater.
  sinnlicher Reiz
  Musick
  als Zuhörer
  als Theilnehmer.
  Sänger im Volcke
  Improv. Siehe Musick.
Charackter überhaupt.
  Frugalität
  Genuss in der Einbildungskraft.
  In einem engen Kreise beschränkt
  Thätigkeit durch Klima gehemmt
Mal aria ganzer Landstriche
  Aller Niederungen.
  der Städte
Berghöhen unfruchtbar

In jeder Stadt die Ge-
schichte der Jahreszeiten
zu notieren
Kriegführende fremde   Mittleres Land nicht viel.
Soldaten   Wo?
Bewirthschaftung in ver-   Geistreiches Wesen in wie fern.
schiedenen Gegenden. Ein-   Witz.
theilung der Besitzungen   Ähnlichkeiten zu entdecken.
                                   Einbildungskraft Spitznahmen
Eigenthümer, Pächter,   Pasquill.
Bedingungen, Bearbeitung   Zeichensprache.
der Erzeugnisse. Warum   Die neue zu beschreiben.
so viel schlechter Wein   Die Symbolik der alten durchzusehen.
und schlechtes Öl   Sprüchwörter

Verschiedne Cerealien   verschiedne Sammlungen
Holcus. Zea. Citronen   welcher Charackter herauszufinden.
Pomeranzen. Reis Holcus.
Bohnen   Erfindung in Künsten .
                                    Mechanischen pp.

Wirthschafts Gebäude.
Landh. des Palladio in
Ökonomischer Rücksicht

Vieh. Pferde. Ochsen   Religion und Gottesdienst hält egal und
Kühe, Schafe, Ziegen   stumpf
Botanic des Feldbaues   zum Theil ernst
Reis. Zea. Holcus   zum Theil heiter
     Bohnen

Holz   Einbildung auf altes Herkommen
     zum Bauen. Pinien   Familien
     zum Brennen   älteste
                                    reichste

Botanic der wildwachsenden
Botanic der Gärten
f. Wissenschaften und Gartenanlagen

usw.

Die "Vorbereitung zur zweiten Reise nach Italien" spiegelt sowohl die technische Seite der angewandten Methode, wie auch ihre geistige Besonderheit: sie drängt überall, Beispielhaftes darzustellen, woraus sich ein Allgemeines ableiten lässt. So will Goethe etwa unter dem Abschnitt "Cultur" folgende Maxime herausarbeiten:

> "Alles was der Mensch treibt cultiviert ihn. So weit eine Beschäftigung den Menschen bringt soviel sollte sie werth seyn. Widerspruch dagegen."

Die "Neuste Geographie" steht unter dem Leitsatz:

> "Von der Geschichte der Menschen und ihrer Cultur unzertrennlich."

Dieselbe Tendenz zeigen die methodischen Anweisungen an Meyer, die über die spezielle Thematik hinaus auf ein grundsätzliches Erkenntnisstreben Goethes hinweisen. Am 16.November 1795 schreibt er:

> "Durch diesen äußern Anlaß[17] bin ich bewogen worden, über Baukunst Betrachtungen anzustellen, und habe versucht, mir die Grundsätze zu entwickeln, nach welchen ihre Werke beurteilt werden können."

Die Studien münden bezeichnenderweise alsbald in die Geschichte des Baus der Peterskirche:

> "Im Serlio habe ich auch die Risse verschiedener merkwürdiger Ruinen gefunden, die sonst nicht überall vorkommen; auch habe ich den Scamozzi durchlaufen, ein fürtreffliches Werk, das wohl wenige seinesgleichen hat. Vielleicht bin ich bald im Stande, Ihnen eine Characteristik dieser beiden Männer zu liefern. Worauf ich Sie aufmerksam machen wollte, sind die alten Schriften zur Erbauung der Peterskirche ... Die Geschichte der Peterskirche interessiert mich mehr als jemahls, es ist wirklich eine kleine Weltgeschichte, und ich wünsche, dass wir die Belege dazu sammeln."

Goethes theoretisches Bemühen schreitet ununterbrochen fort:

> "Ich lese viel und excerpiere und sammle."

Welches Stoffgebiet für diesen Zeitraum darunter zu verstehen sei, macht Goethe in seinem Brief an Meyer vom 30.Dezember 1795 deutlich:

> "Ich habe diese Zeit her, so viel mir meine übrigen Zerstreuungen erlaubten, in den alten Büchern der Baukunst fortstudiert. Es ist eine Freude, wie wacker und brav die Leute sind und wie ernst es ihnen um ihre Sache ist."

Serlio, Palladio und Scamozzi bilden seine Lektüre, dazu die Abhandlung des Hippokrates: "De aere, aquis et locis".

---

[17]Weimarer Schloss-Wiederaufbau

"Ein Buch, das den Titel führt: Finke, Versuch einer allgemeinen medicinisch-praktischen Geographie ... ist sehr interessant, indem es aus allen Reisebeschreibungen, was Klima, Nahrung, gesunder Zustand und Krankheiten betrifft, gesammelt hat; der Artikel von Italien ist zwar sehr mager, doch zeigt er eben, was noch zu thun übrig ist."

Am 3o.Dezember definiert Goethe auch erstmals die Absichten seines Unternehmens als "Theorien und Hypothesen":

"Lassen Sie nur ja niemand nichts von unsern Hypothesen, Theorien und Absichten merken, wenn die Leute von uns noch einige gute Meynung behalten sollen. Es ist bloß mit der Masse unserer vereinigten Kräfte und mit der Ausführung des Ganzen, dass wir ihnen in der Folge imponieren können, und doch werden sie auszusetzen genug haben."

Wie Meyer seinerseits auf dieses Ziel methodisch zuarbeitet, erläutert sein Brief vom 8.Januar 1796:

"Seit ich hier bin, habe ich vorzüglich nur die Altherthümer studiert und nachgesehen, in wie fern ich (mich) in meinen gehabten Vermuthungen betrogen oder aber richtig geschlossen habe. Unter diesem vorausgesetzten Zweck habe ich bisher schon das meiste, was hier ist, betrachtet, habe gesehen, dass ich im Ganzen zwar recht behalte, aber im Einzelnen mich sehr oft geirrt habe, habe viel merkwürdige,dahin einschlagende Stücke gefunden und manche Bemerkung gemacht die mich freut und in der Erkenntnis weiter gebracht, also dass, wenn auch wenig gezeichnet worden ..., ich doch nicht Ursache habe, die Zeit zu bereuen, die darauf verwendet ist. Aber je mehr ich in diesen Dingen vorwärts dringe, je genauer ich beobachte, je schwieriger und weitläufiger, je verwickelter wird die Sache; das Ende und Ziel bleibt zwar immer noch sichtbar, ist aber in gar keinem Verhältnis zu der Zeit und dem Aufwand die ich daran setzen will und kann; ...Allein ich werde bey aller Weitläufigkeit und Mühe, welches dieses Studium erheischt, solches doch, so lang ich hier bin, so viel als ohne Abbruch der übrigen Studien geschehen kann, fort treiben.

Denn es muss endlich für unsere Hauptabsicht hinlänglich sein, mehr als andere Leute davon zu verstehen und den Weg zeigen zu können, wenn er auch für uns lang und mühsam war und wir ihn nicht selbst durchaus bis ans Ziel gewandelt sind."

Während Goethe gerade über die methodische Seite seiner Vorbereitung besondere Genugtuung äußert, machen Meyer immer wieder kritische Zweifel zu schaffen. Am 22.Januar 1796 berichtet Goethe mit spürbarer Freude an der Art dieser Tätigkeit:

> "Auch habe ich eine kleine Schrift gefunden, die sehr interessant ist, sie führt den Titel: Quaestiones Porcianae ... Ich will sehen, dass ich einen tabellarischen Auszug daraus mache, um den Überblick der Verhältnisse zu erleichtern, und Sie sollen alsdann eine Abschrift erhalten, die Ihnen gewiß Vergnügen machen wird."

Sichtlich verkennt Goethe die innere Situation, wenn er unter dem Datum des 22.Januar 1796 an ihn schreibt:

> "Sie sehen, dass ich, indem Sie aus den lebendigen Quellen schöpfen, fortfahre, mich aus Büchern vorzubereithen, wodurch wir denn doch ... im Suchen und Untersuchen sehr gefördert werden müssen. Auch fahre ich fort, indem Sie der heiligen Form huldigen, dem Element, der Masse und den geringern Organisationen nachzuspüren. In alle Fächer, deren Liebhaberey Sie mir kennen, wird täglich etwas Neues eingebracht."

Meyer meldet inzwischen intensive Zweifel am Methodischen an:

> "Es ist so mancherley, worüber ich wohl gerne Ihre Meinung vernehmen möchte. Da wir aber gegenwärtig so gar weit auseinander sind und die Zeit kurz und köstlich ist, so werde ich wohl über mehreres mit Furcht und Zweifel mich selbst entschließen müssen; aber es ist doch, wie mich däucht, allemal gut, Ihnen, so gut es in einem Briefe angehen will, von dem Zustand meiner Studien, Forschungen, Bemerkungen, Zweifeln, Vorhaben und von dem, was schon verrichtet worden, bestimmte Nachricht zu geben. Denn es wird Ihnen, da Sie entfernt sind, leicht, eine klare Übersicht über die Sachen zu haben, das Nothwendige von dem Überflüssigen zu unterscheiden und mit einem Wort mich zurecht zu weisen, wo ich irren will. Die Menge von Gegenständen dringt so gewaltig und mit so verschiedenem Reitz auf mich ein, dass ich, ungewiß, mir selbst und meiner eignen Überlegung und Entscheidung nicht oder doch mit Furcht vertraue."

Am 24.Januar 1796 meldet Meyer erstmals, dass es ihm gelungen sei, für seine Theoriensetzung einen Anhaltspunkt zu finden:

"Bey den Kaisern habe ich mir Mühe gegeben, die verschiedenen Manieren zu unterscheiden und dem Abnehmen der Kunst und des Geschmacks nachzuspüren; es ist mir auch, wie ich glaube, gelungen, solche sichere, bestimmte Merkmahle und Kennzeichen ausfindig zu machen, welche fast gar keinen oder doch nur höchst selten einen Irrthum zulassen. Diese Methode zu betrachten müßte sich auch auf die griechische Kunst anwenden lassen und eröffnet neue und weite Aussichten."

Ja, Meyers zunehmende methodische Sicherheit veranlaßt jetzt einen energischen Angriff auf die geläufige Kunstlehre:

"Bald hätte ich Lust gehabt, ein paar Capitel über die Decadenz der Kunst zu schreiben, allein andere Dinge fordern alle meine Zeit ... was aber noch mehr und bedenklicher ist: man könnte nicht anders als darthun, oder vielmehr die Sache selbst würde beweisen, dass das Studium der alten Kunstwerke und ihrer Erkenntnis, wenigstens in Bezug auf die Geschichte, von den Antiquaren keine Erweiterung mehr zu erwarten hat ... Aber es scheint mir jetzt noch die Zeit nicht gekommen zu seyn, wo man mit Wahrheiten auftreten darf, welche viele Leute beleidigen müssen. In der That bin ich ein wenig in Sorge, denn wir befinden uns im Falle derer, die einen neuen Glauben stiften wollen oder, welches noch viel schwieriger ist, die den Aberglauben zu bekämpfen vorhaben."

Gerade der hier zitierte Brief zeigt einen entschiedenen Fortschritt der Selbstüberzeugung, zugleich den Ansatz selbständiger Interpretation der von Goethe vorgeformten Methode:

"Auch habe ich nach vielem Nachdenken, wie ich glaube, gefunden, dass es, um sich von allen bisher bekannten Büchern, Schriften, Kunstrichtern p. zu unterscheiden, am besten gethan seyn wird, bloß das Gute und Löbliche an Werken der Kunst zu bemerken und von den Fehlern so gut als möglich zu schweigen. Diese Methode ist nicht nur für den Unterricht die beste und zweckmäßigste, sondern es ist auch zu hoffen, dass sie, weil sie wirklich neu, ja bisher unerhört war, eine gute Wirkung thun werde. Freylich ist die Manier mühsam und wird Ihnen darum gelegentlich in Zeiten zur Prüfung vorgelegt."

Profaner, zweckverhafteter, aber doch selbständig nähert sich Meyer hier der methodischen Gesinnung Goethes an, welche sich immer an ideellen Gesichtspunkten orientiert und sich dadurch die Übersicht vom Grundsätzlichen her erleichtert. Am 9.Februar 1796 geht Goethe erstmals auf Meyers dringliche Problematik ein. Meyer steht einer unendlichen Fülle gegenüber und ringt in erster Linie um ein verbindliches Auswahlprinzip, da an Vollständigkeit der Berichterstattung überhaupt nicht zu denken war. Ihm aus diesem Dilemma herauszuhelfen, gibt Goethe folgende Anweisung:

> "Wir haben uns, mein lieber Freund, freylich ein sehr weites und breites Pensum vorgesteckt, und das war, der Überzeugung wegen, sehr gut; aber ich bin doch immer davor, dass wir beym einzelnen gründlich sind, und weder Ihre noch meine Natur wird in einer gewissen Allgemeinheit ein Vergnügen finden, in der man, je weiter man vorrückt, immer deutlicher sieht, dass man anders hätte anfangen sollen. Gehen Sie so genau zu Werke, als es Ihre Natur heischt, sein Sie in dem, was Sie nachbilden, so ausführlich, um sich selbst genug zu thun, wählen Sie nach eigenem Gefühle. Wenden Sie die nöthige Zeit auf und denken Sie immer: dass wir nur eigentlich für uns selbst arbeiten. Kann das jemand in der Folge gefallen oder dienen, so ist es auch gut. Der Zweck des Lebens ist das Leben selbst, und so lassen Sie ihren Aufenthalt in Rom Ihren Zweck sein. In diesem Sinne bereit´ ich mich auch vor, und wenn wir nach innen das unsrige gethan haben, so wird sich das von außen von selbst geben."

Nicht nur, um die Not Meyers auf menschlich entgegenkommende Weise zu erleichtern, schließt Goethe in dieser Anweisung eine eigentliche, objektive Distanzierung vom Gegenstand von der Methode her aus. Die Behandlungsart, wie sie Goethe festgesetzt hatte, ist von vornherein auf inspiratorische Wechselseitigkeit gegründet. Das Mit- und Nacherleben des Gegenstandes bildet die Richtlinie der Darstellungsfolge wie ihres wesentlichen Gehaltes. Goethe trägt in erster Linie ein menschliches Anliegen an seinen Mitarbeiter heran: er soll frei, "nach eigenem Gefühle" wählen. Also ist die Reihenfolge der Abhandlungen und der jeweilige Grad ihrer Vertiefung vor ihrer Bedeutung als historisch-kritische Untersuchung zuerst Zeugnis eines persönlichen Bekenntnisses. Die Methode selbst ist ihrem eigentlichen Wesen nach Konfession. Die Wahrheit und Exaktheit der Beschreibung schmilzt immer diese persönliche Zeugenschaft in ihren Gehalt ein.

Damit hat Goethe selbst die eine Seite seines Verfahrens indirekt ge-
kennzeichnet; den ersten Schritt zum Kunstwerk vollzieht "das Gefühl" -
abstrakter gefasst der "gute Geschmack."

Die andere Seite der methodischen Aneignung verdeutlicht derselbe Brief
Goethes vom 8. Februar 1796:

> "Das Werk des Cellini über die Goldschmiede- und Bildhauerkunst
> habe ich von Göttingen erhalten und zu lesen angefangen. Die Vor-
> rede enthält noch recht hübsche Anweisungen von ihm, und in dem
> Werke selbst finden sich die bestimmtesten mechanischen Anweisun-
> gen. Vielleicht findet sich in der Folge Gelegenheit, den Zustand der
> jetzigen Künste und Handwerke, was das Mechanische betrifft, mit
> jenen Zeiten zu vergleichen.
>
> Es ist mir dabey eine Bemerkung aufgefallen, die ich Ihnen mittheilen
> will. Italien lag im 15.Jahrhundert mit der übrigen Welt noch in der
> Barbarey. Der Barbar weiß die Kunst nicht zu schätzen, als in so fern
> sie ihm unmittelbar zur Zierde dient; daher war die Goldschmiede-
> kunst jener Zeiten schon so weit getrieben, als man mit dem übrigen
> noch so sehr zurück war, und aus den Werkstätten der Goldschmie-
> de gingen durch äußere Anlässe die ersten trefflichen Meister anderer
> Künste hervor ... Es wird uns dieses zu guten Betrachtungen Anlaß
> geben. Und sind wir nicht auch wieder als Barbaren anzusehen, da
> nun alle unsere Kunst sich wieder auf Zierrath bezieht?"

Wie die Geschichte der Peterskirche für Goethe eine "kleine Weltgeschichte"
symbolisiert, so leitet er hier aus Cellinis Existenz als Goldschmied das repräsentative Kennzeichen jener Epoche ab, ja, er zieht sogar eine historische
Konsequenz für das eigene Zeitalter. Gleichwohl versagt sich Goethe im Fall
Cellini die Methode des tabellarischen Auszugs:

> "Ich bin bey dieser Gelegenheit auch wieder an des Cellini Lebensbe-
> schreibung gerathen; es scheint mir unmöglich, einen Auszug daraus
> zu machen, denn was ist das menschliche Leben im Auszuge? Alle
> pragmatische biographische Charakteristik muss sich vor dem naiven
> Detail eines bedeutenden Lebens verkriechen. Ich will nun den Ver-
> such einer Übersetzung machen, die aber schwerer ist als man glaubt."

Aber das Studium von Cellinis Autobiographie befruchtet doch unmittelbar
die methodische Überzeugung. Am 3.März 1796 nimmt Goethe wieder auf
ihn Bezug:

"Es geht mit der Übersetzung eines Buchs, wie Sie von dem Copieren eines Gemähldes sagen: man lernt beyde durch die Nachbildung erst recht kennen. Cellini, mit seiner Kunst und seinem Lebenswandel, ist für uns ein trefflicher Standpunkt, von dem man, in Absicht auf neue Kunst, vorwärts und rückwärts sehen kann. So wie uns das Leben eines einzelnen Menschen zu einem zwar beschränkten, aber desto lebhaftern Mitgenossen vergangener Zeiten macht. Es ist außerordentlich hübsch, wie sein Werk über die Kunst und seine Lebensbeschreibung aufeinander hinweisen."

Schließlich. in seinem Brief vom 18.April 1796:

"Das Unendliche unserer Unternehmung macht mir manchmal bange, doch öfters gibt mir´s Freude und Zutrauen; da man in dem hohen Grade vorbereitet ist, so weiß man wenigstens alles zudringende geschwind aufzufassen und zurecht zu stellen. Schon bemerk´ ich beym Lesen italienischer Bücher, wie sehr sich alles wiederhohlt und aufeinander hindeutet. Die Bearbeitung des Cellini, in der ich schon ziemlich weit vorgerückt bin, ist für mich, der ich ohne unmittelbares Anschauen gar nichts begreife, vom größten Nutzen; ich sehe das ganze Jahrhundert viel deutlicher durch die Augen dieses confusen Individui als im Vortrage des klärsten Geschichtsschreibers."

In ähnlicher Weise berichtet dieser bedeutende Brief vom 18.4.1796 über das Erlebnis des Schauspielers Iffland:

"Iffland spielt schon seit drey Wochen hier, und durch ihn wird der gleichsam verlorne Begriff von dramatischer Kunst wieder lebendig ... Es freut mich sehr, dass ich vor unserer großen Expedition, wo wir doch auch manches Theater sehen werden, einen solchen Mann als Typus, wornach man das übrige beurtheilen kann, mit den Augen des Geistes und Leibes gesehen habe."

Goethe sucht in erster Linie die große, repräsentative Erscheinung - er will Erlebnis, nicht bloße Information. Stets "subordiniert" er die Erscheinungen unter "das Würdigste" der jeweiligen Gattung. Von vorherein verzichtet er auf quantitative Vollständigkeit. Beim Vergleich dieses methodischen Anliegens mit dem "Reiseschema" benannten Aufriss, der die Materialien zur Schweizerreise eröffnet, findet sich dasselbe Prinzip in schematisiert abstrakter Grundgestalt: hier wie dort bemüht sich die strukturelle Gliederung

um "das Bedeutende" - hier einer Landschaft und ihrer Besiedlung. Da das
Reiseschema zeitlich nach Auflösung der italienischen Pläne entstand, darf
angenommen werden, dass ihm die theoretischen und methodischen Vor-
Erfahrungen dieser Pläne zugrunde gelegt wurden, ja, dass sich in ihm *die*
zentrale Idee des italienischen Programms knapp zusammengefasst spiegle.
Aus beiden, dem klassischen Programm wie dem klassischen Schema spricht
derselbe, vor aller praktischen Erfahrung festgelegte Stilwille.

Die labyrinthische Vielfalt der Erscheinungen wird mithilfe ganz weniger, repräsentativer Individuen oder Gegenstände auf der Zahl nach be-
schränkte, aber grundsätzliche Bildungsgesetze zurückgeführt. Die methodische Vereinfachung vertieft die Breite des Programms auf die einfachsten
Grundprobleme von Wesen und Erscheinung. Das Verfahren will nicht bloß
sachlich darstellen, sondern vornehmlich werten und deuten.

Auf diese Weise "schematisiert" sich auch der Gesamtplan, nicht nur die
einzelnen Gegenstände werden von ihrem Grundriß her zu erfassen gesucht.
Meyer wächst allmählich in diese Eigenart der Konzeption hinein. Dabei ist
er vor allem auf das Anlegen von Vorrat bedacht, bleibt mehr im Stofflichen
hängen, wohingegen Goethe stets das ideelle Prinzip im Auge behält. Doch
findet auch Meyer allmählich die große geistige Linie seiner Spezialaufgabe.
Sein Brief vom 12.Februar 1796 berichtet:

> "Was mich selbst betrifft, so fehlt es nicht am guten Willen, und ich
> könnte manches machen, allein ich sorge, andern, noch wichtigern
> Zwecken dadurch Abbruch zu thun. Es scheint mir, dass es jetzt nur
> darauf ankömmt, die Zeit zum Sammeln, zum Erwerben zu benutzen,
> um hernach gleichsam von diesem Capital lange zehren zu können,
> und auch so viel als möglich alles ganz zum großen Werk aufzusparen,
> unversehrt und rein ... Meine Studien im Fache der Architektur sind
> bisher sehr eingeschränkt gewesen, und ich kann mich nicht rühmen,
> etwas mehr darin gethan zu haben als die besten Treppen ausgemes-
> sen, welche in Rom sind. Die Mahlerey und Bildhauerey geben mir so
> viel zu schaffen, dass ich mich noch auf nichts Anderes habe einlassen
> können."

Schon nimmt Goethe das zu erwartende Ergebnis von Meyers Arbeit in
seinem Brief vom 3.März 1796 selbstverständlich vorweg:

> "dass Sie durch genaue Beobachtungen des Sinnes, in welchem die
> Kunstwerke gemacht sind, die Art. wie, und der Mittel, wodurch sie

gemacht sind, neue und sichre Quellen des Beschauens und der Erkenntnis eröffnen würden, war ich durch Ihre Versuche in Dresden und
durch Ihr ganzes Leben und Wesen überzeugt ... dass wir uns gefunden haben, ist eine von den glücklichsten Ereignissen meines Lebens
. . .'"

Welches selbständige methodische Vorgehen Meyer einzuschlagen weiß, deutet Goethes anerkennender Beifall im gleichen Brief an:

> "Ihre neue Versicherung, dass unsere Farbenstudien nachhaltig sind
> und zum Schlüssel der alten Werke dienen werden, ist mir aufs neue
> tröstlich und erfreulich und muntert mich auf, in dieser und andern
> Elementarlehren recht sorgfältig und fleißig zu seyn. So schwer es hält,
> sich daran fest zu halten und sich der Allgemeinheit zu überlassen, so
> vielen Nutzen findet man nachher, wenn man einmahl in die Anwen-
> dung kommt".

Die "Allgemeinheit" als grundsätzliche Voraussetzung der späteren, aufs Besondere eingeschränkten Resultate, die in ihrer Schlüsselposition das Allgemeine dann überblickbar machen - diese generelle Basis der Methode ist
auch für Goethe immer wieder in ähnlicher Weise problematisch wie für
seinen Mitarbeiter.

Am 24.April 1796 berichtet Meyer wieder über einen Fortschritt im Methodischen:

> "Seit acht Tagen bin ich wieder im Vatican und habe mich daselbst nun
> recht umgesehen, habe nach den Rubriken, die auf unsern Tabellen
> stehen, versucht, eine allgemeine Übersicht über die Werke und den
> Kunstcharakter des Raphaels zu machen, und bin fast zu Ende ...
> Wenn ich mich nicht irre, so werden die Notizen über den Raphael
> vielseitiger und deutlicher werden als das, was wir seither von ihm
> gewußt haben, und also für uns ein nützlich Stück abgeben."

In seinem Brief vom 4.Mai 1796 äußert sich Meyer zum ersten Mal grundsätzlich positiv zur Anwendung der ihm so überaus beschwerlichen Methode, die er seinerseits inzwischen selbständig bereichert hatte, insofern er sie
durch einen ideellen Zusatz erweiterte:

> "Auch ich fühle die Last unsers Unternehmens nur zu sehr; es ist in
> dem kleinen Antheile, welcher mir zugefallen. schon eine Unendlich-
> keit, aber die Schwachheit der Concurrenten macht mir dann immer

wieder Muth, wenn das ganze Gewicht der Forderung, welche Kunst
und Wissenschaft allenfalls ausmachen könnten, mich drücken will.
Sie werden diese Art zu denken wohl sehr leichtsinnig finden, und
ich verlasse mich auch keinen Augenblick darauf als nur dennzumahl,
wenn ich das große Ganze bedenke und die Unzulänglichkeit meiner
Zeit und meiner Kräfte dagegen halte. Indessen ist es doch wahr, dass
wir große Vortheile vor andern zum voraus haben, und dass uns diese
heben und nutzen müssen. Ich bemerke auch, dass mich die Übung
schon schneller und leichter auffassen gelehrt hat; es geschieht zwar
immer noch viel Überflüssiges, wenn ich ans Notieren komme, weil
ich mich leicht vergesse und dann glaube, nicht genug aufnehmen zu
können, wenn wir aber nur die Hälfte, nur das Drittheil von dem anwenden können, was ich aufgesammelt habe, so ist es schon viel und
überflüssig genug.

Wahrlich, ich habe bis jetzt schon großen und mannigfaltigen Nut-
zen von dieser meiner Reise gehabt, und wenn ich auch Mühe und
Schweiß und unverdrossenen Fleiß daran gewendet habe, so ist alles
doch reichlich vergütet; denn mich dünkt, dass die neu angenommene
Methode, in allen Kunstwerken nur das Gute aufzusuchen, mich (dem
Himmel sey´s gedankt!) endlich frey, unabhängig von Vorurtheil und
dem Nahmen und Ruhm eines Meisters gemacht und mir eine neue
Welt eröffnet hat."

In seinem Brief vom 2o.Mai 1796 liefert Goethe ein vollständiges Beispiel
seiner Methode in der Beschreibung einer "neu acquirirten Statue". Die ausführliche Darstellung, die die schematische Gliederung in durchsichtiger Folge offenbart, zeigt Goethes Art, zugleich zu messen und zu werten.

"... so steht das Ganze im sublimsten Gleichgewicht ... Die Figur ist
sehr gut gezeichnet und das Nackte vollkommen verstanden ... Mus-
keln der Schenkel und Füße besonders fürtrefflich ausgedrückt ... Dieser dreyfache Faltenwurf ist jeder in seiner Art vortrefflich und mit
dem größten Verstande gedacht ... Das Gewand selbst scheint als das
einfachste von der Welt gedacht zu seyn ... Das Ganze zeigt sich mit
der größten Leichtigkeit ... ganz en face außerordentlich schön, und
wenn man sich ein wenig hin und wieder bewegt, entsteht eine unglaublich anmuthige Bewegung in allen Theilen der Figur; besonders
zeichnen sich die äußern Umrisse auf einer weißen Wand mit der größ-

ten Mannigfaltigkeit und Zierlichkeit ... der Ausdruck des Gesichtes
sehr still und edel ... ganz en face außerordentlich ...

Der Hals steht mit außerordentlicher Freyheit auf dem Körper ... Die
Flügel sind überhaupt mit der größten Zierlichkeit angesetzt ...seine
vollkommene Wirkung ...in der Nähe die feinsten und zartesten Theile
... Die Rückseite qua Rückseite ist nur im Großen bearbeitet, in so
fern sie aber die Contoure der Vorderseite enthält und die Leichtigkeit des Hinwegschwebens vielleicht noch mehr als die Vorderseite des
Heranschwebens vor Auge bringt, außerordenlich interessant."

Die Häufigkeit und Art der Epitheta spricht für sich. Die dem Werke zuge-
sprochenen Eigenschaften versuchen gar nicht erst, eine eigentliche, objektive Distanz zwischen Betrachter und Gegenstand zu bezeichnen, sondern
wollen im Gegenteil die subjektive Wirkung des Kunstwerks auf Gemüt
und Kunstsinn des Betrachtenden demonstrieren. 1812 entsteht Goethes
Aufsatz "Der Tänzerin Grab". Dort erläutert er, indem er alle Vorwürfe vor-
wegnehmend ausschließt, in einer klassischen Definition die Eigenart seiner
Methode:

"Sollte man mir den Vorwurf machen, dass ich zu viel aus diesen Bildern herausläse, so will ich die clausulam salutarum hier anhängen,
dass, wenn man meinen Aufsatz nicht als eine Erklärung zu jenen
Bildern wollte gelten lassen, man denselben als ein Gedicht zu einem Gedicht ansehen möge, durch deren Wechselbetrachtung wohl
ein neuer Genuss entspringen könnte."

Das sollte man im Auge behalten: Goethes Kunstbetrachtung dichtet das
Bild oder die Plastik nach bzw. um. Sie ist der Versuch einer Verwandlung
von Kunst in eine Art "Kunstkunst", etwa wie ein von einem Komponisten
vertontes Gedicht, das zum Lied wird: ein Kunstwerk, das sich verdoppelt,
das jetzt, anstelle von Worten aus Buchstaben Klänge aus Noten hervor-
bringt. Hören anstatt Lesen. Vom Stil der Goethe´schen Sprache her ist
seine oben zitierte Beschreibung einer Statue offensichtlich ganz bewusst
als poetisch inspirierter und damit dem Kunstwerk ebenbürtiger Text gedacht. Mit diesem Verfahren postuliert Goethe eine ganz neue, eigenwillige
und, frei herausgesagt, auch fragwürdige Kategorie der Kunstbetrachtung.
Doch sei daran erinnert, dass es in diesem Buch nicht um eine Kritik an
Goethes Art und Weise der Kunstbeschreibung geht, um das Wort, den

Blick, die Gesinnung, welche Goethe auf die Kunst wendet, sondern um
die Bedeutung der Kunst für Goethe - also nicht, was er der Kunst gibt,
sondern was er ihr entnimmt, vielmehr, was er glaubt, ihr zu entnehmen,
Bildkunst in Wortkunst verwandeln zu können, steht hier zur Diskussion.

Meyer, nachdem er die Beschreibung im Brief vom 2o.Mai 1796 erhalten
hat, fühlt dunkel diesen eher subjektiven als streng wissenschaftlichen Ansatz. Er kommt ja aus einer speziellen künstlerischen Provinz: er ist zwar
selber Künstler, aber als Kunstbetrachter in viel höherem Grad als Goethe
ein Kritiker. Goethe sieht auch die Weltgegend der Bildenden Kunst mit
den Augen des Dichters.

In seinem Brief vom 27.7.96 reagiert Meyer mit erneuten Zweifeln am
eigenen methodischen Können:

> "Ihre letzte Beschreibung von der Victoria hat mich erinnert, in mei-
> nen Bemerkungen doppelt aufmerksam zu seyn; deswegen lege ich ein
> Blättchen bey, wo unter gewöhnlichen Rubriken das kleine ... Bild des
> Corregio gebracht ist. Ich habe die doppelte Absicht, von Ihnen zu
> vernehmen, ob ein deutlicher und vollständiger Begriff daraus gefasst
> werden kann, und ob die Methode umfassend genug ist."

Wenn Meyer sich im einzelnen immer wieder unter die Kontrolle Goethes
begibt, so versucht Goethe dagegen, dem Mitarbeiter stets eine Orientierung
am Ganzen zu verschaffen; so in seinem Brief vom 21.Juli 1796:

> "Studieren Sie sich ja recht die alten Florentiner und nehmen Sie, wie
> Sie es bisher gethan haben, ja immer das Würdigste zuerst, und als-
> dann, wie es Gelegenheit und Laune gibt, nehmen Sie das Übrige,
> subordinierte Kunstwesen gelegentlich mit; suchen Sie das, was sich
> auf Ihre Person bezieht, was Ihrer Neigung zunächst liegt, und was
> nach Ihrer Schätzung den höchsten Wert hat, zuerst zu ergreifen; ge-
> hen Sie, wie Sie es immer thun, zuerst in die Tiefe, arbeiten Sie sich
> selbst zum Dank, und Sie werden für andere, für mich und für unsern
> Zweck immer vollommen sicher arbeiten."

Meyer, dessen einsamer Fleiß nun schon fast ein Jahr lang ausdauert, lässt
jedoch ein eher vermehrtes Ungenügen an der Eigenart des Verfahrens spüren, wie sein Brief vom 29.Juli 1796 zeigt:

> "... sollten sich die übrigen Welthändel nun gelegentlich etwas besser
> zu unsern Wünschen fügen, so hätte ich meines Ortes das Schlimmste

> überstanden. Allein es ist ein solcher Wechsel der Dinge, Aussichten,
> der Umstände, die sich wie im Rade umdrehen, dass man nie weiß,
> worauf man zu hoffen oder zu warten hat. Ich halte mich auch nun bloß
> daran, so gut als möglich unserm gemeinschaftlichen Zweck entgegen
> zu arbeiten - aber so wie ich allen Dingen näher rücke, um so viel mehr
> vermisse ich Ihre Hilfe, Ihren Rath. Man sey in Sachen der Kunst noch
> so gut Meister, sie hören nie auf, schwer zu seyn, und in wie manchem
> Fall habe ich nicht die Auflösung des Zweifelknotens schon bis auf Ihre
> Ankunft verschieben müssen."

Was Meyer, von Beruf ausübender Künstler, bei der Art des methodischen
Aneignens als besonders erschwerend empfunden haben mag, ist die ent-
seelende Katalogisierungs- und Rubrizierungsarbeit, die die schematische
Tabelle von der Form her fordert. Im Angesicht der Originale spürt er stärker als Goethe die Abstraktheit des Verfahrens, das hohe Ansprüche an den
Betrachter stellt, wenn es nicht in additiver Aneinanderreihung steckenblei-
ben soll - das aber trotzdem niemals von Meyer als vollgültig befriedigend
empfunden worden ist. Goethe widmet sich - am 17.August 1796 - einer
probeweise übersandten Beschreibung Meyers, kündigt aber sein Urteil erst
"nach besserem Studium" an. Jedoch:

> "Auf alle Weise scheint mir eine solche Beschreibung die einzig nützli-
> che, denn obgleich niemahls dadurch eine Anschauung erweckt werden
> kann, so sind doch darin alle Elemente des Urtheils enthalten und ist
> also viel geleistet."

Der eigentliche Leidensweg Meyers nimmt erst in Florenz seinen Anfang.
Der dortige, nicht vorausgesehene Aufenthalt versetzt ihn in mancherlei
persönliche, aber auch immer wieder in methodische Schwierigkeiten. So
schreibt er am 5.September 1796:

> "Wie gut wäre es für mich, wenn ich mich mit Ihnen auch nur eine
> einzige Stunde unterhalten könnte! Es sind so viele, viele Dinge, die
> auf Kunst und Leben EinFluss haben, über welche ich Ihres Raths
> bedürfte, die Ihnen auch wohl lieb zu vernehmen seyn würden; alle
> die liegen wie schwere Gewichte auf meinem Gemüth und drücken
> mich, da niemand ist, der Theil daran nimmt."

Nie beklagt sich Meyer direkt über die Einsamkeit, der er in Florenz ausgesetzt ist. Es spricht für seine noch Jahrzehnte später von Eckermann mit

hohem Respekt bezeugte vornehme Natur - und umgekehrt spricht Goethes Antwort für seine geringe Einfühlsamkeit in die bedrückende Lebens- und Arbeitssituation seines bedauernswerten Mitarbeiters. Goethe in seinem Brief vom 15.September 1796 an Meyer:

> "Bleiben Sie ruhig am Arno, bis die Weltangelegenheiten sich einigermaßen aufklären ... Indem wir nun auf alles dies nicht wirken und dabey nichts gewinnen, sondern mur verlieren können, so ist es desto mehr Pflicht, unsere eigenen Verhältnisse recht wohl zu beherzigen und das Vortheilhafteste zu thun. Lassen Sie uns unsern Hauptplan nicht aufgeben! ich arbeite ihm durch Beobachtung, Betrachtung und besonders durch Schematisierung der interessantesten Kapitel und Rubriken immer wieder entgegen ... wählen Sie immer das Beste; denn wenn unsere Worte gelten sollen, so müssen die Sachen auch gelten, an die wir unsere Zeit wenden."

Wie groß der EinFluss Goethes auf den bildungsfähigen Meyer - und wie gewandt dieser in sprachlich-stilistischer Anpassung gewesen ist, zeigt Meyers klassische Beschreibung von Fiesole und Florenz in seinem Brief vom 7.Oktober 1796. Hier scheint Meyer geradezu die Städteporträts der Schweizerreise vorwegzunehmen. Ein souveräner Blick "komponiert" die Landschaft, bettet die Baulichkeiten darin zentral ein und versucht auch schon, "sich die ganze Geschichte, die Entstehung, Wachsthum und Abnahme von Fiesole vorzustellen." Auch die Theorienbildung erfährt in Florenz neuen Aufschwung:

> "Fürs erste gedenke ich nun, die Bemerkungen über die Kunstwerke in Florenz so weit fortzusetzen, dass sie ein Ganzes ausmachen und nur in ihren Theilen geläutert, verbessert, vermehrt werden dürfen ... Bald werde ich auch im Stande seyn,von dem Wachsthum der neuern Kunst von der Zeit an, da sie in des Giotto Kunst in den Windeln liegt, bis zur Zeit ihrer höchsten Blüthe unter Raphael und Michel Angelo Rechenschaft zu geben.
>
> Das Beschwerlichste bey den Noten, die ich über Farben mache, ist die Sprache, die reich und bestimmt seyn sollte, um die Nuancen zu bemerken. Ich glaube, dass die Mineralogen in diesem Fache was gethan haben; lassen Sie doch dieses auch ein Gegenstand Ihrer Aufmerksamkeit seyn."

Den methodischen Gang beschreibt Meyer allgemein in seinem Brief, datiert "Mitte Oktober 96":

"Sobald ich das Hauptsächlichste in den Kirchen, Pallästen, Gallerien p. zu Florenz gesehen und bemerkt haben werde, welches doch unser Vorhaben als das erste Nothwendige erheischt, alsdann will ich die Hauptmeister dieser Schule, einen jeden aus seinen weitläufigen Werken, wo sie sich auf allen Seiten zeigen, ein Bild mit dem andern vergleichend und aus dem Ganzen Schlüsse ziehend, unter die Rubriken unsers Schemas bringen. Wir kommen auf diese Weise zur allgemeinen Charakteristik eines jeden, und dieses kann auch hernach unsere andern, schon früher gemachten Betrachtungen und Urtheile regeln, indem man sonst doch nie ganz sicher ist, ob nicht Laune oder Zufall im Urtheil auch ein wenig EinFluss haben."

Aber, stärker als bei Goethe, macht sich jetzt bei Meyer eine zunehmende Ermüdung durch seine immerwährende kritisch-theoretische Tätigkeit bemerkbar, wie sein Brief vom 7.November 1796 zeigt:

"Mein hiesiger Aufenthalt muss noch immerhin bis gegen dem neuen Jahre hin dauern, so fleißig ich mir auch vorgesetzt habe zu seyn; denn ich habe bemerkt, dass es mir ohnmöglich ist, anhaltend zu observieren, das heißt: kritische Betrachtungen über die Kunstwerke unausgesetzt zu machen."

Am 21.November 1796 heißt es:

"Nebenbey gehen meine übrigen Betrachtungen ihren Gang fort: zwar kann ich nicht sagen, dass ich bald zu Ende sey, aber es mehren sich die Schriften täglich - und die Erkenntnis auch."

Der Anhang dieses Briefes berichtet:

"Da der Brief einen Posttag liegengeblieben, so muss ich Ihnen noch sagen, dass seit der Zeit der Massaccio zum Theil notiert worden. Ich glaube, der ist ein Mann, der für uns paßt, das heißt, von dem sich was Gutes sagen lässt. Ich sehe, so wie ich studiere, dass in der neuern Kunstgeschichte bloß einige Hauptpunkte zu bestimmen sind; hernach füllen sich die Zwischenräume sehr leicht aus. Es ist nur schlimm, dass man alles sehen und studieren muss."

Meyer hat sich also vom Praktischen her ganz in die Idee Goethes hineingefunden, das repräsentative Individuum als "Hauptpunkt" zu definieren und
aus einer Reihe solcher "Hauptpunkte" die Entwicklungslinie der Kunst her-
zuleiten.Daraus ergibt sich für Meyer wenigstens eine Erfüllung seiner umfassenden, theoretisch-kritischen Bemühungen. Aus Weimar dagegen kommt
von Goethe Nachricht, dass Schiller

> "... übrigens selbst einen Versuch" (macht), "aus dem philosophischen
> und kritischen wieder ins Feld der Production zu gelangen; er arbeitet
> an seinem Wallenstein ..."

Auch Goethe hat während dieser Jahre niemals in solcher Ausschließlichkeit, wie es Meyer zugemutet war, sich der Theorie hingegeben - wohl aber
innerhalb einer weit höheren geistigen Dimension, so dass der betonte Hinweis auf die "poetische Production" auch aus einer persönlichen Problematik
heraus gesprochen wird.

Am 21.Dezember 1796 kündigt Meyer die nahe Vollendung seiner florentinischen Arbeit an:

> "Wenn die Sache recht nach der Strenge genommen werden sollte,
> so würde mein Aufenthalt hier noch mehrere Jahre dauern müssen:
> so viel ist zu betrachten, zu ordnen, anzumerken; wenn man sich aber
> mit einer billigen Leichtigkeit über alles abfinden lässt, so nähert sich
> meine Arbeit der Vollendung."

Doch schränkt er diesen Vorausblick am 13.Januar 1797 wieder ein:

> "Ich habe gehofft, hier bald meine Anker zu lichten, allein es knüpft
> sich immer wieder was an. Die Baumeister machen mir vieles zu schaf-
> fen und auch manches Vergnügen."

Bis Mitte Mai hält sich Meyer noch geduldig in Florenz bei seiner gewohnten Beschäftigung unter "unsäglich vielem Schreiben" hin. Dann lässt ihn
eine längerdauernde - möglicherweise auch psychosomatisch mitverursachte
- Erkrankung den Entschluss fassen, spätestens Ende Juni den Rückzug in
die Schweiz anzutreten, falls Goethe ihm bis zu diesem Zeitpunkt nicht nach
Italien entgegenreise:

> "Denn das ist gewiß. dass ich den Jammer und die Gefahr der Ein-
> samkeit und der Ohnmöglichkeit, sich mitzutheilen, das trostlose Ver-
> lassene, welches ich jetzt so schwer erdulde, nicht mehr auszuhalten

vermag und es deshalb weder wagen kann noch mag, nach Neapel zu
gehe ... Das Ende des Junius ist also das letzte Ziel, wenn nicht Ihre Dazwischenkunft mich hält und Sie nicht erscheinen sollten, mir
meine Thränen abzutrocknen."

Noch vor Ablauf des bis Ende Juni befristeten Zeitraums geht Meyer nach
der Schweiz zurück, wie sein Brief vom 27.Mai 1797 Goethe benachrichtigt:

"Es ist traurig, dass ich Ihnen sagen muss, dass die Klugheit und
die Noth mich beyde mit vereinter Gewalt von hinnen treiben und
mich vielleicht nicht einmahl das Versprechen, welches ich Ihnen eben
letzthin gethan, noch bis ans Ende des künftigen Monaths auszuhar-
ren, werden halten lassen ... Ich meines Orts habe nun durch Erfahrung von fast acht Wochen Krankheit oder, besser zu sagen, kränkli-
chen Zustandes eingesehen, dass die Hoffnung einer gänzlichen Wie-
derherstellung hier ganz unwahrscheinlich ist. Der Rath geschickter
Ärzte, die eigne Empfindung meiner Schwäche, die Ohnmöglichkeit,
etwas Gutes und Nützliches zu unternehmen, die schlechten Aussichten, der Aufwand, das verdrossene, erdrückte Gemüth, die verfehlten
Hoffnungen, die verlorene Mühe treibt mich alles zum Aufbruch. Die
Ausdehnung meiner Studien über das ganze Reich der Kunst, das
innere Streben, der Druck von außen, der Mangel an Hilfe und Mitt-
heilung hat mich im vergangenen Jahr zu einem solchen Aufwand von
Kräften gereizt, welchem, wie ich jetzt mit großem Jammer sehe, der
physische Zustand nicht gewachsen war, sondern endlich erlag ..."

In erschütternder Form bricht hier eine jahrelang zurückgestaute Sehnsucht
nach Gemeinschaft und vertrauter Nähe aus Meyer heraus - deutlich spürbar
machen seine Klagen auch die Überforderung aller Kräfte, die der seither be-
triebenen Methode innewohnte. Doch begleitet das gemeinsame Vorhaben
auch Meyers Rückzug in die Schweiz. Am meisten lähmte ihn die Vorstellung, in seiner Heimat längere Zeit ohne andere Bestimmung als die leben
zu müssen, seine Gesundheit wiederherzustellen - falls Goethe ihn nicht von
dort irgendwohin abrufen werde: entweder nach Deutschland oder wieder
zurück in den Süden. Meyer selbst betrachtete vorläufig seine derzeitige
Position als Vorposten Italiens. Einen endgültigen Heimruf wagte er nicht
offen zu wünschen.

"Ich umarme Sie in Gedanken, edler, theurer Freund, unzählige Mahl.
Es brechen zwar bittere Seufzer aus beklemmtem Herzen hervor, wenn

ich bedenke, wie lang ich nun unnützlich Ihres Umgangs beraubt gewesen (des besten Glücks meines Lebens), aber ich freue mich auch in dem Gedanken, dass nun das Ende dieses Entbehrens und geistlichen Todes bald vorhanden seyn wird."

Der letzte Brief Meyers aus Florenz setzt Goethes Zustimmung zu Meyers Rückzugsplänen voraus. Er ist voll befreiten Aufatmens:

"Sollte mir die Reise aufhelfen, Kräfte und bessere Gesundheit verleihen, so gedenke ich meine Zeit in der Schweiz, wenn es gelingt, auf einen Entwurf der Geschichte der neuern Kunst zu verwenden von Cimabue bis auf Raphael; es gehört dieses doch auf alle Fälle mit in unsern größern Plan, weil ohne eine solche Geschichte alle Beschreibungen dunkel bleiben müssen. Niemand hat wohl so viel gesammelt als ich habe, und wird die Sache auch, bis wir uns sehen, nur aus dem Gröbsten gearbeitet, so ist's schon ein Vortheil."

Rückblickend auf die geleistete Arbeit würdigt Meyer noch einmal den Dienst, den ihm die angewandte Methode erwiesen habe:

"Ich habe den Nutzen von der Tabelle, welche Sie mir gemacht haben, tausendfach erfahren und mit Hilfe der selben ungleich mehr gesammelt, als sonst hätte geschehen können (obschon lange noch nicht genug!), denn wenn man die Gemählde oder Statuen unter Augen hat, so ist es ganz ohnmöglich an etwas Systematisches zu gedenken: man wird von dem Strom fort geführt wie im Wirbel herumgerissen, der Geist irrt von Schönheit zu Schönheiten, des Genusses begierig, und ohne einen solchen Faden schwebt man bloß leicht und luftig darüber hin oder ist in Gefahr, von dem ersten starken Eindruck zum besten gehalten zu werden und sich hernach einmahl wieder über seine Irrthümer zu verwundern."

Goethe selbst wartet der zukünftigen Zusammenarbeit entgegen, vgl. seinen Brief vom 10.August 1797, den Eckermann in die Redaktion aufnahm:

"... es freut mich herzlich, aus Ihren Briefen zu sehen, dass wir beym Durchdenken und Durcharbeiten ähnlicher Gegenstände einander nur immer näher gekommen sind; es wird eine rechte Freude seyn, wenn wir unsere Theorien und Erfahrungen in einander verschlingen."

Obgleich Meyer die Vorzüge der "tabellarischen Merhode" für seine geistige Entwicklung dankbar anerkennt, ist doch seine immer wieder vorsichtig angebrachte Kritik nicht zu überhören. Nicht die Krankheit allein und die äußere Kriegslage lassen ihn so verzweiflungsvoll nach der Schweiz zurückstreben, sondern es scheint, als fühle sich Meyer vornehmlich dem "Aufwand an Kräften" erliegen:

> "Der Thränen und Verzweiflung war kein Maß ...
>
> Ach, dass ich doch diese jammervollen Tage und Nächte aus der Erinnerung verwischen könnte ...
>
> Ich aber bin seit meiner Abwesenheit, seit unserer Trennung, ich möchte sagen, manches Todes gestorben."

Die seelische und leibliche Entkräftung, die aus Meyers tiefen Klagen spricht, ist nicht zum wenigsten das Opfer jener zermürbenden methodischen Kleinarbeit, ja, des einseitigen theoretischen Gepräges von Meyers Italienaufenthalt überhaupt. So flüchtet er in Katastrophenstimmung nach Stäfa heimwärts.

Darin liegt eine symbolische Entsprechung auch für Goethes eigenen Zustand.

Denn obzwar Goethe nicht wie Meyer aus der direkten Berührung mit dem Original die schematisierte Beschreibung und aus dieser wiederum die Theorie ableiten musste - obgleich Goethe also uneingeschränkt in der Dimension des Ideellen verblieb und sich daher eher kontemplativ als aktiv verhielt - so spürte auch er mit der Zeit den enormen Kräfteeinsatz, den das Verfahren erforderte. Auch bei ihm erschöpfte sich die Geduld im jahrelangen Warten und parallel zu der durch ständige Spekulation ermatteten Ausdauer im Theoretischen.

Was Meyer als radikale Seelenerschütterung am Ende seines Italienaufenthaltes durchmacht - den "geistlichen Tod" - das widerfährt Goethe in milderer Form. Zwangsläufig gelangt auch er zu der Einsicht,

> "... dass Speculation so wie das Studium der Natur für uns andere, die wir doch eigentlich zu Künstlern geboren sind, falsche Tendenzen bleiben."

Zur letzten Einsicht, dass sich der Künstler unter Umständen mit einem unausgesetzten theoretisierenden Bemühen seiner eigenen Produktivität berauben könne, gelangt Goethe zwar nicht - aber sie scheint ihm in bestimmten Augenblicken doch greifbar nah.

Über die große Entfernung hinweg hatte das Scheitern der italienischen Pläne bei beiden Freunden eine ähnliche Seelenlage bewirkt. Aber deren weiterer Effekt ist bei Goethe nun ganz individuell. Als Schöpfer seiner Methode gibt er sie nicht zugleich mit dem Gegenstand preis. Viel zu sehr ist sie Element seiner persönlichen Lebensgestaltung geworden. Äußerungen der letzten Monate vor Antritt der Schweizerreise lassen erkennen, dass für Goethe Methodisierung nicht nur wissenschaftlicher Hilfsbegriff, sondern zugleich auch Lebensform geworden ist und aus dem Gegenständlichen langsam auf die Persönlichkeit einzuwirken beginnt. Ein Brief an die Fürstin Gallitzin vom 6.Februar 1797 beschreibt indirekt diese Wechselwirkung:

> "Sie erlauben mir nun dass ich auch einiges von meinen Zuständen sage. Außer den Begebenheiten, Geschäften und Zerstreuungen, die jeder Tag hervorbringt und dadurch gleichsam sich selbst verzehrt, führe ich das Interesse der Naturbetrachtung immer bey mir im Stillen fort ... Ich sehe hierinne eine sehr schöne Beschäftigung auch für die späteren Jahre, wo man immer Ursache hat mehr von den Gegenständen zu nehmen, da man nicht mehr, wie in früherer Zeit, ihnen so vieles geben kann."

Zugespitzter drückt diese Stimmung sich in einem Brief an Schiller vom 7.Februar 1797 aus:

> "Ich freue mich dass Sie in Ihrem abgesonderten Wesen die ästhetischen Krisen abwarten können, ich bin wie ein Ball den eine Stunde der andern zuwirft."

Seine Abschiedsworte an S.C.Körner vom 20.Juli 1797 fasst Goethe in die zwar sehr anmutige, aber untergründig verdüsterte Metapher, die sich auf "Hermann und Dorothea" bezieht:

> "Leben Sie indessen recht vergnügt und lassen sich mein idyllisch-episches Gedicht gefallen. Leider ist auch dieses wie die meisten meiner Sachen beinah' nur aus dem Stegreife; meine Tage rollen sich gar geschwinde auf, und ich möchte mir die Ehre anthun, mich mit der Leier des Orpheus zu vergleichen, die nur noch zufällige Töne von sich giebt, indem sie von den Wellen eilig dem großen Meere zugeschaukelt wird."

Alle diese Zeugnisse deuten ein von sich selbst Irritiertsein an. Wenn auch
Goethe in fast spielerischer Weise sich noch in Bildern gefällt, ja, nahezu kokett sich des tiefen metaphorischen Bildgehaltes bedient, so kann der
leichte Ton doch über die Anlässe und Ursachen dieses deutlichen inneren Zwiespalts nicht hinwegtäuschen. Schon das Vergebliche des jahrelangen Arbeitsaufwandes, dazu der seelische Verzicht, letztlich aber auch die
Vertheoretisierung und Methodisierung führen eine die ganze Persönlichkeit
beunruhigende Krisis herbei. Während der Reise nach der Schweiz setzt sich
sogar noch eine Verschärfung durch. In seinem Brief an Schiller vom 12.Au-
gust 1797 schreibt Goethe:

> "Äußerst fratzenhaft erscheint mir der arme Kosegarten ... Indessen
> sind diese Menschen, die sich doch denken können, dass das Nichts
> unserer Kunst alles sey, noch besser dran als wir andern, die wir doch
> mehr oder weniger überzeugt sind: dass das Alles unserer Kunst nichts
> ist."

Hier gerät die eigene Existenz schon in die Nähe eines echtes Sinnverlu-
stes, greift sich selbst und zugleich den höchsten Gegenstand, seine Kunst,
an. Doch lässt sich auch an dieser Stelle die eigenartige Ambivalenz zwischen bitterer Desillusionierung und spielerischem Wortton feststellen, so-
dass Goethes Aussage gleichzeitig als überlegene Ironie wie als echte Selbstbezichtigung aufgefasst werden kann - keinesfalls also eindeutig klar ist. Das
entspricht dem Zustand Goethes, seiner inneren Unsicherheit, die nach neu-
en, eindeutigen Positionen strebt. Ein Brief an Knebel vom 10.August 1797
aus Frankfurt deutet die Richtung an, in der die Ursache dieser Beunruhigung seines Wesens liegt:

> "Lebe recht wohl, und ehe du einen neuen Zustand erwählst, so be-
> denke alles ja wohl, denn es ist nichts gefährlicher, als sich in unserm
> Alter zu vergreifen."

Die Warnung davor, "sich zu vergreifen", charakterisiert die Stimmung dieses von Unsicherheit geprägten Zeitabschnitts. Als zentrale Ich-Erfahrung
regt sie unmittelbar dazu an, vorsichtig das methodische Verfahren der Wissenschaft auf Produktion und Spekulation zu übertragen: Methode wächst
in den Habitus Goethes ein, reguliert die Richtung seiner Interessen, seine psychische Belastbarkeit - und versucht dabei, die ihr innewohnenden
Krisenelemente zu neutralisieren.

Das Jahr 1797 bedeutet für Goethe in mancherlei Hinsicht einen Wendepunkt. Verfolgt man die Goethe'schen Tagebücher, so weist schon die mit diesem Jahr einsetzende, unvermittelte Vollständigkeit der Eintragungen, die nun genauestens für jeden Tag vorgenommen werden, auf Systematisierung hin und charakterisiert damit die entscheidende Wandlung, die sich ereignet hat. Jahrzehnte später verzeichnen die "Annalen" folgendes als eine der wichtigsten Handlungen dieses Jahres:

> "Vor meiner Abreise verbrenn' ich alle an mich gesendeten Briefe seit 1772, aus entschiedener Abneigung gegen Publikation des stillen Gangs freundlicher Mittheilung."

Es sind fünfundzwanzig Jahre Freundschaft, Zuwendung, Miterleben, die Goethe da vernichtet hat, was er später tief bereut. Die Abfassung eines Testamentes vom 28.Juli 1797 deutet ebenfalls auf den Vorsatz hin, einen *Lebenseinschnitt* zu markieren. Auch in die Zukunft richten sich Goethes methodisch gelenkte Erwägungen. Die Sorge, "sich zu vergreifen", tastet vor Antritt der Reise immer wieder das Bevorstehende ab. Sein Brief an Körner vom 20.Juli1797 meint pessimistisch;

> "Was mir die Reise nehmen und geben wird, muss ich nun abwarten; ich kenne mich hierüber und weiß, dass alles, was von außen an mich gelangt sehr späte Früchte bringt."

Die Frage verschärft er noch gegenüber Schiller - in seinem Brief vom 29.Juli 1797:

> "Leben Sie recht wohl. Sie sagten neulich, dass zur Poesie nur die Poesie Stimmung gäbe, und da das sehr wahr ist, so sieht man wie viel Zeit der Dichter verliert wenn er sich mit der Welt abgiebt, besonders wenn es ihm an Stoff nicht fehlt. Es graut mir schon vor der epischen Weltbreite, doch wollen wir das Beste hoffen, und wenn wir wieder zusammen kommen uns in manchen Erzählungen und Betrachtungen wieder erholen."

Ein deutliches Zögern wirkt der Schweizerreise entgegen. Unmittelbar am Tag der Abreise beschwört Goethe sein Grauen "vor der epischen Weltbreite". Ihre Folge ist dann der "ruhige und kalte Weg des Beobachtens" an den Gegenständen vorbei, der sie nie ganz dicht an sich heranlässt - und schließlich Goethes äußerst kritisches Urteil über "die Welt", wie es sein Brief an Knebel vom 1o.August 1797 aus Frankfurt dartut:

> "... wenn man nicht immer in der Welt lebt, so sieht man sie anfangs
> wieder mit verwunderten Augen an, und so gut man sie kennt, machen
> einen die neuen Erscheinungen wieder auf kurze Zeit aufmerksam, bis
> man das alte plumpe Märchen wieder bald gewahr wird."

Wenige Tage später, in Goethes Brief an Schiller vom 14.August 1797 heißt
es jedoch:

> "Leben Sie recht wohl und interpretiren Sie sich, da Sie mich ken-
> nen, meine oft wunderlichen Worte, denn es wäre mir unmöglich mich
> selbst zu rectifiziren und diese rhapsodischen Grillen in einen Zusam-
> menhang und Bestand zu bringen ...
>
> Nicht eher will ich wiederkommen als biß ich wenigstens eine Sattheit
> der Empirie empfinde, da wir an eine Totalität nicht dencken dürfen."

In dieser Aussage ist das Zeugnis neuer geistiger Aktivität gefaßt. Goethe
hat sich entschlossen. sich einer ihm zuerst fremden und ihn abstoßenden
Weltbreite einzubürgern. Ein entscheidender Umbruch ist vollzogen: eine
neue Richtlinie ist festgelegt worden.

In Frankfurt steht Goethe noch mitten in diesem ideellen Wandlungs-
prozeß. Methode wird hier zur geistigen wie seelischen Disziplin umgeformt.
Ihre seitherige Bestimmung - bei der Vorbereitung des Italienprogramms -
war die Transfiguration eines leiblichen Körpers in eine geschlossene Idealität gewesen. Hinter sich die Fülle des "Gebens", vor sich die Förmlichkeit
des "Nehmens", wird für Goethe jetzt Methode zum geistigen Regulativ, das
der Tendenz dient, "immer mehr mit sich eins zu bleiben." Das bedeutet
einen ständigen Vorbehalt gegenüber der Empirie - ein fast ausschließliches
Selbst-Interesse. Die "Sattheit der Empirie" ist nicht Zweck, sondern Mittel.

In dieser Eigenschaft gewinnt die Goethe'sche Methode eine esoterische
Funktion, sie ist Lebensmeisterung unter höchsten Ansprüchen. Doch liegen
gerade darin Ansätze künstlerischer Entstofflichung, die auf die abstrakte
Formgebung der Persönlichkeit nicht ohne negativen EinFluss bleiben kann.
Methodik in dem Ausmaß, der sich jetzt herausbildet, ist zugleich Leistung
wie Gefährdung. Sie enthält die naheliegende Möglichkeit, auf artifizielle
Weise das Geprüftwerden durch Schicksal und Bestimmung zu überwinden. Die erstaunliche Gewandtheit, mit der Goethe sein ideales Programm
liquidiert, legt solche kritischen Zweifel nahe. Die Übergänge von echter

Schicksalsbewusstheit zu ästhetisch inspirierter Selbstgestaltung sind am besten in jener Angst zu fassen, die sich selbst so viel als möglich zu schonen sucht.

Soweit das geistige Erbe der "Italienzeit" als methodisches Prinzip in Erscheinung tritt, ist es also immer zwiespältig in sich selbst. Sein Doppelcharakter: Hilfsapparat und Gesinnungsdokument verzweigt sich jetzt noch weiter. Der Gesinnungsanteil spaltet sich in Urbanität, "wahren weltbürgerlichen Sinn" und in ein stilisiertes Formideal der eigenen Persönlichkeit auf - beide verleugnen nicht ihre teilweise Herkunft aus dem konstruierten ästhetischen Schema.

"Die gesetzgebende Gewalt des guten Geschmacks"

Viele Werke Goethes legten einen weiten Weg bis zu ihrer Vollendung zurück. Einen langen Anlauf hat auch Goethes Plan einer zweiten Italienreise genommen, der - unbewusst - mit seinen allerfrühesten Wurzeln zurückreichen mag in die Zeit seines schmerzlichen Abschieds von Italien im Jahr 1788. Zu keimen beginnt er vielleicht sogar schon mit der in Italien geschlossenen Freundschaft zwischen Goethe und Meyer und erhielt sich nach seiner Rückkehr aus Goethes nie erstorbener Italiensehnsucht weiterhin am Leben.

Ohne Meyers Anwesenheit - seit 1793 - in Weimar hätte es jedoch vermutlich das italienische Projekt nicht gegeben, nicht geben können - Goethe brauchte zuerst einmal einen der Kunst Italiens ganz und gar ergebenen Gesprächspartner, er brauchte sodann einen Mitarbeiter von solcher Bereitschaft, sich unterzuordnen und zwei harte, einsame Jahre des mühseligen Katalogisierens von Kunstwerken durchzustehen, und es musste zudem ein Kunstliebhaber und Künstler mit genau dem Sachverstand Meyers sein, der in seinem Geschmacksurteil vorbehaltlos mit Goethe übereinstimmte und den Goethe seinerseits als Fachmann bedingungslos anerkannte. Dem geradezu halsbrecherischen Programm ihres gemeinsamen Italien-Projektes hätte ohne den Beitrag und die Mitarbeit Meyers, des Fachmanns für Kunst und Kunstgeschichte, das Herzstück gefehlt.

Im Briefwechsel Goethes mit Meyer finden sich - im Grundsätzlichen - fast alle jene Ideen abgehandelt, die ihm während seiner klassizistischen

Periode wesentlich waren, ja, es ist dieser Briefwechsel in seinem Vokabular geradezu ein Kompendium des klassizistischen Wortgebrauchs und der klassizistischenn Ästhetik. Kunst und Kunstgeschichte stellen zwar nur ein Teilgebiet der Goethe'schen Interessen dar - wohl aber das vermutlich wichtigste. Deshalb kann den wenigen präzisen Leitsätzen, die Goethe sich selbst und Meyer als Arbeitsgrundlage vorangestellt hat, ein über den kunstgeschichtlichen Bereich hinausgreifender allgemeiner, ja symbolischer Sinn zugemessen werden. Denn man darf annehmen, dass das Ziel, das Goethe im Kunstraum vorschwebte, mit demjenigen identisch sei, das er für sein Gesamtwerk konzipiert hatte. Und es scheint sicher, dass der Goethe'schen Kunstanschauung und -theorie eine ähnliche Schlüsselstellung zukommt, wie er sie für bestimmte repräsentative Teilerscheinungen gegenüber ganzen Gattungen hellsichtig geplant hatte.

Dabei geht es, das sei nochmals betont, hier nicht um Fachkritik an Goethes kunsthistorischen Äußerungen. Sie werden hier ausschließlich als Gesinnungsdokumente betrachtet.

Vorausgehend ist die Bedeutung der Goethe'schen Methode erörtert worden. Welche Fragen - eigentlich: welche Hauptfrage - trägt Goethe nun an den konkreten Kunstgegenstand heran? An welchen Kriterien misst er ihn - und welche Ideen leitet er von ihm ab?

Der erste Brief des in Rom verbliebenen Meyer an den 1788 nach Weimar zurückgekehrten Goethe - vom 22.Juli 1788 - enthält eine Beschreibung von Tischbeins Bild "Orest und Iphigenie", die im Ansatz alle jene Schlüsse einbegreift, die später zu konsequenter Theoriensetzung führen. Dort heißt es:

> "Hiernächst muss ich auch gestehen, dass Tischbeins Bild ...billigerweise verdient, den schönen Sachen beygezählt zu werden ... Orest ist schön, und der starre, in sich gekehrte, zur Erde geneigte Blick bezeichnet den verwirrten Zustand seiner Seele sehr gut. Die Furien fahren wild daher und schütteln ihre Schlangenhaare, haben aber daneben so viel Reitz und hohe Schönheit, dass daraus ein gewisser gemischter Charakter entsteht, der mit Lieblichkeit schreckt, und man nicht müde wird, sie anzusehen, gegen die Iphigenia wende ich, jedoch nur ganz leise, ein, dass sie mir nicht schön genug vorkömmt ..."

Es geht Meyer nicht darum, das eigentliche Wesen der Furien dargestellt zu sehen - sondern sie sind ihm gleichsam nur ein literarischer Vorwand, das

Schöne auf eine besonders interessante Weise zu verkörpern. Hinter dieser Beschreibung steht eine grundsätzliche Forderung Meyers an den ausübenden Künstler. Derselbe Brief vom 22.7.88 offenbart - bei seinem Urteil über Carraccis "Circe" - eine zweite Grundforderung Meyers:

> "Die Schönheit der Anlage des Ganzen, das Vielbedeutende der Figuren und hauptsächlich die Weisheit, mit welcher der Künstler zwey Erzählungen des Dichters in einer Vorstellung zusammen gezogen, um dieselbe deutlich zu machen, das alles verdient Bewunderung und zeugt von der großen Einsicht und Erkenntnis der Natur der bildenden Künste. Hierüber würde sehr viel zu schreiben seyn und Folgerungen daraus zu ziehen..."

"Weisheit", "Einsicht" und "Erkenntnis in die Natur der bildenden Künste" zeichnen den wahren Künstler aus. Sie teilen sich seinem Werk als Eigenschaften mit, sind daraus ablesbar und lassen sich zu "Beyspielen" verwenden und zu "Folgerungen" verarbeiten.

Wie sehr Meyers Äußerungen mit der Kunstempfindung Goethes übereinstimmen, bezeugt Goethes Antwort vom 19.September 1788:

> "Mich hat besonders vergnügt, dass Sie das Bild von der Circe im Farnesinischen Pallaste so sehr loben, es war immer eine meiner Favoritcompositionen. Leider ist der Sinn, in welchem es componiert ist, sehr verschwunden und erloschen, und unser lebendiges Geschlecht möchte wohl zumeist das Lobenswürdige zu tadeln geneigt seyn. Es ist dieses Bild eines von den Mustern, wie der Mahler dichten soll und kann ..."

Was Goethe an anderer Stelle bemängelt: dass Maler versuchen, die Unmalbarkeit eines seiner Gedichte zu malen - genau das fordert er hier umgekehrt von einem Maler: dass er beim Malen eines Bildes "dichten soll und kann". Doch wird an dieser Entgegnung Goethes sofort der Grad geistiger Durchdringung deutlich: während Meyer sich auf die Bewunderung des Gemäldes beschränkt und nur die Möglichkeit von "Folgerungen" andeutet, vollzieht Goethe diese Folgerungen konsequent. Hier bahnt sich schon die methodische Erschlüsselung der Kunstwelt an, die sich später in den Jahren der Vorbereitung auf die geplante zweite Italienreise vollständig herausbilden wird. Bei den Beteiligten wird die besprochene "Circe" zum exemplarischen Fall. Am 20. Januar 1789 fasst Meyer den Inbegriff seiner Erkenntnisse dahin zusammen:

" ... dass nämlich die Alten in der Kunst die Deutlichkeit der Wahrheit
vorangesetzt ..."

Beispiele sind für Meyer besonders jene Fälle, wo zwei verschiedene Handlungen sich in *einem* Bild abspielen, wo "die Alten" ein zeitliches Nacheinander als zeitgleiches Miteinander in Szene setzen, - eine Fiktion, die zum Teil
von der damaligen Kunstkritik stark angegriffen wurde - Meyer und Goethe
jedoch verteidigen sie. Für die Anhänger des Klassizismus muss Deutlichkeit den Vortritt vor Wahrheit genießen, insofern Deutlichkeit eine objektive
Größe, Wahrheit hingegen subjektiv und im Sinne der alten Pilatusfrage:
"Was ist Wahrheit?" sehr oft nicht eindeutig zu beantworten ist.

Dabei geht es weder für Meyer noch für Goethe darum, das Bild aus
sich selbst heraus zu interpretieren - sondern beide befinden sich in einer
vorwiegend literarischen Auseinandersetzung mit dem betreffenden Kunstwerk. Sowohl das "Schöne" des Bildes als auch die "Weisheit" des Künstlers
rechtfertigen sich aus letztlich literarischen Prämissen. Ihr Inhalt wird im
wesentlichen von einem Gedanken bestimmt, und wird von eben diesem
Gedanken umso positiver legitimiert, je eindeutiger sich dieser Gedanke aus
einem Bild herauslesen lässt. Ein Brief aus der frühen nachitalienischen Zeit,
am 27.Februar 1789 von Goethe an Meyer gerichtet, veranschaulicht diese
spekulativen Bezüge:

> "Dank für die Zeichnung der Figuren von der Vase. Es ist eine kostbare
> Composition. Oder wie Moritz will, man soll nicht Composition sagen,
> denn solch ein Werk ist nicht von außen zusammengesetzt, es ist von
> innen entfaltet. *Ein* Gedanke, in mehreren Figuren entfaltet.

> Die assymmetrische Art, die Figuren zu stellen, hatte eigentlich die
> Absicht, dass die Gestalten zugleich ein Zierrrath werden sollten. Auch
> bin ich überzeugt, dass in dieser symmetrischen Art mehr Mannig-
> faltigkeit zu zeigen war als in unsrer neuen. Dieß scheint ein tolles
> Paradox."

Zum wiederholten Mal beharrt Goethe auf der Vorstellung - oder übernimmt sie - die er selber später ad absurdum führt, von der Entfaltung
einer künstlerischen Idee von innen heraus aus dem jeweiligen Material.
Zwar noch in der tastenden Definition abhängig von Carl Philipp Moritz'
Kunstlehre, stößt Goethe doch schon zur eigenen Begriffsbestimmung vor.

Ein "Gedanke" entfaltet sich im Kunstwerk - eine "Absicht" fügt die Figuren symmetrisch zueinander. Der Gegenstand befriedigt also bei Goethe von vornherein viel mehr als nur den reinen Augensinn: unmittelbar spricht er die ästhetische Spekulation an. Insofern diese Spekulation ein Kunstwerk als zweckbestimmt bezeichnet, ihm die Absicht des "Zierraths" unterlegt, nimmt sie ihm sogar seinen selbständigen Charakter und erlebt ihn mittelbar; Schmuckwerk ist auch seiner geistigen Funktion nach immer ornamental.

Über den Sonderfall der Vasenmalerei hinaus bildet die gedankliche Voraussetzung ein grundsätzliches Element Goethe'scher Kunstbetrachtung. Ein Absatz aus Goethes bereits genanntem Brief vom 27.Januar 1789 vollzieht diese Verallgemeinerung:

> "Man ist in den neuern Zeiten, nach meinen Begriffen, selten wieder
> auf die Spur der alten Denkart gekommen, und wenn auch ein Meister
> sich ihr näherte, so verließen die Nachfolger solche gleich. In unsern
> Tagen scheint sie mir ganz verschwunden. Eben der Punct, wo wir
> uns wegen der Circe vereinigten, ist ein Hauptpunkt. Die Alten sahen
> das Bild als ein ab- und eingeschloss'nes Ganze an, sie wollten in dem
> Raum alles zeigen, man sollte sich nicht etwas bey dem Bilde denken,
> sondern man sollte *das* Bild denken und in demselben alles sehen.
> Sie rückten die verschiedenen Epochen des Gedichtes, der Tradition
> zusammen und stellten uns auf diese Weise die Succession vor Augen,
> denn unsre *leiblichen* Augen sollen das Bild sehen und genießen."

Aber gerade diese frühe Kunstdefinition Goethes beweist, in welchem Maße Goethe vom "Denken" eines Bildes abhängig war - wie fest er den stofflichen Gehalt eines Werkes in seinen ästhetischen Genuss einbezog, ohne sich darüber allerdings eine klare Rechenschaft abzulegen. Zwar sollte man sich nicht etwas "bey" dem Bilde - aber man sollte *das Bild denken*. Das Organ, mit dem Goethe ein Kunstwerk vorwiegend erfasst, ist damit von ihm selber klar bezeichnet. Auch der Künstler selbst ist nach Goethes Urteil in diesen geistig-gedanklichen Bereich einbezogen, er rechnet auf eine solche spezifische Art der Rezeption und legt sein Werk darauf an:

> "Das hat Carraccio wohl gefasst. Mercur legt eine Pflanze in den Be-
> cher, wenn er beim Homer dem Elyß die antimagische Pflanze lang
> vorher gibt usw. Wie erbärmlich quälen sich nicht neuere Künstler
> um die kleinsten historischen Umstände.

> Aber freylich jenes ist nicht jedem gegeben. Raphael hat diese Sinnes-
> art penetriert, seine Verklärung ist ein deutlicher Beweis."

Bis jetzt bewegt sich Goethe als Kunstbetrachter also in einem ganz rationalen Bereich des Erfassens. Meyer dringt immer wieder und erst recht
auf das Verständliche, das rational Erfaßbare eines Kunstwerks. Sein Brief
vom 5.April 1789, der u.a. "die alten Gemälde von Portici" streift, berichtet,
dass die "Muster von guter Austheilung Lichts und Schattens" ihm genügend be-
wiesen, wie "verschiedene Grundsätze der Mahlery den Alten" nicht unbekannt
gewesen seien.

"Ein groß Verständnis von Licht und Schatten setzt ... Haltung voraus", die
durch starke Beschädigung im einzelnen verlorengegangen ist.

Die "Grundsätze der Mahlerey", auf die Goethe und Meyer dringen, liegen aber nicht im Wesen der bildenden Kunst selbst - sie ruhen auf gedanklichen Vorbehalten. Mehr und mehr konzentriert sich Goethe auf die Aufgabe, ein Kunstwerk spekulativ zu erschließen. Schon 1789, wie sein Brief
vom 27.April an Meyer zeigt, formuliert Goethe grundsätzliche ästhetische
Erkenntnisse:

> "Ihre beyden Compositionen haben meinen völligen Beyfall.Sie com-
> poniren aus denselben Grundsätzen, wornach ich urtheile, und wenn
> ich recht urtheile, so haben Sie auch recht. Nach meiner Überzeugung
> ist es die höchste Absicht der Kunst, menschliche Formen zu zeigen,
> so sinnlich bedeutend und schön als möglich ist. Von sittlichen Gegen-
> ständen soll sie nur diejenigen wählen, die mit dem Sinnlichen innigst
> verbunden sind und sich durch Gestalt und Geberde bezeichnen las-
> sen. Ihre Sujets haben diese Eigenschaften in hohem Maße."

Damit ist sowohl vom Thematischen her der Kunst ein höchster Bereich
vorgeschrieben, wie ihr auch eine Absicht, also eine zweckhafte Selbstbestimmung unterlegt wird. "Menschliche Formen" sollen sinnlich bedeutend
dargestellt werden - und das heißt dem Wortsinne nach, dass Gestalt einer
bestimmten Bedeutung entspricht, also etwas Gedankliches aussagen soll.

Was der eigentliche Kunstgegenstand für ihn ist, hat Goethe hier definiert: der Mensch. Daran schließt unmittelbar das zweite Grundproblem
an: *wie* soll der Künstler darstellen?

> "Die Zusammensetzung ist nach meinem Begriffe keinen Regeln un-
> terworfen; sie ist die beste, wenn sie, bey Beobachtung der zartesten

Gesetze der Eurythmie, die Gegenstände so ordnet, dass man aus ihrer Stellung schon ihr Verhältnis erkennen und das Factum wie ein Mährchen daraus abspinnen kann ... Ihre beyden Compositionen haben auch diesen Vorzug. Ich habe beyde genau durchgedacht und glaube Ihre Absichten eingesehen zu haben und finde sie durchaus rein und gründlich."

Für die Komposition lehnt Goethe hier noch das Heranziehen von Regeln ab, indirekt bereitet er sie aber doch schon vor, wenn er eine Ordnung der Gegenstände nach den "zartesten Gesetzen der Eurythmie" fordert. Die Harmonie menschlicher Bewegungen, welche sehr wohl ein Gegenstand bildender Kunst sein kann, wird hier zu ihrem ausschließlichen Gegenstand erklärt. Seine "Regeln" sind damit unausgesprochen definiert. Auch besitzt Goethe bereits 1789 eine feste Vorstellung von der Endlichkeit kompositioneller Zusammenstellungen:

"Die menschliche Figur ist von den Alten so durchgearbeitet, dass wir schwerlich eine ganz neue Stellung hervorbringen werden, ohne aus den Gränzen des guten Geschmackes zu schreiten. Es kommt nur darauf an, dass sie das ausdrücke, was wir gedacht haben und dass wir sie zu unserer Absicht *wieder* hervorbringen können."

Form und Komposition findet sich vorbildlich, aber in zahlenmäßig begrenzter Vielfalt bei "den Alten" vor - sie ist in der Gegenwart reproduzierbar, ja, es gibt gar keine andere Möglichkeit, als diese Formen zu reproduzieren, wenn nicht zu kopieren, so sie ausdrücken will, "was wir gedacht haben".

Rund zwei Jahre später, als Meyer bereits seine Berufung nach Weimar anzutreten im Begriff steht, [18] nachdem das Briefgespräch zwischen Goethe und Meyer die gegenseitige Verständigung vervollkommnet und manche Übereinkünfte theoretischer Art gebracht hat, formuliert Goethe für Meyer eine bündige Aufgabenstellung - in seinem Brief vom 13.März 1791:

"Auf einen Canon männlicher und weiblicher Proportion loszuarbeiten, die Abweichungen zu suchen, wodurch Charaktere entstehen, das anatomische Gebäude näher zu studieren und die schönen Formen,

---

[18]Seit 1791 in Weimar. Bewohnt bis zu seiner Verheiratung 1802 die Mansarde in Goethes Haus am Frauenplan. Das barocke Haus wird von Meyer klassizistisch umgestaltet, während Goethe in Begleitung des Herzogs an der Kampagne in Frankreich teilnimmt.

> welche die äußere Vollendung sind, zu suchen, zu so schweren Unter-
> nehmungen wünschte ich, dass Sie das Ihrige beytrügen, wie ich auch
> von meiner Seite manches vorgearbeitet habe."

Diese Worte bedeuten einen neuartigen theoretischen Angriff auf den Bereich der Kunstwelt. Nichts weniger erhofft Goethe sich davon, als dem
rationalen Begreifen und Verständnis neue Dimensionen des Kunstschönen
zu erschließen, die bislang nur einem mehr oder weniger intuitiven Gefühls-
urteil zugänglich waren - und damit von der reinen Faszination des Kunstwerkes auf ein gedankliches Kalkül vorzustoßen, das ihm als ein eben noch
berechenbares Element innewohnt. Die schöne Form soll nicht mehr nur
gefallen, sondern auch von ihren Verhältnissen her bemessen und definiert
werden. Wenn Goethe für die künstlerische Darstellung des menschlichen
Körpers eine Art Regulativ zu finden hofft, so liegt der Schwerpunkt seiner
Frage in der reinlichen Scheidung des absoluten Schönen vom Charakteristischen. Diese Trennung sichert das reine Schöne vor einer Verformung seiner
Idealität. Das Charakteristische gehört für Goethe bereits einem Zwischen-
reich an. Es steht jenseits der Einfachheit der Idee, ist ein Mischprodukt.
An diesem Punkte setzt die spekulative Auseinandersetzung ein.

Sie entwickelt sich von vornherein unter höchsten Gesichtspunkten: ihr
Ziel ist ein "Canon", also eine vollständige Sammlung absolut verbindli-
cher ästhetischer Regeln, die der Kunst als zeitlose *Norm* zugrunde liegen.
Goethe durchschreitet an dieser Stelle eine wichtige Station seines Entwick-
lungsprozesses: er beginnt, sein Kunst-*Gefühl* in einen Kunst-*Verstand* zu
transformieren.

> "Sie wissen, wie sehr ich die Compositionen der Alten schätze, und
> da Sie auf einem Wege gehen, der auch von mir für den rechten ge-
> halten wird, so wird es uns künftig zu großer Zufriedeneit gereichen,
> wenn wir uns wechselseitig darüber erklären und unsere Meynungen
> durch Beyspiele erläutern werden. Ich bin überzeugt, dass der Künst-
> ler, der diese Gesetze kennt und sich ihnen unterwirft, eben so wenig
> beschränkt genannt werden kann als der Musicus, der auch nicht aus
> den bestimmten Verhältnissen der Töne und der Tonarten herausge-
> hen, sich aber innnerhalb der selben ins Unendliche bewegen kann."

Der Vergleich bildender Kunst mit der tonalen und harmonischen Beschrän-
kung des Komponisten rundet Goethes ästhetische Forderungen ab: der

Künstler soll sein Werk nach übersichtlichen, durchschaubaren Gesetzen bilden, sich innerhalb eines begrenzten überlieferten Materials bewegen und dem Betrachter jederzeit verstandesmäßig erklärbar sein wollen:

> "Es ist so angenehm, wenn wir bey Erblickung eines Bildes sogleich wahrnehmen, der Künstler wolle uns nicht nur bestechen oder wie ein Taschenspieler täuschen, sondern es sey ihm Ernst, wirklich etwas zu leisten, er wolle uns Rechenschaft geben von dem, was er gethan hat, und uns durch Klarheit und Genauigkeit in den Stand setzen, ihn zu beurtheilen."

Mitte 1793 erwägt der inzwischen in Weimar eingebürgerte Meyer, gedrängt durch Herder, den Plan einer Kunstgeschichte. Doch kann "unter gegenwärtigen Umständen etwas Sicheres und Vollständiges nicht gesagt werden."

Von Mai bis Ende September 1794 hält sich Meyer in Dresden auf. Seine Zeit ist mit dem Studium der dortigen Kunstschätze ausgefüllt. Nach ersten Versuchen, den Bestand des Dresdener Museums zu überblicken und für Goethe zu notieren, sucht er die Erwartungen Goethes auf Vollständigkeit der Ergebnisse einzuschränken. Sein Brief vom 11.Mai 1794 berichtet:

> "Sie werden wohl weitläufigere Anmerkungen erwartet haben, und ich mache auch Anstalten, sie zu geben. Allein ich habe keine Zeit übrig, das, was ich täglich aufschreibe, abzuschreiben, und da ich meine flüchtig geschriebenen Anmerkungen immer wieder gegen Bilder und Statuen halten muss, um sie zu berichtigen, so habe ich solche immer nothwendig. Ich gestehe Ihnen. es ist ein sehr schweres Ding, die Geschichte oder den Gang der Harmonie in der neuern Kunst ausfindig zu machen, und ich werde alle Tage verwirrter darin. In den Bildern der Venetianer, welche hier sind, ist bald eine Regel befolgt und oft auch dawider gehandelt. Correggio hat, so viel ich bis jetzt habe sehen können, Licht und Roth für fast gleiche Energien genommen und dieselben jede gleich auszutheilen gesucht. Rubens hat Roth noch fast energischer als das Licht selbst gehalten, wenigstens in seinem Quos Ego ... und dieses ist nicht das einzige Exempel welches sich geben ließe.
>
> An so mancherley Fäden suche ich das große und vielfache Gewebe der Kunst fortzuwirken und bin immer beschäftigt, dieß und das zu ordnen, zu vergleichen, zu überlegen."

Das noch Tastende, Vorfühlende und Unsichere an Meyers Versuchen ist deutlich zu erkennen. Tatsächlich war die Aufgabe, die er sich gestellt hatte, in Dresden auch nicht einmal annähernd zu lösen - sie konnte hier höchstens zu vorläufigen und fragmentarischen Ergebnissen gelangen. Die Unsicherheit scheint sich sogar noch zu steigern, wie Meyers Brief vom 20.Mai 1794 zu erkennen gibt:

> "Sie werden doch auch wundern und zu wissen wünschen, was ich arbeite, und da ich schon in der dritten Woche hier bin, und es wär' Sünde, Ihnen darüber nicht Bericht abzustatten. Ich habe viel betrachtet und mancherley Bemerkungen gemacht, sogar aufgeschrieben, bin aber noch mit keinem Begriff recht ins Klare gekommen, vielmehr verwirrter geworden; doch wird sich dieses Chaos auch einst zu ordnen beginnen.

Erst die von Goethe erarbeitete Konzeption einer Kultur- und Naturgeschichte Italiens strafft die unsicheren Bemühungen Meyers, bezieht sie in die Freiheit eines größeren geistigen Raumes ein. Unter dieser Schirmherrschaft begibt sich Meyer dann 1795 nach Italien; seine Zielsetzungen sind jetzt von vornherein exakt und konsequent formuliert - überall ist der Schwung der von einer großen Idee inspirierten Initiative Goethes zu spüren. Meyers Aufgabe war gegenüber dem Ganzen des Planes nur eine begrenzte - die ungeheuer erweiterten Perspektiven erleichtern es ihm, große, klare Richtlinien im Auge zu behalten und Mut für eine relativ spezielle Thematik und Problematik zu fassen.

Eine neue Kraft des Selbstvertrauens begleitet ihn über die Alpen. Schon aus München berichtet er über seinen kurzen Aufenthalt in Nürnberg in seinem Brief vom 2o.Oktober 1795. Falls er sich bei seiner Rückreise nur vierzehn Tage dort aufhalten könne,

> " ... so getraue ich mir, einen neuen, sehr interessanten Artikel von der deutschen Kunst zu liefern, welcher unsre vorhabende Arbeit wenigstens vermannigfaltigen und gewiß nicht entstellen wird."

Goethe akzeptiert dies Vorhaben und knüpft daran eine noch größere Aussicht an - in seiner Antwort vom 16.November 1795:

> "Nürnberg hoff' ich dereinst mit Ihnen zu sehen und glaube selbst, dass man von da und von Augsburg aus den alten deutschen Kunsthotizont recht gut werde überschauen können."

Aus Rom versichert Meyer bereits am 24.November 1795, also nach verhältnismäßig kurzem Aufenthalte:

> "Unterdessen darf ich getrost seyn, denn ich sehe, dass mein Gedächt-
> nis glücklich war, und dass meine gehabten Vermuthungen meistens
> zutreffen, und, was das Beste ist und nur unter uns gesprochen werden
> darf, dass wir bisher auf Wegen gewandelt, die von denen, welchen die
> guten Geister der Vorzeit gefolgt sind, nicht weit sich ablenken."

Zusehends vergrößert sich Meyers Sicherheit, mit der er Technik, Komposition und Gehalt der Werke bestimmt und daraus Theorien abzuleiten versucht. So schreibt er beispielsweise am 12.Dezember 1795:

> "Peter von Cortano zeigt sich auch als einer von den Unsern in Rück-
> sicht auf die Farben. Zwar scheint er alle seine Sachen bloß empirisch
> gemacht zu haben, wenigstens habe ich noch keine Regel finden kön-
> nen, welche er stätig befolgt hätte; aber hier und da hat er ein Bild
> gemacht, dem wir unsere Regeln unterschieben und selbst nach die-
> sen Regeln damit zufrieden seyn können. Freylich ist er dennzumahl ...
> (Papier verstümmelt) ... noch allezeit unsicher und schwankend, gibt
> sich viel mit changeanten Gewändern ab und schweift aus, ehe man
> sich's versieht, und man begreift nicht warum. Er ist aber hingegen so
> weit gekommen, dass er Gewicht der Farbe dem Gewicht von Figuren
> entgegengesetzt hat, welches, dächte ich, alles für ihn beweist."

Die naive Freude, einem Meister die eigenen Theorien "unterschieben" zu
können, geht als Hauptzug durch Meyers Mitteilungen, nie versäumt er den
Hinweis auf derartige Gelegenheiten. Goethes Antworten stimmen damit
völlig überein. Das ist symptomatisch für die Grundeinstellung - in einem
hervorragenden Kunstwerk vornehmlich seine Regelhaftigkeit zu suchen, das
technische und künstlerische Vermögen als Theorie zu abstrahieren. So in
Meyers Brief vom 8.Januar 1796, der mit besonderer Genugtuung über die
Aldobrandinische Hochzeit berichtet. Meyer findet darin

> " ... eine Harmonie und ein Verständnis der Farben ... wie noch in
> keinem anderen Bild".

Er bewundert

> "... die Anmuth, die Leichtigkeit. das Geschick, die gute, große Manier
> der Beleuchtung "

- unausgesprochen steht hinter all diesen Attributen die Freude am rationalen Begriff, am "Verständnis" des Künstlers selbst. In nahezu statistischer Vollständigkeit kehrt der Ausdruck "Verstand" bzw. "Verständnis" in Meyers Kunsturteilen wieder. So schreibt er am 25.Februar 1796;

> "Diese Stunde habe ich auch ein Gemählde eines piacentischen Mahlers gesehen ... Es ist seltsam, wie die Italiener allmählich ihren alten Styl abändern. Dieser Mensch ist nun der Repräsentant aller Künstler seiner Nation, denn er gehört zu den bessern; es fehlt ihm Verstand im Allgemeinen und Wissenschaft der Theile der menschlichen Natur, so finden sich entsetzliche, platte Dinge, Absurditäten in der Anlage, in den Gedanken, aber er ordnet nicht schlecht. er mahlt lieblich und rund und kräftig und beleuchtet nicht übel ... Überhaupt fällt das Bild gut in die Augen und beleidigt weniger den Geschmack als den Verstand."

Selbst wo Meyers Geschmacksansprüche nicht voll befriedigt werden, versucht er von einem Kunstwerk noch Regeln abzuleiten: man vergleiche sein Urteil über die Aldobrandinische Hochzeit vom 3.April 1796:

> "Vermittelst dieser Copie und dem, was ich von Bemerkungen über dasselbe niedergeschrieben habe oder noch niederschreiben werde, hoffe ich den vollständigen Begriff davon unser eigen gemacht zu haben. Man muss, dünkt mich, das Werk ansehen nicht als Muster zur unbedingten Nachahmung, denn es ist an sich selbst keine sorgfältige Nachahmung der Natur, welches doch endlich der höchste Zweck der Kunst ist; es ist eine Sache, die durch Manier, das ist nach gewissen allgemeinen Regeln, gemacht ist. Da aber die Manier gut und in ihren Elementen auf Wahrheit gegründet ist, so sind vortreffliche Lehren und Regeln davon abzuziehen, selbst wenn das Gemählde weniger gut wäre, und in diesem Sinne ist ein jeder Rest auch sogar schlechter Mahlerey der Alten für uns schätzbar; denn er kann fürtreffliche und brauchbare Aufschlüsse geben, wenn wir ihn gehörig zergliedern und untersuchen wollen."

dass auch Goethe, wenn auch auf höherer, abstrakter Ebene, sich dies analysierende Verfahren zu eigen gemacht hat, ja, dass er in ihm die Wurzel seiner rationalen Kunsterfahrung sieht, zeigt ein Passus seines Briefes vom 2o.Mai 1797 an Meyer:

"Von unsern Anlagen überhaupt kann ich nichts sagen ... Ich hatte
noch gestern Gelegeheit, mich über die wunderliche und unsichere
Art, wie diese Gegenstände behandelt werden, zu verwundern und
zu betrüben. Es will kein Mensch die gesetzgebende Gewalt des guten Geschmacks anerkennen, und weil er freylich nur durch Individuen spricht und diese auch durch die Eigenheit und Beschränktheit
ihrer Natur nicht immer das letzte Vollkommene und ausschließlich
Nothwendige hervorbringen, so verliert man sich in eine Breite und
Weite des Zweifels, läugnet die Regel, weil man sie nicht findet oder
nicht einsieht, geht von den Umständen aus, anstatt ihnen zu gebieten, lässt sich vom Material Gesetze vorschreiben, anstatt sie ihm zu
geben."

Die "gesetzgebende Gewalt des guten Geschmacks" ist für Goethe ein Absolutum, sie existiert - unabhängig vom ausübenden Künstler - auch da,
wo sie aus menschlich-künstlerischem Unvermögen im Kunstwerk nur teilweise erreicht wird. Die Wurzel solchen Unvermögens besteht grundsätzlich
in mangelnder geistiger Durchdringung, mangelnder Ausbildung, mangelnder Einsicht. Das würde sich demonstrieren lassen - wie Goethe es später
während seines Aufenthalts in Stuttgart immer wieder an Gemälden, Bild-
werken und auch an Architektur exemplifiziert. Der "gute Geschmack" sowie
Verfehlungen gegen ihn sind also durchaus nachweisbar - er ist kein Arkanum, sondern in konkreten"Regeln" veranschaulicht und für jeden Künstler,
aber auch jeden Kritiker, jeden Liebhaber, sogar für Dilettanten erlernbar.
Man könnte sagen, der "gute Geschmack", der alle Vorschriften und Regeln
des Klassizismus in sich enthält, ist tatsächlich - wie Goethe es sieht - der
Gesetzgeber der klassizistischen Ästhetik schlechthin, seine "Paragraphen"
sind unumstößlich wie in einem Gesetzbuch niedergelegt: es könnte in der
Tat ein solches Gesetzbuch für die bildende Kunst geschaffen werden; das
italienische Projekt wollte in Wirklichkeit nichts anderes, als genau solche
Sätze aus den Kunstwerken Italiens zu exzerpieren. dass es sich dabei um
einen Irrweg handelt, braucht nicht extra gesagt werden - faszinierend wird
dieser Irrweg, indem er nach und nach ins Lebensgefühl, ja, in die Lebens-
spraxis, in das Selbstbild Goethes eingreift. "Das Verständige", welches auch
Meyer gerne anspricht, wächst mehr und mehr in seinen Gedankenvorrat
ein, so dass sein ästhetisches Credo ihm eine fast kultische Demutshaltung
gegenüber diesem im Grunde schrecklichen "guten Geschmack" aufnötigt.

Meyer in Italien praktiziert ebendiese ästhetische Forderung immer folgerichtiger. So trägt er beispielsweise zu Goethes Übersetzung der Cellini'schen Autobiographie sein Urteil über dessen noch erhaltene Werke bei.
Sein Kriterium bildet dabei die Unterscheidung, ob es sich um einen "verständigen Künstler" handle, oder ob er einem bloß gefühlsmäßigen, gedanklich unsicheren, ungeschulten Bildungsdrang gefolgt sei. Zum Vergleich sein
Brief vom 24.Juni 1796:

> "Hier habe ich ... meine Augen zuerst auf die Arbeiten des Cellini
> gerichtet; er ist ein guter, aber kein verständiger Künstler ... Jedes
> Theil für sich ist gut verstanden, mit Kunst und Fleiß ausgeführt,
> mit der Stellung und Bewegung der Figur kann man zufrieden seyn,
> und obwohl das ganze Werk immer in die Classe der manierten Stücke
> gehört, so ist's doch allemahl eins der vorzüglichsten ..."

Die Abweichung, die "Manier", die Meyer bei Cellini feststellt, sieht er so:

> "Der Ganymed ist sehr fleißig, hat viele, sehr ausgearbeitete Haar
> löckchen, verzieht den Mund, die Augen stehen ihm gegen die Nase
> gesenkt, es ist mit einem Wort ein sehr maniertes Stück und nur we
> gen der fleißigen Arbeit zu loben. Die Glieder, welche auch von Cellini
> sind, haben gute Formen und nur in den Fußzehen und Fingern etwas
> Maniertes, Gezwungenes. Was alt an dem Werk ist, ist schön, doch
> nicht so, dass das Werk für ein Stück ersten Ranges gelten kann ..."

Wenn 1788 Tischbeins Furien Meyer gerade deshalb besonders angesprochen hatten, weil sie trotz ihrer Wildheit "so viel Reitz und hohe Schönheit" besaßen, so genügt jetzt bei Cellini schon ein verzogener Mund, um
Meyers Mißbilligung zu erregen. Die Verzerrung des ihm geläufigen Schönheitsideals ordnet einem Bildwerk alsbald einen niedrigeren Rang zu - obgleich Meyer die "fleißige Arbeit" loben muss. Meyer hat also seine damals
vertretene Geisteshaltung konsequent weiterentwickelt: die Forderung nach
idealer Schönheit und zugleich rationaler Verstehbarkeit eines Werkes repräsentieren Leitsätze seiner Kunstkritik. Wie an einer Schnur reiht Meyer
die Bildwerke unter diesen Gesichtspunkten auf, so am 5.Juli 1796:

> "Über wen ich aber am meisten erstaunt bin und mich vom Übermaß
> der Verwunderung fast nicht wieder zurecht finden kann, ist Massac
> cio, in der berühmten Capelle Brancacci in der Kirche del Carmine.

> Wenn man die Zeit betrachtet, da diese Bilder gemahlt worden, so
> lässt sich so etwas gar nicht denken, nicht beschreiben, man muss es
> nur sehen, erstaunen und schweigen. Alle vernünftige Idee, die man
> sich von einem Gang und Steigen der Kunst, von gesammelten Er-
> fahrungen, von Theorien und Regeln, die sich auf jene Erfahrungen
> gründen, machen kann, wird von diesen Bildern, möcht' ich sagen,
> vernichtet. Nahe an den Zeiten der Kindheit der Kunst sieht man
> hier einen Mann aufsteigen, der, da seine Zeitgenossen noch mit der
> Barbarey ringen, bloß durch die Kraft überschwänglicher Naturga-
> ben ein ganz Jahrhundert überspringt und empirisch jetzt das macht,
> was das Nachdenken und die Forschung von drey, vier Generationen
> beschäftigen wird, es in Regeln zu bringen und Lehrsätze daraus zu
> formen."

Meyers pragmatische Art der Geschichtsauffassung, da sie von Goethe nirgends einschränkend behindert wird, darf mit der Goethe'schen, für den
speziellen Fall der Kunstgeschichte, geradezu identifiziert werden. Eine "vernünftige Idee vom Gang und Steigen der Kunst", also das rationalistische
Prinzip des Fortschrittsgedankens, wird an die Überlieferung herangetra-
gen. Sie ist ein typisches Kind der Aufklärungszeit, ja, geradezu die Ge-
gentendenz ihrer eigentlichen, erklärten Absicht, den Kunstraum um neue
Erlebnisbereiche zu erweitern. Sie entstammt der Tradition aufklärerischer
Regelhaftigkeit, ist nicht emotionales Mitschwingen, sondern theoretisieren-
des Nach-Denken.

Am 21.Juli 1796 übersendet Meyer ein nicht näher bezeichnetes Bild an
Goethe, mit folgender Beschreibung versehen:

> "Hernach muss es Ihnen um so viel merkwürdiger seyn, weil es das
> einzige Bild ist, was auf einen Punct unserer Farbenlehre zutrifft, und
> zeigt, dass dieses Feld von den Neuern nicht ganz unbearbeitet liegen
> geblieben, aber auch zugleich zeigt, wie viel noch zu thun ist, wie eng
> und beschränkt auch die Kenntniß der besten Meister war und mit
> wie großer Industrie sich diese geholfen hat."

Meyer beansprucht Superiorität der Erkenntnis gegenüber der "engen und
beschränkten Kenntnis auch der besten Meister." Wenn er Regeln und Vor-
lagen zu entwickeln sucht, so will er damit gleichsam Hilfsmittel für den ausübenden Künstler bereitstellen, um es diesem zu ermöglichen, auf verbindlichen Grundlagen seine Individualität zu entfalten. Auch die Farbgebung

beruht für Meyer wie für Goethe auf einer Grundnorm. Sie ist bestimmbar nach ihrer Gewichtsverteilung - ihre Qualitäten und Quantitäten lassen sich modellhaft abwägen und werten: sie stehen in einem Systembezug. Erst wenn dieser erkannt und definiert worden ist, lässt er sich in ideeller Konsequenz anwenden und befriedigt damit die normativen Grundforderungen.

Goethes Übereinstimmung mit Meyer dokumentiert sich u.a. in seinem Brief vom 22.Juli 1796, der die Antwort auf Meyers Cellini-Brief enthält:

> "Das, was Sie von seinen Arbeiten sagen, trifft mit seinem Charakter und mit seinem Schicksal vollkommen überein; seine Bildung ging vom Einzelnen aus, und bey seiner großen, puren Sinnlichkeit wäre es ein Wunder gewesen, wenn er sich durch Reflexion hätte zum Ganzen erheben sollen."

Meyer ergänzt seine Berichte über Cellinis Arbeiten; er anerkennt dabei nicht das Zugespitzt-Geistreiche, Pointierte des "Manieristen", sondern brandmarkt, dass Cellini

> "mit Zieren und Putzen, mit Masken und Schnörklen fast nicht fertig werden" könne.

Die Originalität Cellinis wird nicht begriffen; Meyer sucht die wenigen Züge traditioneller Idealität - nur wo er "das Schöne" in Komposition und Formgebung rein entdecken kann, ist er zufriedengestellt.

"Sich durch Reflexion zum Ganzen zu erheben": diese Goethe'sche Formulierung zeigt, wie sich seine Grundsätze - "wornach ich urtheile" - seit der frühen nachitalienischen Zeit bis zum gegenwärtigen Augenblick zu einer einzigen, klar umrissenen Tendenz weiterentwickelt haben. In dieser Forderung lässt sich der Hauptgedanke der Epoche zusammenfassen.

So, wie gleichsam die Kunst über sich selbst hinausgetrieben wird, indem sie als Gedanke, Form, Stoff ein Absolutes werden soll - so entspricht ihrer Idealität ein ideales Menschenbild. Denn allein der geschulte, sich an der Idee vollendende Geist, der sich selbst "zum Ganzen" erhoben und damit seine "pure Sinnlichkeit" veredelt bzw. überwunden hat, ist Voraussetzung des vollkommenen Kunstwerkes. Diese Forderung schließt endlich auch ganzheitlich menschliches Wesen ein, sie sieht Leben, Charakter, Persönlichkeit, Kultur und Werk als geschlossene Einheit, als Gesamtkunstwerk an.

Daraus ergibt sich ein Kreislauf des im Menschlichen wie im Künstlerischen vergeistigten Strebens: die Persönlichkeit, die sich zum Ganzen erhebt, erblickt ihre höchste Aufgabe in der Menschendarstellung, im eigenen Abbild. Dieser Zirkel besitzt nahezu kanonischen Rang: der schöne, der sittlich-schöne Mensch ist die letzte denkbare Erfahrung des Künstlers und gleichzeitig die letzte und höchste denkbare Verkörperung des Menschenbildes.

Doch ist diese höchste zugleich eine Grenz-Erfahrung. Sie bahnt sich in den kunsttheoretischen Gesprächen mit Schiller an.

Über einen ihrer Hauptpunkte berichtet Goethe an Meyer am 15.September 1796:

> "Wir sind dieser Tage über die Wahl des Gegenstandes bey Kunstwerken sehr im Gespräch gewesen, sammeln Sie doch ja auch über diesen Punkt; es ist der erste und der letzte, und da man die ganze Materie nicht dogmatisch, sondern kritisch behandeln könnte, da man überall glückliche und unglückliche Beyspiele könnte reden lassen, so wäre es eine recht schöne Gelegenheit, in und mit dieser Frage so viele andere zur Sprache zu bringen."

Die Frage geht sachlich von der thematischen Zuordnung der Stoffe innerhalb der einzelnen Gattungen aus. Die unterschiedliche Eignung der Gegenstände für bildende Kunst oder Literatur veranlaßt diese Problemstellung. Als Vor-Ergebnis hat Goethe bereits definiert, dass der Mensch für die bildende Kunst den höchsten Gegenstand darstelle. In welcher thematischen Verbindung dies aber zu geschehen habe, steht noch offen. Erst jenseits dieser Abmachung, dass der Mensch als Gegenstand der Kunst den obersten Rang einnehme, beginnt also das theoretische Für und Wider. Nach zwei Seiten hin ist die Kunstanschauung so von vornherein abgegrenzt: die Kunst distanziert sich von allem Fragwürdigen in menschlicher Erscheinungsform - sie hat ein Ideal zu verkörpern. Zugleich aber soll körperliche Vollkommenheit einen vollkommenen Gedanken verbildlichen. Kunst ist gleichzeitig Ideal und Idee. Das bezeugt Goethe in seinem Brief vom 5.April 1797 an Schiller:

> "Sie haben ganz recht, dass in den Gestalten der alten Dichtkunst, wie in der Bildhauerkunst, ein Abstractum erscheint, das seine Höhe nur durch das, was man Styl nennt, erreichen kann."

Die "Wahl des Gegenstandes", die hier zur Diskussion gestellt wird, fordert ein sinnlich erfahrbares menschliches Erscheinungsbild, das sich sowohl als Schöngestalt, wie auch als Verkörperung einer Idee - als Abstraktion - begreifen lässt.

Erst bei dieser Frage: was dem Künstler stofflich zur Erfüllung dieser Forderungen dienen könne, trennen sich die Meinungen Goethes und Schillers.

Während Goethe einen eher pragmatischen Standpunkt einnimmt, lehnt Schiller in seiner Stellungnahme - heroisch überspitzt - eine eigentliche "Wahl" geradezu ab (vgl. Schiller über naive und sentimentale Dichtung):

> "Und nicht bloß die Schranken, welche der spezifische Charakter seiner Kunstgattung mit sich bringt, auch diejenigen, welche dem besonderen Stoff, den er bearbeitet, anhängig sind, muss der Künstler durch die Behandlung überwinden. In einem wahrhaft schönen Kunstwerk soll der Inhalt nichts, die Form aber alles tun; denn durch die Form allein wird auf das Ganze des Menschen, durch den Inhalt hingegen nur auf einzelne Kräfte gewirkt. Der Inhalt, wie erhaben und weitumfassend er auch sei, wirkt jederzeit einschränkend auf den Geist, und nur von der Form ist wahre Freiheit zu erwarten. Darin besteht also das eigentliche Kunstgeheimnis des Meisters, dass er den Stoff durch die Form vertilgt; und je imposanter, anmaßender, verführerischer der Stoff an sich selbst ist, desto triumphierender ist die Kunst, welche jenen zurückzwingt und über diesen die Herrschaft behauptet."

Für Schiller gibt es also kein eigentliches Wahl-Problem. Der Inhalt eines Kunstwerks ist schlechthin gleichgültig als Kriterium der Auswahl. Diesem absoluten Herrschaftsanspruch des Künstlers über das Stoffliche stellt Goethe seine Überzeugung von der Geeignetheit bzw. Schwierigkeit eines Gegenstandes entgegen:

> "Wir können einen Gegenstand der Erfahrung als einen Stoff ansehen, dessen sich die Kunst bemächtigen kann, und da es bey derselben hauptsächlich auf die Behandlung ankommt, so können wir die Stoffe beinahe als gleichgültig ansehen. Nun ist es aber bey näherer Betrachtung nicht zu leugnen, dass die einen sich bequemer darbieten als die andern, und dass, wenn gewisse Gegenstände durch die Kunst leicht zu überwinden sind, andere dagegen unüberwindlich scheinen. Ob es für das Genie einen wirklich unüberwindlichen Stoff gebe, kann man

nicht entscheiden; aber die Erfahrung lehrt uns, dass in solchen Fällen die größten Meister wohl angenehme und liebenswürdige Bilder
gemacht, die aber keineswegs in dem Sinne vollkommen sind, als die,
bey welchen der Stoff sie begünstigte. Denn es muss sich die Kunst ja
fast schon erschöpfen, um einem ungünstigen Gegenstand dasjenige
zu geben, was ein günstiger schon mit sich bringt. Bey den echten Meistern wird man immer bemerken, dass sie da, wo sie völlig freie Hand
hatten, jederzeit günstige Gegenstände wählten und sie mit glücklichem Geiste ausführten."

Schiller steht seinen Gegenständen kämpferisch und kompromißlos gegenüber - Goethe sucht ihr Entgegenkommen. Schiller erweitert den Stoffum-
fang ins Unendliche - Goethe schränkt ihn auf einen Kreis besonders qua-
lifizierter Objekte ein. Den Gegenstand auf seine inhaltliche Tauglichkeit
prüfen, heißt zugleich, seine inhaltliche Würde als einen Faktor der künstlerischen Wirkung anerkennen. Für Schiller ist das Erschaffen eines Kunstwerks vornehmlich ein Willensakt, für Goethe eine gegenseitige Befruchtung
von Künstler und Stoff, der beider Kräfte gleichmäßig an Entstehung und
Vollendung eines Werkes beteiligt. Das meint keinen Kompromiß, sondern
dem Gegenstand wird Wert und Würde zugestanden.

Und doch ist gerade diese Wertbestimmung auf eine besondere Weise
problematisch. Das offenbart sich an jenen Stellen, wo Goethe ein Bild, eine Skulptur als Kunstwerk zwar akzeptiert, sein Thema, sein Motiv aber
ablehnt, weil ein solches Thema und Motiv ihm grundsätzlich als nicht darstellbar und daher als verfehlt erscheinen. Wo Schillers kraftvolles Temperament unwillkürlich den erwählten Gegenstand sich unterwirft, verwirft
Goethe mit rationalen Bedenken genau jene Selbständigkeit und Würde
des Stoffes, die er auf der anderen Seite verteidigt. Er spricht dem Kunstwerk geradezu dem ihm innewohnenden Sinn, seine Aura, ab - wie in seiner
Abhandlung über Laokoon:

"Die Bildhauerkunst wird mit Recht so hoch gehalten, weil sie die
Darstellung auf ihren höchsten Gipfel bringen kann und muss. weil
sie den Menschen von Allem, was ihm nicht wesentlich ist, entblößt.
So ist auch bey dieser Gruppe Laokoon ein bloßer Name; von seiner
Priesterschaft, von seiner trojanisch-nationellen, von allem poetischen
und mythologischen Beiwerk habe ihn der Künstler entkleidet; er ist
nichts von allem, wozu ihn die Fabel macht: er ist ein Vater mit zwei

> Söhnen, in Gefahr, zwei gefährlichen Tieren zu unterliegen. So sind
> auch hier keine göttergesandte, sondern bloß natürliche Schlangen,
> mächtig genug, einige Menschen zu überwältigen, aber keineswegs,
> weder in ihrer Gestalt, noch Handlung, außerordentliche, rächende,
> strafende Wesen."

Außermenschliche Bereiche scheiden also für Goethes Kunst-Betrachtung
aus. Dies nicht etwa aus Motiven religiöser Pietät, sondern weil sie, wie er
an der Laokoon-Gruppe zeigt, nicht darstellbar sind, sofern sie nicht - wie
z.B. durch christliche Attribute - dem Dargestellten zugeordnet werden können. Einerseits profaniert Goethe damit den Kunstraum - denn er schränkt
ihn ein. Andererseis erweitert er diesen Raum um eine zwar immer noch
spezifisch menschliche, aber doch ans Religiöse fast heranreichende Idealität.

Der differenzierte Grenzbereich, in den Goethes Kunstanschauung hier
eintritt, ist mit einer Atmosphäre von Andacht und zugleich strengster geistiger Konzentration erfüllt. Er ist sublimierter Kult des homo humanus.
Der Mensch verrichtet ihn vor dem erhöhten, eigenen Idealbild. Diese Vorstellungen setzen sich konkret in die Forderung an den Künstler um. Nachdem Meyer Goethes Laokoon-Aufsatz erhalten hat, setzt alsbald seine Spekulation über Thema und Darstellung ein. Für die Wahl des Gegenstandes
hatte er als Regel gefordert - Mitte Oktober 1796:

> "... je vollständiger sich eine Handlung durch den Sinn des Gesichts
> begreifen, fassen lässt, je besser paßt sie für die bildenden Künste."

Dabei muss er aber die folgende Einschränkung treffen:

> "Die tragischen Gegenstände leiden eine Ausnahme. Man kann und
> könnte sagen; das Leiden des Laokoons wird und kann nicht ganz
> durch den Sinn des Auges begriffen werden, es hat ja der Künstler
> selbst in dem Ausdruck der Gesichter das Angstgeschrey der Söhne,
> die Todesnoth, das Seufzen und Ächzen in alle Figuren gelegt. Ich
> werde aber sagen, dass alle weisen Künstler zwar rühren, aber nicht
> Entsetzen erregen wollen und dass es gut ist für die Kunst, wenn
> dergleichen Gegenstände einen Theil der Wahrscheinlichkeit einbü-
> ßen. Gesetzt, es wäre in der Natur zu sehen, wie ein edler Mann mit
> zwey Söhnen von Schlangen erwürgt und gefressen wird, oder wie ei-
> ne Frau einem wilden Stier an die Hörner gebunden und von ihm

geschleift wird oder wie eine schöne Mutter mit einem dutzend schöner Söhne und Töchter mit Pfeilen erschossen werden sollten: den, sage ich, möchte ich wohl sehen, der zum Zeitvertreib zuschauen wollte. Und gleichwohl haben diese Szenen von Grausamkeit, von Unrecht den Stoff zu erhabenen Kunstwerken gegeben, die uns gefallen, nicht darum, weil sie die Sache mit der höchsten Illusion darstellen, sondern weil sie solche nur zum Theil darstellen und sich Kunst mit Natur, Wahrheit und Täuschung, Scherz und Ernst in denselben paaren."

Das sind Äußerungen ganz im Sinne Goethes. Sie fordern ein "Kunst-Bild", das an künstlicher Verschönerung, Beschönigung des Menschenbildes keinen Anstoß nimmt, ja, eine solche "Manipulation" als unumgänglich verlangt. Da Meyer früher angesichts der Aldobrandinischen Hochzeit eine "sorgfältige Nachahmung der Natur" gefordert hatte, "welche doch endlich der höchste Zweck der Kunst ist", muss er jetzt bei "tragischen Gegenständen" einen Kompromiß eingehen: er schlägt dem Künstler vor, von der Natur abweichend den Gegenstand zu schönen, um ihn seines Schreckens zu berauben, sprich, der Künstler soll die Wahrheit zugunsten der Schönheit opfern - ähnlich hatte Meyer einmal festgestellt, die Alten hätten der Deutlichkeit zuliebe die Wahrheit preisgegeben. Die Wahrheit in der Kunst bedeutet dem Klassizismus also ein nachgeordnetes, ein frag-würdiges Gut, das der Künstler in bestimmten Fällen zu relativieren geradezu verpflichtet ist. Denn "weise" Künstler wollen zwar rühren, aber nicht "Entsetzen erregen" - aufgrund ihrer höheren Einsicht und ihres "guten Geschmacks". Der verständige Künstler legt sein Werk bewusst auf Täuschung an, er will dem Betrachter ein natürliches Grauen unbedingt ersparen und ihm eine lediglich ästhetische Rührung abfordern. Die Schranken des Ekels und des Abscheus sind ihm auch ideell gesetzt.

Gedanke und Idee, die von einem Kunstwerk abgeleitet werden, halten sich innerhalb der Grenzen eines gesitteten menschlichen Gebarens. Der "Sinn" der Kunst ist Erbauung und ästhetische Genugtuung. So kann Meyer ganz naiv ein Papstportrait Raffaels - seines "hohen Begriffs wegen"mit dem "Sinne" vergleichen, der dem "großen Homerischen Jupiter" innewohnt - wobei man immer wieder auf die Wortwahl, auf die Dichte der Begrifflichkeit hinweisen muss. Am 21. November 1796 schreibt Meyer:

> "Gegenwärtig beschäftige ich mich mit dem Heiligen Vater des Raphael, und ich hoffe, Sie werden einst zum wenigsten meine Wahl loben:

es ist ein Werk, dessen sich der beste Grieche nicht schämen dürfte, wenigstens des Gedankens und hohen Begriffs wegen, welcher darinne liegt. Es ist Sinn des großen Homerischen Jupiters und vielleicht nicht minder erhaben. Hätte die neure Kunst je das Vermögen gehabt, solch ein Werk im Großen auszuführen, (aber dazu war auch selbst Raphaels Kunst nicht ausreichend), so müßte alle Welt zu seinen Füßen liegen wie vor der Bildsäule des Phidias."

In diesem Vergleich liegt ein indirekter Hinweis auf das eigentümlich Bindungslose, das der klassizistischen Kunstbetrachtung gelegentlich anhaftet. Sie ist nicht in der eigenen historischen Zeitebene beheimatet - vielmehr baut sie unter einem abstrakten Horizont ihr Formideal auf, erfüllt es mit zeitferner Thematik. Eine echte eigene Thematik fehlt ihr - d.h., die Kunstanschauung des Klassizismus übernimmt ihre Themen aus literarischen Vorbildern, die dem eigenen Bildungshorizont nahe liegen mögen, aber eben doch nie konkreter persönlicher Lebensstoff sind. Der griechische Mythos ist Mythologie, literarisches Wissen und ästhetischer Bildungsbesitz, aber nicht eigentlicher, vom Problem her zur Gestaltung drängender Konflikstoff.

Die Einheit antiker Kultur, die es ihren künstlerischen Repräsentanten erlaubte, auf ein allseitig verbreitetes kultisches Wissen ihre Einzelwerke zu gründen - und die dies Wissen nicht nur beim Kunst-Schaffen, sondern auch beim Kunst-Erleben voraussetzen durfte - erfährt in der Sicht Goethes eine Spaltung in ihre einzelnen Gattungen. Am tiefsten erlebt er ihre Wirkung auf dem Gebiet der Dichtung. Vom Sprachlichen nimmt seine Griechenverehrung ihren Ausgang, dort haftet letztlich auch seine Liebe zur bildenden Kunst. Wo aber diese Quelle seelischer Anziehungskraft sich schon aus Literarischem speiste, Mythos als Bildungserlebnis erfasste und den rein ästhetischen Genuss mit einem echten Seelenereignis in säkularisiert religiösem Sinne verwechselte, musste das Bild-Kunstwerk immer an der Wirkung des Sprach-Kunstwerks gemessen werden und oft hinter ihm zurückbleiben. Zwar besitzt die Gestaltungskraft der Antike für Goethe Offenbarungscharakter, - aber eben vornehmlich auf der Grundlage literarischer, reflexiver Aneignung. Das "tolle Paradox", das Goethe in seinem Brief vom Februar 1789 an Meyer beschrieben hatte - dass nämlich in der "symmetrischen Art " der Alten mehr Mannigfaltigkeit zu erreichen sei "als mit unserer neuen" - stellt voran die Vermutung, dass die antike Vasenmalerei nicht nur selbständig, sondern obendrein auch "zum Zierrath" gedacht worden sei.

An diese sachlich richtige Feststellung lässt sich aber die Frage anschließen, ob Goethes ständiges Dringen auf schöne Gestalt, harmonische Form - und überhaupt den "guten Geschmack" - nicht vielleicht einem ähnlichen Bedürfnis nach "Zierrath", nach Schmuck entspringen könnte - mit dem wichtigen Nebensinn der Umformung einer konkreten, in vieler Hinsicht negativ oder doch mindestens skeptisch, ja, pessimistisch beurteilten Gegenwart.

Das heißt: ob Goethes klar erkennbarer Weg in eine "Gedanken-Kunst", die sich in einem antikisierenden Schönheitsideal darzustellen hatte, nicht ein letztlich rein ornamentales Verschönern eines fiktionalen Kunstraums gewesen sei.

Eine Briefstelle Goethes lässt das vermuten, datierend vom 9.Dezember 1797 - geschrieben also bereits nach Beendigung der dritten Schweizerreise:

> "Ohne ein lebhaftes pathologisches Interesse ist es auch mir niemals gelungen, irgend eine tragische Situation zu bearbeiten, und ich habe sie daher lieber vermieden als aufgesucht. Sollte es wohl einer von den Vorzügen der Alten gewesen seyn? dass das höchste Pathetische auch nur ästhetisches Spiel bey ihnen gewesen wäre, da bey uns die Naturwahrheit mitwirken muss, um ein solches Werk hervorzubringen. Ich kenne mich zwar nicht selbst genug, um zu wissen, ob ich eine wahre Tragödie schreiben könnte, ich erschrecke aber bloß vor dem Unternehmen und bin beynahe überzeugt, dass ich mich durch den bloßen Versuch zerstören könnte ..."

Das "höchste Pathetische" - sprich Tragische - als bloßes Spiel ist ein gefährlicher Gedanke. Seine konsequenten Auswirkungen bleiben dem Schöngesang in manchen Opern des frühen 19.Jahrhunderts vorbehalten, die mit herrlichen Koloraturen zum Zierat schlimmster Verzweiflungsausbrüche und Todesarten beitragen. Aber die Vorklänge bei Goethe sind nicht zu überhören. Ihn drängt es noch dazu aus echter Angst vor dem Pathologischen, das Goethe richtig als die Wurzel des Tragischen erkennt. Zugleich entwaffnet die Ehrlichkeit seines Eingeständnisses. Der Gedanke selbst wird mit zu viel naiver Rationalität erwogen, als dass er die Selbstüberzeugung wesentlich erschüttern könnte, auch da nicht, wo Goethe eindeutig in das Fahrwasser des ästhetischen Spiels gerät und sich darin zu bewegen beginnt. Den ersten Schritt in diese Richtung hat er jedenfalls vollzogen. Nicht umsonst bekennt sein Brief an Schiller vom 28.April 1797:

> "Ich habe die Dichtkunst des Aristoteles wieder mit dem größten Vergnügen durchgelesen, es ist eine schöne Sache um den Verstand in seiner höchsten Erscheinung ..."

Denn ästhetisches Spiel ist eine vorwiegend dem Verstand überlassene Betätigung - sucht doch Goethe nicht umsonst mit spekulativen Mitteln dem Horror vor der Tragödie zu entrinnen. Ratio in ihrer tiefsten geistigen Bedeutung schließt das Tragische von selbst aus.

In dieser Perspektive bedeutet der von Goethe geplante zweite Zug über die Alpen eine gegentragische Maßnahme, eine Flucht hin zur geklärten, harmonischen Form, - zu einem Kanon der Formen - mit dem Endzweck einer lehrbaren Kunsttheorie, möglicherweise gar einer Arbeitsmethode, die dem ausübenden Künstler an die Hand gegeben und dem Kunstliebhaber ins Auge geprägt werden sollte.

In welchem Maße auch Meyer davon indoktriniert und inspiriert wurde, das jeweils betrachtete Kunstwerk sowohl der eigenen Vorstellung wie dem Bedürfnis nach Regulativ und Norm zu unterwerfen, zeigt eine Stelle seines Briefes vom 7.Oktober 1797:

> "Die Farben hat Raphael in diesem Bild ungemein weislich angegeben; allein von Mittheilung oder echter Annäherung der einen an die andere hat er, wie es scheint, nichts gewußt. Es müßte in der Folge einmahl ein sehr unterrichtendes Geschäft werden, wenn wir solches nach unserer Theorie bearbeiteten und das noch dazu setzten, was wir vermöge unserer Beobachtungen und Erfindungen dazu thun können; mich dünkt, ein solches Beyspiel müßte mit unläugbarer Evidenz auf einmahl die ganze Sache entscheiden."

Die Absicht, ein Lehrgebäude zu errichten, berührt sich bei Goethe schon fast mit dem Gedanken eines Kunst-Dogmas.Die kanonische Regel wurde ja bereits 1791 als Ziel der theoretischen Bemühungen proklamiert. Stil, "ruhend auf den tiefsten Grundfesten der Erkenntnis", als "Abstraktum" definiert, soll identifiziert, beschrieben und gleichsam schulmäßig gelehrt werden.

Diese pädagogische Tendenz verzweigt sich folgerichtig bis hinab zur handwerklichen Kunstfertigkeit. Rationale Fragestellungen greifen auf die Irrationalität der Kunst über - sie handeln das Kunstwerk und seine Hervorbringung vom Handwerklich-Erlernbaren bis hinauf zu der in den höchsten Ideen gipfelnden Vernunft ab. Wo ein immer noch Formulierbares das

Wesen des Kunstwerks bestimmt, da ist auch noch immer ein Lehr- und Lernbares vorhanden.

Tatsächlich zeigt sich in Goethes damaliger kunstrichterlicher Tätigkeit die Neigung, die rationale Lehrbarkeit des Kunstschaffens bis zu einer bedenklichen Stufe hinab zu rechtfertigen. Während Schiller sich in einem Beispiel von Nachahmung vorsichtig, wohl aber mit Anerkennung gemischt, zurückhielt, bemißt Goethes freudige Zustimmung den Wert, den er einer technischen Perfektionierung beimißt - selbst im Falle eines nur durchschnittlichen Talentes. Schiller unterrichtet ihn am 30.Juni 1797:

> "Für die Horen hat mir unsere Dichterin Mereau jetzt ein sehr angenehmes Geschenk gemacht, und das mich wirklich überraschte. Es ist der Anfang eines Romans in Briefen, die mit weit mehr Klarheit, Leichtigkeit und Simplizität geschrieben sind, als ich je von ihr erwartet hätte. Sie fängt darin an, sich von Fehlern freizumachen, die ich an ihr für ganz unheilbar hielt, und wenn sie auf diesem Wege weiter fortgeht, so erleben wir noch was an ihr. Ich muss mich doch wirklich wundern, wie unsere Weiber jetzt, auf bloß dilettantischem Wege, eine gewisse Schreibegeschicklichkeit sich zu verschaffen wissen, die der Kunst nahekommt ..."

Schiller anerkennt hier nur den Fortschritt der technischen Fertigkeiten - die dichterische Qualität beurteilt er keineswegs eindeutig. Für Goethe geht es um mehr, wenn er am 1.Juli 1797 antwortet:

> "Unsere Frauen sollen gelobt werden, wenn sie so fortfahren, durch Betrachtung und Übung sich auszubilden. Am Ende haben die neuern Künstler sämtlich keinen andern Weg. Keine Theorie giebt's, wenigstens keine allgemein verständliche, keine entschiedene Muster sind da, welche ganze Genres repräsentieren, und so muss denn jeder durch Theilnahme und Anähnlichung und viele Übung sein armes Subjekt ausbilden."[19]

---

[19]Vgl. dazu Goethes Brief an Meyer vom 21.Juli 1797. Dort heißt es über A.v.Imhoff ähnlich optimistisch: "Unsere Freundin Amelie hat sich auch in der Dichtkunst wundersam ausgebildet und sehr artige Sachen gemacht, die mit einiger Nachhilfe recht gut erscheinen werden. Man merkt ihren Sachen sehr deutlich die solidern Einsichten in eine andere Kunst an, und wenn sie in beiden so fortfährt, so kann sie auf einen bedeutenden Grad gelangen."

Goethe teilt nicht Schillers aristokratische Distanz, die dieser zwischen sich und "unsere Weiber" einlegt. Im Prinzip stellt er sich sogar mit der subalternen Schriftstellerin auf dieselbe Stufe der Abhängigkeit von einer nirgends klar definierten, greifbaren Kunst-Theorie. Wenigstens den äußeren Sinnen faßlich findet er sie im plastischen Werk verkörpert. Dieses leiht seine exemplarische Mustergültigkeit auch dem Wortkunstwerk.

Die mehrjährige Epoche der italienischen Pläne endet mit einem bezeichnenden Ausblick auf die künftige Vereinigung beider Mitarbeiter und eingehende Theorie-Diskussion - in Goethes Brief an Meyer vom 6.Juni 1797:

> "Höchst verlangend bin ich auch, Ihre Ideen über das Darstellbare und Darzustellende zu vernehmen. Alles Glück eines Kunstwerks beruht auf dem prägnanten Stoffe, den es darzustellen unternimmt ...
>
> Wir haben auch in diesen Tagen Gelegenheit gehabt, manches abzuhandeln über das, was in irgend einer prosodischen Form geht und nicht geht. Es ist wirklich beynahe magisch, dass etwas, was in dem einen Sylbenmaße noch ganz gut und charakteristisch ist, in einem andern leer und unerträglich scheint. Doch eben so magisch sind ja die abwechselnden Tänze auf einer Redoute, wo Stimmung, Bewegung und alles durch das Nachfolgende gleich aufgehoben ist."

Wie eine vorüberhuschende Erleuchtung mutet es an, wenn Goethe hier zum Begriff des Magischen vorstößt, die unbegreiflich bezaubernde, in keine Regel zu fassende Wirkung des Silbenmaßes beschreibt. Wenn auch nur flüchtig klingt hier das eigentlich Irrationale der Kunst an, ihre geheimste Wirkungskraft.

Den Grenzbereich der Kunst, wo Form vom Meßbaren ins Magische übergeht, streift jedoch nicht allein diese Randbemerkung Goethes - auch auf dem Gesamtplan eines zweiten großdimensionierten Italienaufenthaltes liegt ein entfernter Widerschein jener noch zu ertastenden Dimension der Kunst - die jenseits aller Rationalität läge.

Form als Ordnung, Gesetz, Klarheit und Wahrheit scheint magisch unkontrollierbare Wirkungen zwar auszuschließen - aber gerade in der von Goethe so sehr erstrebten letzten Einfachheit, in der Verbindlichkeit einiger weniger Grundregeln für sämtliche Kunstgattungen liegt eine Annäherung an jenen letzten, in der Definition nicht mehr umschreibbaren Bereich des

Schönen. Was Hölderlin "heilig nüchtern" nennt, liegt untergründig auch im Streben Goethe'scher Wahrheitssuche, die sich im Kunstwerk zu befriedigen strebt. Goethes Kerngedanke, die Skulptur, das plastische Kunstwerk ins Zentrum der Ästhetik zu rücken und vom ihm die für alles übrige künstlerische Wirken gültigen Regeln abzuleiten, nährt sich letztlich aus einer Illusionierung der Form, die sich entweder aus dem Gefühl - oder aber aus der Magie des Gedankens legitimiert - also in einer Bewußseinsschicht, wo ratio ihren eigenen Zauber entfaltet, sich mit ir-ratio direkt zu berühren scheint. Am 28.April 1797 schreibt Goethe an Meyer, dem er sein Epos "Hermann und Dorothea" übersendet:

> " ... es kommt hauptsächlich noch darauf an: ob es auch vor Ihnen die Probe aushält: denn die höchste Instanz, vor der es gerichtet werden kann, ist die, vor welche der Menschenmahler seine Compositionen bringt, und es wird die Frage seyn ob Sie unter dem modernen Costum die wahren ächten Menschenproportionen und Gliederformen anerkennen werden?"

Ein ähnliches Anliegen vertritt Goethe in seinem Brief an Schiller vom 8.April 1797:

> "Diejenigen Vortheile, deren ich mich in meinem letzten Gedichte bediente, habe ich alle von der bildenden Kunst gelernt ... So erschienen mir diese Tage einige Menschen im Aristophanes völlig wie antike Basreliefs und sind gewiß auch in diesem Sinne vorgestellt worden. Es kommt im ganzen und im einzelnen alles darauf an: dass alles voneinander abgesondert, dass kein Moment dem andern gleich sey, so wie bey den Charakteren; dass sie zwar bedeutend voneinander abstehen, aber doch immer unter Ein Geschlecht gehören."

Der Archetypus des künstlerischen Menschenbildes steht als Gedanke und Form dem italienischen Programm als Endziel vor Augen. Er hat den philosophischen Erkenntniskonflikt des Kritischen Idealismus bereits intuitiv überwunden: inwiefern nämlich der angeschaute Gegenstand von der Person des Anschauenden unabhängig sei - oder ob seine Erkenntnis rein auf menschlichen, sinnlichen und geistigen Eigenschaften beruhe:

> "Äußerst merkwürdig ist mir bey dieser Gelegenheit, dass auch hier alles auf die Erörterung der Frage ankäme, welche die Philosophen

so sehr beschäftigt, in wie fern wir nämlich einen Gegenstand, der uns durch die Erfahrung gegeben wird, als einen Gegenstand an sich ansehen dürfen, oder ihn als unser Werk und Eigentum ansehen müssen. Denn wenn man der Sache recht genau nachgeht. so sieht man, dass nicht allein die Gegenstände der Kunst, sondern schon die Gegenstände zur Kunst eine gewisse Idealität an sich haben; denn in dem sie bezüglich auf Kunst betrachtet werden, werden sie durch den menschlichen Geist schon auf der Stelle verändert. Wenn ich nicht irre, so behauptet der kritische Idealismus so etwas von aller Empirie, und so wird es nur die Frage seyn, wie wir in unserm Falle, in welchem wir, wo nicht eine Erschaffung, doch eine Metamorphose der Gegenstände annehmen, uns so deutlich ausdrücken, dass wir allgemein verständlich sind. und dass wir auf eine geschickte Weise den Unterschied zwischen Gegenstand und Behandlung, welche beyde so eng zusammenflossen, schicklich bezeichnen können.”

Man vergleiche mit diesen Worten das folgende, Jahzehnte später niedergelegte Bekenntnis, das die spezifisch Goethe'sche Transformation des Gedankens in die Anschauung - bzw. umgekehrt - zum Lebensprinzip erklärt:

“Mit einiger Aufmerksamkeit konnte ich bemerken, dass die alte Frage sich erneuere, wie viel unser Selbst und wie viel die Außenwelt zu unserem geistigen Dasein beitrage. Ich hatte beide niemals gesondert, und wenn ich nach meiner Weise über Gegenstände philosophierte, so tat ich es mit unbewusster Naivetät und glaubte wirklich, ich sähe meine Meinungen vor Augen.”

Bei aller kritischen Beurteilung der Vertheoretisierung und Dogmatisierung Goethes auf dem Gebiet der Ästhetik tut man gut daran, diesen Denk-Grundsatz nicht aus den Augen zu verlieren. Er beweist, dass Goethe sich auf dem Gebiet der Philosophie kraft seiner Veranlagung ständig in einer Grenzsituation befand. Ein Ästhetentum, wie es sich bei ihm um die Mitte der neunziger Jahre ausprägte und das er als Lebensstation durchmaß, crcignct sich daher auch in grundsätzlich anderer Dimension als etwa das des Mitarbeiters und Wegbegleiters Meyer - trotz Meyers Mehrwissen und sachlicher Treue. Goethes “Rationalismus” steht zwar mit einem Fuße noch durchaus in der Tradition des aufgeklärten 18.Jahrhunderts und weniger im Gefolge Winckelmanns, als es den Anschein hat - der andere Fuß aber greift weit voraus in den Bereich einer “höheren Vernunft”, wendet sich mit "unbewusster Naivetät" einer geistigen Herrschaft zu, die nach Kants Begriffsbestimmung allein einem"intellectus archetypus" vorbehalten bleiben muss, einem

> "Verstand, der, weil er nicht wie der unsrige diskursiv, sondern intuitiv ist, vom synthetisch allgemeinen, der Anschauung eines Ganzen als eines solchen, zum Besonderen geht, das ist, vom Ganzen zu den Teilen."

In seinen Ansprüchen hält sich das italienische Programm genau an die von Kant beschriebene Anschauungsweise: es geht von einem Allgemeinen aus, verbreitet sich über die Teile, sieht intuitiv ein Ganzes vor sich, ohne in der Ideenschöpfung auf gegenständliche Erfahrung im Einzelnen zurückzugreifen. Das Programm ist als Idee so vollkommen, dass es keiner praktischen Bestätigung mehr bedarf. Es leuchtet unmittelbar ein. Durch seine ideale Komposition rechtfertigt es sich vor sich selbst zur Genüge. Als geistiger Wurf existiert es gleichsam selbständig - es ist zwar als thematische Vorgabe gedacht, aber aufgrund seiner "Klassizität" kann es auf eine Ausführung verzichten. Als Idee ist es mindestens so lebendig, wie es als literarisches, kritisches, philosophisches und wissenschaftliches Werk sich verlebendigt hätte.

Das letztere bleibt sogar als Frage offen. Der Schritt von der Ideenschöpfung zur praktischen Ausführung wäre immerhin ein unermeßlicher gewesen. Von dieser Problematik bleibt aber die Idee als solche in ihrer Großartigkeit unberührt.

Sie ist geistiges Abenteuer in jenem Sinne, den Goethe als Greis in seiner Replik auf Kant meint, wo er sich auf dessen Begriff "intellectus archetypus" bezieht:

> "Zwar scheint der Verfasser hier auf einen göttlichen Verstand zu deuten, allein wenn wir ja im Sittlichen durch Glauben an Gott, Tugend und Unsterblichkeit uns in eine obere Region erheben und an das erste Wesen annähern sollen, so dürft' es im Intellektuellen derselbe Fall sein, dass wir uns durch Anschauen einer immer schaffenden Natur zur geistigen Teilnahme an ihren Produktionen würdig machten. Hatte ich doch zuerst unbewusst und aus innerem Trieb auf jenes Urbildliche, Typische rastlos gedrungen, war es mir sogar geglückt, eine naturgemäße Darstellung aufzubauen, so konnte nunmehr nichts

weiter verhindern, das Abenteuer der Vernunft, wie es der Alte vom
Königsberge selbst nennt, mutig zu bestehen."

Goethe tritt in seinen Italienplänen nicht mit so hohen Ansprüchen auf.
Aber sie liegen unmittelbar im Wesen der Idee selbst. Sie ist ohne solche
Spannungen undenkbar. Die überall hervortretende Intellektualität des Programms ist Rationalität auf der Schwelle zu jener "oberen Region", wo der
abenteuerliche Geistesflug das "Urbildliche, Typische" der Kunst vermutet
und wo er sich als reine Vernunft mit einer höchsten Vernunft zu vereinigen
strebt.

An dieser Schwelle ereignet sich ein spirituelles Wunder: Vernunft wird
Phantasie.

Winckelmanns und Herders Beiträge zum Humanitätsbegriff erscheinen
neben Goethes Plan als Vor-Schule. Erst Goethe vollzieht - und nicht zum
wenigsten in seinem italienischen Programm - die umfassendste Präzisie-
rung des klassisch-humanistischen Menschenbildes. Sein Werk ist Kultur
und Natur - Wissenschaft und Weisheit. Es liegt nur im Wesen einer solchen hohen Aufgipfelung, dass sie schon die Möglichkeit eines Abstieges in
sich enthält: den kühlen Formalismus, Exklusivität, artistische Selbstgenüg-
samkeit - den Klassizismus. Sie bezahlt ihr Streben nach dem Absoluten mit
einer gewissen Einseitigkeit.

Eine zweite italienische Reise - so, wie sie geplant war - hätte möglicherweise zu der Grenzerfahrung geführt, dass jede Ableitung in Regeln und
Formeln ein Danaergeschenk darstellt, dass sie zwar Begriffe schenkt und in
Kategorien ordnen hilft, aber das Lebendige lähmt. Diese Grenzerfahrung
verzögert sich nun notgedrungen noch um geraume Zeit.

Es hätte sich aber auch ereignen können und wäre denkbar, dass das Erlebnis der wirklichen und überwältigenden Italianita dem Sinnsucher Goethe
bei einem zweiten Aufenthalt in dem gelobten Land zu einer entgegengesetzten inneren Wandlung verholfen hätte. Erinnert man sich nämlich an
sein Urteil über die Schriften des Aristoteles, es sei eine schöne Sache "um
den Verstand in seiner höchsten Erscheinung", dann könnte man sich vorstellen, jener Verstand, welchen Goethe dabei im Sinn hatte, sei eher als
eine Art höherer Vernunft zu verstehen - und das so oft zitierte Theoriebedürfnis, das man als trocken und banal be- und verurteilen mag, beweise
- nicht immer, aber doch einige Male - eine wahrhaft spirituelle Qualität.

Alles durchdringend und allumfassend hätte sich eine solche Vergeistigung des Begriffs durch die verwandelnde Kraft der lateinisch-griechischen Welt vielleicht ereignen können, falls ihre leibhaftige Anschauung Goethe noch einmal vergönnt gewesen wäre. Der Klassizismus, der ja in Goethes italienischem Programm durchaus mit all seiner Starrheit und auch einer gewissen Verbohrtheit angelegt war, hätte sich - auszuschließen ist das nicht - weiterwandeln können in ein "klassisches" Verständnis der Antike, einhergehend mit der Trauer um die Unnachahmbarkeit der Antike - und verschmolzen mit der Einsicht in das eigene unumkehrbare Zeiteingebundensein. So aber pflanzt sich das klassizistische Pathos ungehindert und unbelehrbar weiter fort und erstarrt erst allmählich, bis es - nach Jahren - von einer organisch gewachsenen echten Entsagung abgelöst wird.

Die Schweizerreise 1797, als Ausläufer und sozusagen als Wurmfortsatz der voraufgegangenen Epoche nimmt daher deren Hauptforderung - das humanistisch-ästhetische Menschenbild - uneingeschränkt in sich auf. Es ist sogar eines ihrer wichtigsten, inspiratorischen Elemente. Denn sie versteht sich dezidiert als Übung, Experiment, Selbstprüfung. Dies in einem hohen Grade, der jeden Sinneseindruck, jeden konkreten Gegenstand, jede Begegnung als Baustein und Prüfstein des eigenen Bildungsganges wertet - und darüber hinaus alle anderen Einwirkungen ablehnt.

Die Schweizerreise 1797 ist eine aus der Theorie heraus gestellte und als geistige Leistung von Goethe bewusst herausgeforderte Aufgabe. Eines leistet sie allem Anschein nicht - wir würden es heute als Trauerarbeit bezeichnen. Es gibt nirgendwo einen vernehmbaren Schmerz um den endgültigen Abschied von Italien. Wie es scheint, unterdrückt Goethe diesen Schmerz nicht nur, er verdrängt ihn. In der Ankündigung:

"Sicherung meines literarischen Nachlasses
und Vorbereitung zu einer ächten vollständigen
Ausgabe meiner Werke.
1824."

veröffentlicht Goethe den folgenden Text:

"Ein dritter Band endlich wird meine im Jahr 1797 gemachte Reise nach Frankfurt, Stuttgart und der Schweiz enthalten und demnach einen schönen Punkt aus meinem Leben umfassen. Alles, was sich nun auf dieser Reise sowohl unterwegs in freier Natur, als auch in den Städten, wo ich länger verweilte, mir Bemerkenswertes dargeboten, und welche Ideen und Ansichten durch alle die mannigfaltigen Gegenstände der Natur und der menschlichen Beaschäftigungen, Einrichtungen und vielfachen Künste in mir rege geworden, davon geben Tagebücher, Briefe und einzelne Abhandlungen kürzere oder ausführlichere Nachricht, je nachdem Zeit und Umstände mir günstig oder hinderlich waren und die Fülle der Gegenstände eine weitere Ausführung gestattete oder nicht. Entschieden auf die Gegenwart gerichtet, fasste ich Alles augenblicklich auf und reihete das Geschriebene Tag für Tag an einander; und so wird es nun auch wohl bleiben und zur Herausgabe kommen müssen, ohne an eine künstlerische Ordnung weiter zu denken, die auch in diesem Fall nicht einmal räthlich und thunlich wäre. Tägliche Bemerkungen, Briefe, Aufsätze, Alles wechselt mit einander ab und bildet so ein buntes, wunderliches, sehr verschiedenartiges Ganze. Auch kleine Gedichte stehen am gehörigen Ort und scheinen hier erst ihre volle Bedeutung zu gewinnen. Unter den manchen Briefen, die ich aus den Städten, wo ich auf einige Zeit bleibenden Fuß fasste, an meine Weimarischen Freude zurückschrieb, werden besonders die Briefe an Schiller nicht unwillkommen sein. Die Poesie hatte uns für Nähe und Ferne mit einander verbunden, und so blieben wir in fortwährendem Austausch unserer neuesten Leistungen, Vorsätze und Ideen. Möge allen diesen guten Dingen demnächst eine freundliche Aufnahme zu Theil werden.”

Ende gut, alles gut? Erstaunlich, wie geschickt Goethe seine dritte Schweizerreise siebenundzwanzig Jahre später seinem Publikum verkauft, wie behaglich er Inhalt und Form beschreibt, “ein buntes, wunderliches, sehr verschiedenartiges Ganze” - und wie vollständig er dagegen ihre Vorgeschichte unter den Tisch fallen lässt. So vollzieht sich also im Lauf der Jahrzehnte die überraschende Metamorphose eines Traums: 1797 ist es Goethe offenbar unmöglich, das Scheitern des Italien-Projekts, Verlust und Verzicht, Schmerz und Trauer etwa in Briefen an seine Freunde zu verarbeiten, denen er vor her jahrelang über das Thema Italien so ausführlich über den jeweiligen Stand der Dinge Mitteilung gemacht hatte. Später, 1806, nimmt er mit der nie vollendeten “Pandora” einen Abschied “mit abgewendetem Blick” von jener nun langsam dem Ende entgegen gelebten Epoche des Klassizismus und damit zugleich von seinem Selbstbild, das er einst in Italien, umgeben und inspiriert von Kunstwerken, gleichsam selber zu einem Kunstwerk sui generis hatte ausmodellieren wollen. So kann er dann endlich 1824 das Surrogat, die Ersatz-Reise in die Schweiz sozusagen für das Original ausgeben und sie ganz unbefangen als einen "schönen Punkt in meinem Leben" bezeichnen. Damit ist das italienische Projekt - ein bedeutendes Stück Leben und Arbeit - endgültig aus seiner Vita gelöscht, die Akten und Briefe, Zeugen dieses Lebensabschnitts, sind im Archiv verschwunden. Auch in seinen Annalen - den Tag- und Jahresheften - taucht kein Hinweis auf. Im August 1796 hatte er schon einmal resigniert:

> "... ich mag es indessen nehmen wie ich will, so wäre es töricht, gegenwärtig aufzubrechen, und wir müssen uns also drin finden."

Ist das nun Lebens- oder vielmehr Überlebens-Kunst? Ein knappes Jahr vor der Schweizerreise, als im Herbst 1796 an ein wirkliches Scheitern noch nicht zu denken war, hatte Goethe, an der Reise nach Italien zum ersten- aber nicht zum letztenmal gehindert, wehmütig an Schiller geschrieben:

> "... jetzt, wo die Zeit herankommt, in welcher ich abreisen sollte, fühle ich nur zu sehr, was ich verliere, indem mir eine so nahe Hoffnung aufgeschoben wird, was in meinem Alter so gut als wie vernichtet heißt. Was ich noch von Cultur bedarf, konnte ich nur auf jenem Wege finden, konnte ich nur auf jene Weise nützen und anwenden, und ich war mir sicher, in unseren engen Bezirk einen großen Schatz zurückzubringen ... Eine große Reise und viele von allen Seiten zudringende Gegenstände waren mir nöthiger als jemals."

Es findet sich also ein Widerspruch in den erhaltenen Dokumenten, den man sich nur schwer erklären kann. Da die unendliche Sehnsucht nach Italien, die eines Tages wie ein bunter Schmetterling einfach davonflattert - da die Reise in die Schweiz, mit der ein allem Anschein nach völlig gefasster und auf sich und seine Reise konzentrierter Goethe 1797 kaschiert, was man heute Trauerarbeit nennen und als unvermeidbar bezeichnen würde.

Diese "ganze empirische Breite": Frankfurt

"Der symbolische Fall"

Die Fahrt von Weimar nach Frankfurt dauert vier Tage. Für Goethe ein langsamer innerer Anlauf, sich an die von außen andringende Vielfalt der Eindrücke zu gewöhnen. Das Tagebuch verzeichnet für diese Strecke vorwiegend geologische Studien, wie es das damalige Kutschentempo sehr wohl erlaubte. Erst Frankfurt setzt mit dem Reiseschema entsprechendem Material ein. Bis hierher ist alles Vorbereitung und sorgfältige Einstimmung auf den Zustand des Reisens und seine Beobachtungsmöglichkeiten.

Die Eckermann'sche Bearbeitung versucht zwar, einen geschlossenen Überblick über die Frankfurter Begebenheiten zu verschaffen, sie scheidet aber dabei eines der wesentlichsten Dokumente dieses Zeitraums aus: den Brief Goethes an Schiller vom 16.August 1797 - obwohl gerade sein Inhalt am geeignetsten erscheint, den Anschluss an die voraufgegangene Epoche herzustellen. Zugleich zeigt er den Übergang zu einem neuen Erlebnisbereich: die teilweise Wandlung in Wesen, Idee und Stimmung.

Das Besondere dieses Briefes liegt in der Sympathiebekundung für die bislang mit Skepsis beurteilte Empirie. Sie wird Goethe hier zum neuentdeckten Element poetischer Eingebung. Er berichtet:

> "Ich bin auf einen Gedanken gekommen, den ich Ihnen, weil er für meine übrige Reise bedeutend werden kann, sogleich mittheilen will, um Ihre Meynung zu vernehmen in wie fern er richtig seyn möchte? und in wie fern ich wohl thue mich seiner Leitung zu überlassen.

Ich habe, indem ich meinen ruhigen und kalten Weg des Beobachtens, ja des bloßen Sehens ging, sehr bald bemerkt, dass die Rechenschaft, die ich mir von gewissen Gegenständen gab, eine Art von Sentimentalität hatte, die mir dergestalt auffiel, dass ich dem Grunde nachzudenken sogleich gereizt wurde, und ich habe folgendes gefunden: Das was ich im allgemeinen sehe und erfahre schließt sich recht gut an das übrige an, was mir sonst bekannt ist, und ist mir nicht unangenehm, weil es in der ganzen Masse meiner Kenntnisse mitzählt und das Kapital vermehren hilft. Dagegen wüßte ich noch nichts was mir auf der ganzen Reise nur irgend eine Art von Empfindung gegeben hätte, sondern ich bin heute so ruhig wie jemahls, bey den gewöhnlichsten Umständen und Vorfällen gewesen. Woher denn also diese scheinbare Sentimentalität, die mir umso auffallender ist, weil ich seit langer Zeit in meinem Wesen keine Spur, außer der poetischen Stimmung erfahren habe. Möchte also hier nicht selbst poetische Stimmung seyn? bey einem Gegenstande der nicht ganz poetisch ist, wodurch ein gewisser Mittelzustand hervorgebracht wird."

Die seitherige Reise und der Anfang des Aufenthaltes in Frankfurt haben dem aufmerksamen Beobachter Goethe eine eher selbstverständliche Zunahme rationaler Erfahrungen vermitteln können. Unerwartet tritt jetzt ein seine Aufmerksamkeit unerklärlich steigerndes Element hinzu: eine innere Erregung, die er als eine "Art von Empfindung" beschreibt, wobei er aber gleichzeitig so "ruhig als jemahls" sei, denn er habe schon seit langem keine Stimmung außer der poetischen empfunden. Doch fühlt er sich auf unbestimmte Weise von dieser "scheinbaren Sentimentalität" beeindruckt. Der Gegenstand selbst ist es, der diese Emotion hervorruft, ohne aber wirklich "poetisch" zu sein, bzw., nach Goethes Definition immerhin ein "Gegenstand der nicht ganz poetisch ist", gleichwohl "verdichtet", eine Art halb und halb poetische Substanz aufweist, sondern den Betrachter mehr zum Nachdenken über sich und seine Reaktion anzuregen scheint. Der fragliche Gegenstand beschränkt seine Wirkung darauf, wahrgenommen zu werden, seine Bedeutung zu ergründen und Goethes Selbstbeobachtung zu stimulieren. Die Befriedigung der "scheinbaren Sentimentalität" genügt schon, um eine Art Gedankenexperiment mit sich selbst anzuregen, seine unerwarteten Gefühle zu registrieren und zu reflektieren. Die Reizwirkung wird - noch - im Gedanklichen abgefangen. Das Emotionale sickert gleichsam nur spurenweise ins Bewusstsein durch:

> "Ich habe daher die Gegenstände, die einen solchen Effect hervorbringen, genau betrachtet und zu meiner Verwunderung bemerkt, dass sie eigentlich symbolisch sind, das heißt, wie ich kaum zu sagen brauche, es sind eminente Fälle, die, in einer charakteristischen Mannigfaltigkeit, als Repräsentanten von vielen andern dastehen, eine gewisse Totalität in sich schließen, eine gewisse Reihe fordern, ähnliches und fremdes in meinem Geiste aufregen und so von außen wie von innen an eine gewisse Einheit und Allheit Anspruch erheben."

Der Gedanke, der sich hier langsam hervorarbeitet, geht - im Gegensatz zum italienischen Programm - zum ersten Male nicht von einer Theorie, sondern unmittelbar von der konkreten sinnlichen Erfahrung aus. Ihn beschattet nicht die Vollkommenheit einer abstrakten Idee - Goethe nimmt Empirie in ihrer gegebenen Unvollkommenheit hin. Ihre Erscheinungsform, ihre Stellvertreterfunktion ist eminent, herausragend aus einer Gattung, einer Gruppe, einer Anzahl ähnlicher oder verwandter Fälle. Er ist damit zum Symbol geworden für seinesgleichen, die er allesamt sinnbildlich repräsentiert. In Italien dagegen hatte Goethe einen"Canon" vorbildlicher "männlicher und weiblicher Proportionen" suchen wollen. Nur nebenher sollte dort auch das "Abweichen" erforscht werden, "wodurch Charaktere entstehen". Das "Charakteristische" bezeichnet in Goethes Sprachgebrauch immer die Differenz zum Normativen, zum endgültig und vollendet Geformten. Wenn er daher jetzt vom "Charakteristischen" der Gegenstände spricht, so sieht er in ihnen gerade nicht den klassischen, von allen Schlacken der Empirie gereinigten Fall - sondern im Gegenteil den individuellen, vom normativen Exemplum abweichenden, den "eminenten" Fall, der der allein durch die Besonderheit seines Herausragens einen auf ganz neue Weise positiv bewerteten Sinn erhält.

Dieser Gegenstand vereinigt in sich eine Summe von Charakteristika, er ist vielfach zusammengesetzt, sein Wesen ist vielschichtig. Die "Einheit" und "Allheit", worauf er "Anspruch erheben darf", ist keine selbständige, sondern entsteht durch die Ergänzung und Aneinanderreihung verwandter Phänomene: "indem sie ähnliches und fremdes in meinem Geiste aufregen" sind sie interessant in einem ganz und gar unklassischen Sinne, also keineswegs mustergültig.

Selbst der Begriff "symbolischer Fall" gibt nicht in erster Linie eine Wertebestimmung. Er bezeichnet vornehmlich seine Position als Erster in ei-

ner Reihe von Gleichen. Während der exemplarische, der beispielhafte Fall
eine Gesetzlichkeit verkörpert und entweder einen ethischen oder ästhetischen Wertbegriff voraussetzt, liegt der symbolische jenseits eines solchen
Urteils. Symbol ist Sinn-Bild. Um seiner selbst willen will das Symbol gar
nicht betrachtet werden, wie es etwa das Kunstwerk für sich beansprucht;
es kann nicht einmal für sich selber stehen, denn es ist - ohne den Vergleich
mit ähnlichen Fällen, Eigenschaften, Verhältnissen etc. - gewissermaßen als
selbstreferentieller Sinnträger - "sinnlos".

Im Gegensatz zum normierten und normierenden Kunsterlebnis besitzt
der symbolische Fall aber durchaus einen legitimen Anspruch auf eine von
der Idee inspirierte Sinn-Gebung. Wo das Erlebnis der Kunst durch Reflexion nur belastet werden kann, ist der symbolische Fall ohne spekulatives
Hinzutun, durch Vergleichen etwa, undenkbar. Die zu Theorie und Reflexion neigende Wesensprägung Goethes findet so in Frankfurt einen neuen,
glücklichen Ansatz; er kann sich vom Gegenstand her in jeder Weise vor
sich selbst rechtfertigen:

> "Sie sind also, was ein glückliches Sujet dem Dichter ist, glückliche
> Gegenstände für den Menschen, und weil man, indem man sie mit sich
> selbst recapitulirt, ihnen keine poetische Form geben kann, so muss
> man ihnen doch eine ideale geben, eine menschliche im höhern Sinne,
> das man auch mit einem sehr mißbrauchten Ausdruck sentimental
> nannte, und Sie werden also nicht lachen, sondern nur lächeln, wenn
> ich Ihnen hier mit zu meiner eigenen Verwunderung etwas für Freunde
> oder für's Publikum aufzeichnen soll, wahrscheinlich noch in Gefahr
> komme, empfindsame Reisen zu schreiben. Doch ich würde, wie Sie
> mich wohl kennen, kein Wort, auch das verrufenste nicht fürchten,
> wenn die Behandlung mich rechtfertigen, ja wenn ich so glücklich seyn
> könnte, einem verrufenen Nahmen seine Würde wiederzugeben."

Der Versuchung, "empfindsame Reisen" zu schreiben, ist Goethe dann doch
nicht erlegen, unter denen er sich nach der Definition Schillers vorwiegend
von der Reflexion bestimmte Reisen vorstellte, deren Reiz genau darin liegen würde, Fälle von herausragender und stellvertretender Bedeutung auf-
zugreifen und darzustellen - eine gewiß reizvolle, aber von der Mühe des
Suchens und vom Glück des Findens abhängige Aufgabe.

Entscheidend ist, dass der "symbolische Fall" nicht einen einzelnen Sinn
anspricht, dass er nicht ausschließlich ästhetisch, ethisch oder philosophisch

reflektiert wird, sondern in sich mehrere oder womöglich alle Elemente dieser Kategorien enthält.

Goethe unterscheidet ausdrücklich zwischen dem "glücklichen Sujet für den Dichter" und "glücklichen Gegenständen für Menschen". Er sucht also, literarische Begrenzungen zu erweitern. Die Analogie "Dichter" und "Mensch" dringt auf Gemeinsamkeit - sie trennt aber auch. Dabei versteht Goethe unter der Bezeichnung des Dichters das zugleich Präzisere wie auch Pretiösere. Die Bezeichnung Mensch meint ein Allgemeineres, weniger Geformtes - ein lockeres Gefüge von Eigenschaften. Er schließt mehr Natur, weniger den Geist ein - ist der Exklusivität des Dichters letztlich subordiniert. Der Dichter ist Mensch auf höherer Ebene, so wie Kunst das Bild des Menschen in idealer Form darstellt. Damit scheidet Goethe nicht Natur vom Geist. Aber er stuft sie je nach dem Grad ihrer Vergeistigung ein. Obwohl er, seinem pädagogischen Kalkül folgend, eine vergeistigte Existenz von unten her aufzubauen strebt, zeigen die vorangegangenen Jahre eine immer stärkere Tendenz, sich von oben, vom Ideal her auszurichten. Goethes Kunsttheorie ist der Versuch, das Ziel der Kunst, ihre Vollendung, zum Ausgangspunkt der Betrachtung zu nehmen, sie perspektivisch vom höchsten Punkt aus, nach unten sich verzweigend, zu betrachten.

Damit schlägt er methodisch etwa den umgekehrten Weg ein wie auf dem Gebiet der Naturlehre und Naturphilosophie. Dort sucht er das Einfachste im zellenhaften Aufbau - hier sucht er es im kompliziertesten Zusammenwirken aller vereinigten künstlerischen Wirkungskräfte. Während er sein Bild der Natur aus kleinsten Bausteinen liebevoll zusammensetzt, das Besondere zum Besonderen fügt, geht seine Kunstbetrachtung vom Allgemeinsten aus, vernachlässigt absichtlich ihre Besonderheiten und will auch in Definition und Dogma so allgemein wie möglich bleiben. Das lässt darauf schließen, dass für Goethe gar keine echte Notwendigkeit bestand, Individualität in der bildenden Kunst zu suchen - sie ist für ihrem Wesen nach verkörperte reine Idee - und sie kann daher auf Spezifikation verzichten. Ihre Norm ist zeitlos gültig, ahistorisch und von vornherein Abstraktion.

Anders sieht Goethe das Menschliche. Es ist in viel stärkerem Maße Natur, weicht ständig von der Norm ab. Während die Kunst ein Endgültiges darstellt, befindet sich Menschliches erst auf dem Weg, ein Kunstwerk zu werden.

Obwohl Ethik, Religion und Mythos mindestens teilweise dem Themenkreis der bildenden Kunst verschlossen sind und stattdessen wesentlich dem Bereich des Menschlichen angehören, sind beide Bereiche doch einander zugeordnet: denn die ästhetische Erfahrung ist ein unmittelbarer Schlüssel zur Selbst-Erfahrung des Menschen und zu seiner Selbst-Vervollkommnung, - sie ist der Vermittler zwischen ihm und seinem höheren, idealen Selbst. Die Kunst besitzt ihr eigenes, ästhetisches Ethos, ihre ganz eigene Wahrheit und Wahrhaftigkeit. Sie kann auf die Hilfsmittel der Sittenlehre verzichten kraft ihrer Vollkommenheit. Auch im Menschlichen ist Sittlichkeit nicht Selbstzweck, wohl aber Vorstufe einer dem Kunstideal vergleichbaren Vervollkommnung.

Eine tatsächliche, scharfe Trennung zwischen Gegenständen der Kunst und des Menschlichen, wie sie Goethe hier setzt, besteht also im Grunde für die Klassik gar nicht, obgleich sie immer wieder proklamiert wird. In Wirklichkeit ist die Kunst selbst "der glücklichste Gegenstand" für den Menschen - wie umgekehrt der Mensch "das glücklichste Sujet" für die Kunst ist. Die Opposition, die Gegenüberstellung von Mensch und Kunst trennt genau die Bereiche, die die Klassik zu einer bislang nie dagewesenen Einheit ineinander geschlungen hatte: in der Synthese der Humanität. Der homo humanus als ethischer Begriff ist das Ergebnis einer vorzugsweise ästhetischen Bildung - um nicht zu sagen "Religiosität".

Goethe hatte auf seiner geplanten Italienreise in erster Linie das geistige, ja, das zugespitzt intellektuelle Erlebnis suchen wollen. Diese Tendenz wird in Frankfurt bereichert durch eine neue Sicht auf das Ganze, eine Einsicht auch in einen Teil seines eigenen Wesens - der hier einmal nicht vorzugsweise ästhetisch inspiriert war.

Das Wort "glücklich" besitzt dabei eine gewisse Bedeutungsbreite. Es könnte heißen "günstig, geeignet" - aber auch einfach "beglückend". So meint es wohl auch Goethe, der das Gefühlsmäßige hervorhebt. Er würde, wie er an Schiller schreibt, kein Wort scheuen, "auch das verrufenste nicht", wenn er "so glücklich sein könnte, einem verrufenen Nahmen seine Würde wiederzugeben". So viel bedeutet ihm in diesem besonderen Augenblick der "so sehr mißbrauchte Ausdruck sentimental".

Erst im Vergleich mit dem italienischen Projekt erhält diese erstaunliche Bekenntnis sein Gewicht: als spontanes Aufquellen besonders gearteter poetischer Inspiration. In Frankfurt entdeckt Goethe in einzelnen Gegenständen der Realität, - die nichts anderes sind als Manifestationen der "rohen Empirie" - eine Spielart des Poetischen selbst, niemals vorher auch nur als Möglichkeit in Erwägung gezogen. Verglichen mit der mühsamen Gedankenarbeit der voraufgegangenen Epoche, die eine so scharfe Trennung der Bereiche vorgenommen hatte und das reine Kunstwerk, das künstlerische Menschenbild erst weit jenseits des Profanen beginnen ließ, lässt sich ermessen, zu welcher Bedeutung die hier vollzogene Annäherung der beiden Bereiche gelangt. Denn hier kommt der Schnitt, ja, der Bruch zwischen prosaischem und poetischem Stoff ins Fließen - nicht das Menschliche wird ins Ästhetische, sondern das Gegenständliche ins Menschliche transzendiert, unbeeinFlusst von ästhetischen Forderungen.

Inwiefern dabei der spezifisch Goethe'sche Inhalt des Begriffes "sentimental" mit den Definitionen Schillers in dessen 1796/97 entstandener Abhandlung über sentimentale und naive Dichtung ohne Abweichung korrespondiert, ist fraglich. Schillers Behandlung beruhte auf Konfrontation der Begriffe, er trennt sie aufs Schroffste und lässt keinen Mittel- oder Mischzustand als möglich gelten. Nach Schiller ist charakteristisch für den naiven Dichter:

> "Natur in dieser Behandlungsart ist nichts anderes, als das freiwillige Dasein, das Bestehen der Dinge durch sich selbst, die Existenz nach eigenen und unabänderlichen Gesetzen.
>
> Sie verschaffen uns daher den süßesten Genuss unserer Menschheit als Idee, ob sie uns gleich in Rücksicht auf jeden bestimmten Zustand unserer Menschheit notwendig demütigen müssen."

Im Abstand zur Natur findet die naive Darstellungsart ihre höchste Wirkungskraft. Eine Spiegelung im Menschlichen bleibt von vornherein ausgeschlossen. Mit dieser Art der Darstellung ließe es sich aber auf keine Weise vereinbaren, dem "Bestehen der Dinge" eine "ideale" Form zu geben, eine "menschliche im höhern Sinne". Insofern Goethe wie hier eine "naive" Darstellungsweise ausschließt, befindet er sich in Übereinstimmung mit der Definition Schillers. Aber:

> "Der Dichter, sagte ich, ist entweder Natur, oder er wird sie suchen, jenes macht den naiven, dieses den sentimentalischen Dichter

aus. Eben diese reine Einheit des Ursprungs und ihres Effektes ist ein Charakter der naiven Dichtung."

Schiller verlegt die Möglichkeit, naiv oder sentimentalisch - das eine oder das andere - zu sein, in die Grundstruktur dichterischen Wesens, sie ist keine Folge von Bildungseindrücken, sondern vorbestimmte Anlage.

Dem naiven stellt Schiller die Wesensmerkmale des sentimentalischen Dichters gegenüber:

> "Ganz anders verhält es sich mit dem sentimentalischen Dichter. Dieser reflektiert über den Eindruck, den die Gegenstände auf ihn machen, und nur auf jene Reflexion ist die Rührung gegründet, in die er selbst versetzt wird und uns versetzt. Der Gegenstand wird hier auf eine Idee bezogen und nur auf dieser Beziehung beruht seine dichterische Kraft. Der sentimentalische Dichter hat es daher immer mit zwei streitenden Vorstellungen und Empfindungen, mit der Wirklichkeit als Grenze und mit seiner Idee als dem Unendlichen zu tun, und das gemischte Gefühl, das er erregt, wird immer von dieser doppelten Quelle zeugen."

Goethe hat sich in seinem Brief an Schiller auf ein echtes "sentimentalisches" Erlebnis berufen. Inwiefern erfüllt er aber tatsächlich und im strengen Sinn die Forderungen einer nach Schillers Definition echten "sentimentalischen" Existenz? Die Eventualität, die Goethe erwägt: einen "sentimentalen" Reisebericht zu schreiben muss in dem Augenblick als Möglichkeit grundsätzlich bezweifelt werden, wo laut Schillers Definition feststeht, dass es kein wahlweises Alternieren zwischen naiv und sentimentalisch gibt. Möglicherweise hat Goethe sich jedoch eine Erweiterung der strengen Schiller'schen Begriffsbestimmungen erlaubt und demonstriert jetzt, welche spekulative Freiheit auch dem eher naiven Dichter letztendlich zusteht. Schillers strenge Konsequenz geht Goethe ab. Er ersetzt sie durch die besondere Eigenart seiner persönlichen Methode: eine Methode, die nach dem repräsentativen Fall sucht. Bei ihm soll der Gegenstand eine "menschliche Form im höhern Sinne" erhalten, also gleichsam personifiziert werden.

> "Ich berufe mich auf das, was Sie selbst so schön entwickelt haben, auf das was zwischen uns Sprachgebrauch ist und fahre fort: Wann ist eine sentimentale Erscheinung (die wir nicht verachten dürfen, wenn sie auch noch so lästig ist) unerträglich? Ich antworte: wenn das Ideale

unmittelbar mit dem Gemeinen verbunden wird, es kann dies nur durch eine leere, gehalt- und formlose Manier geschehen, denn beyde werden dadurch vernichtet, die Idee und der Gegenstand, jene, die nur bedeutend seyn und sich nur mit dem bedeutenden beschäftigen kann, und dieser, der recht wacker, brav und gut seyn kann ohne bedeutend zu seyn.

Auch für die Darstellungsform des sentimentalen Dichters erhebt Goethe seinerseits konkrete Stilforderungen, die an seinen Aufsatz "Einfache Nachahmung ..." anknüpfen und äquivalente Stoffbereiche unterscheiden:

> "Bis jetzt habe ich nur zwey solcher Gegenstände gefunden: den Platz auf dem ich wohne, der in Absicht seiner Lage und alles dessen was darauf vorgeht in einem jeden Momente symbolisch ist, und den Raum meines großväterlichen Hauses, Hofes, und Gartens, der aus dem beschränktesten, patriarchalischen Zustande, in welchem ein alter Schultheiß von Frankfurt lebte, durch klug unternehmende Menschen zum nützlichsten Waaren- und Marktplatz verändert wurde. Die Anstalt ging durch sonderbare Zufälle bey dem Bombardement zugrunde und ist jetzt, größtentheils als Schutthaufen, noch immer das doppelte dessen werth was vor 11 Jahren von den gegenwärtigen Besitzern an die Meinigen bezahlt worden. In so fern sich nun denken lässt, dass das Ganze wieder von neuen Unternehmern gekauft und hergestellt werde, so sehn Sie leicht dass es, in mehr als Einem Sinne, ein Symbol vieler tausend anderer Fälle, in dieser gewerbreichen Stadt, besonders vor meinem Anschaun, dastehen muss."

Die beiden Beispiele erhellen den möglichen Fehlschluss, der Goethe ganz unbefangen die Schiller'sche Definition des Sentimentalischen auf sich selber beziehen lässt. Bei Schiller misst der sentimentalische Dichter den Gegenstand an der Idee des Gegenstandes - er stellt mit Hilfe der Reflexion einen kritischen Bezug her zwischen Erscheinung und Idee. Goethe dagegen schafft einen Gleichnisbezug zwischen Gegenstand und Mensch, wobei er das Gefühl, das sich bei Betrachtung dieser Gleichnishaftigkeit einstellt, mit jenem echten sentimentalischen Gefühl verwechselt, das nach Schiller die Ursache der sentimentalen Reflexion bildet. Wenn er schließlich seiner Darstellung eine "ideale Form", eine "menschliche im höhern Sinne" geben will, so unterscheidet Goethe auch hier nicht präzise zwischen "ideell" im strengen Sinne und "ideal" im Sinne von Überhöhung: wie es etwa im Sprachgebrauch der

Zeit üblich ist, von einer "idealen Landschaft" zu sprechen - einer Landschaft, die nicht die Idee "Landschaft" darstellt, sondern eine Komposition, deren einzelne Teile sich in "idealer" Ausgewogenheit zueinander befinden, also den vom damaligen typischen Landschaftsempfinden gelenkten Sinn des Auges völlig befriedigen. Die "ideale Landschaft" merzt die Unkorrektheiten der Natur aus. Die "ideale Form", die Goethe einem "symbolischen Gegenstand" geben will, meint vermutlich eine ähnliche Korrektur bzw. Vernachlässigung störender Nebenumstände, so dass der betreffende Gegenstand tatsächlich dann "in mehr als Einem Sinne als ein Symbol vieler tausend anderer Fälle dastehen muss."

Gleichgültig bleibt bei dieser Auffassung der Gegenstand als Form, als etwas Gewordenes - er wird in erster Linie als etwas Werdendes, als Symbol immerwährender Veränderung gesehen. Goethe hält nicht etwa den gegenwärtigen Zustand für exemplarisch-vorbildlich, sondern macht deutlich, wie sich Leben in neues Leben, Handeln in neues Handeln umsetzt und sich dabei von Generation zu Generation in einer steten Umwandlung befindet. Eben diese Transformation ist der symbolische Gehalt des Gegenstandes.

Der Tiefe der Goethe'schen Existenz nachgefühlt, muss ihn diese Entdeckung eines symbolischen - und das heißt für ihn zugleich "poetischen" - Gehalts, der der sonst eher geringgeschätzten Empirie innewohnt, an einem ganz entscheidenden Punkt treffen: in einem Lebensabschnitt, der erst jetzt einer so einfachen Wahrheit ihren Geschmack abgewinnen kann. Betont er doch ausdrücklich in einem Brief an die Fürstin Gallitzin, dass er sich gegenwärtig im Stadium einer Umstellung befinde, wo er vom vorwiegend Gebenden zu einer mehr rezeptiven Haltung überzuwechseln im Begriff stehe.

Gerade der "symbolische Fall", dem er in Frankfurt begegnet, gibt ein Beispiel dieser Umformung: hier lässt sich Goethe von einer profanen Erscheinung ansprechen, sich von ihr in hohem Maße überzeugen, ohne im mindesten theoretisch auf ihren "Modellcharakter" vorbereitet gewesen zu sein - ganz im Gegensatz zu den sehr exakten theoretischen Vor- und Einübungen des italienischen Programms. Deutlich zeichnet sich an dieser Stelle die Möglichkeit ab, in eine neue, von ihm selber auch schon wahrgenommene Phase der inneren Verfassung einzutreten, die der natürlich-biologischen Entwicklung der ihm bevorstehenden fünfziger Jahre seines Lebensalters entspräche.

Auf dem Scheitelpunkt der Mannesjahre zeichnet sich aber auch eine zweite, entscheidendere Möglichkeit ab: aus der klassizistischen Selbst-Stilisierung und dem restaurativen Kunsthorizont heraus in ein weniger dogmatisches Weltverhalten überzuwechseln.

> "... wenn man aber, durch diese Fälle aufmerksam gemacht, künftig bey weiteren Fortschritten der Reise nicht sowohl aufs Merkwürdige sondern aufs bedeutende seine Aufmerksamkeit richtete, so müßte man für sich und andere, doch zuletzt eine schöne Breite gewinnen. Ich will es erst noch hier versuchen was ich symbolisches bemerken kann besonders aber an fremden Orten, die ich zum erstenmal sehe, mich üben. Gelänge das, so müßte man, ohne die Erfahrung in die Breite verfolgen zu wollen, doch, wenn man auf jedem Platz in jedem Moment, so weit es einem vergönnt wäre, in die Tiefe ginge, doch immer genug Beute aus bekannten Ländern und Gegenden davontragen.
>
> Sagen Sie mir Ihre Gedanken hierüber in guter Stunde, damit ich erweitert, befestigt, gestärkt und erfreut werde. Die Sache ist wichtig, denn sie hebt den Widerspruch, der zwischen meiner Natur und der unmittelbaren Erfahrung lag, sogleich auf, und glücklich, denn ich gestehe Ihnen, dass ich lieber grad nach Hause zurückgekehrt wäre, um, aus meinem Innersten Phantome jeder Art herauszuarbeiten, als dass ich mich noch einmahl, wie sonst (da mir das Aufzählen eines Einzelnen nun einmahl nicht gegeben ist) mit der millionenfachen Hydra der Empirie herumgeschlagen hätte; denn wer bey ihr nicht Lust oder Vortheil zu suchen hat, der mag sich beyzeiten zurückziehen."

Goethe selbst wägt das Gewicht der Frankfurter Erkenntnisse: sie befreien ihn vom seelischen Druck, unter den ihn die Empirie setzt, erschließen ihm jenen Raum der Alltagserfahrung, welcher in all seiner Profanität weit jenseits des so hoch geschätzten Kunst- und Wissenschaftsbereichs liegt. Profanes wird auf diese Weise plötzlich hinter-sinnig, bedeutend, bündig. Das Prätentiöse und Pretiöse ästhetischer Spekulation verstummt an diesem Ort, wird - man möchte sagen: vom Instinkt abgelöst, der die Banalität des Alltags "hinterfrägt", Hintergründe und Zusammenhänge zu Tage bringt, die ihm eine neue und wichtige Bedeutung - auch für das Allgemeinwesen einer so großen Stadt wie Frankfurt - geben. Das Beispiel des "großväterlichen Hauses, Hofes und Gartens" vermittelt schon in seiner sprachlichen Diktion einen Eindruck vom warmen Atem, der in den seither so kühl distanzierten Sachbereich einströmt und das Dingliche beseelt.

Goethes Brief vom 16.August 1797 aus Frankfurt an Schiller steht innerhalb der Schweizerreise 1797 völlig isoliert da. Es gibt kein zweites Briefdokument aus der Zeit dieser Reise, in dem Goethe ähnlich konzentriert über sich selbst reflektiert. Die Bezugspunkte müßten also jenseits dieses Zeitraums gesucht werden. Aber auch dort sind sie nur mittelbar zu erspüren. Die Empfindlichkeit Goethes gegenüber der "millionenfachen Hydra der Empirie" bildet sich ja gerade erst in jener besonderen Form heran, wie sie aus den der Reise direkt vorausgehenden Selbstzeugnissen spricht. Empirie, Wirklichkeit hat sich für Goethe längst aufgespalten in spezielle wissenschaftliche Interessengebiete einerseits und in Kunsterfahrung andererseits. An ihr ist das Auge in weit überwiegenden Anteilen beteiligt. Auch das italienische Programm ist hauptsächlich ein "Augen-Programm". Ebenso sind die beiden von Goethe aus Frankfurt berichteten "symbolischen Fälle" Augenerlebnisse, die dann spekulativ ins Beinahe-Poetische transzendiert werden.

Eine "Paarung" des Augensinnes mit dem Gegenstand, wie sie beim Italienaufenthalt 1786-88 stattgefunden hatte und bei der geplanten zweiten Italienreise nochmals hätte stattfinden sollen, ist - verbunden mit einem so hohen seelischen Aufwand - wohl später nie mehr erreicht worden. Von diesem Höhepunkt aus gesehen bedeutet alles Folgende Abstieg, Resignation, Monolog. Doch differenziert sich diese Entwicklung in viele Einzelphasen. Zweifellos darf man die erste Hälfte der neunziger Jahre als eine Epoche sehen, die intensiv auf eine Wiederkehr einer solch einmaligen Hoch-Zeit hinstrebt. Schon früh und immer wieder zwischenzeitlich von einer Vorahnung des Verzichtes beschattet, schlägt diese Tendenz nach dem Scheitern der Pläne in eine Art "Welt-Feindlichkeit" um.

In Frankfurt wird sie demonstrativ korrigiert.

Frankfurt: die STADT

Symptomatisch für Goethe setzt sein erster an Meyer gerichteter Brief aus Frankfurt vom 5.August 1797 mit einer ästhetischen Spekulation ein:

"Der Beyfall, den Sie meinem Gedichte[20] geben, ist mir unendlich
schätzbar, denn der Menschenmahler ist eigentlich der competenteste
Richter der epischen Arbeit. Die nachfolgenden Bogen sollen hoff' ich
noch vor mir bey Ihnen eintreffen. Ich habe diese Arbeit mit vieler
Sorgfalt und völligem bewusstseyn, obgleich in kurzer Zeit, fertig gebracht. Eben so freut es mich, dass ich Ihnen mit meinen Ideen über
Laokoon entgegen komme. Vieleicht schicke ich Ihnen noch einen Aufsatz über unvollkommenere, in einem gewissen Sinne bedeutende, und
leider für unsere Zeit verführerische Kunstwerke. Doch will ich darüber nichts voraus sagen."

Goethes Bescheidenheit gegenüber dem Maler und Kunstrichter Meyer ist
letztlich Demut des Sprachmeisters vor dem bildenden Künstler - dem er
einen sehr hohen Rang einräumt. Schon in diesem ersten Brief wird spürbar,
dass Goethe sich mit aller Entschlossenheit nach vorwärts orientiert, und
dem Augenblick entgegenstrebt, wo er sich endlich mit Meyer zum kritischen
Dialog vereinigen kann:

"Wir wollen ja keine großen Distanzen wieder zwischen uns legen."

Aber auch die Ablösung von dem, was er hinter sich lässt, ist noch nicht
ganz vollzogen:

"Sobald meine kleinen Hausgenossen weg sind und ich mich nun von
allem rückwärts noch mehr abgelöst fühle, so schreibe ich weiter."

Der eigentliche Einschnitt, der Goethes Weimarer Existenz vom "Zustand
des Reisenden" trennt, wäre demnach erst für den Tag anzusetzen, wo ihm
auch die letzte personale Verbindung "nach rückwärts" genommen ist: mit
der Abreise Christianes und des Sohnes zurück nach Weimar.

Der Aufenthalt Goethes in Frankfurt dauert vom 3. bis zum 25.August,
also gute drei Wochen. Christiane bleibt vier Tage, vom 3. bis zum 7.Au-
gust. Nach Abreise der "kleinen Familie" entfaltet Goethe seine Beobachter-
Tätigkeit in voller Breite: Theater, Baukunst, Stand des öffentlichen Wesens, die französische Besatzung, die Landschaftsumgebung Frankfurts - das
sind die Hauptpunkte des Interesses.

Den ersten Eindruck holt sich Goethe, indem er sich den Umriss der
Stadt vergegenwärtigt;

---

[20]"Hermann und Dorothea" entstanden 1796/97

> "4. Früh um die Thore gefahren, dann durch die Stadt, die neue Straße am Fahrthor gesehen, über die Brücke, Sachsenhausen, zurück, der Römer, die neue Kirche, durch die Querstraße nach der Zeile zu."

Dann, wie immer, der Blick aus der Vogelperspektive:

> "5. Früh um die Thore gefahren, in den Weinberg, in die Stadt zurück, auf den Pfarrthurm gestiegen ..."

Wie der zweite Brief aus Frankfurt vom 8.August 1797 an den Herzog in Weimar zeigt, hat Goethe innerhalb weniger Tage das aktuelle Bild Frankfurts und seiner fruchbaren Umgebung verinnerlicht. Durchsichtig folgt die Anlage des Briefes dem Vorbild der Struktur im italienischen "Reiseschema". Neben respektvoller Förmlichkeit erfüllt den Brief ein breiter, genussvoller Atem, Goethe benutzt fast enthusiastische Epitheta:

> " ... das deutliche Bild der verschiedenen Gegenden, ihrer Charaktere und Übergänge war mir sehr lebhaft und angenehm, auch war die Witterung, bis auf wenige heiße Stunden, erwünscht und der Moment wegen der heranreifenden Feldfrüchte sehr bedeutend. In Thüringen stand alles zum schönsten..."

An Schiller fasst Goethe den Reiseverlauf in seinem ersten Brief vom 9.August 1797 so zusammen:

> "Ohne den mindesten Anstoß bin ich vergnügt und gesund nach Frankfurt gelangt ..."

Der Brief an den Herzog stellt dem genussvoll über die Erntelandschaft zurückschweifenden Blick dann die Lebhaftigkeit und Unruhe der Großstadt gegenüber:

> "In Frankfurt ist alles thätig und lebhaft. Ihre Zeit ist nur zwischen erwerben und verzehren getheilt und das vielfache Unglück scheint nur einen allgemeinen Leichtsinn bewirckt zu haben."

In Analogie dazu schreibt Goethe an Schiller:

> "Sehr merkwürdig ist mir aufgefallen wie es eigentlich mit dem Publikum einer großen Stadt beschaffen ist. Es lebt in einem beständigen Taumel von erwerben und verzehren ..."

Der Brief an den Herzog setzt sich mit ausführlicher Darlegung und psychologischer Begründung dieser Charakteristik fort, beschreibt dann die Beweglichkeit, die ihn in Frankfurt von Eindruck zu Eindruck treibt, wie er sich die veränderte Physiognomie der Stadt aneignet, ihre Anlage durchwandert und ein sachliches Urteil zu gewinnen sucht. Baukunst und Theater ziehen Goethes Aufmerksamkeit natürlich besonders auf sich. Sein erster, zusammenfassender Eindruck:

> "Ich habe mich in diesen wenigen Tagen schon viel umgesehen, bin die Stadt umfahren und umgangen, außen und innen entsteht ein Gebäude nach dem andern, und der bessere und größere Geschmack lässt sich bemerken, obgleich auch hier und da wieder mancher Rückschritt geschieht."

Auf ähnliche Weise gelangt Goethes erster Brief an Schiller von außen nach innen zu einem ersten Urteil; eine prägnante Studie des "Publikums" bringt die Beschreibung der in Frankfurt vorherrschenden Stimmung auf den Punkt:

> "Zerstreuung in der Zerstreuung".

Abschließend bietet Goethe dem Herzog das Bild eines von Fruchtbarkeit überquellenden, die Stadt umgebenden Landschaftsgürtels:

> "Die Fruchtbarkeit des herrlichen Grundes um Frankfurth und die Mannigfaltigkeit seiner Erzeugnisse erregt Erstaunen ..."

Damit erfüllt gleich der erste Bericht über eine Stadt die Forderungen des auf der Strecke von Weimar nach Frankfurt ausgearbeiteten Reiseschemas: er führt in gleichsam harmonischen Kreisbewegungen an das Objekt, an die ihm eigene Stimmung wie an die Mentalität seiner Bewohner, an das soziale Klima einer vom Krieg heimgesuchten umd trotz hoher Kontributionszahlungen erst recht zu Zerstreuungen geneigten Stadtbevölkerung heran. Der Kontrast von Natur und Landschaft zur psychologischen Problematik der Stadtmenschen lässt die beiden "Ur-Gegensätze" des Schemas wirkungsvoll aufeinander folgen: auf die epische Ruhe des die Stadt umgebenden "herrlichen Grundes" das dramatisch Individualistische einer sich aufs lebhafteste auslebenden Stadt.

Der erste Brief an Schiller neigt doch - trotz mancher Gemeinsamkeiten mit dem Brief an den Herzog - weit mehr zu einem sehr persönlichen Nachdenken Goethes über sich selbst - über seine eigene, im Grunde zwiespältige innere Situation:

> " ... und überlege in einer ruhigen und heitern Wohnung nun erst: was es heiße in meinen Jahren in die Welt zu gehen."

Hier macht Goethe auch zum ersten Male Mitteilung, dass er "Methode" zu Hilfe nehmen wolle, um seine gegenüber der "früheren Zeit" so viel umfassenderen Interessen auf dieser Reise in einen festen Rahmen spannen zu können.

> "Ich will nun alles was mir in diesen acht Tagen vorgekommen ist so gut als möglich zurechtstellen, an Frankfurt selbst als einer vielumfassenden Stadt meine Schemata probiren und mich dann zu einer weitern Reise vorbereiten."

Die Grundstimmung dieses Briefes aber ist ein sich Fremd-Fühlen in der Fremde, ein sich nicht mehr Eingewöhnen-Können, ja, ein sich Zurück-Sehnen - insbesondere nach seinem Fluchtort Jena:

> "... halten Sie sich ja gesund und vergnügt in Ihrem Gartenhause ... Wenn ich nur einmal wieder in's Jenaische Schloss gelangen kann, soll mich so bald niemand heraustreiben. Es ist nur gut, dass ich zum Musenalmanach das meinige schon beygetragen habe, denn auf der Reise kann ich so wenig hoffen einem Gedichte als dem Phönix zu begegnen."

Am 10.August heißt es in einem Brief an C.G. Voigt:

> "Heute sage ich nichts weiter, als dass ich aufrichtig und lebhaft wünsche Sie könnten, und wenn es auch nur auf kurze Zeit wäre, an der herrlichen Gegend und allem, was sie enthält, Theil nehmen. Sie würden es lebhafter empfinden als ich selbst, der ich durch Erinnerung der alten Zustände und die Vergleichung der so sehr veränderten neuen Erscheinungen, wenigstens in diesen ersten Augenblicken oft irre gemacht werde."

Wie in anderen Briefen klingen auch in diesem Schreiben die beiden Haupteindrücke nach: das überwältigende Erlebnis der Landschaft rings um Frankfurt - und das Gefühl doppelten Fremdseins in dieser Stadt: die Fremdheit des Reisens an sich - und die besondere Fremdheit dessen, der an einen altbekannten Ort das einst Vertraute nicht mehr oder nur sehr verändert wiederfindet.

Ein Brief an Knebel, ebenfalls vom 10.August 1797, klingt schon beinahe wieder wie ein Rückzug. Die Welt - das "alte plumpe Mährchen".

Dem Freund empfiehlt er:

> "Kannst du eine gute Pfründe sine cura erwischen, so thue es ja und laß die andern aus Licht und Luft arbeiten was sie können. Was mich betrifft, so sehe ich immer mehr ein, dass jeder nur sein Handwerk ernsthaft treiben und das übrige alles lustig nehmen soll."

Und:

> "Nach Italien habe ich keine Lust, ich mag die Raupen und Chrysaliden der Freyheit nicht beobachten, weit lieber möchte ich die ausgekrochenen französischen Schmetterlinge sehen."

Doch gesteht Goethe immerhin, ihn habe

> "... die wenigen Tage, die ich hier bin, die Betrachtung so mancher Gegenstände schon sehr vergnügt und unterhalten".

Am 12.August 1797 schreibt er an Christiane:

> "Ich bliebe gerne hier, aber die Zerstreuung ist so groß, dass ich zu keiner Besinnung komme."

Das entspricht dem an Schiller gerichteten Brief vom 12.August 1797:

> "Hätte ich nicht an meinem Hermann und Dorothea ein Beyspiel dass die modernen Gegenstände, in einem gewissen Sinne genommen, sich zur epischen Form bequemten, so möchte ich von aller dieser empirischen Breite nichts mehr wissen, denn ich fühle recht gut, dass meine Natur nur nach Stimmung und Sammlung strebt, und an allem keinen Genuss hat was diese hindert."

Gerechterweise würdigt Goethe doch auch die Vitalität, die hinter allem Frankfurter Getriebe und dem fast verwerflichen Leichtsinn als unerschöpfliche Lebenskraft steht: die strotzend-vielfältige Betriebsamkeit der Kaufmannsstadt, ihr händlerisch-skrupelloses Draufgängertum - und er verhehlt sich auch nicht die positive Wirkung eines kräftigen Impulses, die vom mainfränkischen Temperament dieser Stadt, die ja von Geburt her die seine ist, auf seine eigene, aufgeschlossene, sympathetisch mitbewegte Natur übergeht. So stellt er beispielsweise das Kräftig-Unbedenkliche, ja, zuweilen Gewissenlose, aber doch immer ungemein Dynamische des Frankfurter Geschäftsgeistes gegen die überkritische Rezension Herders an den neu entstandenen Balladen Schillers:

> "Den Alten auf dem Topfberge bedaure ich herzlich, dass er verdammt ist durch, Gott weiß welche wunderliche Gemüthsart, sich und andern auf eigenem Felde den Weg zu verkümmern. Da gefallen mir die Frankfurter Bankiers, Handelsleute, Agioteurs, Krämer, Juden, Spieler und Unternehmer tausendmal besser, die doch wenigstens selbst was vor sich bringen, wenn sie auch andern ein Bein stellen."

In all diese Spielarten des Frankfurter Wirtschaftslebens kann er sich einfühlen; die volle unverblümte Natur ihres Handelns und Wirkens spricht ihn durchaus an, er ist allem aktiven, schaffenden, sich nach Kräften ausbreitenden Dasein offen. Ein erstes Anklingen wirklicher Sympathie, temperamentvolle Zustimmung zur ungeschönten, unstilisierten, pragmatischen Wesensart Frankfurts zwar - aber in seiner generell abwartenden, pessimistischen Grundeinstellung gegenüber aller "rohen" Wirklichkeit bleibt Goethe noch immer bei seiner Überzeugung:

> "Für einen Reisenden geziemt sich ein skeptischer Realism. Was noch idealistisch an mir ist wird in einem Schatullchen, wohlverschlossen, mitgeführt ... Übrigens will ich erst ein paar Monate abwarten. Denn obgleich in der Empirie fast alles einzeln unangenehm auf mich wirkt, so tut doch das Ganze sehr wohl, wenn man endlich zum Bewusstsein seiner eigenen Besonnenheit gelangt. Leben Sie recht wohl und interpretieren Sie sich, da Sie mich kennen, meine oft wunderlichen Worte, denn es wäre mir unmöglich, mich selbst zu rectifizieren und diese rhapsodischen Grillen in einen Zusammenhang und Bestand zu bringen."

Zwei Tage später setzt Goethe den am 12.August 1797 begonnenen Brief an Schiller fort mit einer ausführlichen Beschreibung seiner Eindrücke bei einer Aufführung der Oper "Palmira" von Salieri. Die ganz ins Persönliche gerichtete Schlusswendung kehrt noch einmal zu seinem großen Problem der "empirischen Breite" zurück - aber diesmal entschlossen positiv:

> "Nicht eher will ich wiederkommen als biß ich eine Sattheit der Em-
> pirie empfinde, da wir an eine Totalität nicht dencken dürfen."

Was den Herzog in Weimar - aber auch ihn selbst - besonders interessieren
muss, stellt Goethe in seinem Brief vom 15.August 1797 über die komm-
munalpolitische Situation Frankfurts ausführlich dar: Hochachtung vor dem
Opfersinn eines Teiles der Bürgerschaft, skeptische Hinweise auf der Egoismus eines anderen, größeren Teils, - eine durch eigene ministerielle Erfahrung autorisierte Beurteilung der augenblicklichen und künftigen öffentlichen Depression - finanzielle Probleme, verwaltungstechnische Schwierigkeiten - dies alles auf engem Raum in detaillierter Wiedergabe.

Kein Zweifel: die Vaterstadt Frankfurt bereichert ihn - als attraktiv und
interessant erlebt er hier Wirklichkeitserfahrung, gegen die er sich so lange
und immer wieder neu gesträubt hat. Den Eindruck des "lebhaften Frankfurth" - einer im Vergleich zum fürstlichen Weimar sicher "modernen" und
vor allem "großstädtischen" Stadt - lobt Goethe auch in seinem Brief vom
16.August 1797 an Böttiger:

> "Der Aufenthalt ist gegenwärtig sehr interessant, jedermann ist noch
> voll von den kurz vergangenen Geschichten und da die Gefahr vorüber
> ist, erlustigt man sich an der Erinnerung so mancher unangenehmen,
> traurigen und schrecklichen Augenblicke."

Er schildert die Temperamente der verschiedenen Besatzungstruppen durch
pointierte Gegenüberstellung von Franzosen und Österreichern, steigert die
Bildkraft seiner Beschreibung langsam bis hinauf zum Gesamtzusammen-
hang des historischen Panoramas: Paris, die jetzige Mitte der Welt, das
aus der Weimarer Entfernung nur wie ein "blauer Berg" aussieht, lässt aus
der Nähe Frankfurts schon "einzelne Theile und Lokalfarben" unterscheiden.
Hier rollt Goethe zum ersten Male den großen Geschichtsbezug der Epoche
auf.

Versöhnlich sein heiter gestimmter Vorausblick auf die baldige Weiterreise:

> "... ich denke in etwa 8 Tagen weiter zu gehen und mich bey dem
> herrlichen Wetter, das sich nun bald in den ächten, mäßigen Zustand
> des Nachsommers setzen wird, durch die schöne Bergstraße, das wohl-
> gebaute gute Schwaben nach der Schweiz zu begeben, um auch einen
> Theil dieses einzigen Landes mir wieder zu vergegenwärtigen."

Mehrfach hat Goethe in seinen Briefen von seinem Besuch der Salieri-Oper "Palmira" berichtet - so auch an Böttiger, aber hier mit einem wichtigen Zusatz:

> "Es ist doch wenigstens schön wenn man sagen kann: man habe gleich in den ersten 14 Tagen der Reise ein, in seiner Art, vollkommenes Kunstwerk gesehen."

Die Genugtuung, die Goethe über seinen Aufenthalt in Frankfurt empfindet, wird jedoch in allgemeiner Mäßigung abgefangen - er ist und bleibt sich der Hemmnisse bewusst, die seine "Natur" einer so vielfachen Erlebnisbreite entgegenstellt:

> "Indessen muss ich, mit so viel Interessantem sich auch mein Tag ausfüllt, doch mit mir zu Rathe gehen, um mich nicht zu beklagen, dass die Braut zu schön ist. Wenn man mehrere Jahre einer stillen gleichen Wirkung, einer poetischen und wissenschaftlichen Existenz gewohnt ist, so hat man fast kein Organ, um in diese lebhafte sinnliche Welt einzugreifen, und in einem gewissen Alter, da uns die Erfahrung nicht mehr bildet, wissen wir, wenigstens in den ersten Augenblicken nicht was man mit den neuen Schätzen anfangen soll. Besonders war die Beobachtung des einzelnen nie meine Stärke. Ich lasse mich daher diesmal ganz gehen, entferne jeden Zweck der Reise aus meinen Gedanken, nehme von jedem Tag was er giebt und suche es zu erhalten."

Selbst sein etwa an der Oper "Palmira" entfachter ästhetischer Enthusiasmus vermag ihm nicht endgültig über seine innere Abwehr gegen "diese lebhafte sinnliche Welt" hinwegzuhelfen - sie ist über so viele Weimarer Jahre in ihm gewachsen, hat sein Schaffen abgeschirmt gegen unerwünschte Eindrücke und Einflüsse, hat sich mit dem Trieb des Seßhaftwerdens so fest verbunden, dass Goethe letztlich alles ablehnt, was den gewohnten Tagesablauf und damit den Schaffens- und Denkprozeß störend unterbricht. Ein allmählich eingefleischter Habitus erschwert es ihm, sich dem andringenden Interessanten zu öffnen, neue Welterfahrung, die ihn angeblich in seinem Alter "nicht mehr bildet", in sein Welt-Bild zu integrieren; noch weiß er angeblich auch jetzt nicht, ob und was er mit den "neuen Schätzen" der Wahrnehmung anfangen kann.

Zeitlich trifft aber der obige Brief an Böttiger fast auf den Tag genau mit jenem entscheidenden Briefbekenntnis an Schiller zusammen, über den Goethe in seinem Tagebuch vermerkt;

> "Nach Tische Brief an Schiller über Sentimentalität gewisser Beobachtungen".

Beide Briefe widersprechen sich geradezu. Hat Goethe in seiner Selbstdarstellung gegenüber Böttiger noch nicht gewagt, sich und anderen - außer Schiller - seine Sinnesänderung einzugestehen, ehe er nicht auch in der Theorie vollständig mit sich selber übereinstimmte?

Der Brief an Schiller bringt zwei für Goethe entscheidende Punkte zur Sprache: einmal die neue individuelle Gefühlsbindung an "den symbolischen Gegenstand", die er als "Sentimentalität gewisser Beobachtungen" umschreibt - und zum zweiten überwindet Goethe hier den bisherigen Superioritätsglauben, der auf die strikte Einhaltung einer Schranke zwischen poetischem und prosaischem (d.h. im eigentlichen Sinne: profanem) Stoff bestanden hatte. Jetzt aber sieht er sich von der Wirkkraft eines "halbpoetischen" Gegenstandes der Empirie überzeugt, er stellt den "für den Menschen glücklichen Gegenstand" ebenbürtig an die Seite des "für die Kunst glücklichen Gegenstandes".

In gewisser Hinsicht verschafft erst diese Erkenntnis und ihre sicher geplante zukünftige Anwendung dem Aufenthalt in Frankfurt eine echte, Goethe tief befriedigende Sinnhaftigkeit, nicht nur für die sinnliche Anschauung, sondern auch für die immer vorhandenen ideellen Ansprüche Goethes.

Das durchaus Einmalige der gegenüber Schiller beschriebenen Erkenntnis drückt sich auch darin aus, dass Goethe einzig und allein in diesem einen Brief darüber spricht und dass er auch in Zukunft darauf verzichtet, an anderer Stelle und anderen Briefpartnern gegenüber das Denk-Ereignis in die kleine Münze gefälliger freundschaftlicher Mitteilung umzuwechseln. Im tags darauf an C.G.Voigt gerichteten Brief beschreibt Goethe wieder einmal Betragen und Charaktereigenschaften der französischen Besatzung. Ebenso rühmt Goethe hier die "Beweglichkeit" der Stadt als ihre hervorstechendste Eigenschaft:

> "Die hiesige Stadt, mit ihrer Beweglichkeit und den Schauspielen verschiedener Art, die sich täglich erneuern, sowie die mannigfaltige Gesellschaft, geben eine gar gute und angenehme Unterhaltung, ein jeder hat zu erzählen wie es ihm in jenen gefährlichen und kritischen Tagen ergangen, wobei denn manche lustige und abentheuerliche Geschichten vorkommen."

Wieder folgt eine ausführliche, sehr farbenreiche Charakterisierung und Gegenüberstellung der französischen und österreichischen Truppen und die Aufzählung vielerorts gesammelter Erfahrungen im Umgang mit ihnen, teilweise unter belustigter Betonung komischer Begleiterscheinungen. Es fehlen durchweg Züge von Ressentiment. Schließlich, nach einzelnen charakteristischen Fakten, erhebt Goethe sich auf einen umfassenden Horizont - die Summe der National-Eigentümlichkeiten wird Gleichnis:

> "Aus diesen wenigen Zügen lässt sich doch gleich übersehen, dass in Armeen von dieser Art eine ganz eigene Energie und eine sonderbare Kraft wirken müsse, und dass eine solche Nation in mehr als einem Sinne fürchterlich sey."

Goethe tritt hier als souveräner Schilderer auf, der aus großer Distanz beobachtet: ihn geht das ganze, in seinen tieferen Dimensionen so bewegende Elend der Zeitsituation nichts an, es spielt sich vielmehr wie ein "Schauspiel" vor seinen Augen ab. "In einem gewissen Alter, da uns die Erfahrung nicht mehr bildet", verlagert sich die Aufmerksamkeit vom Interessanten und Merkwürdigen auf das Bedeutende - anders gesagt: auf das Symbolische. Damit hat Goethe sich ein Instrument geschaffen, mit dem er seinem Ur-Trieb, sich zu bilden, auch auf dem Gebiet bloßer Alltagserfahrungen Genugtuung verschaffen kann: Fakten gewinnen Bedeutung über sich hinaus. So ist beispielsweise die besondere Sorgfalt zu erklären, mit der Goethe sich über die Marktpreise bis in kleinste Einzelheiten kundig macht. Denn auch hinter ihnen verbirgt sich ein symbolisches Element, ihre Banalität verdunkelt nur die tiefere, vom Gebrauch abgegriffene Bedeutung. Nicht der ökonomisch interessierte Goethe allein stellt daher die entsprechenden Erkundigungen an und dokumentiert vielfache Preisnotierungen in seinen sorgfältig angelegten Reiseakten.

Das Öffentliche, also das ganz und gar nicht Zeitlose, sondern im Gegenteil typisch Temporäre, sich rasch wandelnd und in neue Zustände übergehend, dem Augenblick dienend und nicht der Dauer - gerade dies scheint Goethe jetzt wert, als Materialien einer künftigen "Geschichte des äußern und innern" festgehalten zu werden. Das bedeutet gegenüber dem vorher vertretenen Entschluss, von "aller dieser empirischen Breite nichts mehr wissen zu wollen" doch einen erheblichen Sinneswandel.

Dem Herzog gegenüber beschränkt sich Goethe in seinem Abschieds-
brief aus Frankfurt auf greifbare Resultate, entschuldigt sich sogar für deren
scheinbare Bescheidenheit:

> "Hier habe ich vieles gesehen, bemerckt und aufgeschrieben. Einiges
> lege ich abschriftlich bey. Es ist mir von Anfange mehr um Übung als
> um das bedeutende des Gegenstandes zu thun, da mein Gedächtnis
> dem Siebe der Danaiden gleicht, so verliere ich gar zu viel wenn ich
> nicht gleich schreibe oder dicktiere.".

Zur ausführlichen Darstellung seiner Tätigkeit im einzelnen fehlt noch die
Berichterstattung über verschiedene, in Frankfurt von Goethe verfasste kritische Arbeiten, welche später den Reise-Akten entnommen und in der Edi-
tion des Goethe'schen Gesamtwerkes - je nach ihrem sachlichen Inhalt -
untergebracht worden sind. Auch Eckermann hat in seiner Redaktion auf
ihre Aufnahme in die Reise in die Schweiz verzichtet. Der Vollständigkeit
halber seien sie hier angeführt:
  1. die erste Niederschrift der Skizze "Über Heinrich Füßlis Arbeiten"
  2. "Über Wahrheit und Wahrscheinlichkeit der Kunstwerke"
  3. "Einige mineralogische Nachrichten"
  4. "Zur Erinnerung des Städelschen Cabinets"
  5. Rezension einer Anzahl franz. satyr. Kupferstiche
Diese Arbeiten bewegen sich, mit Ausnahme von Punkt 3, ausschließlich im Umkreis der Kunstkritik, ihre Inhalte entsprechen der in Kapitel II
vorgetragenen prinzipiellen Einstellung. Sie sind Randprodukte.
  Sehr wesentlich sind dagegen Goethes Äußerungen über seine Theater-
Eindrücke. Obzwar Goethe sie nicht geschlossen zusammengefasst hat, konzentrieren sie sich doch in den Briefen zu prinzipiellen Stellungnahmen. Sie
zeigen, worin für Goethe eines der hauptsächlichsten Theaterprobleme lag:
in der Dekoration. Obwohl Goethe schon nach den ersten Eindrücken ein
negatives Urteil über die künstlerische Potenz der Darsteller fällt, zieht ihn
das Theater weiterhin an, ganz besonders aber die Oper:

> "Das hiesige Theater hat gute Subjekte, im Ganzen ist es aber für
> eine so große Anstalt viel zu schwach besetzt, die Lücken, welche bey
> Ankunft der Franzosen entstanden, sind noch nicht wieder ausgefüllt.

> Auf den Sonntag wird Palmyra gegeben, worauf ich sehr neugierig
> bin."

Dieses Urteil fußt auf bis jetzt viermaligem Theaterbesuch; im ganzen hat
Goethe während der drei Wochen seines Frankfurter Aufenthaltes nicht weniger als 13 Mal das Schauspiel bzw. die Oper besucht.

Die im Brief vom 8.August 1797 an den Herzog erwähnte "Neugier" auf
die Oper "Palmyra" sah sich dann in ganz ungewöhnlicher Weise gerecht-
fertigt. Aber schon vor der Aufführung berichtet Goethe an Schiller, dass
er sich zwecks Beurteilung des Frankfurter Theaters einen "methodischen
Entwurf" verfertigt habe, damit sich in der späteren Vergleichung der Weimarer, Frankfurter und Stuttgarter Bühne "etwas allgemeines" sagen lasse,
das sich auch "allenfalls öffentlich producieren ließe."

Am 10.August 1797 wiederholt ein Brief an Meyer wörtlich die Mitteilung Goethes an Schiller bezüglich seines "methodischen Entwurfs."

Im Brief vom 14.August 1797 an Schiller schildert Goethe dann ausführlich die am vergangenen Abend besuchte Aufführung der "Palmyra":

> "Im Ganzen genommen sehr gut und anständig. Ich habe auch dabey
> vorzüglich die Freude gehabt, einen Theil ganz vollkommen zu sehen,
> nämlich die Dekorationen ..."

Auch von dieser mit den obigen Sätzen eröffneten längeren Auslassung über
die Aufführung der Oper Palmyra wird ein genaues Duplikat an den Herzog übersandt. Selbst Christiane erhält einen Hinweis auf diese so hoch
geschätzte Aufführung:

> "Ich habe die Zeit oft an euch gedacht und euch zu mir gewünscht,
> besonders in der Palmira, welche vergangenen Sonntag gegeben wur-
> de. Die Repräsentation war überhaupt sehr gut und anständig, die
> Decorationen besonders ganz fürtrefflich ..."

Das letzte Mal wird die Opernaufführung, übrigens in einer sehr geschäfts-
mäßigen Beziehung, in einem Brief an Kirms erwähnt - am letzten Tag vor
der Abreise aus Frankfurt:

> "Es ist hier ein vortrefflicher Decorationsmaler; wenn wir diesen, auf's
> Frühjahr, sowohl für die neuen Lauchstädter Decorationen als für un-
> sere eignen auf einige Zeit haben könnten, so wären wir geborgen.

> Ich will suchen deshalb einige Einleitung zu machen. Die hiesigen De-
> corationen zu "Palmira" sind so schön, dass ich gern dieselben noch
> einmal, ohne Stück, zu sehen mein Entree bezahlen würde."

Die vielfach erwähnten Dekorationen des Bühnenbildners Fuentes inspirieren Goethe zu einer grundsätzlichen, abstrahierenden Betrachtung der
Theaterarchitektur:

> "Die Decorationen zu Palmira geben Beyspiele woraus man die
> Lehre der Theatermalerei abstrahieren könnte."

Sowohl der Brief an Schiller wie der an den Herzog gerichtete enthalten
vorausgehend die Forderungen, die Goethe an eine ideale Verwirklichung
der Theaterarchitektur stellt. In den Reise-Akten findet sich als Ergänzung
zu diesen theoretischen Ausführungen eine konkrete Beschreibung der ersten Dekoration der Oper Palmira, die den "herrlichen Effekt" stilistisch
wiederspiegelt, den Goethe von ihrem Erlebnis empfing.

Zeitlich liegt dieses Ereignis etwa in der Mitte des Aufenthalts. Von da
ab bewegt er sich auf fallender Linie, das heißt, seine sehr verinnerlichte
Dramatik hat sich erschöpft, die Erlebniskurve schwingt aus. Ein Besuch
bei Fuentes, dem Schöpfer der Dekorationen, vertieft Goethes Anerkennung
zu einer auch menschlichen Rühmung des Meisters:

> "Es ist eine Freude, einen Künstler zu sehen, der seiner Sache so gewiß
> ist, seine Kunst so genau kennt, so gut weiß, was sie leisten und was
> sie wirken kann."

Schließlich findet sich Goethe mit Fuentes in dem tiefen Einverständnis des
"Meisters", der über die Hintergründe einer "schnellen und leichten Methode"
aus eigenem Wissen wohlunterrichtet ist:

> "Es ward bemerkt, welch eine große Praktik nötig sey, um mit der
> Sicherheit einer studierten Manier die Farben aufzusetzen, und es kam
> nicht ohne Lächeln zur Sprache, dass es Menschen gebe, die von einem
> Studium, wodurch man erst zur Gewißheit gelangt, so wenig Begriffe
> haben, dass sie die leichte und schnelle Methode des Meisters für
> nichts achten, vielmehr denjenigen rühmen, der sich bey der Arbeit
> besinnt und ändert und korrigiert. Man sieht die Freiheit des Meisters
> für Willkür und zufällige Arbeit an."

Diese "Maxime" fasst in sublimiert unpersönlicher Form den menschlichen Berührungspunkt; sie zeigt daneben aber auch die Einsamkeit und Verschlossenheit Goethes, die er gegenüber einem größeren Publikum einnimmt, - ein schmerzliches Verzichtleisten darauf, die Nöte und inneren Kämpfe der Meisterschaft fasslich zu machen. "Es kam nicht ohne Lächeln zur Sprache" - darin liegt freilich eine Art gelassener Überlegenheit, die bereits verzichten gelernt hat, die aber doch immer noch den leisen Schmerz dieses Verzichtes mit sich herumträgt. Auch hier gibt Goethe eine spezifische Alterserfahrung preis.

Abgesehen von dieser persönlichen Prononcierung bleibt dem Erlebnis der Kunst eines Fuentes aber hauptsächlich der Glanz einer wirklich großen und einmaligen Stunde, von welcher Goethe dankbar an Böttiger vermerkt, es sei doch wenigstens schön, wenn man sagen könne,

> "man habe gleich in den ersten 14 Tagen der Reise ein, in seiner Art, vollkommenes Kunstwerk gesehen."

Mit Frankfurt als Gesamtexistenz setzt sich eine in den Akten enthaltene Niederschrift auseinander, die die "Summe der Eigenschaften" Frankfurts zu ziehen sucht. Ihre Resultate sind für eine abschließende Diskussion der Ergebnisse des Frankfurter Aufenthaltes maßgebend. Diese Notizen beschränken sich inhaltlich streng auf das innere und äußere Wesen der Stadt. Nirgendwo sind sie wörtlich in die Korrespondenz übernommen worden, sie blieben als Studienmaterial dem eigenen Gebrauch vorbehalten, ebenso wie eine Reihe von anderen Aufzeichnungen, welche als persönliche Spezialstudien gedacht scheinen.

Goethes Haltung kennzeichnet sich von vornherein als nicht bloß beschreibend, sondern als vorwiegend kritisch: schon sein erster Ansatz besteht aus einem energischen Angriff auf historisch bedingte Zustände.

> "Wenn man Frankfurt durchwandert und die öffentlichen Anstalten sieht, so drängt sich einem der Gedanke auf, dass die Stadt in frühern Zeiten von Menschen müsse regiert gewesen seyn, die keinen liberalen Begriff von öffentlicher Verwaltung, keine Lust an Einrichtungen zu besserer Bequemlichkeit des bürgerlichen Lebens gehabt, sondern vielmehr nur so nothdürftig hinregierten und Alles gehen ließen wie es konnte."

Obwohl Goethe sogleich eine historisch begründende Entschuldigung dieser früheren Zustände seinerm eigenen Urteil entgegensetzt, verhehlt er doch auch weiterhin nicht sein Mißbehagen an diesen umständlichen und unbequemen Einrichtungen, die sich aus der Überlieferung bis in die Neuzeit erhalten konnten. Der "dunkle, gewerbvolle Zustand" der mittelalterlichen Vergangenheit wird ihm zum Hauptschuldner einer ganz nach Licht, Bewegungsfreiheit und offener Raumgestaltung drängenden Gegenwart.

Dagegen beeindrucken ihn die "großen, alten, öffentlichen Gebäude" als durch "den Geist einer dunklen Frömmigkeit und Wohltätigkeit" errichtete Denkmale, welche "gleichsam als Inseln dalagen", wo "die Bürger sich nur nothdürftig dran herumbauten". Als Residuen einer dunklen, ins Enge eingeschränkten Vergangenheit verletzen ihn empfindlich die Einrichtungen der Fleischbänke.

Über Markt und Rathaus führt Goethe an die Baukunst der Vergangenheit heran, um endlich in die Gegenwart zu gelangen und die Unregelmäßigkeit etwa der neu angelegten Straßen - die nicht dem etwa von Palladio angeregten, klassizistischen Straßenmuster mit seinen Senk- und Waagrechten, seiner absoluten Rechtwinklichkeit, die dem Schönheits- und Nützlichkeitsdenlen des Klassizismus entsprechen - als wenig rühmlich zu tadeln. Mainbrücke und Hauptwache sind ihm würdige Monumente der Vergangenheit. Einen äußerst interessanten und für seine Zeit ganz ungewöhnlichen Aspekt des historischen Rückblicks muss man hervorheben: Goethes Anregung einer Untersuchung u.a. der Kanalisation - einer jener Einrichtungen, deren historische Würdigung noch lange nach seiner Zeit fleißigen lokalen Heimatforschern überlassen waren, ehe die moderne Geschichtswissenschaft ihre gewaltige Bedeutung nicht nur für den technischen Fortschritt der Neuzeit, sondern noch wichtiger: für die Ausdehnung des kulturellen Fortschritts überhaupt entdeckte - während beispielsweise die Altertumswissenschaft die cloaca maxima in Rom in ihrer kulturstiftenden Funktion nie unterschätzt hat, sie geradezu als ebensolche kulturelle Hochleistung verstand, wie die Wasserleitungen, Brücken und Straßen der römischen Antike.

> "Es würde interessant seyn, die Darstellung der verschiedenen Epochen der Aufklärung, Aufsicht und Wirksamkeit in Absicht solcher öffentlichen Anstalten zu versuchen, die Geschichte der Wasserleitungen, Kloaken, des Pflasters mehr auseinanderzusetzen und auf die Zeit

und vorzüglichen Menschen, welche gewirkt, aufmerksam zu seyn."

Goethes Gedanke ist also durchaus ein Beispiel für seine Fähigkeit, weitreichende Perspektiven, die nicht auf der Straße lagen, zu entwickeln. Möglicherweise hätten sie ihm in Italien weit über sein restauratives, elitäres Bildungs-Programm hinaus einen Impuls zu einer ganz neuen Akzeptanz der Empirie gegeben - und zu ihrer wissenschaftlichen Bearbeitung geführt, die auch endlich die Moderne sowohl der Kunst, wie der Technik und überhaupt ihres gesamten fortschrittlichen wissenschaftlichen Spektrums als Objekt einer wirklich progressiven Neugier, ja, Begeisterung entdeckt hätte. Noch im Alter von bald 78 Jahren wünschte Goethe sich den Bau des Panama-Kanals, des Main-Donau-Kanals, des Suez-Kanals noch zu erleben - wie Eckermann am 21.Februar 1827 nach einem Gespräch über Alexander von Humboldt und dessen Werk über Kuba und Kolumbien berichtet:

> "Diese drei großen Dinge möchte ich erleben, und es wäre wohl der Mühe wert, ihnen zuliebe noch einige fünfzig Jahre auszuhalten."[21]

Die Baukunst betreffend rühmt Goethe die "Hauptepoche", die das Schweizerische Haus auf der Zeile für die Frankfurter Architektur bedeute, bedauert aber das bereits schon wieder sichtbare Absinken des Geschmacks.

Die kirchliche Baukunst gibt Goethe bei der "neuerbauten lutherischen Hauptkirche" Gelegenheit, ein aufschlussreiches Urteil zu fällen. Er verwirft diese Kirche zwar "nicht als Gebäude", wohl aber der räumlichen Einschränkung wegen, in die sie zwischen profane Baulichkeiten eingezwängt sei - ohne dass er bedenkt, dass im Mittelalter - und von daher stammten ja die alten großen Kathedralen und Dome - die Kirche immer "im Dorf "gelassen wurde und das Volk im engen Umkreis wie um eine Glucke herum wohnte. Aber das freie, großzügige Umfeld fehlt eben dem klassizistischen Auge. Nun war aber eine christliche Kirche kein Tempel, von dem das Volk durch eine Mauer abgeschnitten hätte werden können, denn - anders als in der Antike sind die Gläubigen als "Volk Gottes" selber ein Teil der Kirche. Das säkularisierte Bewusstsein des Klassizismus ist sehr schön an Goethes Beispiel zu erkennen, wie ja der Klassizismus seinerzeit auch tempelartige

---

[21]Der Suez-Kanal wurde 1869 fertig, der Panama-Kanal wurde am 15.8.1914 eröffnet, der Main-Donau-Kanal ist bis auf einige eventuell noch projektierte Staustufen seit den neunziger Jahren des 20.Jh. fertig.

Kirchen erbaute, bzw. - wie sein Exponent Schinkel - sich überhaupt frei aussuchte, in welchem Stil er jeweils bauen wollte, und nach Belieben seiner zweiten Hauptneigung, der Gotik, als architektonischem Vorbild folgte. Als ein ganz Großer, der er war, beherrschte er sein Handwerk wirklich, "mogelte" aber durchaus ohne Gewissensbisse, indem er konstruktiv Gusseisen zur Stützung einsetzte, wo das Mittelalter Holzbalken hernehmen musste - was, nebenbei, zur Ausrottung ganzer Waldgebiete in Nord-Frankreich geführt hat, - wegen der ungeheuren Anzahl riesiger Baumstämme, die zum Ausbau der Dachstühle seiner unzähligen himmelhohen gotischen Kathedralen benötigt wurden. Man muss dem Klassizismus zugute halten, dass er moderne Baumaterialien nicht etwa aus ideologischer Verbohrtheit ablehnte, für Goethe hätte das unter Umstände ein modernes, der Analyse würdiges Thema werden können.

> "Nirgends wäre vielleicht ein schönerer Fall gewesen, in welchem man die Alten höchst zweckmäßig hätte nachahmen können, die, wenn sie einen Tempel mitten in ein lebhaftes Quartier setzen wollten, das Heiligthum durch eine Mauer vom Gemeinen absonderten."

Über den augenblicklich aufwallenden Unmut am lokalen Mißgriff des Zeitgeschmacks hinaus lässt Goethe eine übergeordnete pädagogische Tendenz walten:

> "Es wäre ein philantropisches Unternehmen, das freilich in diesem Falle von keinem Nutzen mehr sein könnte, vielleicht aber bei künftigen Unternehmungen wirken würde, wenn man noch selbst jetzt hinterdrein Pläne und Risse von Dem, was hätte geschehen sollen, darlegte; denn da eine öffentliche Anstalt so viel Tadel ertragen muss, wie man es hätte nicht machen sollen, so ist es wenigstesn billiger, wenn man zu zeigen übernimmt, wie man es anders hätte machen müssen."

In eine denkwürdige Konsequenz mündet schließlich dieser "philantropische" Vorschlag Goethes, welche die großen öffentlichen Sakralbauten ebenso wie private Repräsentationsbauten einschließt:

> "Doch ist vielleicht überhaupt keine Zeit mehr, Kirchen und Paläste zu bauen,wenigstens würde ich in beiden Fällen immer rathen, die Gemeinden in anständige Bethäuser und die großen Familien in bequeme und heitere Stadt- und Landhäuser zu theilen, und Beides geschieht ja in unsern Tagen gewissermaßen schon von selbst."

Diese Bemerkung lässt ermessen, welche Distanz Goethe zum eigentlich Sakralen in der kirchlichen Baukunst einnahm. Auf die private Existenz seiner Frankfurter Landsleute gerichtet fordert er sie auf:

> "Der Frankfurther, bey welchem Alles Waare ist, sollte seyn Haus niemals anders als Waare betrachten."

Auch dies bedeutet in letzter Konsequenz eine Entfremdung von der "sakralen" Mitte des Häuslichen als eines unveräußerlichen Besitztums - als Äußerung eines naiven Pragmatismus, zugleich aber auch einer tiefen Einsicht in die händlerische Wesensart seiner Geburtsstadt.

Fortschreitend erschließt sich Goethe die Zusammenhänge, die die öffentliche mit der privaten Sphäre verbinden:

> "Die verschiedenen Epochen, in denen öffentliche heitere Anstalten, zum Beyspiel die Allee um die Stadt, angelegt ward, und wie der öffentliche Geist mit dem Privatgeist sich verband, wodurch ganz allein ein ächtes städtisches Wesen hervorgebracht wird, wären näher zu betrachten."

Ein Vorschlag, der eindeutig auf den urbanen Hintergrund seiner Charakteristik der Stadt Frankfurt hinweist. Anschließend notiert Goethe sich die verschiedenartigen Objekte, die unter diese Rubrik fallen würden, und hält als eindrucksvollstes Resultat seiner bisherigen Beobachtungen fest:

> "Eines ist zwar nicht auffallend, jedoch einem aufmerksamen Beobachter nicht verborgen, dass Alles, was öffentliche Anstalt ist, in diesem Augenblicke still steht, dagegen sich die Einzelnen unglaublich rühren und ihre Geschäfte fördern."

Mit diesem knappen Resumee fixiert Goethe einen Eindruck, der in fast allen aus Frankfurt abgesandten Briefen in zahlreichen Varianten als ausführliche und entschiedene Kritik an den in Frankfurt angetroffenen Verhältnissen wiederkehrt, aber zugleich auch eine Art stillschweigendes Sympathisieren mit dem wie auch immer motivierten privaten Unternehmergeist der Frankfurter Bürgerschaft einschließt.

Er versucht, sich die Eigenart dieses letztlich dann doch von ihm kritisch gewerteten Phänomens händlerischer Tüchtigkeit nicht nur aus dem augenblicklichen Zustand fassbar zu machen, sondern auch aus der historisch abgeleiteten bürgerlichen Gesellschaftsordnung zu erschließen. Er empfindet

das Dilemma der öffentlichen Verwaltung nach - die sich seit althergebrachten Zeiten in Auseinandersetzungen mit dem Geschäftsgeist einzelner Unter-
nehmerpersönlichkeiten verstrickt sieht, - mit dem Unabhängigkeitstreben
der " Gilden, Handwerke, und dann weiter in fortdauernden Streitigkeiten
und Anmaßungen der Klöster, Familien, Stiftungen u.s.w." - die allesamt die
dem öffentlichen Wohl verpflichtete Stadtregierung tendenziell behindern.

> "Dadurch ward aber der Rath, er mochte sich betragen, wie er wollte,
> immer gehindert, und indem man über öffentliche Bedürfnisse stritt,
> konnte ein gewisser liberaler Sinn des allgemein Vortheilhaften nicht
> Statt finden."

Im Anschluss an diese Feststellung offenbart Goethe seine unerschütterliche
Zugehörigkeit zur Regierungsform des 18.Jahrhunderts, dem aufgeklärten
Absolutismus, der ihm, als eine sinnvolle Lenkung von oben, im Vergleich
zu den einander widerstrebenden Kräften einer modernen, republikanischen
Verfassung ungleich vorteilhafter erscheint.

> "Es wäre eine für die gegenwärtige Zeit interessante Untersuchung,
> darzustellen, wie das Volk den Regenten, die nicht ganz absolut re-
> gierten, von jeher das Leben und Regiment sauer gemacht hat. Es
> wäre dies keineswegs eine aristokratische Schrift; denn eben jetzt lei-
> den alle Vorsteher der großen Republiken an diesen Hindernissen."

Hinter dieser politischen Meinungsäußerung steht ein überpolitisches Ord-
nungsbekenntnis - eine Gesinnung, der es hier nicht um eine Manifestation
abstrakter Definitionen geht, sondern um die Auswertung einer in langjäh-
riger Praxis gewonnenen Einsicht, welche im Laufe der eigenen verwaltungs-
technischen und auch innenpolitischen Tätigkeit das Absolute der Idee vom
praktisch Realisierbaren unterscheiden und damit auch die verschiedenen
Nutzwerte der Regierungs- und Ordnungsformen einschätzen gelernt hatte.

Das Beispiel seiner Frankfurter Beurteilungen demonstriert, wie viel weniger es Goethe dann doch darauf ankommt, die Idee eines staatlichen Ord-
nungsgebildes obenan zu stellen - sondern wie viel höher er den Wert schätzt,
den ein allgemeines Wohlbehagen öffentlicher Zustände, möge es auf welcher
Verfassung auch immer beruhen, für sich fordern darf. Das Leben selbst, die
Harmonie seiner verschiedenen Erscheinungsformen, entscheidet über Wert
und Unwert der Regulative, die ihm angelegt sind - nicht aber diese Regulative in ihrer theoretisch geschlossenen Systematik bürgen für ihre Qualität.

"Liberalität und Übersicht" sind die Hauptmomente eines wohlorganisierten Gemeinwesens, in das geordnete Ganze fügt sich die freie, aber disziplinierte Entfaltung der privaten Initiative harmonisch ein. Sie lenkt zwar die Kräfte, aber in ihrem eigentlichen Sinn können sie sich für Goethe erst innerhalb dieser Ordnung als frei bezeichnen - außerhalb davon sind sie Willkür.

Goethe projiziert hier mehr als eine nüchterne Tatsachenbeurteilung politischer Zusammenhänge, sein Urteil enthält nicht nur realpolitische Erkenntnisse, sondern in einem tieferen Sinne beruht es auf der Einsicht in das Wesen von Ordnung an sich, die jede Individualität notwendig einschränken muss, wenn sie allen am Gemeinwesen Teilhabenden ein gemeinsames Grundmaß an Sicherheit und Nutznießung gewährleisten will, - ja, auf der Grundeinsicht, dass dem realen Phänomen sowohl im Menschlichen als auch im Dinglichen - und letztlich sogar im Ideellen - Grenzen gesetzt sind, die der Einzelne weislich achtet, wenn er nicht mittels einer schrankenlosen Individuation die Gesetze des Allgemeinen brüskieren und schließlich paralysieren will, um damit in einen echten tragischen Zwiespalt mit seiner eigentlichen Bestimmung als eines Gliedes der menschlichen Gesellschaft zu geraten.

Persönlichkeitsprägung und überpersönliche Ordnung sollen sich nicht unvereinbar gegenüberstehen, sondern in einem natürlichen Kompromiss zueinanderfinden. Das Bewusstsein des Kompromisses mit sich zu tragen, bleibt dem seiner Natur nach vorwiegend individualistisch gesinnten Menschen als stillschweigende Bürde und Leistung auferlegt, - er hat es auf seine Weise täglich zu rechtfertigen, welchen Anteil an Individuation er dem Ordnungsprinzip aufopfern und welchen Tribut schweigender Entsagung er auf diese Weise leisten will und kann.

So mündet schließlich auch die Betrachtung der Frankfurter Verhältnisse für Goethe in eine wenn auch nur andeutungsweise dargetane Kundgebung der Alterstendenz: Entsagung zugunsten einer Ordnung, Zurücknahme der Individuation aufgrund realistischer Einsicht, Kompromiss mit der unvermeidlichen Fatalität des menschlichen Daseins, das mehr und mehr die normativen, aber einzig das Bestehende gewährleistenden Beschränkungen durch die Gesellschaft anzuerkennen gelernt hat.

Die Begegnung mit Frankfurt insgesamt ist damit ein - wenn auch vielleicht in seiner Allgemeinverbindlichkeit nicht bewusst gewordenes - umfassendes "symbolisches" Erlebnis. In gewissem Sinne bildet es eine genaue Parallele zu den beiden speziellen Phänomenen, die Goethe wörtlich gegenüber Schiller als "symbolische Gegenstände" bezeichnet hatte. Zum einen, was "den Platz auf dem ich wohne" auszeichnet: dass er "in Absicht seiner Lage und alles dessen, was darauf vorgeht, in einem jeden Moment symbolisch ist" - und zum andern, was das großväterliche Anwesen charakterisiert: das "aus dem beschränktesten patriarchalischen Zustande, in welchem ein alter Schultheiß von Frankfurth lebte, durch klug unternehmende Menschen zum nützlichsten Waaren- und Marktplatze verändert wurde" - diese Charakterstriche treffen, was ihm das übrige Frankfurt in einem breiteren Sinne veranschaulicht: "Liberalität und Übersicht", welche Privat- und öffentliche Initiative zu einem "allgemein Vortheilhaften" zusammenschließen und dem Einzelnen dabei doch nicht die Entsagung ersparen, sich auf seine eigenen Leistungen zu beschränken, im übrigen aber der Notwendigkeit sich zu fügen - welche Tendenz Goethe in einem Brief an Knebel in die zwar resoluten, aber untergründig verdüsterten Worte zusammengefasst hatte:

> "Was mich betrifft, so sehe ich immer mehr ein, dass Jeder nur sein Handwerk ernsthaft treiben, und das Übrige alles lustig nehmen soll. Ein paar Verse, die ich zu machen habe, interessieren mich jetzt viel mehr als wichtigere Dinge, auf die mir kein EinFluss gestattet ist, und wenn ein Jeder das Gleiche thut, so wird es in der Stadt und im Hause wohl stehen."

Damit hat Goethe - noch im zeitlichen Vorfeld des auf das "Bedeutende" gerichteten Erkenntnisaktes - eine Identifikation der Tendenzen seiner eigenen entsagungsreichen Existenz mit denjenigen allgemeiner, übergreifender Ordnungszusammenhänge vollzogen und dabei ein Bekenntnis zur Disziplin - zur *Ein-Ordnung* - als Lebensform abgelegt.

Der "ächte, mäßige Zustand des Nachsommers"

Heidelberg

Am 25.August 1797 reist Goethe aus Frankfurt ab und trifft gegen Abend dieses Tages in Heidelberg ein. Die "Recognoszierung" der Stadt am folgenden Morgen hält sich klar gegliedert an die verbindliche Struktur des Reiseschemas. Aber schon die einleitenden Sätze zeigen im Vergleich mit der Frankfurter Darstellung, dass Goethe mit gleichsam ausgewechselten Augen hier eine Art "stehendes Bild" sieht und nicht primär - wie dort - eine Fülle lebhafter Bewegungen:

> "Ich sah Heidelberg an einem völlig klaren Morgen, der durch eine angenehme Luft zugleich kühl und erquicklich war. Die Stadt, in ihrer Lage und mit ihrer ganzen Umgebung hat, darf man sagen, etwas Ideales, das man sich erst deutlich machen kann, wenn man mit der Landschaftsmahlerey bekannt ist, und wenn man weiß. was denkende Künstler aus der Natur genommen und in die Natur hineingelegt haben."

Goethe erfasst also Heidelberg mit dem Blick des Landschaftsmalers: aber er hat nicht nur ein reines Augenerlebnis, sondern er ergreift den Gegenstand auch unmittelbar spekulativ. Bei der Beschaffenheit der Heidelberger Naturumgebung und seines darin eingebetteten Stadt"bildes" lag eine solche Assoziation freilich nahe. Heidelberg erfüllte in hohem Maße die der Zeit geläufige Vorstellung einer "idealen Landschaft".

Dennoch überrascht, im Vergleich mit der unmittelbar vorausgegangenen Schilderung Frankfurts, diese Wendung zum abstrakten Idealisieren. Frankfurt hatte eine ganz andere Erlebnisschicht angesprochen: es wurde von vornherein als un-idealische Erscheinung wahrgenommen. Frankfurt war - mit seinem hohen Potential an einerseits kultureller (Oper), andererseits aber besonders wirtschaftlicher und sozialer Dynamik - für Goethe ein psychologisches Phänomen. Die kommunalen, politischen und gesellschaftskritischen Studien ergaben sich dort ganz spontan als Reaktion auf die vorgefundenen, in mancherlei Hinsicht befremdenden Zustände einer "Großstadt": für Goethe Bilder des rastlos in der Zeit sich Bewegens, des mit ihr Schritthaltens und sie Überflügelns - des unruhigen, aber energischen, ja, rigorosen Selbsterhaltungstriebs, ohne Rücksicht auf allgemeingültige Ordnungsansprüche und auf eine raison, wie sie in Weimar eine klassische Staatsform gefunden zu haben schien. Kein patriarchalisches oder sonstwie hierarchisches Gesetz gebot in Frankfurt den elementaren Kräften des Individualismus Einhalt; kaufmännischer Unternehmungsgeist, händlerische Regsamkeit prägen die Physiognomie der Stadt. Daneben findet fast unmerklich von jenseits des Rheins die Infiltration der Ideen von allgemeiner, republikanischer Gleichheit statt, vermengt sich mit dem eingeborenen lebhaften Temperament und Genuss-Sinn - kurz, Goethe sieht vor sich in Frankfurt das ebenso interessante wie fremdartige Schauspiel einer Auflösung der Gesellschaft zugunsten einer willkürlichen, aber natürlich-robusten Vermischungstendenz. Wie einen symbolische Schlussfolgerung aus derartigen Beobachtungen muten Goethes Worte an:

> "Der Frankfurter, bey dem alles Waare ist, sollte sein Haus niemahls anders als Waare betrachten."

Das ist Charakteristik und Kritik.

Die Trennung von Frankfurt löst keinen Schmerz aus. Goethe hatte in seiner Geburtsstadt sein altes Heimatgefühl nicht wiedergefunden, hat es vielleicht auch gar nicht gesucht. Aber der Schattenriss Frankfurts prägt sich doch in Seele und Gedanken als symbolisches Phänomen ein.

Anders in Heidelberg. Hier fehlt von Anfang an ein biographischer oder irgendwie gefühlsmäßiger Bezug. Die Bildbeschreibung ist klassizistisch kühl. Frankfurts teilweise durchaus negative Kritik mutet daneben lebendiger, zeitbezogener, engagierter an - eine echte Leidenschaft beteiligt sich an seinem Gesamturteil.

Heidelberg wird sofort als geschlossene, fraglose Einheit erfasst, und diese leitet sich ausschließlich vom räumlich-malerischen Landschaftseindruck her, lässt eine menschlich-gesellschaftliche Fragestellung gar nicht erst aufkommen. Der Mensch in der Landschaft als organisierendes Wesen, die Stadt als dominierende, politische und ökonomische Existenz treten überhaupt nicht ins Blickfeld. Der erste Anblick setzt sich alsbald in ästhetische Reflexion um und gibt damit den Leitton der Beschreibung an. Ohne ästhetisches Vorwissen ist ein solcher Eindruck für Goethe gar nicht in seiner ganzen Idealität faßbar, Goethe bettet also sein Erlebnis Heidelbergs in eine ganz andersartige Dimension des Schauens ein als das Frankfurts. Er orientiert sich ausschließlich an der ästhetischen Definition. Das Interesse an einem vom wechselnden Schicksal in steter Metamorphose gehaltenen Gemeinwesen tritt zurück - der Blick richtet sich ausschließlich auf die zeit- und schicksallose Idealität der Landschaft. Heidelberg ist für Goethe ein annähernd klassisch-exemplarischer Gegenstand - eine gültige Komposition. Unter diesem Eindruck drängt er jede persönliche Regung zurück - fügt sich widerspruchslos in die schwingenden Bildbezüge ein. Heidelberg erfährt eine Würdigung und Darstellung, wie sie einem Kunstwerk zuteil zu werden pflegt, vor dem der Betrachter als Person gleichgültig ist.

Die Beschreibung geht den kompositionellen Hauptakzenten nach, zeichnet die linearen Spannungsverhältnisse, die geometrische Struktur, das atmosphärische Verfließen des Bildes am Horizont. Ein äußerst knapper Hinweis auf das Motiv persönlicher Verbundenheit leitet die Beschreibung ein:

> "Ich ging in Erwartung früherer Zeiten über die schöne Brücke am rechten Ufer des Neckars hinauf."

Innerhalb der nun folgenden Schilderung besitzt auch dieser private Anklang bereits eine ästhetische Funktion: er leitet den Blick in die Mitte des Bildes und von hier aus wendet sich dieser dann völlig entpersönlicht über die Einzelteile der Komposition:

> "Etwas weiter oben, wenn man zurücksieht, sieht man die Stadt und die ganze Lage in ihrem schönsten Verhältnisse; sie ist in der Länge auf einem schmalen Raum zwischen den Bergen und dem Flusse

> gebauet, das obere Thor schließt sich unmittelbar an die Felsen an, an
> deren Fuß nur die Landstraße nach Neckargemünd die nöthige Breite
> hat."

Keine unwillkürliche Stimmungsabfolge, sondern methodische Präzision klärt
die Raumverhältnisse, grenzt das Bild an den Seiten ein. Beispielhaft wendet
Goethe hier sein theoretisches Schema an: die "allgemeine Lage" leitet die
Beschreibung ein und orientiert das Bild an der horizontalen Erstreckung
des Flusses. Darauf folgen die einzelnen räumlichen Schwerpunkte:

> "Über dem Thore steht das alte halbverfallene Schloss in seinen großen
> und ernsten Halbruinen. Den Weg hinauf bezeichnet durch Büsche
> und Bäume blickend eine Straße kleiner Häuser, die einen sehr an-
> genehmen Eindruck gewährt, indem man die Verbindung des alten
> Schlosses und der Stadt bewohnt und belebt sieht."

Die Straße ist lediglich als funktionales ästhetisches Element gesehen, ebenso die Häusergruppe, die durch sie mit der "oberen Region" verbunden wird.
Auffällig ist die Enthaltsamkeit in der Farbwiedergabe. Farbenreize kommen
nur mittelbar vor, sie assoziieren sich dem Leser unbewusst, etwa bei Worten
wie "ernste Halbruinen", indem sie einen dunkelgetönten Eindruck entstehen
lassen; "Bäume und Sträucher" sind farblos gesehen und nur zeichnerisch in
das Bild eingesetzt. Die "Straße kleiner Häuser" wird ebenso wenig als chromatische, dagegen aber als graphische Belebung empfunden. Die sprachliche Diktion hatte sich dem räumlich wie bedeutungsmäßig höher gelegenen
Bereich des historisch Überkommenen angemessen angepasst - "große und
ernste Halbruinen" bezeichnen mit verdoppeltem Gewicht.

Jetzt schweift das Auge in die subalterne, aber von der Gegenwart rege
belebte Region hinab:

> "Darunter zeigt sich die Masse einer wohlgebauten Kirche und so wei-
> ter die Stadt mit ihren Häusern und Thürmen, über die sich ein völlig
> bewachsener Berg, höher als der Schlossberg, indem er in großen Par-
> thien den rothen Felsen, aus dem er besteht, sehen lässt, hinabwärts
> fort."

Schon die Bezeichnung "Masse einer wohlgebauten Kirche" weist wieder auf
ausgesprochen flächenhaftes Sehen hin; der Blick wendet sich in strichför-
migen Andeutungen "Stadt mit ihren Häusern und Gärten" in die Mitte des

Bildes zurück - aber so kurz und summarisch, dass sich daraus schließen
ließe, Goethe habe den "geometrischen" Mittelpunkt des Bildes, die Stadt
selbst, gar nicht als das Wesentliche des Bildes empfunden. Viel zu schnell
wendet er sich, zum ersten Male von einem farblichen Reiz beeindruckt, zu
den großen Partien des "rothen Felsen" empor, betont die vom Schloss zur
Stadt ab- und von da aus wieder ansteigende Kurve. Der erste farbliche
Anklang scheint dabei weniger einem ästhetischen Bedürfnis, als vielmehr
deskriptiver Präzision Genüge zu tun. Denn bis jetzt reagiert Goethe so
ausschließlich auf die graphischen Werte der Landschaft, dass der isolierte
chromatische Einschub - falls ihm tatsächlich ein stilistisch herausgehobe-
ner Effekt zugedacht gewesen wäre - als überraschend bezeichnet werden
müsste.

Wenn das Auge des Betrachters bislang vorwiegend die statischen Be-
standteile der Komposition verfolgt hatte - die vertikalen Erhebungen, horizontalen Erstreckungen und die schwingende Kurve des Taleinschnittes -
so wendet es sich jetzt der Dynamik der Landschaft zu:

> "Wirft man einen Blick den Fluss hinaufwärts, so sieht man eine große
> Fläche davon zu gunsten einer Mühle, die gleich unter dem untern
> Thore liegt, zu einer schönen Fläche gestemmt, indessen der übrige
> Strom seicht dahin und nach der Brücke zu fließt, welche im ächten
> guten Sinne gebaut, dem ganzen eine edle Würde verleiht, besonders
> in den Augen desjenigen, der sich noch der alten hölzernen Brücke
> erinnert. Die Statue des Churfürsten, die hier mit doppeltem Rechte
> steht, so wie die Statue der Minerva von der andern Seite wünscht
> man um einen Bogen weiter nach der Mitte zu, wo sie am Anfang
> der horizontalen Brücke um so viel höher sich viel besser und freyer
> in der Luft zeigen würden. Allein bey näherer Betrachtung der Con-
> struction möchte sich finden, dass die starken Pfeiler, auf welchen die
> Statuen stehen, hier zur Festigkeit der Brücke nöthig sind, da denn
> die Schönheit wie billig der Nothwendigkeit weichen musste."

In virtuoser Behandlung und mit plötzlich erstaunlicher Häufung der Epitheta führt Goethe - dem Wasserlauf als der Dominante des Landschaftsbil-
des folgend und dabei das retardierende Moment seiner Stauung wirkungsvoll in die Schilderung einbeziehend - wieder in das Zentrum des Bildes
zurück. Der "Gang über die Brücke" hatte die Darstellung eingeleitet - abstrakter "geht" nun das Auge der Brückenkonstruktion nach. Eine leicht

kritische Eintrübung mindert den wohlgefälligen Eindruck kaum.

Bis zu diesem Punkt verzichtet die Darstellung auf seelische Resonanz und persönliche Färbung. Ihre Stilmittel lassen das "Kunstwerk" ganz für sich allein sprechen. Bezeichnend dafür ist auch das unpersönliche "man". Der ästhetische Eindruck auf den Betrachter schaltet also alle anderen Sinnesregungen aus. Das Ästhetische emanzipiert sich von subjektiver Stimmung - die Schilderung in ihrem Aufbau ist klassisch objektiviert.

Ganz folgerichtig ergibt sich daraus die eigenartig kühle Bildhaftigkeit, die als ein wirkungsvoller Firnis über dem Ganzen liegt. Der "völlig klare Morgen" bildet nicht nur die sinnliche, sondern auch die geistige Atmosphäre dieser normativ gesehenen Landschaftselemente. Sie genügen sich selbst als Entsprechung "idealer" Forderungen, und mit spürbarer Bewusstheit vermeidet Goethe zusätzliche Stimmungselemente.

Ganz deutlich wirkt dies kühle, klassizistische Landschaftspathos in seiner geistigen Linearität, seiner entsinnlichten formalen Tendenz auf den Betrachter zurück. Das Tagebuch zeigt, wie wenig Heidelbergs klassizistisches Porträt als seelische Anregung und Einstimmung zu wirken vermochte - Heidelberg, das Jahrzehnte später einen echten Schicksalshintergrund für die Begegnung mit M.v.Willemer bildet, erweckt 1797 keinen eigentlichen Seelenton in Goethe. Im Vergleich mit Frankfurt liegt dort die ungleich wesenhaftere Begegnung und Beteiligung.

Diesen Eindruck bestätigt ein Abschnitt des Tagebuchs, der in seiner Atmosphäre wie in seiner persönlichen Bekenntnishaltung völlig aus dem Rahmen der übrigen Heidelberger Darstellungen heraustritt und nun allerdings seinerseits der Seelenstimmung einen - wenn auch beschränkten - EinFluss auf die weiteren Schilderungen ermöglicht. Zum ersten Male spricht Goethe an der folgenden Stelle eine warme Empfindung aus, steht nicht mehr *vor* einem Bild, sondern lebt sich darin ein:

> "Der Granit, der an dem Wege heraussteht, machte mir mit seinen Feldspatkristallen einen angenehmen Eindruck. Wenn man diese Steinarten an so ganz entfernten Orten gekannt hat und wieder findet, so machen sie einen angenehmen Eindruck des stillen und großen Verhältnisses der Grundlagen unserer bewohnten Welt gegen einander."

Hier könnte ein erneuter Ansatz des in Frankfurt gefassten Entschlusses liegen, "zu versuchen, was ich symbolisches bemerken kann". Schon im Sprachlichen findet sich ein Hinweis im Doppelakzent der beiden Epitheta, im schweren Gewicht der bedeutungsvollen Substantive. Auf alle Fälle aber ist mit diesem unvermittelt aufgebrochenen Gefühlsmoment für die fernere Begegnung mit Heidelberg ein stilistischer Bann gebrochen. Denn von diesem Punkt an beginnt Goethe in der Ich-Form zu beschreiben, sein persönliches Empfinden in die Schilderung einzubeziehen.

Nach einem kurzen Hinweis auf die auch im Harz beobachtete geologische Besonderheit,

> "dass der Granit noch so ganz kurz aus einer großen Pläne hervorspringt und spätere Gebirgsarten im Rücken hat",

wendet sich Goethe mit aller Wärme wieder zum gegenwärtigen Ort her:

> "Doch ich kehre vom rauhen Harz in diese heitere Gegend gern und geschwind zurück und sehe durch diese Granitfelsen eine schöne Straße geebnet, ich sehe hohe Mauern aufgeführt, um das Erdreich der untersten Weinberge zusammen zu halten, die sich auf dieser rechten Seite des Flusses den Berg hinauf gegen die Sonne gekehrt verbreiten."

Von jetzt an nimmt das Auge überall warmen Anteil, eine fast erregte Wendigkeit schweift den Bewegungen der Landschaftsformation nach. Es wird dem Anblick Heidelbergs nicht mehr - gleichsam unsichtbar - die Theorie der "idealen Landschaft" unterlegt und nach ihren Kriterien abgeschildert. So wie stilistisch ein Bann gebrochen ist, strömt nun auch das unmittelbare Erleben freier dahin:

> "Ich ging in die Stadt zurück ... Hier hat die Lage und Gegend keinen mahlerischen aber einen sehr natürlich schönen Anblick. Gegenüber sieht man nun die hohen gutgebauten Weinberge, an deren Mauer man erst hingieng, in ihrer ganzen Ausdehnung. Die kleinen Häuser darinn machen mit ihren Lauben sehr arthige Parthien, und es sind einige, die als die schönsten mahlerischen Studien gelten könnten. Die Sonne machte Licht und Schatten so wie die Farben deutlich, wenige Wolken stiegen auf."

Nach wie vor einschränkend sieht Goethe einen Gegensatz des "mahlerisch" Schönen zum "natürlich" Schönen und greift aus dem ihm nicht als vollkommen und ideal erscheinenden Gesamtanblick einzelne "Parthien" heraus, die, isoliert, als die "schönsten mahlerischen Studien gelten könnten." Goethe bleibt also auch mit dem Wort ein klassisch-klassizistischer "Landschaftsmaler", der sein reales Landschaftsbild und -erlebnis durch sein geschultes Auge weiterhin an der Idee der idealen Landschaft orientiert und die Wirklichkeit mit der Elle von Theorie und Vor-Wissen misst.

Der klassische Terminus des "Idealen", so viele Jahre einzig auf das Sehnsuchtsland Italien projiziert, erfährt nun doch eine teilweise Bestätigung hier in Heidelberg. Vielleicht versucht Goethe sogar, im Kompromiss mit der deutschen Landschaft, ihr die Klassizität des Südens wenigstens annähernd zuzugestehen, ja, sogar in sie hineinzusehen, - jedenfalls aber sein Urteil über den Gegensatz vom Idealschönen zum bloß Natürlichschönen, bzw. vom graduellen Übergang des einen zum andern an der Wirklichkeit zu überprüfen.

Ein abschließender Blick über die weiträumige Umgebung Heidelbergs verstärkt die aufkeimende Neigung, die, in sich zwiespältig, bereits ein erstes Mitschwingen mit der charakteristischen Eigenart dieser Natur zeigt, wenn sie auch immer noch stark unter dem Einfluss einer vorgefassten Landschaftsidee steht.

> "Gegen Abend ging ich mit Dem. Delf nach der Pläne zu, erst an den Weinbergen hin, dann auf die große Chaussee herunter bis dahin, wo man Rohrbach sehen kann. Hier wird die Lage von Heidelberg doppelt interessant, da man die wohlgebauten Weinberge im Rücken, die herrliche fruchtbare Pläne bis gegen den Rhein und dann die überrheinischen blauen Gebirge in ihrer ganzen Reihe vor sich sieht."

Der Durchbruch des Farbig-Sehens ist ein Hinweis auf die wichtige farbliche Dominante, die das Bild Heidelbergs am Horizont abschließt. Sicher sind die "überrheinischen blauen Gebirge" eher ästhetisch als wissenschaftlich beschreibend gesehen. Laut Farbenlehre

> "macht blau für das Auge eine sonderbare und fast unaussprechliche Wirkung ... Wie wir den hohen Himmel, die fernen Berge blau sehen, so scheint eine blaue Fläche vor uns zurückzuweichen."

In ihrem Bedeutungsgehalt ist die Farbe hier voll erfasst und innerhalb der Goethe'schen Darstellung als Höhepunkt gemeint. Sie weitet den Blick über den Rahmen des Bildes hinaus, zieht an und weicht zurück.

Das Gegengewicht - im Bild - wird von der Brücke gebildet. Ihre hochgesteigerte Beschreibung geht im Tagebuch unmittelbar dem Abendspaziergang voraus. Trotz ihrer Knappheit erinnert sie an die sinnliche Verdichtung der späteren Rheinfall-Schilderungen.

> "Die Brücke zeigt sich von hier aus in einer Schönheit, wie vielleicht keine Brücke der Welt. Durch die Bogen sieht man den Neckar nach den flachen Rheingegenden fließen und über ihr die lichtblauen Gebirge jenseits des Rheins in der Ferne. An der rechten Seite schließt ein bewachsener Fels mit röthlichen Seiten, der sich mit der Region der Weinberge verbindet, die Aussicht."

Auffällig wiederholt sich hier noch einmal die Farbangabe des "röthlichen" Felsen, in Kontrast gesetzt zum "lichtblauen Gebirge" - beide Male sind die Farben ins Pastellhafte abgetönt, - klar, durchsichtig, lieblich. Man kann sich sehr gut die Claude'sche Farbskala dabei vorstellen, ja, es entsteht bei einem abschließenden Überblick beinahe das Gefühl, als übertrage der Betrachter Goethe die kompositionelle Technik und farbliche Atmosphäre eines Lorrain-Gemäldes auf die Heidelberg-Landschaft. Die Beschreibung ist klassische Prosa - sehr sparsam mit der Farbe, aber da, wo sie hingetupft wird, von ganz besonderer Anmut. Ebenso klassisch ist die inhaltliche Konzentration, die Goethe in wenigen Tagebuchzeilen unterbringt: die Brücke als Augpunkt leitet den Gang des Flusses den Gebirgen zu, sie schließt sich der Seite eines vorspringenden Felsens an, überhöht von der Region der Weinberge. Die Landschaftsbeschreibung geht in dichterisches Wort über.

Doch darf diese Steigerung von der reinen Deskription zur poetischen Begeisterung - ihres dichterischen Eigenwertes wegen - nicht jene große, fast visionäre Einsicht des symbolischen Falls in den Schatten stellen, die Goethe sich in Frankfurt bewusst gemacht hat. Damit hatte er sich dort einen Ansatz geschaffen, einen klassisch gebändigten, letztlich aber durch das Scheitern des Italien-Projekts verwaisten Eros für einen neuen Liebes-Gegenstand zu erwecken. Gegenüber jenem Frankfurter Vorstoß in neue Bereiche der Selbstverwirklichung bedeutet das Erlebnis Heidelbergs geradezu eine Gegenkomponente. Es ist im Innersten reaktionär, abgeleitet, vielleicht sogar literarisch. Seine Klarheit, formale Reife und dem Süden verwandte Heiterkeit entspricht jenem vorgefassten "Idealen", das "denkende Künstler aus der Natur genommen und in die Natur hineingelegt haben". Es ist eine vom Gedanklichen her vollzogene Komposition, ein Bildungserlebnis.

Hier mag auch der Grund für die einzigartige stilistische Reife der Beschreibung Heidelbergs liegen, die für einen eintägigen Aufenthalt eine besonders beglückende Ernte darstellt. Sie beweist nur den Zwiespalt, in den Goethe noch immer durch ein solches Bildungserlebnis versetzt wird: sein unmittelbares Bedürfnis ging - trotz Frankfurt - noch immer nach der stilisierten, mindestens nach der stilisierbaren Landschaft. Noch in einem späteren Brief vom 11.September 1797 aus Tübingen an den Herzog klingt die satte Befriedigung über das Erlebnis Heidelbergs nach:

> "Heidelberg und seine Gegend betrachtete ich in zwey völlig heitern Tagen mit Verwunderung und ich darf wohl sagen mit Erstaunen. Die Ansichten nähern sich, von mehrern Seiten, dem Ideal, das der Landschaftsmahler, aus mehrern glücklichen Naturanlagen sich in seiner schaffenden Phantasie zusammenbildet."

Wo er eine in der Natur selbst bereits vollkommen schön vorgebildete Erscheinung vorfindet, setzt Goethe alsbald wie von selbst sein hohes sprachliches Ausdrucksvermögen ein. Den "symbolischen Fall" hingegen entnimmt er eher zögernd der profanen Wirklichkeit - er ist ja auch überwiegend kein Augen- sondern vielmehr ein Gedanken-Erlebnis. Die Auseinandersetzung zwischen einer symbolhaltigen, zuweilen sogar rein symbolischen Realität und einer im klassischen Sinne geformten Idealität hat in Frankfurt begonnen, ist in Heidelberg eindeutig für die letztere entschieden worden, wird sich aber im Stillen weiterentwickeln und erst in dem Augenblick zu einer Entscheidung gelangen, wo Goethe mit Meyer zusammentrifft, der - unmittelbar aus Italien zurückgekehrt - den konservativen Kerngedanken klassischer, idealisierender Kunstform mit neuer Intensität an Goethe heranträgt.

Bis dahin bleibt es den jeweiligen Phänomenen vorbehalten, Goethe auf die eine oder andere Art anzusprechen und den Rangstreit zwischen exemplarischer, vorbildhafter Formvollendung und symbolisch über sich hinausweisender Beispielhaftigkeit auszutragen.

Am Neckar und in Heilbronn

Es ist nicht von vornherein zu erwarten, dass die antikische, rationale Heiterkeit, die über dem mit dem Auge des Malers gesehenen Bilde Heidelbergs liegt, ihre außerordentlich durchlichtete Atmosphäre auf den weiteren Reiseverlauf übertragen wird. Der Landschaftsverlauf am unteren Neckar hat ein ganz anderes Gesicht als die Stadt Heidelberg mit ihrer zum Teil so dramatischen Geschichtsvergangenheit, die sich in ihrer zerstörten Stadtkrone: den Ruinen des Schlosses, so unübersehbar für die Gegenwart verkörpert. Undramatisch ruht die Natur hier gleichförmig auf langen Strecken in sich selbst, kleinere und größere Landstädte und Dörfer geben nur leichte Unterakzente. Sie konzentrieren den Raum nicht, sondern fügen sich ihm unauffällig ein. In Heidelberg verebbte das Landschaftserlebnis in zyklischem Schwung dem Horizont entgegen - hier pflanzt es sich wellenförmig von Ort zu Ort weiter fort. Dort hatte Goethe die Spielart einer heroischen Fluss- und Felsenlandschaft gesehen - hier begegnet er der Idylle. Nicht zufällig setzt jetzt eine reiche Anhäufung von schmückenden Adjektiven ein. In ihnen liegt Stimmung, Schwingung, Wohlbehagen:

"... es zeigt sich eine schöne, sanft ablaufende Erdspitze ... der Blick auf Neckargemünd ist sehr schön ... Neckargemünd ist eine arthige und reinliche Stadt ... Wiesenbach, sauberes Dorf ... Mauer liegt freundlich ... eine arthige Pappelallee ... anmuthige, waldige Hügel . . . schöne, alte Pappelallee ... in dem sehr reinlichen Neckargemünd ... eines nach der Landesart heiteren Landstädtchens ... ein arthiges Kloster ...auf den Höhen und sanften Gründen ... gerade Chausseen und schöner Fruchtbau ... zwischen anmuthigen Gärten und Baumanlagen ... schöne Aussicht nach den Gebirgen des Neckars ... ein arthiges Wäldchen ... schöne Pappelallee ..."

Das geradezu stereotyp gebrauchte "schön" wie auch "arthig"deutet, neben allen anderen positiven Bezeichnungen, auf steigenden sinnlichen Genuss. Obgleich die an ihm vorbeiziehenden Eindrücke nur leichtgetönte, provinzielle Reize vermitteln können, spricht Goethe (mit etwas ermüdetem Unterton) auf dies undramatische Schauspiel der Farben und Formen doch bereitwillig an. Auch eine der zeitweise höchst sparsamen Farbwahrnehmungen findet sich hier:

> "Die Männer tragen blaue Röcke und mit gewirkten Blumen gezierte
> Westen"

eines der ganz wenigen farblichen Motive, die Goethe in die Aufzeichnungen
dieses Reiseabschnitts aufgenommen hat.

Daneben zeigt sich endlich auch wieder Interesse an den Menschen dieses
Landstrichs - zumindest an ihren scheinbaren Besonderheiten:

> "Die Weiber haben eine katholische, nicht unangenehme Bildung; die
> Männer sind höflich, keine Spur von Roheit; man bemerkt eher eine
> sittliche Stille".

Theoretische Erwägungen fehlen auf dieser Etappe ganz. Das Einfache, Un-
komplizierte des Landschaftsraums bietet keinen Anlaß zu ästhetischer Spekulation - und so scheint es, als habe Goethe sich für diese paar Tage in
einem ganz und gar frag-losen Zustand hinbewegen können. Seine Natur
scheint abgelöst von ihrer eigenen Problematik, dem Bewusstsein ihrer komplizierten Zusammenhänge entzogen - wie im Zustand ruhigen Schlafs oder
leichten Berauschtseins - und genau so hat er dann später rückblickend sein
damaliges Befinden selber beschrieben:

> "Auf der Reise nach Stuttgart wird man von der Einförmigkeit einer
> glücklichen Cultur beynah trunken und ermüdet."

Schon in Frankfurt hatte er gleichsam ahnungsvoll diese Nachsommer-Stimmung
vorweg angedeutet:

> " ... und ich denke in etwa 8 Tagen weiter zu gehen und mich, bey dem
> herrlichen Wetter, das sich nun bald in den ächten, mäßigen Zustand
> des Nachsommers setzen wird, durch die schöne Bergstraße und das
> wohlgebaute gute Schwaben nach der Schweiz zu gehen."

Dieses kontrapunktische Motiv eines stillen, zuweilen fast trunkenen Genusses begleitet Goethe durch die erntereife Landschaft. Die jahreszeitliche
Fruchtbarkeit, Fülle und epische Ruhe mag dabei auch als Entsprechung des
eigenen inneren Lebensstadiums empfunden worden sein. Denn der "ächte,
mäßige Zustand des Nachsommers" lag als Lebensgefühl nahe. Dies belegt
ein Brief Goethes vom 16.Januar 1797 an Schiller:

"Ich empfange soeben Ihren lieben Brief und läugne nicht, dass mir die wunderbare Epoche, in die ich eintrete, selbst sehr merkwürdig ist. Ich bin darüber leyder noch nicht ganz beruhigt, denn ich schleppe von der analytischen Zeit noch so vieles mit, dass ich nicht loswerden und kaum verarbeiten kann. Indessen bleibt mir nichts übrig als auf diesen Strom mein Fahrzeug so gut zu lenken als es nur gehen will. Was bey dieser Disposition eine Reise für eine Wirkung thut habe ich schon die letzten 14 Tage gesehen; indessen lässt sich in's Ferne und Ganze nichts voraussagen, da diese regulirte Naturkraft sowie alle unregulirten durch nichts in der Welt geleitet werden kann, sondern, wie sie sich selbst bilden muss, auch aus sich selbst und auf ihre eigne Weise wirkt."

Demnach besaß Goethe damals tatsächlich die Vorstellung eines Lebens-Einschnittes, der die seitherige "analytische" Epoche von einer künftigen synthetischen trennen würde. Dieser Passus des Briefes bezieht sich konkret auf die anfangs 1797 noch mit aller Bestimmtheit ins Auge gefasste Italien-reise - aber er dokumentiert auch das altersmäßige Lebensgefühl, das Vor-Gefühl einer neuen Lebensphase. Bei aller kritisch-theoretischen Persön-lichkeitsprägung im Verfolg der Italienpläne bestand doch mehr und mehr ein echtes Krisenbewusstsein seiner ambivalenten Situation: schöpferische und analytische Arbeit gegeneinander abzuwägen. Was Goethe aber speziell für die geplante Italienreise angesichts des riesenhaften Forschungsprojek-tes befürchtet hatte: die Möglichkeit einer ins Unberechenbare entgleitenden Existenz, das besitzt weiterhin Gültigkeit für den ganzen, vor ihm liegen-den Lebensabschnitt - wenn er auch in seiner Lebensplanung inzwischen schmerzhaft hatte reduziert werden müssen. Die "wunderbare Epoche" ei-nes zweiten Italienaufenthaltes, als Einleitung seines Lebens-Nachsommers - und im vorhinein als ein "synthetisches" Lebensstadium erahnt - sie trägt ebenfalls Keime eines Zwiespalts in sich: sie wird die in so bewusster Selbst-stilisierung "regulirte Naturkraft" lockern, sie möglicherweise ins Unregulier-bare umwandeln und damit Goethe vor seine eigene Person als eine Aufgabe stellen, an der er schon jetzt - wenn auch scheinbar scherzhaft - herumrät-selt.

Dies schwankend ungewisse Selbst-Gefühl wird durch den Vorblick auf die Italienreise zwar ausgelöst, begleitet Goethe aber auch auf die Reise nach der Schweiz. "Nachsommer" als Lebensphase: das ist einerseits Genuss an Lebensreife und Lebensernte - andererseits letztmalige Verlockung zu Lebensrisiko, zur Entfesselung aller Kräfte.

Das Neue befremdet - und zugleich lockt es. Die Genugtuung einer mehr und mehr um sich selber kreisenden, ästhetisch makellosen Persönlichkeitskultur, eines durch Stil-Kriterien bestimmten Weltverhaltens ist immer da gefährdet, wo sich Übergänge ereignen. Bruchlos den einen in den anderen Zustand übergehen zu lassen ist schwieriger, als das einmal Gewählte weiterzuführen. Ein vorwiegend analytisches Verhalten nun aber wieder in ein synthetisches zurückzuarten - wenn der Übergang aus dem Bewusstsein gespeist wird - fordert verdoppelte Selbstbeobachtung und damit vermehrte Selbstanalyse. Goethe entwächst ja dem vorherigen Zustand nicht etwa unbewusst, - er antizipiert die künftige Lebensphase mit voller Bewusstheit, reflektiert schon im voraus darüber. Er unterstützt das stille Heranreifen seines Altersgefühls gedanklich, übt sich ein, nimmt Resultate vorweg - wie etwa in seinem Brief an Schiller aus Stäfa vom 30.Oktober 1797 :

> "... es wird mir nicht leicht wieder begegnen dass ich mich im Gegenstand vergreife, und wir wollen abwarten was uns der Genius im Herbst des Lebens gönnen mag."

Der scheinbar mühelose Bogen, der von den einzelnen Reisestationen nach und nach zu diesem ruhigen Zukunftsblick hinführt, ist in Wirklichkeit das Ergebnis einer komplizierten Eigen-"Regulierung" seiner beunruhigten Existenz - der Versuch eben, "bei dieser Disposition" sein "Fahrzeug so gut zu lenken als es nur gehen will auf diesem Strom".

Die Route von Heidelberg bis Stuttgart zeigt für diese Entwicklung aufschlussreiche Ansätze. Nur scheinbar ist sie ein von aller Theorie befreites Erlebnis: reine, unspekulative Begegnung mit der Landschaft, ein unreflektiertes Mitschwingen. In hohem Maß jedoch ist sie Selbst-Erfahrung, Selbst-Einstimmung, zeitweise vielleicht sogar hilfreiche Selbst-Inszenierung. Fühlt man sich in die betreffenden Tagebuchzeugnisse ein, so spürt man in vermehrtem Maß die Monotonie der Stilform, die Gewähltheit der Adjektive, die bewusste Nivellierung ins Artige, Reinliche, Sittsame, "Schöne". Die stilistische Anverwandlung der Sinneseindrücke ins Einfache, Vegetative verrät die Bewusstheit der episch-beruhigten Formgebung. Wer sich von der bloßen Deskription, der gefällig-sachlichen Beschreibung nicht täuschen lässt, bemerkt hinter der vorgeblichen Realität das Ideal einer reinen Idylle: "artig, reinlich, sauber, freundlich, heiter, sanft, anmuthig" und ein "schön", das keinesfalls jenen tiefen Bedeutungsgehalt beansprucht, der ihm in der Kunsttheorie zusteht. "Schön" ist hier allgemeiner, flacher, unverbindlicher, fast banaler verwendet. Es ist Verzierung, Dekor.

Die Beschreibung der Stadt Heilbronn, nach Heidelberg die nächste Zwischenstation seiner Reise, entspricht auf geradezu vollkommene Weise dem von Goethe am Anfang seines Reiseweges in Frankfurt "ausgedachten Hilfsmittel" eines sorgfältig ausgeführten "Schemas" und einer "bequemeren Form des Tagebuchs", einer "Methode der Beobachtung auf Reisen", die ihm "Bemerken und Aufzeichnen" vielfältigster "Gegenstände der Erfahrung" ordnend und gliedernd ermöglichen soll. Einleitend verschafft er sich, diesem "Schema" entsprechend, wie fast jedes Mal einen Überblick über die Lage, die Kartographie der Stadt:

> "Wenn man sich einen günstigen Begriff von Heilbronn machen will, so muss man um die Stadt gehen. Die Mauern und Gräben sind ein wichtiges Denkmal der vorigen Zeit."

Goethe umreißt zuerst die Konturen der Stadt, deren Befestigungsanlagen sie gegen die umgebende Landschaft abgrenzen. Erst hinter diesem scharfen Umriss schmiegt sich das Vorfeld der Kultur in die Garten- und Felderwirtschaft hinaus. Denn, wie sich aus der geschichtlichen Situation aller alten Städte erklärt, gibt es hier, nicht anders als in Frankfurt, im mauerumhegten Stadtinnenraum keinen Platz für richtige, große, private Gärten.

> "Eine schöne Allee führt um den größten Theil des Grabens. Sie besteht aus Linden und Kastanien, die als Gewölbe gehauen und gezogen sind; die Gärten stoßen gleich daran in größern und kleinern Besitzungen."

Mit bewundernswerter Geschicklichkeit "liest" Goethe in kürzester Zeit aus den zu Fuß erwanderten oder auch befahrenen Stadtgrundrissen und Strukturen eine Art "Stadtgeschichte" - so etwa, dass die Stadt Heilbronn durch

> "das geringe Bedürfnis der alten Defension" "in ihrer glücklichen Lage, ihrer schönen und fruchtbaren Gegend nach auf Garten-, Frucht- und Weinbau gegründet ist"

obgleich

> "man sieht, wie sie zu einer gewissen Zeit der Unruhe sich entschließen musste, alle sämmtlichen Bewohner, sowohl die Gewerbetreibenden als Ackerbauenden, in ihre Mauern einzuschließen."

Seiner baulichen Anlage nach sieht er in Heilbronn ein kleinbürgerliches, dem umliegenden Landstrich angemessenes kleinstädtisches Zentrum:

> "Da sie ziemlich auf der Pläne liegt, sind ihre Straßen nicht ängstlich, aber meist alt mit Überhängen, Giebeln, auf die Straße gehenden hölzernen Rinnen, die das Wasser über die Seitenwege, welche an den Häusern her meistens erhöht gepflastert sind, hinweg führen. Die Hauptstraßen sind meistens rein; aber die kleinern, besonders nach den Mauern zu, scheinen hauptsächlich von Gärtnern und Ackerleuten bewohnt zu seyn. Die Straße dient jedem kleinen Hausbesitzer zum Misthof; Ställe und Scheunen, alles ist dort, jedoch nur klein und von jedem einzelnen Besitzer zusammengedrängt."

Das wohl eher lineare Verkehrsnetz, mit keinesfalls "ängstlichen" d.h. engen Straßen versehen, versickert an seinen Rändern im Bereich des Ländlichen. Im Ganzen hat Goethe, nicht nur das Straßennetz betreffend, den deutlichen Eindruck einer wohlregierten und gutverwalteten Stadt:

> "Die Obrigkeit besteht aus lauter Protestanten und Studierten. Sie scheint sehr gut Haus zu halten; denn sie hat die bisherigen Kriegslasten ohne Aufborgung oder neue Auflagen bestritten ... Das beste Zeichen einer guten Wirtschaft ist, dass die Stadt fortfährt Grundstücke zu kaufen, besonders von fremden Besitzern in der Nachbarschaft. Hätten die Reichsstädte in früherer Zeit diesen großen Grundsatz von den Klöstern gelernt, so hätten sie sich sehr erweitern und zum Theil manchen Verdruß ersparen können, wenn sie fremde Besitzer in ihr Territorium einkaufen ließen."

Sein Gesamturteil über eine Stadt orientiert Goethe mit Vorliebe am Zustand öffentlicher und privater Bauwerke:

> "Ich fragte nach dem Bauwesen. Der Stadtrath hat es vor dem Krieg sehr zu befördern gesucht; besonders wird der Bürgermeister gerühmt,

der schöne Kenntnisse besessen ... Vor dem Krieg hat man Demjenigen, der nach Vorschrift von Stein baute, die Steine umsonst angefahren und ihm leicht verzinslichen Vorschuß gegeben. Was diese Vorsorge gefruchtet und warum sich die Baulust nicht mehr ausgebreitet, verdient eine nähere Untersuchung."

Denn mit Bedauern registriert Goethe:

"Ein einziges großes steinernes Gebäude bemerkte ich zur Aufbewahrung der Frucht, das einen reichen Besitzer ankündigte. Man bemerkt nicht, wie an anderen Orten, verschiedene Epochen der Bauart. Ein einziges Gebäude zeichnet sich aus, das durch die Bildsäule des Äskulap und durch die Basreliefs von zwey Einhörnern sich als Apotheke ankündigt. Noch einige neue steinerne aber ganz schlichte Häuser finden sich auch; das übrige ist alles auf den alten Schlag, nur wird sich das Gasthaus zur Sonne durch einen Sprung, wenn es fertig ist, auszeichnen. Es ist ganz von Stein und im guten, wenn schon nicht im besten Geschmack."

Der "gute Geschmack" - wenn auch nicht der "beste" - wächst mit dem Gasthaus "Sonne" gleichsam an dieser Stelle erst aus dem Boden. Und gerade diese nicht eben herausragende architektonische Leistung wird in Goethes Auge offensichtlich zum "symbolischen Fall". Denn:

"Was ich aus dem Erzählten und anderen Symptomen durch das bloße Anschauen schließen kann, ist, dass die Stadt durch den Grund und Boden, den sie besitzt, mehr als durch etwas Anderes wohlhabend ist; dass die Glücksgüter ziemlich gleich ausgetheilt sind; dass Jeder still vor sich hinlebt, ohne gerade viel auf seine Umgebungen und aufs Äußere verwenden zu wollen; dass die Stadt übrigens eine gute Gewerbsnahrung, aber keinen ansehnlichen Handel hat; dass sie auf gemeine bürgerliche Gleichheit fundirt ist; dass weder Geistlichkeit noch Edelleute in frühern Zeiten großen Fuß in der Stadt gefasst hatten; dass das öffentliche Wesen in frühern Zeiten reich und mächtig war, und dass es bis jetzt noch an einer guten, mäßigen Verwaltung nicht fehlen mag. Der Umstand, dass der neuerbaute Gasthof auf einmahl über alle Stufen der Architektur wegsprang, mag ein Zeugnis sein, wie viel die Bürgerklasse in diesen Zeiten gewonnen hat."

Hier klingt hörbar eine Assoziation des "symbolischen Falls" an: Goethe sieht das Bauwerk nicht isoliert, auch nicht nur als architektonisches Beispiel - es repräsentiert für ihn das Bürgertum, den kulturellen Fortschritt des dritten Standes, der sich auch in Deutschland kraft seiner Wohlhabenheit durchaus von der Vormundschaft der Aristokratie befreit hat, und der hier, in dieser Freien Reichsstadt wahrscheinlich weniger behindert durch zeremonielle Konventionen einer Fürsten- und Residenzstadt wie Weimar, mit Geschmack und entsprechendem Vermögen "auf einmahl alle Stufen der Architektur" überspringt. Goethe sympathisiert hier ähnlich mit der "Modernität" des Zeitgeistes wie in Frankfurt. Aber in Heilbronn sieht er natürlich sehr wohl auch die zeitgleichen "altfränkischen", altväterlichen Züge:

> "Was öffentliche Gemeindeanstalten betrifft, so scheint man in einer sehr frühen Zeit mit Mäßigkeit darauf bedacht gewesen zu seyn. Die alten Kirchen sind nicht groß, von außen einfach und ohne Zierrath, der Markt mäßig, das Rathhaus nicht groß. Die Fleischbänke, ein uraltes, ringsum frey auf Säulen stehendes, mit einer hölzernen Decke bedecktes Gebäude, sie sind wenigstens viel löblicher als die Frankfurther."

Übrigens scheint es Goethe zu entgehen, dass er inzwischen eine Stammesgrenze überschritten hat und ins eigentliche Schwaben gelangt ist. Nur sein Hinweis auf die rein protestantische Heilbronner Obrigkeit lässt darauf schließen, dass er sich "das Schwäbische" vielleicht aus dem Wechsel der Konfession erschlossen habe. Denn tags zuvor hatte er noch - bei Mauer - eine das Wesen der Bevölkerung prägende Katholizität wahrgenommen, und als Goethe am 29.August Heilbronn verlässt, registriert er die katholische Enklave Sontheim - heute längst zu einem Stadtteil Heilbronns geworden:

> "Man kommt durch Sontheim, das deutschherrisch ist."

Nur an den genannten drei Textstellen berichtet Goethe über konfessionelle Verhältnisse - innerhalb der Reisematerialien ein Kuriosum - auch wenn nicht sicher zu bestimmen ist, ob Goethe tatsächlich darin ein mittelbares Kennzeichen der Stammesumschichtung gesehen habe. Sontheim als deutschherrisch-katholische Diaspora, als ein räumlich beschränktes, aber doch interessantes Einsprengsel innerhalb des überwiegend protestantischen Konfessionsanteils in Württemberg könnte vielleicht einem echten ethnologischen Interesse aufgefallen sein. Vielleicht versucht Goethe tatsächlich eine Art Stammeseigenart, begründet durch das kühlere, strengere Luthertum, zu erfassen. Später, kurz vor Stuttgart, beobachtet er:

> "Ein Bauer der eine Querpfeife auf dem Jahrmarkt gekauft hatte, spiel-
> te darauf im nach Hause gehen; fast das einzige Zeichen von Fröhlich-
> keit, das uns auf dem Wege begegnet war."

Man könnte vermuten, dass ein so scharfer Beobachter wie Goethe durchaus geneigt war, auch einem so winzigen Detail eine Art symbolische Bedeutung beizumessen. Wie überhaupt auf der Kargheit und Ungeschöntheit
seiner Einzelbeobachtungen ein nicht zu überschätzendes Gewicht liegt, wie
durchaus auch auf einer für den genauen Zeitpunkt wichtigen historischen
Information über Heilbronn:

> "Es werden keine Juden hier gelitten. "

Wie viele kulturgeschichtliche - positive wie negative - Informationen der
Augenzeuge Goethe in seinen Reise-Aufzeichnungen der Nachwelt überliefert hat, ist vielleicht von den jeweils Betroffenen noch kaum zur Kenntnis
genommen worden. Noch in seinem am 11.September 1797 in Tübingen an
den Herzog in Weimar geschriebenen Brief erinnert sich Goethe mit besonderer Sympathie Heilbronns und seines wohlgeordneten Gemeinwesens:

> "Heilbronn hat mich sehr interessiert, sowohl wegen seiner offenen,
> fruchtbaren, wohlgebauten Lage, als auch wegen des Wohlstandes der
> Bürger und der guten Administration ihrer Vorgesetzten. Ich hätte
> gewünscht, diesen kleinen Kreis näher kennen zu lernen.

Obgleich er sich nur ganze 36 Stunden in Heilbronn aufhielt, ist die von
ihm entworfene Physiognomie der Stadt und ihrer Menschen ein rundes
Kultur- und Gesellschaftsbild, das er sich "aus dem Erzählten und anderen
Symptomen durch das bloße Anschauen" erschlossen hat.

> "Die Menschen sind durchaus höflich und zeigen in ihrem Betragen
> eine gute natürliche stille bürgerliche Denkart ... Die Mägde sind meist
> schöne stark und fein gebildete Mädchen und geben einen Begriff von
> der Bildung des Landvolks; sie gehen aber meistentheils schmutzig,
> weil sie mit zu dem Feldbau der Familien gebraucht werden."

Bei so knappem Aufenthalt, bei gänzlichem Fehlen gedruckten Informa-
tionsmaterials legt Goethes im ganzen so souveränes Urteil über die Stadt
Heilbronn die Frage nahe: schöpft er es tatsächlich rein empirisch aus "bloßem

Anschauen" und "Erzähltem" - oder ist sein "Schließen" zumindest teilweise doch auch der intuitiv erfaßte "Grundriß" der begüterten Mittelstadt schlechthin - mit beinahe ideal organisierter Selbstverwaltung - ohne fürstliche Oberhoheit und landesherrliche Gängelung. Das heißt: ist das Bild dieser Stadt gewissermaßen inspiriert durch das Ordnungsmodell, das Goethe immer vorschwebt - so dass ihm die Menschen allein "in ihrem Betragen eine gute natürliche stille bürgerliche Denkart" zu zeigen scheinen. Sein lebenslang höchstens ambivalentes, eigentlich eher kritisches Verhältnis zu Juden und Judenemanzipation lässt vermuten, es habe ihn keineswegs gestört, dass "keine Juden hier gelitten werden."

Die Typik einer "guten natürlichen stillen bürgerlichen Denkart" lässt sich auch - angepaßt - auf Goethes Heilbronner Landschaftserlebnis übertragen: auch da überall das "Gute", "Mäßige", Ausgeglichene, still Genügsame, in sich Zufriedene. Landschafts- und Menschenpsychologie entsprechen sich harmonisch. Der Augeneindruck herrscht vor, er bestimmt und bekräftigt das Urteil im Ganzen. Der epische Atem, der die Prosa der Stadtbeschreibung trägt, erinnert an "Hermann und Dorothea". Was dort ein dichterischer Sprachkörper sinnbildlich aussagt, deutet der aus der bloß sachlichen Beschreibung schon annähernd in eine stilisierte Diktion hinaufgehobene "Tagebuch-Stil" an: eine gesunde und wohlhabende Bürgerschaft, wo "jeder still in seinem einzelnen vor sich hinlebt", "ohne gerade viel auf seine Umgebungen und aufs Äußere verwenden zu wollen" - mit anderen Worten: ohne eigentliche kulturelle Hervorbringungen, bestenfalls durch seine wirtschaftlichen Leistungen, durch seine "gute Gewerbsnahrung, seine "gute und mäßige Verwaltung" qualifiziert als Mutterboden der Kultur; die eigentlichen und geborenen Kulturträger bleiben für Goethe vorläufig noch immer die Angehörigen der Aristokratie, wenn auch "die Bürgerklasse viel in diesen Zeiten gewonnen hat." Erst in Stuttgart wird sich da ein gewisser Wandel vollziehen.

Heilbronn ist für Goethe "Natur", glückliche Vorstufe eines "durch Reflexion", d.h. mit Hilfe des "guten Geschmacks" zu einem höheren, "kultivierten" Zustand sich Erhebens. Das "pure Sinnliche" der Existenz dieser Stadt spiegelt sich in Goethes abschließendem Überblick vom Wartberg aus:

"Abends um sechs Uhr fuhr ich mit dem Bruder des Wirths auf den Wartberg. Es ist, weil Heilbronn in der Tiefe liegt, eigentlich die Warte und dient anstatt eines Hauptthurms. Die wesentliche Einrichtung oben aber ist eine Glocke, wodurch den Ackerleuten und besonders Weingärtnern ihre Feierstunde angekündigt wird. Der Thurm liegt ungefähr eine halbe Stunde vor der Stadt auf einer mit buschigem Holz oben bewachsenen Höhe, an deren Fuß Weinberge sich hinunterziehen. Vorwärts des Thurms ist ein artiges Gebäude mit einem großen Saale und einigen Nebenzimmern, wo die Woche einige mal getanzt wird ... Der Neckar schlängelt sich sanft durch die Gegend, die von beyden Seiten des Flusses sanft ansteigt. Heilbronn liegt am Flusse und das Erdreich erhöht sich nach und nach bis gegen die Hügel im Norden und Nord-Osten. Alles was man übersieht ist fruchtbar; das nächste sind Weinberge, und die Stadt selbst liegt in einer großen grünen Masse von Gärten. Es giebt den Anblick von einem ruhigen breiten hinreichenden Genuss."

Da beginnt dichterische Prosa, Sprachwille, der die Natur durchgeistigt. Die dreigestufte adjektivische Hervorhebung des Begriffs "Genuss" betont dessen gleichsam räumliche Dimensionen: sie erstrecken sich ganz ins Breite und Weite - in die horizontalen Abschichtungen der Fläche. "Hinreichender Genuss": eine diskrete Einschränkung. Das heißt die in sich erfüllte, aber die Forderungen der Idealität wohl doch nicht ganz erfüllende Wahrnehmung einer "glücklichen" Realität. Der Blick von oben vereinfacht das Gelände, lässt die "sanfte" Bewegung des Flusses sich durch die Gegend winden, bettet die Stadt in eine "große grüne Masse von Gärten" - fast eine Orgie von Grün, eine Farbe, die für Goethe eine tiefe reale Befriedigung bedeutet, nicht Spannung und Gegenspannung, sondern Entspannung, reiner, ruhiger, vollkommener Genuss.

Während Goethe dies Grün als "Masse" wahrnimmt, ohne Struktur und Schattierung, konzentriert sich der ebenfalls in Farbe gesehene Sonnenuntergang in scharf konturierter Geometrie als "Scheibe", vertikal an den Horizont der sanft hingebreiteten Landschaft gestellt:

"Wir fanden eben die Sonne als eine bluthrote Scheibe in einem wahren Scirokoduft rechts von Wimpfen untergehen."

Heitl[22] sagt zu dieser Beschreibung: "Eine Steigerung des Roten in sich wie 1797 ... ist in der Prosadichtung ganz ohne Beispiel. Für die ästhetische

---

[22]Richard Beitl "Goethes Bild der Landschaft" Berlin 1929

Sinnlichkeit Goethes würde "bluthrot" schon fast einen romantischen Exzess bedeuten." Eine ähnliche Steigerung der Farbintensität - ebenfalls von äußerster Seltenheit - findet sich im Tagebucheintrag vom 25.August 1797, also drei Tage früher, unter der Ortsangabe "Hemsbach":

> "Beym Purpurlicht des Abends waren die Schatten besonders auf dem grünen Grase wundersam smaragdgrün."

Zusammen mit den hohen Farbqualitäten der Rheinfall-Beschreibung bilden diese beiden Stellen sprachliche Kostbarkeiten, die zwischen der Farbarmut des sonstigen Materials aufleuchten. An all diesen Beispielen ist die durch die Arbeit an der Farbenlehre erreichte hohe wissenschaftliche Sensibilisierung des Auges beteiligt - aber nicht nur sie. Fehlte bei der Wartberg-Beschreibung des Sonnenuntergangs der "wahre Scirokoduft" - bei Hemsbach das Adjektiv "wundersam", dann könnte nicht mit Bestimmtheit behauptet werden, Licht und Farbe seien an beiden Stellen mit weit mehr als physikalischer Exaktheit in ihrem höchsten sinnlichen Wirkungsgrad erfasst worden. Nicht zufällig klingt als südländische Reminiszenz "ein wahrer Scirokoduft" an, - nicht eine "große Masse von grünen Gärten" erblickt Goethe, sondern "eine große grüne Masse von Gärten". Nicht "die bluthrote Scheibe der Sonne", sondern "die Sonne als eine bluthrote Scheibe" geht "rechts von Wimpfen" unter.

Wenn in Heidelberg die graphischen Werte der Landschaft, die Richtung der Gebirgszüge, die Durchzeichnung, ihre horizontale Erstreckung überwiegen und nicht zufällig das Blau als eher vergeistigte Farbe der Weite und Ferne dominiert, so wirkt in Heilbronn die Dynamik der Farbe "bluthroth" fast triumphal. Goethes ultramontane Rückerinnerung ("Scirokoduft") deckt Seelenzusammenhänge auf, die fast als eine Art Trauma die Reise begleiten: im Innersten lebt Goethe noch immer jenseits der Alpen, bezieht von dort sein sehnsüchtiges Gestaltvorbild - hier tritt es nun ein Mal und einzigartig als direkter Farbvergleich deutlich hervor.

Am 29.August 1797 - einen Tag nach seinem 48.Geburtstag, den er mit keinem Wort erwähnt - setzt Goethe die Reise am Neckar entlang in Richtung Stuttgart fort. Die Tagebuch-Eintragungen nehmen wieder den ruhigen epischen Atem der unteren Neckargegenden auf, wieder nähert sich die Sprache der Idylle:

> " schöne Gärtnerey ... " - " artiges Wiesenthal ..." - "schöne Allee ..."
> - "hie und da schöne flache Rücken ..." - "mit Mauerwerk artig zu
> Terrassen verbunden ..." - "schöne Allee von Fruchtbäumen ..."

"Schön" und "artig" scheinen beinah Synonyme - in fast rhythmischem Wechsel lösen sie einander ab. Die offenkundige Lässlichkeit ihrer Verwendung deutet darauf hin, dass Goethe für diesen Reiseabschnitt auf gesteigerte ideelle Erwartungen verzichtet - oder vielmehr, dass das, was da als "Landschaft" an ihm vorüberzieht, seinem wahren Anspruch an Landschaft nicht genügt. Er beschreibt ausschließlich Details, kein Ganzes, was beim ständigen Vorüberziehen vielleicht auch schwierig gewesen wäre. Aber es ist natürlich sein Auge, das die Landschaft "formiert" - das in "Ausschnitten", in einzelnen "Großaufnahmen" sehen gelernt hat und gewissermaßen die Landschaft nach seinem Geschmack "inszeniert" - Landschaft als Bühne, als gefälliges Bühnenbild, durch das der Reisende sich weiterbewegt - durchaus auf einer Lebensreise, während der er sich ein paar Stunden unangestrengten und unverbindlichen Schauens gönnt - ohne sich "durch Reflexion zum Ganzen zu erheben", sein Lebensmotto im Kleinen wie im Großen, im privaten Moment ebenso wie in einem Welt-Augenblick, in seiner Forschertätigkeit wie in seiner eigentlichen Berufung als Dichter und Schriftsteller.

Nach der Zwischenstation Ludwigsburg, wo der Weimarer Theater- und Operndirektor Goethe das Schloss und insbesondere dessen Operntheater besichtigt, klingt der LandschaftsGenuss voller auf:

> "herrliche Allee ..." - "herrlicher Fruchtbau ..." - "Feuerbach in einem
> schönen Wiesengrunde" -

Mit wenigen poetischen Strichen führt Goethe den Augenblick der Ankunft herbei:

> "Der Weg geht über manche Hügel ... Nach Sonnenuntergang sah man
> Stuttgart. Seine Lage, in einem Kreise von sanften Gebirgen, machte
> in dieser Tageszeit einen ernsten Eindruck."

In sparsamsten "Bildbeschreibungen" wie dieser wird Goethe im Wortsinn zum "Malerdichter". Alle schmückenden Epitheta von artig über schön bis herrlich lässt der sehr persönliche "ernste Eindruck" verblassen. Zum ersten Mal auf dieser Reise charakterisiert Goethe was er sieht nicht als ein

Sinnen-, sondern als Gemütserlebnis. Ausdrücklich wird die Tageszeit, die hereinbrechende Nacht, als Medium angesprochen. Alle Farben der Natur sind ausgelöscht. Es gibt keine Beleuchtung; nur indirekt - "nach Sonnenuntergang" - lässt er das Bild verdämmern.

Während in Frankfurt die Wirkung von Jahres- oder Tageszeit völlig ignoriert wird, und sich auch die Ankunft in Heidelberg ohne Erwähnung von Witterung und Klima vollzieht ("Abends um halb zehn erreichten wir Heidelberg"), setzt anderntags die Stadtbeschreibung mit der vollen bewusstheit der morgendlichen Tagesstunde ein:

> "Ich sah Heidelberg an einem völlig klaren Morgen, der durch eine angenehme Luft zugleich kühl und erquicklich war."

Goethe verlässt Heidelberg - und man beachte die Duplizität der Wortwahl -

> "um sechs Uhr, an einem kühlen und heitern Morgen."

Heilbronn bringt das erste Abend- und Sonnenuntergangsbild auf der Reise, es ist Glut und eine fast italienische Lichtfülle. Stuttgarts Lage aber - nach Sonnenuntergang - macht auf Goethe "einen ernsten Eindruck" - er darf als Seelenregung nicht unterschätzt werden: die fast spielerische Tendenz zum Idyllisieren der Landschaft beendend, und das schauende Auge auf eine der Landschaft immanente geistige Dimension hinlenkend. dass es sich dabei nicht etwa um eine momentane, flüchtige Impression handelt, sondern dem Reisenden als tiefer Eindruck erhalten blieb, beweist Goethes Brief vom 11.September 1797 - nach seiner Weiterreise - an den Herzog:

> "In Stuttgart blieb ich neun Tage. Es liegt in einem ernsthaften wohlgebauten Thal sehr anmuthig und seine Umgebungen, sowohl nach den Höhen, als nach dem Neckar, sind auf mannigfaltige Weise charakteristisch."

Dies ist ein Bild Stuttgarts bei Tageslicht! Wenn Goethe an den Herzog aus Stuttgart und Tübingen schreibt, setzt er seine Worte gewiss wohlabgewogen und mit Bedacht, - ein "ernsthaftes wohlgebautes Thal" ist eine an diesen Adressaten gerichtete ebenso erstaunliche wie eindrucksvolle und sicherlich einmalige "literarische" Formulierung.

Stuttgart: Klassizismus in der Provinz

Am 29.August 1797 abends trifft Goethe in Stuttgart ein; er hält sich dort bis zum 6.Septermber einschließlich auf. Diese acht Tage bringen eine Fülle von Informationen künstlerischer, kulturhistorischer, personaler und gesellschaftskritischer Art. Rasch und flüssig verarbeitet Goethe seine Eindrücke in den jeweiligen Tageseintragungen und nimmt diese wiederum, zum Teil mit ausführlichen Ergänzungen versehen, in seine umfangreichen Brief-Mitteilungen auf. Ähnlich wie für Frankfurt ist auch für Stuttgart erhebliches Material überliefert. Es ermöglicht neben dem stofflichen einen Vergleich der fortschreitenden methodischen Beherrschung. Während Goethe in Frankfurt die Resultate der einzelnen Tage noch stichwortartig auf knappe Zeilen beschränkt, erweitert sich von Heidelberg an das tägliche Ausmaß seiner Berichte und Beobachtungen.

Die zunehmende methodische Geschmeidigkeit wird nicht nur durch die Ausführlichkeit seiner Berichte, sondern auch aus den einzelnen Tagesprogrammen selbst und deren organisatorischer Bewältigung deutlich. Goethe meistert beachtliche Tagesleistungen. Seine Aufzeichnungen vermitteln einen Begriff von der Fülle an Stoff, die er präzis verarbeitet, sie dokumentieren zugleich seinen unersättlichen, die vielfältigsten Interessengebiete umgreifenden Informationshunger.

Vereinfachend lässt sich aus Goethes Eintragungen als das Grundthema des Stuttgarter Aufenthalts das Kunstgespräch ablesen. Jede echte Begegnung findet auf dieser Ebene statt. Es gibt Tage in Stuttgart mit von fern an die einst so inspirierenden römischen Gespräche erinnernden Begegnungen, wie Goethe wörtlich dem Bildhauer Dannecker bekennt. In den Briefzeugnissen verdichten sich die Ergebnisse des Stuttgarter Aufenthaltes noch. Je nach den Adressaten überliefern sie verschiedenartige Stimmungsschattierungen und unterschiedliche Interessenbereiche. Allen gemeinsam ist eine durchgehende Linie des Gesamteindrucks - den sich Goethe wie überall so auch in Stuttgart beim ersten Überblick über diese Stadt verschafft und den er dann über die ganzen Tage seines Aufenthaltes hin geistig weiterspinnt und vertieft. Am ersten Eintragungstag, dem 3o.August 1797, hält das Tagebuch fest:

"Ich machte meine erste gewöhnliche Tour um sechs Uhr früh allein

und rekognoszirte die Stadt mit ihren Umgebungen. Eine Seite hat eine Befstigung nach Heilbronner Art, nur nicht so stattlich; die Gräben
sind auch in Weinberge und Gartenpflanzungen verwandelt... Durch
die Vorstadt kommt man bald auf den Platz vor das Schloss oder
vielmehr vor die Schlösser. Das Schloss selbst ist vom Geschmack der
Hälfte dieses Jahrhunderts.

Erst am 6. Tag seines Besuches nimmt Goethe dann die Gelegenheit wahr
zu einem Überblick über die Stadt von der Höhe aus:

"Wir machten einen Spaziergang auf die Weinberghöhen, wo man
Stuttgart in seinem Umfang und seinen verschiedenen Theilen liegen
sieht. Stuttgart hat eigentlich drei Regionen und Charaktere, unten
sieht es einer Landstadt, in der Mitte einer Handelsstadt, und oben
einer Hof- und wohlhabenden Partikuliersstadt ähnlich.

Sein erster Eindruck von der Topographie Stuttgarts : Schon aus dem Abriss
der Straßenverläufe und des Hausbaus lässt sich hier eine Art Charakteristik des öffentlichen Wesens herauslesen, Goethe erfasst dabei intuitiv das
Besondere der Stuttgarter Atmosphäre: die Zusammenhänge und Gegensätze von absolutistischem Herrschaftsanspruch und kräftig aufkeimendem
bürgerlichem Individualismus. Wie in Heilbronn, so prägt auch in Stuttgart
die erste formale Analyse sich der Stimmung des Betrachters ein und färbt
auf den weiteren Befund ab.

"Die alte Stadt gleicht Frankfurth in ihren alten Theilen, sie liegt in der
Tiefe nach dem kleinen Wasser zu. Die neue Stadt ist in entschiedenen
Richtungen meist geradlinig und rechtwinklicht gebaut."

Es zeigt sich, dass Goethe - wenn auch vielleicht unbewusst - immer wieder auf den ersten sinnlichen Eindruck eines in Form und Inhalt gemisch-
ten Zustandes zurückgreift. Mehr als anderswo interessiert ihn in der Residenzstadt Stuttgart der Stand ihres kulturellen Lebens. Als eigentlicher
Kultur-Träger der Metropole erscheint ihm nicht mehr ein kulturell aufge-
schlossener Landesherr wie ehedem, sondern quasi ersatzweise eine mündige,
kulturell selbständig gewordene Schicht wohlhabender "Partikuliers", die im
Zusammenspiel und Gegeneinanderwirken von veräußerlichter monarchisch-
offizieller Staatsrepräsentation und verinnerlichter privater Kunstinitiative
das kulturelle Klima Stuttgarts bewirken - eine Besonderheit, die Goethes

Porträt der wohlhabenden Stadt Stuttgart von dem der reichen Handels-
metropole Frankfurt unterscheidet. Goethe erspürt und erfasst sehr genau
diese spezifische lokale Atmosphäre. Durch seine wirtschaftliche Unabhängigkeit kann sich das Bildungsbürgertum den "Luxus" Kultur leisten, der
noch vor nicht allzu langer Zeit allein der Aristokratie vorbehalten war.
Kultur "sickert", verbürgerlicht -: wenn der Landesfürst die für einen Re-
genten typische Fürsorgepflicht für Wissenschaft, Kunst und Kultur nicht
mehr wahrnimmt, dringen in das entstehende Vakuum nach und nach frische Kräfte aus dem intellektuell und musisch begabten und sich mit diesen
Gaben auch gefällig schmückenden Bürgertum ein.

So wird Goethe bei seinem Stuttgarter Besuch Zeuge kompliziert ineinander verzahnter Sachverhalte: auf der einen Seite der langsame Verfall
einst aufwendig und mäzenatisch gepflegter Künste - Architektur, Garten-
kunst, Musik, Schauspiel, Oper, Ballett - die sich im vergangenen halben
Jahrhundert unter dem vor kurzem verstorbenen Karl Eugen zu fürstlicher
Prachtentfaltung und Selbstdarstellung als besonders geeignet hervorgetan
hatten. Andererseits fördert deren Verfall unter seinem Sohn und Nachfolger das Entstehen einer neuen sozialen "Klasse" von kunstsinnigen Bürgern,
die es nach und nach einer Gruppe gebildeter Sammler, Liebhaber und
Kenner ermöglicht - gleichsam als Äquivalent jener Schicht aristokratischer
Auftraggeber, die ehemals Kunst und Künstler ins Brot setzten - deren
Kunstpflege teilweise oder sogar ganz zu übernehmen. Diese neuentstande-
ne, bürgerlich-private Ansammlung von Kunstwissen und kulturellem Sachverstand registriert Goethe mit großer Zustimmung und Anteilnahme. Die
Wärme menschlicher Begegnungen und dieser vertieften Kunstgespräche
gehört zum vielgerühmten Endergebnis des fruchtbaren Stuttgarter Aufenthalts.

Den allerersten Eindruck vor Ort verschafft sich Goethe, wie überall,
vom Zustand der Baukunst. Dem sichtbaren Geschmacksverfall der Stuttgarter Residenzen: Schlösser und Schlossgärten - für ihn Demonstrationsmo-
delle mangelnden fürstlichen Kunstverstandes und Kunstwillens - begegnet
Goethe dann mit überaus scharfer Kritik. Die Baukunst ist oberster Grad-
messer seines Urteils. Es kann vernichtend ausfallen:

"Das alte Schloss wäre jetzt kaum zu einer Theaterdekoration gut"

und es begründet damit indirekt wohl auch die in Frankfurt ausgesprochene grundsätzliche Ablehnung Goethes zum Neubau von Monumental-Architektur. Neubauten dieser Art - ob profan oder sakral - hat er dort grundsätzlich für die Gegenwart als obsolet abgelehnt. Kaum weniger abfällig sein Urteil über das Neue Schloss:

> "Ich ging alsdann ... das Schloss zu besehen, wo ich nichts Nachahmenswertes fand, vielmehr unzählige Beyspiele dessen was man vermeiden soll."

An Schiller hatte er schon am 31.August 1797 berichtet:

> "Besonders traurig für die Baukunst war die Betrachtung, was Herzog Karl bei seinem Streben nach einer gewissen Größe hätte hinstellen können, wenn ihm der wahre Sinn dieser Kunst aufgegangen und er so glücklich gewesen wäre, tüchtige Künstler zu seinen Anlagen zu finden. Allein man sieht wohl, er hatte nur eine gewisse vornehme Prachtrichtung, ohne Geschmack, und in seiner frühern Zeit war die Baukunst in Frankreich, woher er seine Muster nahm, selbst verfallen."

Brieflich und im Tagebuch hält er seinen Ärger über Schloss und Park Hohenheim fest:

> "Hohenheim selbst, der Garten sowohl als das Schloss, ist eine merkwürdige Erscheinung. Der ganze Garten ist mit kleinen und größern Gebäuden übersät. Die wenigsten von diesen Gebäuden sind auch nur für den kürzesten Aufenthalt angenehm oder brauchbar ... Bey diesen vielen kleinen Partien ist merkwürdig, dass fast keine darunter ist, die nicht ein jeder wohlhabende Partikulier eben so gut oder besser besitzen könnte.

Sehr genau erfasst er die Ablösung ehemals fürstlicher Kompetenz durch den neugewonnenen Sachverstand des Bürgertums.

Noch ein weiteres Mal beschreibt er später die Schloss- und Parkanlage von Hohenheim, der er einen ganzen Tag gewidmet hatte, in einem Brief vom 11.September 1797 aus Tübingen an den Herzog in Weimar:

> "Das mit seinen Seitengebäuden äußerst weitläufige Schloss und der mit unzähligen Ausgeburten einer unruhigen und kleinlichen Phantasie übersäte Garten ..."

Schon am 1.September war ins Tagebuch eingetragen worden:

> "Der ganze Garten ist mit kleinen und größern Gebäuden übersäet, die mehr oder weniger einen engen, theils einen Repräsentationsgeist verrasthen." "Das Schloss, das mit seinen Nebengebäuden ein ausgebreitetes Werk darstellt, gewährt den gleichgültigsten Anblick von der Welt. Man kann beym äußern Anblick der Gebäude sagen, dass sie in gar keinem Geschmack gebaut sind, indem sie nicht die geringste Empfindung weder der Neigung noch des Widerwillens im Ganzen erregen ... Eher ist das völlig Charakterlose einer bloßen, beinahe nur handwerksmäßigen Bauart auffallend. ... Der Hauptsaal ... ist ein Beyspiel einer bis zum Unsinn ungeschickten Architektur."

Anders als die von vornherein missglückte Schlossarchitektur beklagt Goethe die erst nach und nach eingetretene innere Verwahrlosung des Stuttgarter Hoftheaters: die miserable Leistung der gegenwärtigen Schauspieltruppe, den Zustand seiner Theaterkulissen. Goethe - seit 1791 Leiter des Weimarer Hoftheaters, durch und durch Fachmann auf diesem Gebiet - berichtet am 31.August 1797:

> "Wir gingen ... dann in das Schauspiel. Es ward Don Carlos von Schiller gegeben. Ich habe nicht leicht ein Ganzes gesehen, das sich so sehr dem Marionettentheater nähert als dieses. Eine Steifheit, eine Kälte, eine Geschmacklosigkeit, ein Ungeschick die Meubles auf dem Theater zu stellen, ein Mangel an richtiger Sprache und Declamation in jeder Art Ausdruck eines Gefühls oder Gedankens, dass man sich eben 20 Jahre und länger zurückversetzt fühlte."

Eine Kulturkritik für den aktuellen Stand des Jahres 1797 in der Residenzstadt Stuttgart könnte Goethes Aufzeichnungen zufolge von nichts anderem berichten als vom Niedergang sämtlicher öffentlichen Institutionen von Kunst und Kultur.

Das trifft sogar für die Pflege der Wissenschaften zu:

> "Eigentliche wissenschaftliche Richtung bemerkt man wenig, sie scheint seit der Carlsakademie wo nicht verschwunden doch sehr vereinzelt worden zu sein."

Ein Herzensanliegen Goethes ist die Oper, auch sie ließ der seit 1793 regierende Herzog, Sohn und Nachfolger Karl Eugens, verkommen:

"Aus den brillanten Zeiten des Herzogs Karls, wo Jomelli die Oper
dirigierte, hat sich der Eindruck und die Liebe zur italiänischen Musik
bei ältern Personen hier noch lebhaft erhalten ... Leider dienen die
Zeitumstände den Obern zu einer Art von Rechtfertigung, dass man
die Künste, die mit wenigem hier zu erhalten und zu beleben wären,
nach und nach, ganz sinken und verklingen lässt."

Die "brillanten Zeiten des Herzogs Karls" - die Oper betreffend - liegen indessen schon beinahe drei Jahrzehnte zurück. Sie waren das Verdienst des
italienischen Kapellmeisters und Komponisten Niccolo Jomelli, der von 1753
bis 1769 - also volle sechzehn Jahre - die Stuttgarter Oper dirigierte, immerhin von Karl Eugen berufen und bezahlt. Wie der große Opernkomponist
Chr.W.Gluck erstrebte Jomelli eine vertiefte dramatische Wahrhaftigkeit.
Er war - Zeitgenosse des Verfechters der Reform-Oper, im selben Jahr wie
dieser, 1714, geboren - ein Glücksfall für Stuttgart, an den sich das ältere Stuttgarter Publikum noch nach fast dreißig Jahren begeistert erinnerte.
Jomelli starb - fünf Jahre nach seinem Abgang von Stuttgart - 1774 in seiner
Geburtsstadt Neapel.

Um sich von der volle sechsundfünfzig Jahre dauernden Herrschaft des
Herzogs Carl Eugen eine zugegeben einseitige Vorstellung zu machen, - er
regierte von 1737 bis 1793 - sei an Schillers 1773 vom Herzog erzwungenen
Eintritt in die Stuttgarter Militärakademie erinnert, ein historischer Vorgang, der die sog. Karlsschule unsterblich gemacht hat, ebenso wie Schillers
langjährige Stuttgarter Leidenszeit, seine Demütigungen und seine verzwei-
felte Flucht im Jahr 1782. Sie hatte genau 15 Jahre vor Goethes derzeitigem
Stuttgarter Aufenthalt stattgefunden, ein Ereignis, auf das Goethe mit keinem Wort eingeht.

Auf das kulturelle - nicht das politische - fünfeinhalb Jahrzehnte um-
spannende Wirken dieses ganz und gar absolutistischen, doch auf seine Weise außergewöhnlichen Souveräns zielt Goethes folgendes Resümee:

"Es ist sehr interessant zu beobachten auf welchem Punkt die Künste
gegenwärtig in Stuttgart stehen. Herzog Carl, dem man bey seinen
Unternehmungen eine gewisse Großheit nicht absprechen kann, wirk-
te doch nur zur Befriedigung seiner augenblicklichen Leidenschaften
und zur Realisierung abwechselnder Phantasien. Indem er aber auf
Schein, Repräsentation, Effect arbeitete, so bedurfte er besonders der

Künstler, und indem er nur den niedern Zweck im Auge hatte, musste er doch die höhern befördern. In früherer Zeit begünstigte er das lyrische Schauspiel und die großen Feste, er suchte sich die Meister zu verschaffen, um diese Erscheinungen in größter Vollkommenheit darzustellen. Diese Epoche ging vorbey, allein es blieb eine Anzahl von Liebhabern zurück, und zur Vollkommenheit seiner Academie gehörte auch der Unterricht in Musik, Schauspiel und Tanzkunst. Das alles erhält sich noch, aber nicht als ein lebendiges, fortschreitendes, sondern als ein stillstehendes und abnehmendes Institut."

Herzog Karl Eugen ist 1797 erst vier Jahre tot. Goethe urteilt also noch aus fast direkter Nähe über eine Epoche, die mehr als ein halbes Jahrhundert angedauert und sogar noch über das Erdbeben der Französischen Revolution hinweggereicht hatte. Genau genommen ist Goethes Urteil der prosaisch-kritische Abgesang auf ein bereits versunkenes Zeitalter, - auch wenn seine Beschreibung dieser teilweise fragwürdigen Ernte eines Fürstenlebens eine eher lokale und weit von Weimar entfernte Personalie betrifft. Denn Württemberg ist zur Zeit Karl Eugens noch ein relativ unbedeutender Kleinstaat - er selber eine Art Duodez-Fürst, Stuttgart umgeben von autonomen Reichsstädten wie Ulm, Reutlingen, Heilbronn, eingefasst von unabhängigen Territorien wie dem fränkischen Hohenlohe und vielen kleinteiligen weltlichen und geistlichen Herrschaften. Erst sein übernächster Nachfahre konnte im frühen 19.Jh. nicht nur das Staatsgebiet Württembergs durch diverse Acquisitionen um das Doppelte vergrößern, sondern - nach zwischenzeitlicher Erhebung zum deutschen Kurfürsten, - sich 1806, aufgrund rechtzeitiger politischer Umdisposition, mittels Anschluss an den Rheinbund, von Napoleons Gnaden zum König von Württemberg erheben. Trotz dieser steilen Karriere seines Enkels blieb Karl Eugen im Gedächtnis Württembergs lange Zeit unvergessen, wozu auch der reisende Minister aus Weimar durch seine Marginalien zur Epoche Carl Eugens einen kleineren Beitrag geleistet haben mag.

Die Attitüde Karl Eugens als Souverän eines Beinahe-Zwergstaats war, wie vielerorts üblich, die eines spätgeborenen Sonnenkönigs en miniature gewesen - Goethe billigt ihm immerhin "eine gewisse Großheit" zu. Seinen bedeutenden kulturellen Nachlass unter dem derzeitigen Nachfolger so bedauernswert und rasch verrotten zu sehen, war deshalb auch für einen Goethe ein Schauspiel von exemplarischer, wenngleich schmerzlicher Bedeu-

tung. Ein symbolischer Fall? Der Augenzeuge und Zeitgenosse Goethe hat
diesen Karl Eugen nicht pauschal verurteilt, sondern ihm in aller Kürze ein
wohlabgewogenes historisches Profil gezeichnet, das seiner Rolle in der Kul-
turgeschichte Württembergs entspricht: für seine Untertanen füllt diese für
die Landesgeschichte keineswegs mediokre Figur gewissermaßen den ganzen
Rahmen des 18.Jahrhunderts in voller Größe aus. Obgleich ihm Goethe auf
dem Gebiet der Architektur weitgehend Geschmack, Bildung und Weitblick
absprechen muss, weil dieser Karl Eugen seine Repräsentationsbauten nun
einmal - unbegreiflich für Goethe - nach eigenem Gutdünken und anhand
seiner protzigen Prachtvorstellungen von lokalen Bau-Handwerkern statt
von weltläufig geschulten, kunstverständigen Bau-Meistern entwerfen und
ausführen ließ: Karl Eugens Kardinalfehler. Sein sonstiges Engagement auf
allen Gebieten der Kunst wie auch der Wissenschaften und seine hohen In-
vestitionen in die kostspielige Ausbildung der verschiedensten Künstler und
Gelehrten anerkennt Goethe vorbehaltlos.

> "Bildhauer und Maler schickte der Herzog, wenn sie gewissermaßen
> vorbereitet waren, nach Paris und Rom. Es haben sich vorzügliche
> Männer gebildet ... Sehr auffallend ist es, dass der Herzog gerade die
> Kunst, die er am meisten brauchte, die Baukunst, nicht auf eben jene
> Weise in jungen Leuten beförderte, und sich die so nöthigen Organe
> bildete, denn es ist mir keiner bekannt, der auf Baukunst gereist wäre.
> Wahrscheinlich begnügte er asich mit Subjekten die er um sich hatte
> und gewohnt war, und mochte durch sie seine eignen Ideen gern mehr
> oder weniger ausgeführt sehen. Dafür kann man aber auch bey allem
> was in Ludwigsburg, Stuttgard und Hohenheim geschehen ist, nur das
> Material, das Geld, die Zeit, so wie die verlorne Kraft und Gelegenheit
> was gutes zu machen bedauern."

Ein barocker Potentat, eine auf ihre Weise halbwegs große Natur - durch
viele, differenzierte Details hat Goethe sein Porträt herausgehoben aus der
Masse seiner Reiseaufzeichnungen. Goethes Schlusswort :

> "Übersieht man nun mit Einem Blicke alle diese erwähnten Zweige
> der Kunst und andere, die sich noch weiter verbreiten, so überzeugt
> man sich leicht, dass nur bey einer so langen Regierung, durch eine
> eigne Richtung eines Fürsten, diese Erndte gepflanzt und ausgesät
> werden konnte. Man kann wohl sagen: dass die spätern und bessern
> Früchte jetzo erst zu reifen anfangen. Wie schade ist es daher dass

> man gegenwärtig nicht einsieht, welch ein großes Capital man daran
> besitzt, mit wie mäßigen Kosten es zu erhalten und weit höher zu
> treiben sey."

Goethe endet mit einem geradezu staatsmännischen Appell, den man allen mit ihren Mitteln an Kunst und Kultur geizenden Verwaltungen und
Regierungen ins Stammbuch schreiben möchte:

> "Aber es scheint niemand einzusehen welchen hohen Grad von Wir-
> kung die Künste, in Verbindung mit den Wissenschaften, Handwerk
> und Gewerbe in einem Staate hervorbringen. Die Einschränkungen,
> die der Augenblick gebietet, hat man von dieser Seite angefangen und
> dadurch mehrere gute Leute mißmutig und zum Auswandern geneigt
> gemacht.
>
> Vielleicht nützt man an andern Orten diese Epoche und eignet sich,
> um einen leidlichen Preis, einen Theil der Cultur zu, die hier durch
> Zeit, Umstände und große Kosten sich entwickelt hat."

Weimar - ein Refugium für auswanderungswillige Künstler und Kunsthandwerker? Mit fast missionarischem Eifer sucht Goethe Könner ihres Fachs für
Weimar aufzuspüren, eine Aufgabe, die er sich neben anderen, für seine Biographie ungleich wichtigeren, für diese Reise gestellt hat:

> "... seitdem habe ich in einer fremden Welt nur gesucht Fäden an-
> zuknüpfen, durch die wir künftig mit mancherley nützlichem zusam-
> menhängen können."

Der Schlagschatten der Weltgeschichte, der im Jahr 1797 auch über Bevölkerung und Regierung des Herzogtums Württemberg fällt - dabei durch
hohe Kriegskontributionen auch in jedes einzelne Privatschicksal herb ein-
greifend und das staatliche Budget aufs Schwerste belastend - bleibt in Goethes Reiseberichten fast unberücksichtigt. Wie weit interessiert er sich für
die wirtschaftliche Situation der Bevölkerung? Für das Gemeinwohl? Eine
soziale Komponente gibt es im derzeitigen Fragenkatalog Goethes offenbar
nicht. Nur einmal registriert er in Kürze:

> "Übrigens hat man vom Kriege her viel gelitten und leidet immer-
> fort. Wenn die Franzosen dem Lande fünf Millionen abnahmen, so
> sollen die Kaiserlichen nun schon sechzehn Millionen verzehrt haben.

> Dagegen erstaunt man denn freilich als Fremder über die ungeheure Fruchtbarkeit dieses Landes und begreift die Möglichkeit, solche Lasten zu tragen."

Im Grunde versucht er ja gerade - und das gelingt ihm auch - von dieser Situation für Weimar durch Abwerbung hervorragend ausgebildeter Kräfte zu profitieren. Wie unbedenklich er, nebenbei bemerkt, die Leuchte der Humanität gelegentlich unter den Scheffel zu stellen vermag, wenn es darum geht, preisgünstig einen wirklichen, allerdings mittellosen, daher nicht akademisch ausgebildeten Künstler als künftigen Kunst-Handwerker für Weimar zu verpflichten, zeigt ein Tagebucheintrag vom 3.September 1797:

> "Bey Herrn Meyer, der verschiedene gute Gemälde besitzt. Er zeigte mir Blumen und Fruchtstücke von einem gewissen Wolfermann, der ... sowohl in Wasser- als in Ölfarbe Früchte und Insecten außerordentlich gut macht. Da er arm ist und sich hier kaum erhält, so würde er leicht zu haben seyn und bey künftigen Decorationen fürtrefflich dienen, die Früchte, Insecten, Gefäße und was sonst der Art vorkäme zu mahlen und andern den Weg zeigen. Auch könnte man ihn zu der neuen Marmormahlerey brauchen, wenn ihn Professor Thouret drin unterrichten wollte."

Ein authentisches Bewusstsein seiner selbst als Kunstschöpfer setzt Goethe bei diesem Maler gar nicht erst voraus. Er hatte sich nach Auskunft des Sammlers Meyer die Malerei selbst beigebracht, sich unter anderem an Bildern des niederländischen Blumenmalers Jan van Huysum geschult, der - 1682 geboren - wegen seiner Feinmalerei und seiner kompositorischen Arrangements von Früchtestilleben und Blumen mit naturgetreuen Tautropfen und Insekten im 18.Jh. bei deutschen Fürsten und Sammlern sehr gesucht war. So malt dieser "gewisse Wolfermann"- ein heute wohl unbekannter Kleinmeister - "Schüler" Huysums, immerhin aus eigener Kraft der Phantasie "außerordentlich gut" Blumen und Insekten etc. Aus ihm - der vielleicht doch mehr war als ein Plagiator und auf keinen Fall bloß ein Kopist - könnte nun in Weimar bald als Dekorationsmaler ein Handlanger werden, der als Spezialist "Blumen, Früchte, Insecten, Gefäße und was sonst noch in der Art vorkäme" am laufenden Meter zu produzieren imstande wäre. Da er trotz seines Könnens ein armer Schlucker geblieben ist, würde er "leicht zu haben sein und bei künftigen Decorationen fürtrefflich dienen".

Anders liegt der Fall bei dem Stuttgarter Baumeister Thouret, den Goethe ebenfalls für Weimar gewinnen möchte, was ihm auch gelingen sollte.[23]

"Ich ging mit Herrn Professor Thouret die verschiedenen Dekorationen durch, die bey Verzierungen eines Schlosses vorkommen können, und bemerkte hievon Folgendes: Das erste, worin wir überein kamen, war, dass man sich, um eine Reihe von Zimmern zu dekoriren, vor allem über das Ganze bestimmen solle ... Da ohnehin ein solches Unternehmen jederzeit großes Geld koste, so sey der Hauptpunkt, dass man stufenweise verfahre, das Kostbare nicht am unrechten Platze anbringe und sich nicht selbst nöthige, mehr, als man sich vorgesetzt, zu thun.

So sey, zum Beyspiel bey dem Appartement unserer Herzogin, dessen Lage ich ihm bezeichnete, es hauptsächlich darum zu thun, dass aus dem Anständigen eines Vorsaals in das Würdigere der Vorzimmer, in das Prächtigere des Audienzzimmers überzugehen, das Rundel des Eckes und das darauf folgende Zimmer heiter und doch prächtig zu ei-

---

[23] Als Goethe 1775 nach Weimar kam, war beim Schlossbrand 1774 auch das Schlosstheater zur Ruine geworden. Es gab für die nächsten fünf Jahre nur ein von Anna Amalia angeregtes behelfsmäßiges Laientheater, bis 1780 ein Komödienhaus für berufsmäßige Schauspieler erbaut - aber von ihnen mehr schlecht als recht bespielt wurde. Daher setzte der Herzog 1791 Goethe als Intendanten ein, der eine 26-jährige glanzvolle Schauspiel-Epoche einleitete. Thouret, den Goethe 1797 in Stuttgart kennenlernt und für Weimar verpflichtet, baut 1798 das Komödienhaus in Weimar zum Hoftheater um. Seine glanzvolle Eröffnung schildert Karoline Schlegel ihrem Schwager Friedrich Schlegel am 14.Oktober 1798: "Nun zu Goethes Geschäftigkeit. Er hat das weimarische Komödienhaus inwendig durchaus umgeschaffen und in ein freundliches, glänzendes Feenschlößchen verwandelt... Ein Architekt und Dekorateur aus Stuttgart ist dazu herberufen, und innerhalb dreizehn Wochen sind Säulen, Galerien, Balkone, Vorhang verfertigt und was nicht alles geschmückt, gemalt, verguldet, aber in der Tat mit Geschmack. Die Beleuchtung ist äußerst hübsch, vermittelst eines weiten Kranzes von englischen Lampen, der in einer kleinen Kuppel schwebt, durch welche zugleich der Dunst des Hauses hinauszieht. Goethe ist wie ein Kind dabeigewesen. Den Tag vor der Eröffnung des Theaters war er von früh bis spätabends da ...und hat eigenhändig mitgearbeitet ... Nun kam die Anlernung der Schauspieler dazu, um das Vorspiel ("Wallensteins Lager")ordentlich zu geben, worin ihnen alles fremd und unerhört war. Goethes Mühe war auch nicht verloren; die Gesellschaft hat exzellent gespielt, es war das vollkommene Ensemble und keine Unordnung in dem Getümmel. Für das Auge nahm es sich ebenfalls trefflich aus. Die Kostüme, können Sie denken, waren sorgf#ltig zusammengetragen und kontrastierten wieder untereinander sehr artig. Zum Prolog war eine neue, sehr schöne Dekoration."

ner innern Conversation anzulegen, von da ins Stille und Angenehme
der Wohn- und Schlafzimmer überzugehen und die daran stoßenden
Kabinette und Bibliothek mannigfaltig, zierlich und mit Anstand ver-
gnüglich zu machen."

Goethes in Absprache mit Thouret erwogene Vorschläge für die künftige
Innenaustattung des 1774 abgebrannten und nach 29 Jahren erst 1803 be-
zugsfertigen, neuen Weimarer Schlosses dokumentieren es: nach einem schon
so lange andauernden Provisorium ist das Fürstenhaus in seinen Ansprüchen an Wohnung und Innenausstattung wie in seinem Selbstverständnis
quasi im Begriff, zu verbürgerlichen: Prachtliebe macht dem Bedürfnis nach
Bequemlichkeit Platz. Also: ein zum Privaten tendierender Baustil, die Innenausstattung fürstlich-barocker Verschwendungssucht abhold; in der Ab-
folge der Räume neigt man mehr und mehr zum Intimen. Es wird eher
maßvoll geplant - ohne Beziehung zur überkommenen Tradition des sich
von innen nach außen Verherrlichens, wie sie der absolutistischen Baugesin-
nung entsprach. Bürgerlicher Lebensstil lebt nach innen - nicht vor großer
Kulisse - er zieht sich in das "zierliche und mit Anstand vergnügliche" Ge-
mach zurück, er rechnet mit seinen Resourcen. "Da ein solches Unternehmen
jederzeit großes Geld kostet", kalkuliert man vorsichtig, besonders wenn es
um kostbare Materialien geht:

> "Sehr wichtig ist für Dekoration die Kenntniß, Granit, Pophyr und
> Marmor auf verschiedene Weise nachzuahmen. Die bekannte Art des
> sogenannten Gipsmarmors thut zwar, nächst dem natürlichen Stein,
> den schönsten und herrlichsten Effekt, allein sie ist sehr kostbar, und
> die Arbeit geht langsam; hingegen bedient man sich in Italien außer-
> dem noch dreier anderer Arten, welche nach dem verschiedenen Ge-
> brauch und Würde der Zimmer anzuwenden sind, und alle drei sehr
> guten Effekt machen. Alle drei Arten offeriert Herr Thouret durch
> Beschreibung, noch lieber aber durch persönliche Anleitung mitzut-
> heilen."

Angesichts dieser nüchternen Kostenabwägung könnte man sich an Goethes Vorschlag in Frankfurt erinnern, dass der Frankfurter, dem alles Ware
sei, sein Haus niemals anders "denn als Ware" betrachten solle, - wozu den
Enkel eines Frankfurter Bürgermeiste zweifellos der enorme Spekulations-
gewinn beim mehrfachen Weiterverkauf des inzwischen durch die Kriegser-

eignisse ziemlich ruinierten großväterlichen Hauses und Hofes in Frankfurt inspirierte. Denn sogar eine solche, den "Schöngeist" Goethe anfänglich sicher schockierende und ihm ziemlich fernliegende Erfahrung könnte seine Sympathie für das lebenspraktische Bürgertum letztlich positiv beeinflusst haben.

In Stuttgart jedenfalls erringt das zum Teil hochgebildete Bürgertum durch seine glänzende Ausbildung und kulturelle Aufgeschlossenheit und auch wegen der schulbildenden Lehrtätigkeit verschiedener Professoren, die ein bedeutendes Kulturerbe damit wenigstens zum Teil retten und weitergeben, Goethes Respekt.

Zum Beispiel findet er

"... das Kupferstechen wirklich hier auf einem hohen Punct. Professor Müller ist einer der ersten Künstler dieser Art und er hat eine ausgebreitete Schule ..."

Der Personenkreis in Stuttgart, in dem Goethe sich fast ausschließlich bewegt - und zwar auf einer Gesprächsebene, die die politischen Tagesaktualitäten möglicherweise ausspart - eine naturgemäß begrenzte Anzahl kultivierter Personen: Professoren, Künstler, Kunstsammler, auch künstlerische Dilettanten, dazu einige wenige "Standespersonen"- ein insgesamt kunstliebendes, sachverständiges Publikum.

Am 2.September werden dem reisenden Minister von Goethe - der dem in Stuttgart residierenden preußischen Gesandten und seiner Entourage einen zu vermutenden Höflichkeitsbesuch abstattet - "ein paar vortreffliche Gemälde gezeigt, die dem Legationsrath Abel gehören", einem von Goethe mehrfach erwähnten Kunstsammler.

"Zunächst eine Schlacht von Wouvermann. Die Kavallerie hat schon einen Theil der Infanterie überritten und ist im Begriff, ein zweites Glied, das eben abfeuert, anzugreifen. Ein Trompeter, auf seinem hageren Schimmel, sprengt rückwärts, um Sukkurs herbeizublasen. Das andere Bild ist ein Bild von Claude Lorrain von besonderer Schönheit, ein Sonnenuntergang, den er auch selbst radiert hat. Es ist fast keine Vegetation auf dem Bilde, sondern nur Architektur, Schiffe, Meer und Himmel."

Der niederländische Maler Philip Wouwermann (1619-1668), der wohl frucht-
barste aller holländischen Kleinmeister, stellte häufig Schlachtszenen des
3ojährigen Krieges dar, an dem er aber nicht mehr selbst teilgenommen
hat. Das am Vortag besichtigte Schlachtenbild Wouwermanns mag für die
Betrachter eine Art komplementäre Entsprechung dargestellt haben zur der-
zeit friedlichen Szenerie des kaiserlichen Lagers in der Nähe von Cannstatt
bei Stuttgart, dem Goethe einen Tag später, am 3.September 1797, einen
förmlichen Besichtigungs-Besuch abstattete, mit offizieller Begrüßung und
Führung durch einen Hauptmann des Generalstabs.

> "Wir kamen durch Schmieden und fingen an das Lager zu übersehen.
> Der linke Flügel lehnt sich an Mühlhausen, alsdann zieht es sich über
> Aldingen bis gegen Hochberg. In Neckarrems wurden wir vom Haupt-
> mann Jakardowsky, vom Generalstab, gut aufgenommen, der uns erst
> früh das Lager überhaupt zeigte und uns gegen Abend an der ganzen
> Fronte bis gegen Mühlhausen hinführte. Wir nahmen den Weg nach
> Kornwestheim, da wir denn auf die Ludwigsburger Chaussee kamen
> und so nach der Stadt zurückfuhren. Im Lager mögen etwa 25 000
> Mann stehen: das Hauptquartier des Erzherzogs wird in Hochberg
> sein."

Am Abend des 2.September 1797 war Goethe der Einladung des Komponisten Zumsteeg, - seit 1793 Hofkapellmeister in Stuttgart - zu einer privaten
musikalischen Soiree gefolgt. Zumsteeg, 1760 geboren, war auf der Karlsschule Schillers Freund gewesen. Er ist mit seinen Liedern und Balladen ein
Anreger Schuberts und Carl Löwes geworden.

> "Abends bei Herrn Kapellmeister Zumsteeg, wo ich verschiedene gute
> Musik hörte. Er hat die Colma, nach meiner Übersetzung, als Kantate,
> doch nur mit Begleitung des Klaviers, komponiert. Sie thut sehr gute
> Wirkung und wird vielleicht für das Theater zu arrangiren sein ...
> Wenn man Fingaln und seine Helden sich in der Halle versammeln
> ließe und Ossian sie auf der Harfe akkompagnierend vorstellte, und
> das Piano auf dem Theater versteckte, so müßte die Aufführung nicht
> ohne Effekt sein."

Unvergessen jene Gefühlsstürme, in die 1774 "Werthers Leiden" eine ganze Generation junger Menschen gestürzt hatte. Zumsteegs Vertonung von
Goethes Übersetzung der Verse Ossians von Macpherson berührte sicherlich

auch noch 1797 den Dichter tief - auch wenn er in diesem Lebensaugenblick sich viel eher nach seinem verlorenen italienisch-großgriechischen Arkadien gewünscht hätte als nach Fingals Höhle.[24] Es erstaunt, wie anspruchslos, ja, fast grotesk Goethe sich hernach in seinem Tagebuch ein mögliches Bühnen-Arrangement dieser Kantate vorstellt - es erscheint allerdings fraglich,ob sie jemals auf dem Theater in Weimar auf solche Art exekutiert worden sein könnte. Noch ein zweites Werk Goethes wird in Stuttgart vor privatem Publikum vorgetragen.

Am 5.Sept. heißt es im Tagebuch:

> "Abends bei Rapp.Vorlesung des Hermann und Dorothea."

Darüber berichtet Goethe noch einmal ausführlicher in einem Brief vom 14.September an Schiller aus Tübingen:

> "Als ich bemerken konnte, dass mein Verhältnis zu Rapp und Dannecker im Wachsen war und Beide manchen Grundsatz, an dem mir theoretisch so viel gelegen ist, aufzufassen nicht abgeneigt waren, auch von ihrer Seite sie mir manches Gute, Angenehme und Brauchbare mittheilten, so entSchloss ich mich, ihnen den Hermann vorzulesen, das ich denn auch an einem Abend vollbrachte. Ich hatte alle Ursache, mich des Effekts zu erfreuen, den er hervorbrachte, und es sind uns Allen diese Stunden fruchtbar geworden."

Das Werk war in rascher Folge und ununterbrochener Arbeit 1796/97 entstanden und begleitet Goethe jetzt auf seiner Reise in die Schweiz. In einem Brief vom 28.4.1797 an Meyer hatte sich Goethe stolz und glücklich darüber gezeigt, dass es ihm gelungen sei,

> "unter dem modernen Kostüm die wahre, echte Menschenproportion und Gliederformen"

---

[24] Am 26.März 1816 schreibt Goethe an seinen Brief- und Duzfreund Zelter in Berlin: "...leider bleibt das immer die alte Leier, dass lange leben soviel heißt als viele überleben, und zuletzt weiß man denn doch nicht, was es hat heißen sollen. Vor einigen Tagen kam mir zufälligerweise die erste Ausgabe meines "Werthers" in die Hände, und dieses bei mir längst verschollene Lied fing wieder an zu klingen. Da begreift man denn nun nicht, wie es ein Mensch noch vierzig Jahre in einer Welt hat aushalten können, die ihm in früher Jugend schon so absurd vorkam.

Ein Teil des Rätsels löst sich dadurch, dass jeder etwas Eigenes in sich hat, das er auszubilden gedenkt, indem er es immer fortwirken lässt ... und so wird man alt, ohne dass man weiß wie oder warum ..."

zu enthüllen.

Noch einmal später, am 12.8.1797 in einem Brief an Schiller - also fast am Ende seiner Reise - bezieht sich Goethe direkt auf Hermann und Dorothea - und indirekt auf jenes Problem, das ihn in Frankfurt und schon vorher bedrängt hatte:

> "Hätte ich nicht an meinem Hermann und Dorothea ein Beyspiel, dass die modernen Gegenstände, in einem gewissen Sinne genommen, sich zur epischen Form bequemten, so möchte ich von aller dieser empirischen Breite nichts mehr wissen ...denn ich fühle recht gut, dass meine Natur nur nach Stimmung und Sammlung strebt, und an allem keinen Genuss hat was diese hindert."

Wie eine große Klammer umfassen diese beiden Briefstellen - vom 28.4.1797 an Meyer und vom 12.8.1797 an Schiller - Goethes Problem in diesem Lebens- und Schaffensabschnitt. Es ist im eigentlichen Sinne das Grundproblem des Klassizismus, wie es sich in Lebensweise und Kunsttheorie für Goethe manifestiert. Dem Dichter Goethe bedeutet zur damaligen Zeit das Vollbild wahren Menschentums einzig der Mensch der Antike, wie er - in seiner "humanistischen Lesart" - in den Helden des homerischen Epos, in den Heroen der griechischen Tragödie erscheint: in ihrer Schönheit, Menschlichkeit, Seelengröße, Heldenhaftigkeit, Tragik und Schicksalsfähigkeit - insgesamt ein Potential von antiker Wucht, das dem modernen Menschen nicht "anzudichten", höchstens als Kostüm in pseudo-antikem Versmaß und unter Protektion der neun griechischen Musen überzustreifen war. Dorothea: eine "Schwester" Antigones, das "gute, treffliche Mädchen"? - und Hermann, der "gute, verständige Jüngling": ein Abbild der Helden Homers? Das "Maß" des Menschen schlechthin? - gefasst ins Versmaß des deutschen Hexameters, den Voß in seiner "Luise" kreiiert hatte. Unermüdlich und ewig unzufrieden mit seiner Erfindung rang Voß um dessen Vervollkommnung. Der deutsche Hexameter war ja in Wirklichkeit kein Maß von langen und kurzen Silben, kein Vers-Fuß, sondern ein Pseudo-Maß von betonten und unbetonten Silben - und damit dem griechischen, dem Ur-Hexameter niemals ebenbürtig. Aber eben gerade das "humanistische Erlebnis" griechischen Wesens (Rehm), sein literarisches Nachempfinden und seine Übertragung auf einen zeitgenössischen, aktuellen Stoff wie die Flüchtlingsepisode von Hermann und Dorothea macht diesen Gegenstand für Goethe überhaupt erst gestalt- und darstellbar. Über die Brücke der antiken Literatur also zur Literatur der Gegenwart?

Für Goethes Zeitgenossen warf "Hermann und Dorothera" zum Teil Probleme auf - es gab zwar überwiegend vorbehaltslose Bewunderung, jedoch auch ein Gran hämische Ablehnung. Schiller schreibt am 21.Juli 1797 neidlos an den bereits in der Schweiz auf Goethe wartenden Meyer:

> "Sein epischeas Gedicht haben Sie gelesen.Sie werden gestehen, dass es der Gipfel seiner und unsrer ganzen neueren Kunst ist. Ich hab es entstehen sehen und mich fast ebensosehr über die Art der Entstehung als über das Werk verwundert. Während wir andern mühselig sammeln und prüfen müssen, um etwas Leidliches mühsam hervorzubringen, darf er nur leis an dem Baum schütteln, um sich die schönsten Früchte, reif und schwer, zufallen zu lassen. Es ist unglaublich, mit welcher Leichtigkeit er jetzt die Früchte eines wohlangewandten Lebens und einer anhaltenden Bildung an sich selber einerntet, wie bedeutend und sicher jetzt alle seine Schritte sind, und wie ihn die Klarheit über sich selbst und über die Gegenstände vor jedem eiteln Streben und Herumtappen bewahrt."

Böttiger über "Hermann und Dorothea" in einem Brief vom 28.Dezember 1796 an Göschen:

> "Soviel kann ich Ihnen sagen, dass er ein neues Heldengedicht unter der Feder hat, welches sich auf die Französische Revolution gründet, ohne diese doch zu berühren, und in dem Goethe ganz der göttliche Goethe ist. Es muss das erste Volksgedicht werden, das eine neuere Nation aufzuweisen hat. Wieland hat geweint, als es ihm Goethe vorlas."

Und am 15.April in sein Tagebuch:

> "Welch eine Welt voll Handlung und Gefühl, in welchem engen Raume, mit wie wenigen Mitteln! ... Es ist eine unnennbare Kunst in der ganzen Komposition. Man kann es kühn versuchen, irgendeinen Fall, einen Knoten der Verwicklung anders anzunehmen; nirgends käme dieser Effekt heraus. Die Alten sagten ebendies von der "Odyssee".

Charlotte Schiller schwärmt:

> "Es ist einem oft, als hörte man den Homer ..."

Charlotte von Stein hinwiederum schreibt an Schillers Frau am 7.Februar 1797 mit süffisantem Unterton:

> "Goethe hat eine Elegie gemacht, worin er das Publikum wegen der "Xenien" wieder versöhnen wird; denn sie ist recht poetisch schön und ist, wie Anakreon würde von sich gedichtet haben. Nur schade, dass bei der Gattin, die am reinlichen Herd kocht, immer die Jungfer Vulpius die Illusion verdirbt. "

Friedrich Schlegel an seinen Bruder August Wilhelm am 15.Sept.1797:

> "Es ist das herzlichste, biderbste, edelste, naivste und sittlichste unter Goethes Gedichten. Das Gedicht ist offenbar mit der Absicht gedichtet, so sehr altes griechisches epos zu sein, als bei dem romantischen Geist, der im Ganzen lebt, möglich wäre. Bei sehr großer Ähnlichkeit im Einzelnen ist also absolute Verschiedenheit im Ganzen. Durch diesen romantischen Geist ist es weit über Homer ..."

Selbst Voß, der Homer-Übersetzer und Verfasser der von vielen als Vorbild des "Hernann" angesehenen "Luise" versagt Goethes Elegie nicht seine Anerkennung:

> "Die ... Elegie beweist hinlänglich, dass es ihm Ernst war, etwas wo nicht Homerisches, doch Homeridisches aufzustellen: um auch diesen Kranz des Apollo zu gewinnen. Ich werde mich herzlich freuen, wenn Griechenlands Geist uns Deutschen ein vollendetes Kunstwerk gewährt, und nicht engherzig nach meiner "Luise" mich umsehn. Aber ebenso ehrlich denke ich für mich und sage es Ihnen: die Dorothea gefalle, wem sie wolle; Luise ist sie nicht!"

Das geradezu wütende Sprachrohr aller "Hermann und Dorothea"-Kritiker mag Gleim gewesen sein, der am 4.Nov.1797 an Voß schrieb:

> "Nun ich seinen "Hermann" nicht gelesen - wer kann solche Sechsfüßer lesen! -, sondern angesehen habe, nun sag ich: Dieser "Hermann und Dorothea" ist eine Goethische Sünde wider meinen heiligen Voß, ist zu "Götter, Helden und Wieland" das Seitenstück, ist, ich laß es mir nicht ausreden, eine gottlose Satire; meines Voß' Luise will der Bube lächerlich machen! ... Robespierre beging kein größeres Bubenstück! Hier sind alle gute, reine Seelen meiner Meinung"

Nochmals - am 23.Jan.1798 - der eifernde Gleim an Voß:

"Ich möchte jeden, der den elenden Sechsfüßer gelesen hat, fragen:
Wie lesen Sie denn? Welch eine Luise? Welch eine Dorothea?

Luise Voß und Dorothea Goethe,
Schön beide, wie die Morgenröte,
Stehn da zur Wahl,
Und Wahl macht Qual.
Hier aber, seht!, ist nichts zu quälen!
Hier kann die Wahl nicht fehlen.
Luise Voß ist mein, im Lied und im Idyll;
die andre nehme, wer da will!

Hingegen W. von Humboldt am 20. Jan. 1798 an Schiller:

"Bei Gelegenheit ... muss ich Ihnen doch Vossens Urteil über den "Hermann" sagen ...: er habe anfangs geglaubt, dies Gedicht werde seine "Luise" ganz vergessen machen; dies sei zwar nicht der Fall, allein es habe einzelne Stellen, für die er seine "Luise" gern ganz hingeben würde.An dem Versbau lasse sich freilich noch immer viel tadeln; indes sei es kein Wunder, dass er, der nun eine so große Übung besitze, dies besser verstehe, und immer seien diese letzteren Goethischen Hexameter bei weitem besser als alle seine vorigen. So Vossisch dies Urteil ist und so ganz der totale Unterschied beider Gedichte darin übersehn ist, so ist es doch ein so komplettes Lob, als man aus Vossens Munde nur erwarten kann."

Abschließend ein von Böttiger in seinem Tagebuch überliefertes Urteil Wielands - vom 31.Aug.1799:

""Ich habe Goethes "Hermann und Dorothea" wieder gelesen ... Bei dieser Lektüre habe ich mich aufs neue überzeugt, Goethe sei eigentlich zum Künstler geboren. Die Figuren von "Hermann und Dorothea " sind alle in großen raffaelischen Umrissen herrlich gezeichnet. Es sind Figuren, in Marmor gehauen. Ans Kolorit muss man dabei nicht denken; auch dies konnte Goethe geben, wenn er malen wollte. Aber auch hier ist er Bildhauer. Alles ist im großen Stil ...""

Wieland deutet - ohne es als solches zu erkennen - ein Hauptproblem des Klassizismus an: indem er die "in Marmor gehauenen Figuren" rühmt, formen sich ihm Menschen zu Statuen, zu marmornen Gebilden; der Dichter wird zum Bildhauer. Zugleich sieht Wieland in ihm einen Zeichner, der seine Figuren in "großen raffaelischen Umrissen" "herrlich gezeichnet" hat. Die einzelnen Kunstgattungen sind untereinander austauschbar geworden, ein Sprachkunstwerk wie "Hermann und Dorothea" wird vom Kritiker bewundernd in die höherwertige Kategorie "Bildende Kunst" transformiert - und der "eigentlich zum Künstler geborene Dichter" wächst mit dieser Qualifikation über den Rang eines bloßen Dichters offensichtlich hinaus.

So ergibt sich für diese Zeitspanne - bis zum Durchbruch der Romantik - das eigenartige Phänomen, dass der Klassizismus zwar kein einziges wirkliches Genie auf dem Gebiet der Malerei oder Skulptur hervorbrachte, dagegen zwei Dichter vom überragenden Rang Schillers und Goethes, die sich nach Maßgabe der dem Zeitgeist innewohnenden Vorstellung von höchster Idealität, die der Bildhauerkunst und Malerei vorbehalten scheint, mit ihrer Dichtkunst an diesem Kriterium messen und klassifizieren lassen mussten. Goethe hat das seinerseits durchaus akzeptiert. Er fühlte sich ja auch als Dichter von Natur aus einem bildenden Künstlers nachgeordnet. Ein "geborener Künstler" genannt zu werden, war ein Qualitätsmerkmal.

Für ihn, in seinem intellektuellen Selbstverständnis, beeinhaltet das Problem des Klassizismus aber noch ein weiteres, sein ganz persönliches Problem: es ist die Frage der Selbstgestaltung, der Selbststilisierung, der Selbstreferenz als Dichter, der einen Kanon zu schaffen sich bemüht sowohl für die Wahl seiner Themen wie für ihre Ausführung - und für den die Suche nach dieser kanonischen Regel, sei es in Malerei und Bildhauerkunst, in der Architektur, und nicht zuletzt im Wortkunstwerk absolute Priorität genießt - und deutlich auch in seine Selbst-Beschreibung und Selbst-Vergewisserung hineinwirkt. Der Reflex dieser Selbsteinschätzung ist auch noch zu spüren in Schillers Brief an Meyer:

> "Es ist unglaublich, mit welcher Leichtigkeit er jetzt die Früchte eines wohangewandten Lebens und einer anhaltenden Bildung an sich selber einerntet, wie bedeutend und sicher alle seine Schritte jetzt sind, und wie ihn die Klarheit über sich selbst und über die Gegenstände vor jedem eiteln Streben und Herumtappen bewahrt."

Der Nachhall aller Gespräche und Begegnungen in Stuttgart dreht sich im Grunde um dieses eine Problem des Was und Wie der Darstellbarkeit des jeweiligen Sujets - um den Gegenstand als solchen und seine Einkleidung - zum Teil auch: um seine antikische, d.h. klassizistische Ver-kleidung. Es sind dies Fragen, in die Goethe sich schon jahrelang als Vorübung für sein italienisches Projekt eingearbeitet hatte und die ihn weiterhin in seinem Kunsturteil beschäftigen. In Stuttgart ist er - auf der Basis seines damaligen Kunst-Verständnisses und Kunst-Ideals - Lernender und Lehrender zugleich, erprobt seine Theorien für sich selbst, versucht aber auch, sie im Gespräch darzulegen und Zustimmung für sie zu gewinnen. Die kunstsinnigen Zirkel, in denen Goethe sich in Stuttgart bewegt, gehören kraft ihrer soliden Bildung einer privilegierten Bürgerschicht an. Ihr Wohnsitz - die sogenannte Neustadt - ist Stuttgarts Honoratiorenviertel. Goethe beschreibt es:

> "Die neue Stadt ist in entschiedenen Richtungen meist geradlinig und rechtwinkelig gebaut, ohne Ängstlichkeit in der Ausführung. Man sieht Häuser mit mehr oder weniger Überhängen, ganz perpendikulär, von verschiedener Art und Größe; und so bemerkt man, dass die Anlage nach einem allgemeinen Gesetz, und doch nach einer gewissen bürgerlichen Willkür gemacht wird."

Man könnte aus dieser von Goethe gezeichneten Physiognomie der Straßen und Häuser der Stuttgarter Neustadt geradezu das Charakterbild ihrer in diesem Stadtteil ansässigen Bewohner herauslesen: eines gehobenen, materiell abgesicherten Bürgertums. Goethes Gesprächspartner: Professoren, "Particuliers", "Handelsleute", Privatiers - bodenständig, von den Ideen der Französischen Revolution sicher zu keiner Zeit infiziert - andrerseits denn doch mit einer "gewissen bürgerlichen Willkür", sprich "Eigenwillen" ein Eigenleben führend, ohne drückende Abhängigkeit von Hof und Hofschranzen. Ihre Häuser: mit "perpendikulären Überhängen" der einzelnen Stockwerke in den Luftraum der Straße hinein errichtet - eine von Goethe schon zuvor in Heilbronn beobachtete, langher überkommene Bauweise, möglicherweise Folge bürokratischer Bauvorschriften, "nach einem allgemeinen Gesetz gemacht" - schwäbischer Sparsamkeit jedoch durchaus angemessen - und gleichzeitig sichtbares Symbol konservativer, vielleicht sogar etwas philiströser Mentalität, die dem Althergebrachten ohne Arg treu bleibt, sich aber auch dem "Neuen", der "Pflege der Musen", dem Musizieren wie dem Betrachten und Sammeln oder auch professionellen Hervorbringen von Kunstwerken mit Hingabe und Sachverständnis zugewendet hat. In diesem Milieu von Kunstgenuss und ernstzunehmendem Kunstschaffen bewegt sich Goethe und schildert in einem sehr ausführlichen, dreiteiligen Brief an Schiller

vom 3o./31.August und 4.September 1797 mit Genugtuung und ohne Einschränkung Begegnungen und Eindrücke von dem auf Stuttgarter Boden
erwachsenen Kulturleben, das sich bis hinein in die Privatsphäre musikbe-
geisterter Familien erstreckt:

> "Unter den Particuliers hat sich viel Liebe zur Musik erhalten und es
> ist manche Familie die sich im Stillen mit Clavier und Gesang sehr gut
> unterhält. Alle sprechen mit Entzücken von jenen brillanten Zeiten, in
> denen sich ihr Geschmack zuerst gebildet und verabscheuen deutsche
> Musik und Gesang."

Oder auch:

> "... unter Liebhabern hat sich die Lust des Zeichnens, Mahlens und
> Bossierens verbreitet, mehr oder weniger bedeutende Sammlungen
> von Gemählden und Kupferstichen sind entstanden, die ihren Besit-
> zern eine angenehme Unterhaltung, eine geistreiche Communication
> mit anderen Freunden gewähren."

Musik als häusliches Divertissement - Malen, Zeichnen und Kunst-Sammeln
als Liebhaberei: es ist keine Frage, dass Goethe aus der ihm in Stuttgart be-
gegnenden Begeisterung für Kunst und Kunstausübung ein weiteres, nicht
unerhebliches Problem erwächst, das er wohl vorerst verdrängt, es ist das
Problem des Dilettantismus. Denn solcherart Kunstausübung im Familien-
und Freundeskreis bewegt sich gewiß auf ganz anderem Niveau als die hoch-
professionellen musikalischen oder literarischen Veranstaltungen und die
qualifizierten wissenschaftlichen Vorträge des Weimarer Zirkels,[25] der bis

---

[25] Goethe in den Annalen von 1797: "Eine Gesellschaft hochgebildeter Männer, welche
sich jeden Freitag bei mir versammelten, bestätigte sich mehr und mehr. Ich las einen
Gesang der Ilias von Voß, erwarb mir Beifall, dem Gedicht hohen Anteil, rühmliches Anerkennen dem Übersetzer. Ein jedes Mitglied gab von seinen Geschäften, Arbeiten, Liebha-
bereien, beliebige Kenntnis ... Dr.Buchholz fuhr fort, die neuesten physisch=chemischen
Erfahrungen ... vorzulegen. Nichts war ausgeschlossen ... Akademische Lehrer gesellten
sich hinzu, und wie fruchtbar diese Anstalt selbst für die Universität geworden, geht aus
dem einzigen Beispiel hervor, dass der Herzog, der in einer solchen Sitzung eine Vorlesung
des Dr. Christian Wilhelm Hufeland angehört, sogleich beSchloss, ihm eine Professur in
Jena zu erteilen, wo derselbe sich durch mannigfache Tätigkeit zu einem immer zuneh-
menden Wirkungskreise vorzubereiten wußte.

Diese Sozietät war in dem Grade reguliert, dass meine Abwesenheit zu keiner Störung
Anlaß gab, vielmehr übernahm Geheime Rat Voigt die Leitung, und wir hatten uns
mehrere Jahre der Folgen einer gemeinsamen geregelten Tätigkeit zu erfreuen."

in die höchsten Kreise reichte. Drei Jahre später, 1800, erscheinen Goethes im Gespräch mit Schiller und Meyer gemeinschaftlich diskutierte Gedanken zu diesem Gegenstand in dem als großartiges und tiefsinniges Schema vorliegenden Entwurf zu einem Aufsatz:

> "Über den sogenannten Dilettantismus oder die praktische Liebhaberei in den Künsten",

der über das Liebhabertum im allgemeinen - wie über die Psychologie des kunstausübenden, sowohl Nutzen wie Schaden stiftenden Liebhabers im besonderen - Analysen von zeitloser Allgemeingültigkeit enthält.

Was ihm an Kunstpflege und -liebhaberei in Stuttgart begegnet, entsprach wohl einigermaßen - wenn auch in verkleinertem Maßstab - Goethes Humanitätsideal harmonischer Selbstausbildung und dem Streben nach sittlicher Vervollkommnung mit Hilfe der Kunst - und so begnügt er sich, kritiklos, mit dem "angenehmen, geistreichen" Klima von Kunstverständnis und Kunstbegeisterung in den von ihm besuchten Ateliers, Familien und privaten Kunstkabinetten, wie es sich aus seinen Tagebuchaufzeichnungen und brieflichen Schilderungen ergibt.

Am ersten Tag seines Aufenthaltes in Stuttgart, nachdem er um sechs Uhr früh zuerst einmal "die Stadt mit ihren Umgebungen rekognosziert ", absolviert Goethe seinen ersten Besuch bei einem Sammler, in dem er einen ihm für die Stuttgarter Tage sehr wichtigen Gesprächspartner finden wird:

> "Nachdem ich mich umgekleidet, besuchte ich nach zehn Uhr Herrn Handelsmann Rapp und fand an ihm einen wohlunterrichteten verständigen Kunstfreund. Er zeigte mir eine schöne Landschaft von Both; er selbst zeichnet, als Liebhaber, landschaftliche Gegenstände recht glücklich."

Später noch einmal, aus dem Rückblick in seinem Brief aus Tübingen vom 11.September 1797 an den Herzog in Weimar, hebt er ihn hervor:

> "Einen thätigen Handelsmann, gefälligen Wirth, der viel Talent in eignen Arbeiten zeigt und den Namen Rapp führt, fand ich in Stuttgart und bin ihm manchen Genuss und Belehrung schuldig geblieben."

Gemeinsam mit Rapp, dem Kunstsammler, begibt sich Goethe anschließend zu Dannecker, dem Bildhauer. Dannecker, für den Goethe große Sympathie empfindet, wird ihn von dieser ersten Begegnung an jeden Tag begleiten - ein Künstler, kraft eigener Genialität befeuert von Goethes Kunstleidenschaft und Goethes Passion auf seiner (vergeblichen) Suche nach einem allgültigen Kunst-Kanon. Goethe nennt Dannecker später "als Künstler und Mensch eine herrliche Natur". Er war - geb. 1758 - ehemaliger Zögling der Stuttgarter Karlsschule und dort befreundet mit Schiller. 1793/94 hatte er - anläßlich eines Besuchs von Schiller in Stuttgart - eine Porträtbüste Schillers geschaffen, die seinen Ruhm begründete: Danneckers spätere Marmorbüste von Schiller wurde zur Ikone nationaler Schiller-Verehrung.

> "Wir besuchten Professor Dannecker in seinem Studium im Schlosse und fanden bei ihm einen Hektor, der den Paris schilt, ein etwas über Lebensgröße in Gips ausgeführtes Modell, so wie auch eine ruhende nackte weibliche Figur im Charakter der sehnsuchtsvollen Sappho ... Was mich aber besonders frappierte, war der Originalausguß von Schillers Büste, der eine solche Wahrheit und Ausführlichkeit hat, dass er wirklich Erstaunen erregt. "

An Schiller berichtet er einige Tage später ebenfalls von diesem eindrucksvollen Besuch bei Dannecker:

> "Ich sah ... seine eigene Büste. die ohne Übertreibung geistreich und lebhaft ist. Was mich aber besonders frappierte, war der Originalausguß von Ihrer Büste, der eine solche Wahrheit und Ausführlichkeit hat, dass er wirklich Erstaunen erregt. Der Ausguß, den Sie besitzen, lässt diese Arbeit wirklich nicht ahnden ..."

Unmittelbar anschließend aber auch Kritik:

> "Ich sah noch kleinere Modelle bei ihm, recht artig gedacht und angegeben, nur leidet er daran, woran wir modernen alle leiden: an der Wahl des Gegenstands. Diese Materie, die wir bisher so oft, und zuletzt wieder bey Gelegenheit der Behandlung über den Laokoon besprochen haben, erscheint mir immer in ihrer höhern Wichtigkeit. Wann werden wir armen Künstler dieser letzten Zeiten uns zu diesem Hauptbegriff erheben können!"

Erst nach Goethes Abreise - in seinem Brief an den Herzog aus Tübingen - wird ein grundsätzlicher, kritischer Einwand angesprochen, am Milieu, am

Nährboden der Kunst in Stuttgart - eine Kunst, die ihren Liebhabern "eine angenehme Unterhaltung, eine geistreiche Communication mit andern Freunden" gewährt - ein Milieu, nicht entfernt vergleichbar mit dem literarischen Klima Weimars, und natürlich erst recht ohne die einmalige charismatische Ausstrahlung der Verbindung Goethes mit Schiller, des Weimarer Doppelgestirns. Interessanterweise macht ihm gerade der Künstler Dannecker einen fühlbaren intellektuellen Mangel der Kunst-Szene Stuttgarts bewusst:

> "Prof.Dannecker ist, als Künstler und Mensch, eine herrliche Natur und würde, in einem reichern Kunstelemente mehr leisten als hier, wo er zu viel aus sich selbst nehmen muss."

Mit welchem erstaunlichen und kaum zu steigernden Vergleich Goethe über seinen Umgang mit Dannecker urteilt und ihn als Mensch und Künstler damit aus dem allgemeinen Kunstklima Stuttgarts heraushebt, überliefert der Bildhauer selbst in seinem Brief an W.v.Wolzogen vom 1./6.September 1797:

> "Sie haben mich schon längst aufgefordert, Ihnen Nachricht über des Herrn Geheimen Rats von Goethe Aufenthalt in Stuttgart zu geben. Was soll ich Ihnen sagen? Sie kennen seine ungeheure Kunstkenntnis, seine Liebe zum Großen, Vollendeten, Charakteristischen, Schönen. O, ich bin äußerst glücklich, einige schöne Meinungen, die mir nun Gesetz bleiben, von ihm gelernt zu haben ... Das ist gewiß, dass ich in meinem Leben nichts mehr ausführen werde, das nicht in sich sozusagen eine Welt ausmacht. Täglich waren wir beisammen, und er machte mir ein Kompliment, das ich für groß halte, indem er mir sagte: nun habe ich Tage hier verlebt, wie ich sie in Rom lebte ..."

Damit zeichnet Goethe seinen Stuttgarter Begleiter ungewöhnlich aus. Es war eine gewiß außerordentliche, auch menschliche Genugtuung, die Goethe seine Gespräche und die mit Dannecker verbrachten Tage mit jenen glücklichen Tagen in Rom vergleichen ließ - eine echte Begeisterung für die hohe, inspirierende Künstlerschaft Danneckers. Der Schwabe Dannecker, ein weltläufiger Künstler, hatte in Paris studiert und von 1785 bis 89 in Rom enge Beziehungen zu Canova geknüpft. Im frühen 19.Jh. wurde er zu einem der berühmtesten Bildhauer der Kunstepoche des Klassizismus. In seinen

Porträts behauptete er sich durch eine wirklichkeitsgetreue Erfassung der Persönlichkeit gegen allzu idealisierende und antikisierende Tendenzen dieser Kunstrichtung - was Goethe als "Wahrheit und Ausführlichkeit dass es Erstaunen erregt" bei Schillers Porträtbüste wie bei Danneckers Selbstbildnis von 1797 ("geistreich und lebhaft") hervorhebt. Einem Ruf nach Petersburg, den anzunehmen Goethe ihm sehr zugeraten hat, folgte Dannecker nicht, sondern blieb im heimischen Stuttgart, wo er - volle drei Jahrzehnte später - 1829 zum Direktor der neueröffneten Kunstschule ernannt wurde. Dannecker war zur Zeit von Goethes Stuttgarter Besuch *der* Ausnahme-Künstler, der vor allem den nie aufgegebenen Anspruch Goethes durch sein plastisches Werk rechtfertigt, dass

> "... von allen Zeiten her die Bildhauerkunst das eigentliche Fundament aller bildenden Kunst gewesen ist ... Der Hauptzweck aller Plastik ... ist, dass die Würde des Menschen innerhalb der menschlichen Gestalt dargestellt werde. Daher ist ihr alles außer dem Menschen zwar nicht fremd, aber doch nur ein Nebenwerk, welches erst der Würde des Menschen angenähert werden muss..." (Verein der deutschern Bildhauer, Jena, den 27.Juli 1817)

Oder

> "Das beste Monument des Menschen aber ist der Mensch." (Denkmale)

Als Bildhauer steht Dannecker von vornherein der Antike - und damit auch Goethe - näher als die anderen Künstler, die er in Stuttgart kennenlernte, die allesamt Maler waren. Goethes römischer Vergleich meint also wohl auch den Versuch, sich für einen glücklichen Augenblick in der Gesellschaft dieses einzigen Bildhauers - wenn auch unter nordischem Horizont - mit dem Verlust der eigentlichen, antiken Kunstwerke abzufinden, die ihn in Italien und nur in Italien erwartet hätten: Rom wenigstens im Dialog mit Dannecker zu imaginieren.

Seit der mehrjährigen Planung und Vorbereitung einer zweiten Italienreise hat sich das kritische Rüstzeug - wie die der Ersatz-Reise in die Schweiz vorangehenden Briefe an Meyer und Schiller zeigen - mehr und mehr auf die eine Frage zugespitzt und damit bedenklich verengt: Was soll, was kann der bildende Künstler überhaupt darstellen? Was ist für die jeweilige Gattung thematisch geeignet, was verbietet sich?

Immer wieder findet Goethe in Stuttgart Beispiele für seine Theorie -
so gleich am ersten Besuchstag bei Dannecker und anschließend bei einem
Besuch im Atelier des Malers Hetsch :

> "Seine Portraite sind sehr gut und lebhaft und sollen sehr ähnlich
> seyn. Er hat ein historisches Bild vor, aus der Messiade, da Maria
> sich mit Portia ... von der Glückseligkeit des ewigen Lebens unterhält
> und sie davon überzeugt. Was sagen Sie zu dieser Wahl überhaupt?
> und was kann ein schönes Gesicht ausdrücken das die Entzückung des
> Himmels vorausfühlen soll? Überdies hat er zu dem Kopf der Portia
> zwey Studien nach der Natur gemacht, das eine nach einer Römer-
> in, einer geist- und gefühlvollen, herrlichen Brünette und das andre
> nach einer blonden guten weichen Deutschen. Der Ausdruck von bey-
> den Gesichtern ist, wie sich's versteht, nichts weniger als überirdisch,
> und wenn so ein Bild auch gemacht werden könnte, so dürften keine
> individuellen Züge darinn erscheinen.
>
> Es hat mich so ein erzdeutscher Einfall ganz verdrießlich gemacht.
> dass doch der gute bildende Künstler mit dem Poeten wetteifern will,
> da er doch eigentlich durch das, was er allein machen kann und zu
> machen hätte, den Dichter zur Verzweiflung bringen könnte."

Was Goethe in diesen wenigen Stuttgarter Tagen ableistet, ist im wesentlichen nichts anderes, als was sein Abgesandter Meyer zwei Jahre lang unter
größter körperlicher und geistiger Anstrengung in Rom und Florenz voll-
bracht hatte: tägliches, intensivstes Betrachten und anschließend genaues
Beschreiben von Kunstwerken höchsten Ranges. Damit verglichen sind die
allermeisten der in Stuttgarter Ateliers von Goethe besichtigten und beschriebenen Gemälde von mäßigem Kunstwert. Doch das Arbeitspensum
schon seines ersten Besuchstages liest man im Tagebuch mit Staunen. Man
hat dabei allerdings den Eindruck, Goethe übe sich eher in der Kunst des
raschen Urteilens und präzisen Beschreibens als im reinen Genuss des Schauens.

An diesem 30.August 1797 hat er, anschließend an seine Antrittsbesuche
bei Rapp und Dannecker, nacheinander die Ateliers der Professoren Schef-
fauer und Hetsch aufgesucht, des weiteren bei dem Kupferstecher Professor
Müller vorgesprochen, der eben ein von dem bedeutenden schweizerdeut-
schen Bildnismaler Anton Graff gemaltes Selbstporträt auf die Kupferplatte
übertrug. Goethe lobt das Original mit Recht und tadelt es - zu Unrecht?

"Der Kopf ist ganz vortrefflich; das künstlerische Auge hat den höchsten Glanz; nur will mir die Stellung, da er über einen Stuhlrücken sich herüber lehnt, nicht gefallen, um so weniger, da dieser Rücken durchbrochen ist und das Bild also unten durchlöchert erscheint. Das Kupfer ist übrigens auf dem Wege, gleichfalls sehr vollkommen zu werden."

Goethe registriert des weiteren bei Müller:

"Sodann ist er an Auch einem Tod eines Generals beschäftigt, und zwar eines amerikanischen, eines jungen Mannes, der bei Bunkershill blieb. Das Gemälde ist von einem Amerikaner Trumbul und hat Vorzüge des Künstlers und Fehler des Liebhabers. Die Vorzüge sind: sehr charakteristische und vortrefflich tockierte Porträtgesichter; die Fehler: Disproportionen der Körper untereinander und ihrer Teile. Komponirt ist es ... recht gut, und für ein Bild, auf dem so viele rothe Uniformen erscheinen müssen, ganz verständig gefärbt; doch macht es im ersten Anblick immer eine grelle Wirkung, bis man sich mit ihm wegen seiner Verdienste versöhnt.

Eine letzte Besichtigung schließt das Arbeitsprogramm dieses Tages ab:

"Gegen Abend besuchten wir Herrn Konsistorialrat Ruoff, welcher eine treffliche Sammlung von Zeichnungen und Kupfern besitzt, wovon ein Theil zur Freude und Bequemlichkeit der Liebhaber unter Glas aufgehängt ist."

Es endet, laut Tagebuch, dieser Tag gleichsam bukolisch, den Goethe in Gesellschaft seiner beiden für ihn wichtigsten Gesprächspartner verbringt und der als Modell für alle in Stuttgart in Überfülle absolvierten Aktionen zur Information über Kunst und Kultur, über Künstler, Kunsthandwerker und Architektur dienen kann:

"Sodann gingen wir in Rapps Garten, und ich hatte abermals das Vergnügen, mich an den verständigen und wohlgefühlten Urtheilen dieses Mannes über manche Gegenstände der Kunst so wie über Danneckers Lebhaftigkeit zu erfreuen."

Stuttgart also - ein Surrogat für Rom? Ein fernes Wunsch- und Sehnsuchtsbild, das sich für einige wenige Tage oder auch nur Stunden intensiver Kunstgespräche manifestiert - und das dann doch, in der Brief-"Trilogie"

vom 3o./31.August und 4.September 1797 an Schiller, letztlich wieder in
Frage gestellt wird:

> "Was mich aber besonders erfreut und eigentlich mir einen längeren
> Aufenthalt angenehm macht, ist dass ich die kurze Zeit mit denen
> Personen, die ich öfter gesehen habe, durch Mittheilung der Ideen,
> wirklich weiter komme, so dass der Umgang für beide Theile fruchtbar
> ist. Über einige Hauptpuncte habe ich mich mit Dannecker wirklich
> verständigt und in einige andere scheint Rapp zu entriren ... Noch
> sind zwar seine Grundsätze die Grundsätze eines Liebhabers, die, wie
> bekannt, eine ganz eigne, der soliden Kunst nicht eben sehr günsti-
> ge Tournüre haben, doch fühlt er natürlich und lebhaft und fasst die
> Motive eines Kunsturtheils bald, wenn es auch von dem seinigen ab-
> weicht."

Der Kunstliebhaber Rapp und der Künstler Dannecker verkörpern geradezu
paradigmatisch die beiden Hauptprobleme, die sich für Goethe als Resümee
seiner Stuttgarter Kunstgespräche am Ende herauskristallisieren. Rapp: als
Laie und Liebhaber ein Dilettant, der "der soliden Kunst" gegenüber "eine ganz eigne, nicht eben sehr günstige Tournure", also Einstellung hat -
Dannecker: der Ausnahme-Bildhauer von Profession, der sich aber doch,
wie die meisten seiner Berufskollegen, nach Goethes Urteil gelegentlich in
der Wahl seines Sujets vergreift.

Obgleich er nach wie vor unerschütterlich von der Superiorität des bildenden Künstlers - an oberster Stelle des Bildhauers - überzeugt ist und sich
als Sprachkünstler ihm untergeordnet fühlt, ist Goethe inzwischen mehr und
mehr zu ihrem Lehrmeister geworden. Mit geradezu missionarischem Eifer
verbreitet er sich - wie Danneckers Brief an Wolzogen bezeugt - mündlich,
brieflich und im Tagebuch über jene Kunsttheorien, die er sich in den vorausgegangenen Jahren gemeinsam mit Meyer erarbeitet hat und die er nun
hier beim Besuch der verschiedenen Künstlerateliers und privaten Kunst-
kabinette zur Sprache bringt und so ihre Akzeptanz überprüft, und immer
noch ist er dabei weiter auf der Suche nach dem normativen Regelwerk,
gleichsam dem "Stein der Weisen" sowohl für den Schriftsteller wie für den
bildenden Künstler: dem verbindlich Lehr-, Lern- und Klassifizierbaren, dem
allgemeingültigen Kanon der Kunst.

Ersatzweise für die einzigartige Vollkommenheit der klassischen Kunstwerke - Weltkunst! - die ihn in Italien beschäftigt hätten, nimmt Goethe

durchaus mit der provinziellen, oft sogar eher fragwürdigen Qualität der Bildwerke in den Stuttgarter Ateliers vorlieb. Er vermag seine Überzeugungen auch ex negativo zu demonstrieren. So heißt es beispielsweise im Tagebuch, 3o.August 1797: über ein Bild

> "von Franz Floris ... ein, besonders in einzelnen Theilen sehr gutes Bild. Von Hetsch Achill ... Es würde vorzüglicher seyn, wenn die Figur des Achills nicht in der Ecke zu sehr allein säße. Überhaupt haben die Hetschischen Bilder, ... bey ihren übrigen Verdiensten und bey glücklichen Apercus, immer etwas, dass man sie noch einmal durchgearbeitet wünscht."

Oft geht es in Goethes Kritik, wie hier, um kompositionelle Einzelheiten - fast überall wäre seiner Meinung nach mit entsprechender Verrückung eines Gegenstandes, der Veränderung einer Körperhaltung dem Missstand abzuhelfen. So zerfällt ihm das Kunstwerk in seine mehr oder weniger getroffenen, besser oder schlechter placierten Einzelheiten.

In dieser Hinsicht ist Stuttgart für Goethe eine wichtige Durchgangsstation: die Stadt als geschlossene Kunstprovinz gewährt Einblick in einen lebendigen Wirkungskreis untereinander durch Profession verbundener, sich gegenseitig befruchtender Kräfte und Talente. Fast wahlverwandt paßt sich Goethe dem künstlerischen Standort an - korrigiert in Gedanken das Inkorrigible, trennt Untrennbares, proportioniert die Disproportion -: alles Korrekturen, die sich mit einem genuinen Kunstwerk auf keine Weise vereinbaren ließen. Denn wo sie als notwendig erscheinen, ist die Kompetenz des Künstlers in Frage gestellt und damit die Notwendigkeit eines solchen schulmäßigen Eingreifens von vornherein fragwürdig.

Gerade durch derartige "Verbesserungsvorschläge" bestärkt sich aber Goethe selbst in seiner Überzeugung, dass ein Meisterwerk nach Regeln entstehe, dass diese Regeln lehr- und allgemein anwendbar seien. Insofern sieht er in seinem späteren Aufsatz folgerichtig den Dilettantismus als Vorstufe der Kunsterziehung:

> "Kunstübungen gehen als ein Haupterfordernis in die Erziehung ein."

Was hier noch pädagogische Absicht ist, verengt sich an anderer Stelle zum moralistischen Zweckdenken:

> "Der allgemeine Nutzen des Dilettantismus, dass er gesitteter macht
> und im Falle der Roheit einen gewissen Kunstsinn anregt und ihn da
> verbreitet, wo der Künstler nicht hinkommen würde ..."

Mittelbar instrumentalisiert Goethe so den zweckfreien Kunstraum zum
Zweck des Erreichens einer sittlichen Wirkung - eine Tendenz, die er sonst
überall da ablehnt, wo er ihr als theoretischem Anspruch begegnet. Sein
Aufsatz über den Dilettantismus wie sein Verhalten in Stuttgart beweisen
aber, dass Goethe in der Praxis ihren humanitären Effekt als höchstbewer-
teten Anspruch der Kunst in Wort und Tat anerkennt und zu befördern
sucht.

In seinem Dikettantismus-Schema von 1799 - das sich durch seine Form
wie eine kostbare Nachblüte der Studien zur Italienreise ausnimmt - charakterisiert Goethe unbeabsichtigt auch einen Teil des von ihm selbst mit-
verwalteten Zwischenreichs der Kunst: das "Dilettieren", die

> "allgemein verbreitete, ich will nicht sagen Hochachtung der Künste,
> aber Vermischung mit der bürgerlichen Existenz und eine Art Legiti-
> mation derselben."

In Goethes Fall - als spezielle Spielart des Dilettantismus - will der lediglich
durch Theorie und Anschauung geschulte Kunstkenner und Kunstliebhaber den durch Veranlagung, Ausbildung und Werke ausgewiesenen Künstler nach allgemein zugänglichen Regeln anleiten, seinem rationalen Urteil
unterwerfen, unter der Gefahr, dabei, wenn auch unwillentlich, die "Aura" - mindestens jedoch die Identität - eines wenn auch unvollkommenen
Kunstwerks zu zerstören. Im Fall des von ihm mehrfach angesprochenen
"Laokoon" etwa ließe sich das zeigen.

> "Man darf bei der Kunst voraussetzen, dass sie gleichfalls nach Regeln
> erlernt und gesetzlich ausgeübt werden müsse, obgleich diese Regeln
> nicht wie die eines Handwerks durchaus anerkannt und die Gesetze
> der sogenannten freien Künste nur geistig und nicht bürgerlich sind.".

Das Stuttgarter Tagebuch, sowie der erste Teil des von dort an Schiller gerichteten Briefes bezeugen, wie Goethe in der Praxis die "Vermischung" der
Kunst "mit der bürgerlichen Existenz" sanktioniert und freiwillig eine "Legitimation derselben" vollzieht, - wie also menschliche Begegnung und persönliche Sympathie ihm über die eigentliche Not hinweghelfen: ein - verglichen

mit den italienischen Projekten - letztlich unzureichendes künstlerisches Niveau zu beschönigen und den Mangel an ästhetischer Genugtuung, an Kunst-Genuss, zu kompensieren durch Kunst-Gespräch und Kunst-Theorie, was erfahrungsgemäß jeder echte Künstler abwehrt, dagegen bei Kunstkennern respektive Kunstkritikern auf intensive Gesprächsbereitschaft zu stoßen pflegt. Insbesondere in Rapp findet Goethe da einen engagierten Partner und in Dannecker einen seelenverwandten Zuhörer, der von Goethe " Meinungen" gelernt hat, die ihm fortan "Gesetz bleiben" werden - und der "in seinem Leben nichts mehr ausführen" wird, "das nicht sozusagen in sich eine Welt ausmacht" - eine die ungeheure Wirkungsmacht Goethes beglaubigende Aussage.

Goethes ambivalente Bewertung des Dilettantismus und seiner verschiedenen Spielarten lässt es zu, dass sich seine Urteile darüber gelegentlich scheinbar widersprechen. Einerseits erscheint ihm

"... der Schaden immer größer als der Nutzen ",

andererseits differenziert Goethe das sehr komplexe Phänomen:

"Man trifft viele Dilettanten mit großen Sammlungen an, ja, man könnte behaupten, alle großen Sammlungen seien vom Dilettantismus entstanden".

Sammlungen, spätere Museen sind in der Tat Orte, deren Vorläufer - fürstliche Wunderkammern - einst bunt zusammengewürfelt Raritäten, kostbares Kunsthandwerk sowie echte Kunstwerke enthielten. Viel später legten private Kunstliebhaber sich kleine Kunstsammlungen zu, man denke an Goethes Vater. Erst richtig im frühen neunzehnten Jahrhundert geht Kunst als Museumskunst in öffentlichen Besitz über, - wo dann eine "Vermischung mit der bürgerlichen Existenz" sowie eine "Legitimation derselben" stattfindet, indem sie von jetzt an dem allgemeinen Urteil, der Zu- oder Abneigung des Publikums zugänglich geworden ist. Wie nahe liegt dann aber auch der Übergang von der Geübtheit im Theoretischen, von der Einsicht in die "Regelhaftigkeit" der Kunst zur geläufigen Nachahmung im Praktischen - zum Dilettantismus also. Den Schritt vom rationalen, technischen Wissen in die Gefährdung der Reproduzierbarkeit zeigt Goethe selbst in seiner Bemerkung über die Hohenheimer Glasmalereien:

> "Schöne gemahlte Fensterscheiben an einigen Orten ... Ich erinnerte
> mich dabey verschiedener Bemerkungen, die ich über Glasmalerey
> gemacht hatte, und nahm mir vor sie nunmehr zusammenzustellen
> und nach und nach zu completiren. Denn da wir die Glasfritten so
> gut und besser als die Alten machen können, so käme es bloß auf
> uns an, wenn wir genau den übrigen Mechanismen beobachteten, in
> Scherz und Ernst ähnliche Bilder hervorzubringen."

Wenn Goethe bei der Vorbereitung des italienischen Projekts die rational
fassbare und also begrifflich formulierbare Idealität des Kunstwerks zu identifizieren gesucht hatte, so erstrebt er hier nurmehr eine rein technische
Fertigkeit zur Herstellung eines Kunstwerks. Die Übergänge zwischen beiden Schichten des Kunstwollens gleiten durch das Medium des ästhetischen
Spiels. "In Scherz und Ernst" denkt Goethe Ähnliches hervorbringen zu lassen - auf dem Gebiet der Glasmalerei. Praktisch im selben Augenblick gibt
es in Goethes eigenem - dichterischen - Planen ein fast paralleles Vorhaben,
das er Schiller mit Brief vom 31.August 1797 ankündigt:

> "Nach allem diesem ... muss ich Ihnen sagen: dass ich unterweges auf
> ein poetischels Genre gefallen bin, in welchem wir künftig mehr ma-
> chen müssen, und das vielleicht dem folgenden Almanach gut thun
> wird. Es sind Gespräche in Liedern. Wir haben in einer gewissen äl-
> tern deutschen Zeit recht artige Sachen von dieser Art und es lässt
> sich in dieser Form manches sagen, man muss nur erst hineinkom-
> men und dieser Art ihr eigenthümliches abgewinnen. Ich habe so ein
> Gespräch zwischen einem Knaben, der in eine Müllerinn verliebt ist,
> und dem Mühlbach angefangen und hoffe es bald zu überschicken.
> Das poetisch-tropisch-allegorische wird durch diese Wendung leben-
> dig, und besonders auf der Reise, wo einen so viele Gegenstände an-
> sprechen, ist es ein recht gutes Genre."

Welche Wichtigkeit Goethe dem beabsichtigten "poetischen Genre" bei-
misst, geht aus der unmittelbaren Fortsetzung des Briefs an Schiller hervor:

> "Auch bei dieser Gelegenheit ist merkwürdig zu betrachten, was für
> Gegenstände sich zu dieser besondern Behandlungsart bequemen. Ich
> kann Ihnen nicht sagen, um meine obigen Klagelieder zu wiederholen,
> wie sehr mich jetzt, besonders um der Bildhauer willen, die Mißgriffe
> im Gegenstand beunruhigen; denn diese Künstler büßen offenbar den

> Fehler und den Unbegriff der Zeit am schwersten. Sobald ich mit Meyern zusammenkomme und seine Überlegungen, die er mir ankündigt, nutzen kann, will ich gleich mich daran machen und wenigstens die Hauptmomente zusammenschreiben."

Die künstliche Wahl des Gegenstandes charakterisiert sich selbst. Und den Dichter kennzeichnet seine Zweck-Absicht: die Gedichte sollen Schul- und Übungsbeispiele sein und werden eigens der Nachahmung empfohlen. Wirklich Unwiederholbares und Einmaliges wird vom Dichter als Wert gar nicht angestrebt. Seine geplanten Schöpfungen entspringen einer offen vorgetragenen Lehrabsicht. Form als Original wird ebenso wenig gefordert wie Unabhängigkeit von allegorischer Bedeutung. "Man muss nur erst in die Form hineinkommen", um sie jederzeit beliebig reproduzieren zu können. Das "aus einer ältern Zeit" überlieferte Vorbild dient als Schablone.

Auch ist der Inhalt eines solchen Gedichtes nicht um seiner selbst willen ausgesucht, sondern soll - kraft seiner besonderen Eignung - das "Poetisch-Tropisch-Allegorische" einer ganzen Gattung exemplifizieren.

Die Müllerin-Gedichte stellen demnach, ihrem von Goethe selbst formulierten Anspruch zufolge, eine Art Scheitelpunkt der gleichmäßig ansteigenden kritisch-theoretischen Entwicklung dar: sie übertragen das methodisch geforderte Formbewusstsein einer bislang nur spekulativ abgehandelten Kunsttheorie in die praktische Anwendung. Sie entstehen nicht aus der Rezeption eines bestimmten Stoffes und einer zur Gestaltung drängenden Thematik - sondern umgekehrt wählt sich ein im Theoretischen definiertes Formgebilde seinen Stoff aus. Streng genommen bezeichnet sich eine derartige "theoretische Regie" selbst als letzte Möglichkeit einer produktiven Schaffensweise, sie ist Experiment. Oder Fehlgriff?

Am 11.September 1797 übersendet Goethe an Schiller aus Tübingen das erste seiner Müllerin-Gedichte:

> "Zum Schluss lasse ich Ihnen noch einen kleinen Scherz abschreiben; machen Sie aber noch keinen Gebrauch davon, es folgen auf diese Introduktion noch drey Lieder in deutshcer, französischer und spanischer Art, die zusammen einen kleinen Roman ausmachen."

Beigefügt ist das Gedicht "Der Edelknabe und die Müllerin" - hier mit dem Untertitel "Nach dem altenglischen".

Am 14.Oktober 1797 übersendet Goethe an Schiller ein weiteres, neu-entstandenes Gedicht zum Müllerin-Zyklus:

> "Da meine artige Müllerinn eine gute Aufnahme gefunden, so schicke ich noch ein Lied, das wir ihren Reizen verdanken. Es wird recht gut seyn, wenn der nächste Almanach reich an Liedern wird, und die Glocke muss nur um desto besser klingen als das Erz länger im Fluss erhalten und von allen Schlacken gereinigt ist."

Gemeint ist "Der Junggesell und der Mühlbach", mit dem Zusatz "Nach dem Altdeutschen". Die letzte Nachricht über die Entstehungsfolge der Gedichte, die von der Reise aus an Schiller gelangt, datiert vom 10.November aus Nürnberg:

> "Ich sage Ihnen ... nur ein Wort des Grußes und sende ein Gedicht. Es ist das vierte zu Ehren der schönen Müllerinn. Das dritte ist noch nicht fertig; es wird den Titel haben *Verrath* und die Geschichte erzählen da der junge Mann in der Mühle übel empfangen wird."

Das später an vorletzter Stelle eingerückte "Der Müllerin Verrat" ist erst nach Beendigung der Reise fertiggestellt worden.

Ihrer chronologischen Entstehung nach spricht das erste Gedicht - knapper in der Form, lebhafter und schlagfertiger in der Pointe, sicherer im thematischen Vorwurf - besser als das zweitentstandene an. Das dritte erreicht balladeske Wirkung, ohne aber eine tiefere seelische Dimension auszuschürfen. Das chronologisch letzte verbindet dramatisches Geschehen, raschen Szenenwechsel mit einem Zug zum Grotesken und erlangt von daher ein eigenartiges und selbständiges Gesicht. Psychologische Realistik ist in seiner drastischen Ausdrucksweise am schlagendsten erreicht. Man vergleiche:

> "Was flucht er seinen Morgensegen
> Durch die beschneiten wilden Höh'n?"

Die sprachlichen Mittel sind hier mit ganz anderer Kraft als bei den vorausgehenden Gedichten eingesetzt. Spürbar hat sich mit der Zeit das stoffliche Interesse verdichtet, sich zu dem bloß formalen gesellt - Witz und Ironie steigern den Gehalt, die Allegorie mit ihrem Bedeutungsanspruch steht dem Gegenstand nicht mehr im Weg.

So marginal diese vier Gedichte im Gesamtwerk Goethes erscheinen mögen: innerhalb des hier betrachteten Lebens- und Schaffensabschnitts sind sie eine Art Indikator seiner Suche und Sucht nach einer umfassenden Theorie, die für ihn - jedenfalls für genau dieses "poetische Genre"- den Wirkungsgrad der Idealität erreicht hat. Und daher sind sie hier der Untersuchung wert.

Es scheint, als habe sich - im ersten Gedicht "Der Edelknabe und die Müllerin" - der naive, wenn auch rationale Zugriff nach dem Formvorbild noch einigermaßen gegen die theoretischen Ansprüche durchsetzen können. Es klingt frisch, ist zierlich in Rede und Gegenrede, wenn auch keineswegs originell.

Am zweiten Gedicht "Der Junggesell und der Mühlbach" scheint die Phantasie bereits ermüdet; es wirkt so, wie es theoretisch "erfunden" wurde: künstlich. Gegenüber den nachentstandenen Gedichten, die in steigendem Maße eigene Linie gewinnen, zeigt gerade dies zweite Gedicht seine Abhängigkeit von theoretisch-vorgefassten Vorstellungen. Der Stoff ist hier noch ganz unselbständig gemeint, er ist allegorisierender Sinnträger. Die Sprachgestalt verleugnet das nicht, sie ist formelhaft und konventionell: der Mühlbach steht weder in einem konkreten Landschaftsraum, noch sind die Gesprächspartner irgendwie individualisiert. Das "Bächlein", "munter und klar", eilt mit "frohem leichten Sinn" (also ohne körperhaft stofflich charakterisiert zu sein) "hinunter" in "das Tal". Nur die Bewegung "rasch" und die Eigenschaft "voll" versinnlichen als bloße Stereotypien das lebendige Wesen eines Baches. "Die Mühle" bleibt ohne jegliche Topographie, sie steht einfach "da drunten". Vollends "die schöne Müllerin", "das liebe Angesicht", "das schöne Mädchen", "der süße Liebesblick", das "du Armer" sind toposartige Formeln, die nicht charakterisieren, sondern halt der überlieferten poetischen Typologie entsprechen. Der Liebesgegenstand selbst, die "schöne Müllerin":

> Sie öffnet früh beim Morgenlicht
> Den Laden,
> und kommt, ihr liebes Angesicht
> Zu baden.
> Ihr Busen ist so voll und weiß ..."

Eine eigentliche Notwendigkeit zum Gespräch zwischen Bach und Junggesell lässt sich nicht herauslesen. Der Dialog ist zufällig, vom Gedanken her konstruiert. Weder eine gefühlsbewegte Ich-Landschaft, noch eine objektiv in sich ruhende und aus sich selber redende Natur zwingen zur Ansprache. Die "Liebesqual" ist anakreontische - anachronistische - Anleihe. Der "Held" des Gedichtes redet zwar darüber, vermag sie aber nirgends zwingend auf den Leser zu übertragen, sie nachfühlbar zu machen, Mitempfinden hervorzurufen. Der Dichter selbst kennzeichnet, was das Gedicht erzählt, als bloße Episode im Leben seines Helden:

> "Geselle meiner Liebesqual
> Ich scheide;
> Du murmelst mir vielleicht einmal
> Zur Freude".
>
> Goethe nennt die hier vertretene poetische Gattung "Gespräche in Liedern". Sie beabsichtigt also formal gemischte Gebilde; dramatisch im Aufbau, in Hin- und Widerrede - lyrisch als Klanggebilde, in Strophenbau und Reim. Das "Lied" setzt Sangbarkeit voraus - ihm arbeitet der Dichter durch leichtes, gefälliges Melos, ein spielerisches Tändeln mit rokokohaft zierlichen Bewegungen und Herzensregungen vor. Die Funktion der Adjektive - klar, froh, leicht, eilig - ist rein ornamental, unverbindlich. Dem entspricht der Gehalt des Gedichtes: er ist Spielerei des Dichters mit seinem Gegenstand und mit sich selbst.

Eine "ernsthafte" Spielerei: eine Gattung wird erprobt und das Ergebnis als Exempel statuiert. Das Experiment mit einer "neuen" Gattung, nicht der poetische Stoff interessiert. Wie beliebig die Materie - der Stoff - selbst auf höchster Ebene für den Dichter zu werden beginnt, in welchem Grad sich der künstlerische Gestaltungsdrang vom eigenen Nach-Erleben und persönlichen Problem-Empfinden ablöst, und wie sehr Goethe mit Schiller im Grundsätzlichen hierin übereinstimmt, zeigt Schillers Äußerung in einem Brief an Goethe vom 15.Dezember 1797:

> "... Ich habe mir schon öfters gewünscht, dass unter den vielen schriftstellerischen Speculationen solcher Menschen, die keine andere als compilatorische Arbeit treiben können, auch einer darauf verfallen möchte, in alten Büchern nach poetischen Stoffen auszugehen, und dabey einen gewissen Takt hätten, das Punctum saliens an einer an

sich unscheinbaren Geschichte zu entdecken. Mir kommen solche Quellen gar nicht vor, und meine Armuth an solchen Stoffen macht mich wirklich unfruchtbarer im Produziren, als ich ohne das seyn würde. Mir däucht, ein gewisser Hyginus, ein Grieche, sammelte einmahl eine Anzahl tragischer Fabeln entweder aus oder für den Gebrauch der Poeten. Solch einen Freund könnte ich gut brauchen. Ein Reichtum an Stoffen für möglichen Gebrauch vermehrt wirklich den inneren Reichtum, ja, er übt eine wichtige Kraft, und es ist schon von großem Nutzen, einen Stoff auch nur in Gedanken zu beleben und sich daran zu versuchen ..."

Das "Punctum saliens an einer an sich unscheinbaren Geschichte zu entdecken" würde Schiller gerne einem bloßen Kompilator überlassen; der Dichter produziert nicht mehr aus dem eigenen Konfliktstoff - zum Beispiel des Mit-Leidens an Zeit und Zeitgeschehen oder auch persönlichen Erlebens und Erleidens - er reproduziert ihn anhand vorgearbeiteter Quellen. Auch das ein Problem des Klassizismus, das Schiller aufgrund seines frühen Todes nicht mehr aufarbeiten konnte.

Goethe weiß um diese Zusammenhänge seiner Entwicklung. Seine gegentragische Humanitätsidee bestärkt sie, und noch mehr werden sie unterstützt von der Erkenntnis der Wandelbarkeit dichterischer Existenz. Goethe weiß beispielsweise, wie sein Brief an Schiller vom 27.November 1797 zeigt:

"Die Poesie ist doch eigentlich auf die Darstellung des empirischen pathologischen Zustandes des Menschen gegründet ... " -

andererseits weiß er aber auch um die Vielförmigkeit, das auf keine Gestalt endgültig Festgelegte, jedem Zugriff immer wieder Entgleitende, letztlich "Charakterlose" und "Ästhetische" des Dichtertums. So kann er bei Erörterung der Frage,

"ob man wohl thue einen tragischen Stoff allenfalls episch zu behandeln?"

im Brief an Schiller vom 27.Dezember 1797 zu dem Ergebnis gelangen:

"Es lässt sich allerley dafür und dagegen sagen. Was den Effect betrifft, so würde ein Neuer der für Neue arbeitet immer dabey im Vortheil seyn, weil man ohne pathologisches Interesse wohl schwerlich sich den Beyfall der Zeit erwarten lann."

Obgleich Goethe deutlich abwertend vom "Beyfall der Zeit" spricht, und obwohl er gemeinsam mit Schiller im vorangegangenen Xenienjahr unmissverständlich - wie nie zuvor und niemals später - der zeitgenössischen Literaturszene seinen fast verächtlichen Abstand unter die Nase gerieben hatte, reicht Goethes "proteische" Verwandlungsfähigkeit doch hin, das "pathologische Interesse" als unentbehrlichen Bestandteil auch seiner eigenen Werke anzuerkennen, und zwar keineswegs, um sich damit diesen letztlich unentbehrlichen "Beyfall der Zeit" zu verschaffen. Sondern einfach, weil ihm die Dichtkunst Verwandlungskunst schlechthin bedeutet. Das eigentliche Faszinosum seiner Dichtung besteht ja eben in der geheimnisvollen Verwandlung seiner eigenen und - wie er sehr wohl weiß - in manchen Phasen auch durchaus tragischen bzw. pathologischen Existenz -, deren Bekenntnis ein Dichter von so hochgradig pädagogischer Attitüde, von so hohem sittlichem Anspruch und radikaler Schicksalsverbundenheit, ja, -abhängigkeit fast wie unter Zwang in seine Werke einfließen lassen muss. Aber - genau dies ist auch die eigentliche Kennmarke dieses Goethe´schen Lebensabschnittes - die Goethe selbst in seinem Brief an Schiller vom 15.November als zukünftiges Schaffens-Motto, als absolut verbindlichen Vorsatz definiert:

> "... nach dem tollen Wagestück mit den Xenien müssen wir uns bloß großer und würdiger Kunstwerke befleißigen und unsere proteische Natur, zur Beschämung aller Gegner, in die Gestalten des Edlen und Guten umwandeln."

Nach wie vor lautet Goethes Dictum:

> "Der Hauptzweck aller Plastik ... ist, dass die Würde des Menschen innerhalb der menschlichen Gestalt dargestellt werde."

"Große und würdige Kunstwerke", "Würde des Menschen", "Gestalten des Edlen und Guten": das sind nicht einfach abstrakte thematische Stichworte eines Groß-Schriftstellers, und schon gar nicht bloß wohl- und hohlklingende Floskeln - für Goethe bilden sie wirklich ein Lebensmodell, ein Denkbild, wirkkräftig und sinnreich, das er in seine reale Existenz zu integrieren sich bemüht, weil es für ihn nicht allein in den Bereich der Phantasie, sondern unabdingbar auch in sein lebendiges, umfassendes und gleichzeitig elementares Welt-Wissen und Menschen-Bild hineingehört. Das Movens seines Bemühens, auf diese Weise nicht nur seine Kunst, sondern auch sich selbst als

Person zu veredeln, sich der gedachten Vorbilder anzuähnlichen, sind die aus Texten der Antike gewonnenen "klassischen" Ideale der "Alten", literarische Kunstfiguren, vom Licht einer "modernen" Humanität beschienen, - die sich der damalige Betrachter jedoch lediglich durch einige wenige hellenistische - nicht griechische - Bildwerke veranschaulichen kann. Höchstens solche Fundstücke aus dem späten Großgriechenland, nicht aber Originale griechischer Skulpturen aus der Blütezeit Athens stehen jemals vor Goethes und seiner Zeitgenossen Augen. Goethes Position, für immer geprägt durch die Faszination der nur in Wort und Schrift überlieferten und bezeugten höchsten Vollkommenheit der griechischen Welt, ihrer Kunst, ihrer Dichtung und Philosophie, bezog sich trotzdem am ehesten - wenn nicht sogar ausschließlich - auf ein Augen-Erlebnis; sie war ein Amalgam aus der Sehnsucht nach Schönheit, aus der Bewunderung für die Helden Homers und aus einer Art Heimweh nach dem verlorenen heidnischen Götterhimmel, eine Mischung, die schon einmal in der italienischen Renaissance Auferstehung gefeiert hatte, deren Kunstwerke, geschaffen aus dem Geist der Wiedergeburt der Antike, jetzt der Generation Goethes die griechische Vergangenheit verlebendigen helfen.

Schiller respektiert fast ehrfürchtig dies Stadium Goethe´scher Selbstdarstellung, die Statur, die Goethe sich in seiner derzeitigen Lebenssituation gegeben hat. Er sieht Goethe in diesem Augenblick geradezu auf einem Höhepunkt von Leben und Schaffen, sieht beides untrennbar ineinander verschlungen: eine einzigartige Identität von Leben und Kunst. Gerade deshalb möchte er den Freund davor bewahren, in Italien seine schöpferische Kraft als Wissenschaftler quasi zu vergeuden, anstatt sie in Weimar auf der von Schiller bewundernd registrierten Stufe professioneller wie existentieller Vollkommenheit dichterisch zu verwirklichen. - In seinem Brief vom 21.Juli 1797 an Meyer fährt Schiller fort:

> "Sie werden mir aber auch darin beispflichten, dass er auf dem Gipfel,wo er jetzt steht, mehr darauf denken muss, die schöne Form, die er sich gegeben hat, zur Darstellung zu bringen, als nach neuem Stoff auszugehen, kurz, dass er jetzt ganz der poetischen Praktik leben muss. Wenn es einmal einer unter Tausenden, die darnach streben, dahingebracht hat, ein schönes vollendetes Ganzes aus sich zu machen, der kann meines Erachtens nichts Besseres tun, als dafür jede mögliche Art des Ausdrucks zu suchen, denn, wie weit er auch noch

> kommt, er kann doch nichts Höheres geben. - Ich gestehe daher, dass
> mir alles, was er bei einem längeren Aufenthalt in Italien für gewis-
> se Zwecke auch gewinnen möchte, für seinen höchsten und nächsten
> Zweck doch immer verloren scheinen würde. Also bewegen Sie ihn
> auch schon deswegen, lieber Freund, recht bald zurückzukommen und
> das, was er zuhause hat, nicht zu weit zu suchen."

Ganz anders der Herzog! Am 23.September 1797 schreibt Karl August an
den gemeinsamen Freund Knebel:

> "Goethe schreibt mir Relationen, die man in jedes Journal könnte
> rücken lassen. Es ist gar possierlich, wie der Mensch feierlich wird."

Zweifellos hat der eher pragmatische Herzog hier eine der Kehrseiten des
Klassizismus mit spitzer Feder getroffen. Doch es gibt noch andere Einwände
gegen den Klassizismus als Lebensprogramm:

Eine radikale Gewissenserforschung und Selbstbefragung etwa unter-
bleibt, die sich hätte inspirieren können an den Widersprüchen dieses Selbst-
bildes eines Dichters, an seiner antitragischen Grundgesinnung und ihrer
Ausflucht ins "ästhetische Spiel". Goethe findet immer wieder den "Rückweg" in eine Würdeformel. Der Pflichtteil des Dichters, seine eigene Existenz im Stoff nachzuleiden, sich schicksalhaft zu "entwürdigen", wird durch
formale Qualität befriedigend abgeglichen. Das schöpferische Gewissen transzendiert in ein rein ästhetisches. Die einzige Verantwortung, mit der er sich
in diesem Lebensabschnitt herumschlägt, ist die: sich in der Wahl des Stoffes
ja nicht zu vergreifen, die Gattung nicht zu vergewaltigen, das Concretum
zugunsten einer Abstraktion zu entkörpern. Dabei wahrt Goethe größere
Vorsicht vor kompilatorischen Stoffsammlungen als Schiller - seine Verantwortung reicht in den existentiellen Skrupel hinab, wie ein Brief an Schiller
vom 16.Dezember 1797 andeutend bezeugt:

> "Hier überschicke ich den Hygin, und würde zugleich rathen sich die
> Adagia des Erasmus anzuschaffen, die leicht zu haben sind. Da die
> alten Sprichwörter meist auf geographischen, historischen, nationellen
> und individuellen Verhältnissen ruhen, so enthalten sie einen großen
> Schatz an reellem Stoff. Leider wissen wir aus der Erfahrung, dass
> dem Dichter niemand seine Gegenstände suchen kann, ja dass er sich
> selbst manchmal vergreift."

Sicherung am Lehrgebäude -

> "gesetzt man hätte eine poetische Schule, wo man die Hauptvortheile der Dichtkunst wenigstens dem Verstande ... klar machen könnte ..."

und Steigerung der Persönlichkeit durch Theorie und Spekulation, wie sie der Brief an die Fürstin Gallitzin vom 6.Februar 1797 fordert, gründen das für die Klassik allgemein und für Goethe insbesondere bezeichnende Ethos:

> "Die ... Naturwissenschaften habe ich nicht versäumt ... besonders habe ich die Farbenlehre ... fleißig bearbeitet und mich äußerst bemüht alle Phänomene zu lernen und sie in der reinsten Ordnung ... zusammen zu stellen. Diese Arbeiten haben mich genöthigt meinen Geist zu prüfen und zu üben, und wenn auch für die Wissenschaften kein Resultat daraus entspränge, so würde der Vortheil den ich selbst daraus ziehe mir immer unschätzbar seyn. Denn wie bedeutend ist es die Grenzen des menschlichen Geistes immer näher kennen zu lernen, und dabey immer deutlicher einzusehen dass man nur immer desto mehr verrichten kann, je reiner und sichrer man das Organ braucht das uns überhaupt als Menschen und besonder als individuellen Naturen gegeben ist."

In groben Umrissen gesehen, innerhalb derer hier die Reise in die Schweiz als deutliche, individuelle Silhouette abgehoben wird, stellt das ganze Jahr 1797 eine Art Peripetie dar: den Dialog Goethes und Schillers auf einem ersten Höhepunkt der theoretischen Übereinstimmung - und zugleich dessen Übergang bzw. Umschwung zu einer aus der Theoriediskussion wieder ins unmittelbar Produktiv-Schöpferische sich weiterwandelnden Arbeitsgemeinschaft. Die Angleichung der beiden Individualitäten ist gegen Ende 1796 schon in hohem Maße vollzogen. Schiller berichtet an Goethe über seine Arbeit am Wallenstein:

> "Es will mir ganz gut gelingen, meinen Stoff außer mir zu halten und nur den Gegenstand zu geben. Beynahe möchte ich sagen, das Sujet interessiert mich gar nicht, und ich habe noch nie eine solche Kälte für den Gegenstand mit einer solchen Wärme für die Arbeit in mir vereinigt."

Die vorübergehende aggressive Kampfgemeinschaft des Jahes 1796 - Xenien! - bildet sich nun ganz nach innen weiter. Die "proteische Natur" wendet sich in gemeinsamer Metamorphose der Selbstverantwortung des Dichters zu. Die öffentliche Sendung ist erfüllt. Der Weg nach innen führt durch getrennte Aufgaben zum gleichen Ziel: "die Grenzen des menschlichen Geistes immer näher kennen zu lernen" und dabei "immer mehr mit sich selbst eins zu bleiben."

Auf dem Weg zur Persönlichkeits-Kultur jedoch transzendieren menschliche mehr und mehr in "ästhetische Krisen". Und ästhetische Höhepunkte stellen zugleich menschliche dar, wie es ein Brief Goethes vom 2.März 1797 ausspricht:

> "Die litterarische Welt hat das eigne dass in ihr nichts zerstört wird ohne dass etwas neues daraus entsteht, und zwar etwas neues derselben Art. Es bleibt in ihr dadurch ein ewiges Leben, sie ist immer Greis, Mann, Jüngling und Kind zugleich, und da wo nicht alles, doch das meiste bey der Zerstörung auch noch erhalten wird, so kommt ihr kein anderer Zustand gleich. Das macht auch, dass alle, die rein darinne leben, eine Art von Seeligkeit genießen, von der man auswärts keine Begriffe hat."

Literatur ist hier als ästhetischer Bereich aufgefasst, der im Seelischen gleichsam autark sich selbst mit allen Bedürfnissen versorgt und das "Auswärtige" nur als Randbezirke der eigenen Mitte zulässt, vielleicht davor sogar eine betont exklusive Distanz bewahrt, - um dabei je nach Bedarf den Ausgleich mit der lästigen "empirischen Breite" künstlich zu regulieren. Innerhalb seiner Wesens-Mitte ereignen sich neben spontanen, wirklich schöpferischen Konzeptionen auch jene spielerischen Tastversuche, aus rein formaler Souveränität heraus homunculusartige poetische Gebilde wie die Müller-Lieder zu erfinden. Ebenso könnte möglicherweise nun auch die Schweizerreise in dieser kritischen Perspektive gesehen werden - allerdings vergröbernd einseitig, aber damit die Problemschichten verdeutlichend, als der Versuch, "rein" in der "litterarischen Welt" zu leben, die "eigene Seeligkeit" aus sich selbst heraus zu erzeugen, was bedeuten würde: Genugtuung auf dem Weg zu jener leidenschaftlich und lange gesuchten, nicht bloß "poetischen" sondern allgemein verbindlichen Schule - einer Art pädagogischer Provinz, die allen Künsten und allen Künstlern ihre Gesetze, Regeln und Lehrsätze vorgeben und ihre Schüler vor Fehlgriffen bewahren würde - eine Utopie, an die Goethe noch immer glaubt und die mit aller Beweiskraft zu verwirklichen eines seiner Ziele in Italien gewesen wäre. In Stuttgarter Kunstkreisen waren derartige Beweisstücke schlechterdings nicht aufzutreiben - nicht einmal bei einem wirklich authentischen Künstler wie Dannecker.

Auch die anfangs eher wie ein lyrischer Scherz betriebene Verfertigung seiner Müller-Lieder entschädigt ihn nicht für den immensen, täglich geleisteten Aufwand an Beobachten, Befragen und dem Beschaffen und Beschreiben verschiedenartigster Informationen auf dieser Reise, das heißt also: für seine immer wieder eher widerwillige Einlassung auf die "empirische Breite" einerseits wie für die Vergeblichkeit seines Forschens nach endgültigen und verbindlichen theoretischen Grundregeln der Kunst andererseits. So ist er von Stuttgart eher melancholisch gestimmt abgegangen, wie er nachträglich in einem Brief an den Herzog aus Tübingen resummiert:

> "Von hier denke ich nun auch bald aufzubrechen; sobald ich am Zürcher See angelangt bin, melde ich mich wieder. Wahrscheinlich wird mich alsdann das Heimweh wieder ergreifen und ich werde vor eintretendem Winter wieder suchen mein ruhiges und bequemes Haus zu erreichen. Durch Natur und Neigung, Gewohnheit und Überzeugung bin ich nur in dem Ihrigen zu Hause. Von Frankfurt fühlte ich mich bald wieder abgelöst und seitdem habe ich in einer fremden Welt nur gesucht Fäden anzuknüpfen, durch die wir künftig mit mancherley nützlichem zusammenhängen können."

Immer wieder einmal wird er sich, wie hier, des Transitorischen des Reisens bewusst - und legt es sprachlich geradezu nahe, dass er sich als ein "Unbehauster" in einer "fremden Welt"empfindet. Aus der "großstädtischen" Residenz Stuttgart in die kleinstädtische Universitätsstadt Tübingen, eingeladen ins gastliche Haus seines zukünftigen und dann endgültigen Verlegers Cotta: ähnlich wie aus der Topographie des Stuttgarter Honoratiorenviertels lässt sich ein Rückschluss ziehen auf die Tübinger Professorenschaft aus Goethes wahrhaft lapidarer Charakterisierung des Universitätsviertels:

> "Die Existenz der Stadt gründet sich auf die Akademie und die großen Stiftungen ... Der Abhang gegen den Neckar zu zeigt die großen Schul-, Kloster- und Seminariengebäude ... Ich habe mehrere von den hiesigen Professoren kennen lernen, in ihren Fächern, Denkungsart und Lebensweise sehr schätzbare Männer, die sich alle in ihrer Lage gut zu befinden scheinen, ohne dass sie gerade einer bewegten akademischen Cirkulation nöthig hätten. Die großen Stiftungen scheinen den

großen Gebäuden gleich, in die sie eingeschlossen sind; sie stehen wie
ruhige Kolossen auf sich selbst gegründet und bringen keine lebhafte
Thätigkeit hervor, die sie zu ihrer Erhaltung nicht bedürfen."

So bedeutend Stuttgart mit seinem belebenden kulturellen Klima, seinen
kunstfreudigen und geselligen Bildungsbürgern für Goethe gewesen ist -
bedeutender wird für ihn der nächste Reiseabschnitt werden - am bedeu-
tendsten jedoch und - verwandelt - in die Weltliteratur eingegangen der
ungeheure Eindruck des Schaffhausener Rheinfalls: seine Beschreibung im
Reisetagebuch von 1797 und, Jahrzehnte später, seine Reminiszenz zu Beginn des "Faust II", endend mit den Worten "Im farbigen Abglanz haben
wir das Leben".

Selbstbildnis

Schaffhausen: der Rheinfall

Das Tagebuch macht beim Verlassen Tübingens einen Einschnitt unter der Überschrift: "Reise von Tübingen nach Stäfa."

Goethe fasst also die von hier nach dort durchmessene Strecke als Einheit - hinter ihr liegt die schwäbische Idylle, vor ihr der strenge Horizont der Gebirgswelt. Von Tübingen an gibt es anfangs

> "noch für's Auge angenehme Gegenden, dann aber, wenn man immer höher in die Neckarregion hinaufsteigt, wird das Land kahler und weniger fruchtbar..."

Schon der Bericht aus Tübingen an den Herzog blickt auf die Wiederbegegnung mit der heroischen Landschaft der Schweiz voraus:

> "So ging ich denn endlich von Stuttgart ab, durch eine zwar fruchtbare, doch um vieles rauhere Gegend, und ich bin nun am Fuße der höheren Berge angelangt, welche schon verkündigen was weiterhin bevorsteht."

Die Reise-Eindrücke wechseln von der noch immer fruchtbaren Landschaft beim Verlassen Stuttgarts in die sprödere, weniger sinnenhafte Region des Albanstiegs. Anfangs gibt Goethe die Landschaft fast nur wie eine Skizze mit dem Zeichenstift wieder:

> "in einiger Entfernung links höhere, mit Wald bewachsene Berge ..
> "inks ein altes Schloss. Wiesen und Weide"links auf dem ganzen Weg hat man Berge"
> "links weiter unten zwischen Wiesen und Feldern ein Kloster, hinter dem Zwischenraume Hohenzollern auf dem Berge ..."

Doch setzt "von Hechingen hinaus" die adjektivische - wenn auch monotone, so doch ästhetische - Bereicherung wieder ein:

> "schöne Gärten und Baumstücke, schöne Pappelanlagen, abhängige Wiesen und ein freundliches Thal. Nach dem Schloss Hohenzollern zu schöne weite Aussicht".
> "Blauer Kalkstein" wird wahrgenommen.
> "Hübsche Kirche auf der Höhe..." - "zwischen angenehmen Hügeln im Grunde seitwärts Berge ..."

Die Landschaft belebt sich durch die Sympathie des Betrachters, wenn auch das schablonenhafte "schön" sich weiterhin häuft. So heißt es von Balingen ab:

> "gleichfalls eine schöne Gegend ...", "hohe, waldige Berge, bis an deren steilern Fuß sich fruchtbare Hügel hinaus erstrecken ...", "der Ort liegt zwischen fruchtbaren, mehr oder weniger steilen, zum Theil mit Holz bewachsenen Hügeln und hat in einiger Entfernung gegen Süd-Ost hohe holzbewachsene Berge..."

Plastisch nimmt Goethe die Landschaft wahr - er sieht *viel und vieles,* auch Farbe:

> "Bis dahin schöne schwarze Felder, scheinen aber feucht und quellig."
> 26

Dazwischen finden sich kurze Dorfskizzen. Die Steigungen und Gefälle der Landschaft werden aufmerksam registriert:

---

[26]R.Beitl bemerkt zum ästhetisch gesehenen Schwarz in Goethes Prosalandschaft: "dass sich für Goethe mit Schwarz eine ausgesprochene Empfindung des Mißfallens, der Unbehaglichkeit, ja des Grauens verband, wird aus den frühesten Prosazeugnissen schon offenkundig ... Auch die Reisebeschreibungen setzen bedeutsamerweise nie ein "schön" oder eine ähnliche Steigerung vor diese Farbe, was doch die meisten einmal als Ausdruck ästhetischen Wohlgefallens begleitete."

Das von Beitl übersehene "schöne Schwarz" der Felder würde zwar Goethes offenkundige Antipathie gegen diese Farbe nicht aufheben, aber doch die wenigen, bislang beigebrachten, besonders farbintensiven Belege der Schweizerreise um einen Hinweis vermehren.

"Hinter dem Ort kommt man dem Berge näher...", "starker Stieg ...", "Man findet auf der Höhe wieder eine ziemliche Fläche ...", "das Terrain fällt gegen Mittag, die Wasser fließen aber immer noch dem Neckar zu ...", "starker Stieg ..."

Gelegentlich erreichen Sätze wie dieser eine besondere Sprachqualität:

"Man kommt auf eine schöne Fläche und fühlt, dass man hoch ist."

Am 17.September 1797 verlässt Goethe Tuttlingen, das er am Vortag bei einbrechender Nacht erreicht hatte. Zum ersten Male begegnet Goethe auf dieser Reise einer Landschaft - und was für einer Landschaft! - im Nebel, ein Naturereignis; er verdichtet es zum Bild:

"Der Nebel sank in das Donauthal, das wie ein großer See, wie eine überschneite Fläche aussah, indem die Masse ganz horizontal und mit fast unmerklichen Erhöhungen niedersank. Oben war der Himmel völlig rein."

Auffällig der Verzicht auf naheliegende Farbreize, auf Stimmung und Atmosphäre, das Phänomen ist fast nur räumlich gesehen, mittelbar deutet der "völlig reine Himmel" chromatische Gegensätze an. Mit seiner aufs feinste geschulten Aufmerksamkeit beobachtet Goethe die Bewegung der doch eher statischen Nebel-Erscheinung: wie "die Masse horizontal und mit fast unmerklichen Erhöhungen niedersank."

Die Reisematerialien enthalten eine am 26.September 1797 an Schiller gerichtete, nicht in die Eckermann'sche Redaktion aufgenommene

"Kurze Nachricht von meiner Reise von Tübingen nach Stäfa"

die (in einer dem Tagebuch überlegenen Form) Goethes Eindrücke zusammenfasst und sie zum Teil auch sprachlich überhöht. Hier erscheint die Landschaft auf dem Weg bis Schaffhausen, (das als Zwischenstation zur Besichtigung des Rheinfalls vorgesehen war), in groß gesehener Perspektive. Man könnte die Bewegung des Auges, Weite des Ausblicks beim Anstieg auf die Höhe, das genaue Wissen um die Bedeutung der europäischen Wasserscheide, deren Scheitelpunkt er auf dieser Fahrt überquert, durchaus als kunstvolle Sprach-Komposition beurteilen:

"Den 17.Sept. von Tuttlingen nach Schaffhausen. Bey dem allerschönsten Wetter, fast durchgängig, die interessanteste Gegend. Ich fuhr von Tuttlingen um 7 Uhr bey starkem Nebel aus, aber auf der Höhe fanden wir bald den reinsten Himmel, und der Nebel lag horizontal im ganzen Donautal. Indem man die Höhe befährt, welche die Rhein- und Donauregion trennt, hat man eine bedeutende Aussicht, sowohl rück- als seitwärts, indem man das Donauthal bis Donaueschingen und weiter überschaut. Besonders aber ist vorwärts der Anblick herrlich, man sieht den Bodensee und die Graubündner Gebürge in der Ferne, näher Hohentwiel und einige andere characteristische Basaltfelsen. Man fährt durch waldige Hügel und Thäler bis Engen, von wo sich südwärts eine schöne fruchtbare Fläche öffnet, darauf kommt Hohentwiel und die anderen Berge, die man erst von ferne sah, vorbey, und gelangt endlich in das wohlgebaute und reinliche Schweizerland. Vor Schaffhausen wird alles zum Garten. Ich kam abends bei schönem Sonnenschein daselbst an."

Goethe gibt hier eines der schönsten und ursprünglichsten Landschaftsbilder seiner bisherigen Reise, angelegt wie ein reales Gemälde: nach allen Himmelsrichtungen orientiert, Anstieg und Abfall geklärt und der Kamm, von dem aus die Gewässer sich zwischen zwei entgegengesetzten Himmelsrichtungen entscheiden, gewürdigt und als "bedeutende Aussicht" in den Mittelpunkt gestellt. Von jetzt und hier an drängt alles nach Süden. Den Vordergrund bezeichnen vulkanische Basaltkegel, dahinter die breite Fläche des Bodensees, vom kulissenartigen Horizont der "Graubündner Gebürge in der Ferne" abgeschlossen. Alle Regionen sind an diesem "Augen-Blick" beteiligt: die metereologische Situation - der "reinste Himmel"- die nochmals betonte Horizontale der über dem Donautal gelagerten Nebelschicht, die "characteristische" Räumlichkeit der Basaltfelsen und - noch ohne räumliche Dimension, nur horizontal flächig - die "große Kette der Schweizer Gebürge", "im Dunste am Horizonte kaum bemerklich". Der Abstieg von der Wasserscheide gewährt einen dauernd ins Weite schweifenden Blick. Keinerlei Farbe bis dahin, ohne dass man ihr Fehlen beim Lesen überhaupt bemerkt. Erst kurz vor Grenzüberteritt wieder eine Farbwahrnehmung:

"Viel Weinbau am Fuße eines Kalkfelsens. Meist blaue Trauben, hingen sehr voll."

Die in den Reisebericht aufgenommene, vielfach jetzt in Erscheinung tretende Rebenkultur, die sich von Ort zu Ort in ihrer Bedeutung steigert, führt real und symbolisch an Schaffhausen heran:

> "Engen Um 12 Uhr fuhren wir ab. Vor der Stadt erschien wieder Weinbau, Weiterdingen... links ein sehr schönes Wiesenthal, über demselben Weinbau", "Hilzingen liegt in einem weiten Thale zwischen fruchtbaren Hügeln, Feldbau, Wiesenwachs und Weinberg umher", "Ebringen ... Viel Weinbau am Fuße eines Kalkfelsens", Thayingen, der erste schweizerische Ort, guter Wein", "Herblingen, starker Weinbau"

bis dann mit Schaffhausen der Höhepunkt der Kulturlandschaft erreicht ist.

> "Vor Schaffhausen alles umzäunt ... alles scheint Gartenrecht zu haben ... Die Stadt selbst liegt in der Tiefe, ein schmaler angenehmer Wiesengrund zieht sich hinab, man fährt rechts und hat auf derselben Hand Gartenhäuser und Weinberge neben sich. Links ist der Abhang mehr oder weniger steil ... Höchst anmuthige Abwechslung von großen und kleinen Gärten und Höfen. Man sieht das Schloss vor sich. Die Gartenhäuser vermehren sich und werden ansehnlicher. Nach der Stadt steigen die Gartenhäuser weit hinauf, links wird der Abhang nach dem kleinen Thale zu sanfter."

Die Strecke von Tübingen nach Schaffhausen, besonders der Abschnitt von Tuttlingen an -

> "...es thut sich die Aussicht auf, links nach dem Bodensee und nach den Bergen von Graubünden ... "

ist für Goethe Vorspiel einer völlig neuen und andersartigen Dynamik dieser Landschaft und die Struktur ihrer Beschreibung im Text:

> "Die Ansicht ist sehr interessant und vorschweizerisch. Hinten characteristische mit Wald bewachsene Berge, an deren sanftern Abhängen Fruchtbau sich zeigt, dann im Mittelgrunde lange über Hügel und Thäler sich erstreckende Waldungen, zunächst wieder wohlgebautes Feld."

Sprachliche Wendungen für den "Bild-Aufbau" werden hier vorbereitet, Perspektiven angelegt, die später in der Schweizer Kulturlandschaft das besondere Stilmerkmal bilden: Hintergrund, Mittelgrund und Vordergrund heben sich wie auf dem Bild eines Malers profiliert gegeneinander ab, der Blick schweift sehr oft bis an den Horizont - dies war in der unteren Neckarlandschaft noch eine Seltenheit. Vor der näher rückenden, majestätischen Kulisse der Schweizer Bergwelt bewährt sich die Meisterschaft von Goethes Blick - nicht etwa aus dem Stand in beschaulicher Ruhe betrachtet, sondern a tempo, im Vorüberfahren mit fast fotografischer Optik sind diese Eindrücke "aufgenommen". Sein Augen-Gedächtnis ist ebenso bewundernswert wie seine Formulierungskraft beim späteren Diktat. Dabei entstehen Beschreibungen, die man nicht einfach überlesen kann, wie:

> "Man kommt auf eine schöne Fläche und *fühlt*, dass man hoch ist."

Auch die geologischen Beobachtungen vertiefen sich. Wissenschaftliches Farbensehen ist bei ihnen in auffälliger Häufigkeit gegenüber dem ästhetischen vertreten. Im gleichen Maße, wie sich die Naturwahrnehmung erweitert, wie sich die Topographie in ihren Einzelheiten und im Ganzen vervollständigt, steigert sich auch das ästhetische Element. Die Sprache differenziert sich. Wendungen wie das Bild des nebelbedeckten Donautals, in dem

> "... die Masse ganz horizontal ... niedersank" -

wobei ein so "schwerer" und "massiver" Begriff wie Masse für das zarte und feuchte Luftgebilde des Nebels von vornherein eine ungewöhnliche Vorstellung ergibt, hinzu kommt, dass - aufgrund ihrer Schwerkraft - eine Masse nicht langsam, wie es das Sprachbild will, niedersinken kann. Aber eben in solchen "Reizworten" wie dem Begriff des Nebels als "Masse" verleiht der Sprachmeister Goethe, entgegen konventionellem Wortverständnis, seinen schlichten Reisenotizen immer wieder überraschenden Glanz.

Jetzt wird das Gelände auch mit einer neuartigen Vollständigkeit erfasst, nicht nur kraft topographisch-wissenschaftlichen Vor-Wissens und entsprechender Beobachtungsgabe, sondern auch voll ästhetischer Begierde: als letzter, bildersatter An- und Abstieg auf der Schwelle zum eigentlichen Reiseziel, der Schweiz.

Am 17.September 1797 abends trifft Goethe in Schaffhausen ein. Er verlässt die Stadt wieder am 19. September in der Frühe. Den dazwischen liegenden Tag widmet er dem Rheinfall. Auch verfasst er eine innerhalb der Reise-Materialien ungewöhnliche, programmatische Einleitung zu seinen mit dem gewaltigen Natur-Schauspiel befassten Aufzeichnungen, hebt das Ereignis also deutlich aus dem Gesamtrahmen des Reisetagebuchs heraus.

> "Schaffhausen und der Rheinfall.
>
> In der menschlichen Natur liegt ein heftiges Verlangen, zu Allem, was wir sehen, Worte zu finden, und fast noch lebhafter ist die Begierde, Dasjenige mit Augen zu sehen, was wir beschreiben hören ... Jeder bildende Künstler ist uns willkommen, der eine beschriebene Gegend uns vor Augen stellt ... Eben so willkommen ist aber auch der Dichter ... der durch Beschreibung in eine Gegend uns versetzt, er mag nun unsre Erinnerung wieder beleben oder unsere Phantasie aufregen; ja wir erfreuen uns sogar, mit dem Buch in der Hand eine wohlbeschriebene Gegend zu durchlaufen ...
>
> Als eine solche Übung setzen wir die Beschreibung des Wasserfalls von Schaffhausen hieher .... ohne sie von den kleinen Bemerkungen eines Tagebuchs zu trennen. Jenes Naturphänomen wird noch oft genug gemalt und beschrieben werden, es wird jeden Besucher in Erstaunen setzen, manchen zu einem Versuch reizen, seine Anschauung, seine Empfindung mitzutheilen, und von keinem wird es fixiert, noch weniger erschöpft werden."

Die folgenden Tagebuchnotizen enthalten - in einer neuen, zum Teil auffallend subjektiven sprachlichen Qualität - zwischen objektiven Beschreibungen der physikalischen Phänomene des Wasserfalls erregte Gefühlsausbrüche, tiefsinnige Sentenzen, wunderbare Metaphern. Im Ganzen ist dieser Abschnitt der Schweizerreise fraglos ein Stück Literatur, ein in seiner Spontaneität unvergleichliches Dokument der Auseinandersetzung mit einem großen Naturschauspiel - das der Dichter, nach eigener Aussage, "mit heftigem Verlangen in Worte fasst", es sich "fassbar," also seiner seelischen "Fassung" erträgbar macht. Er, der mit dem Schlusssatz seiner Tagebuch-Eintragungen dieses 18.Septembers 1797 fürchtet, beim Anblick der "ungeheuren Erscheinung ... dem Übermaß zu erliegen" - und der "als Mensch jeden Augenblick die Katastrophe erwartet", tilgt in den 1820er Jahren aus seiner Erinnerung an den Rheinfall seine damals "heftig innern Empfindungen" und "erregte Ideen über die Gewalt des Sturzes" und verwandelt in Faust II die zerstörerische Gewalt der Wassermassen zum flammenden Bild sonnendurchstrahlter Gischt - das hymnische Gleichnis eines Regenbogens:

"Am farbigen Abglanz haben wir das Leben."

Goethes Schilderung des realen Rheinfalls ist in jeder Phase des Tagesverlaufs klar gegliedert: an erster Stelle stets die objektive, exakte Beschreibung der optischen Erscheinungen und ihrer physikalischen Ursache - Farben, Licht, Lichtbrechung, die Dynamik des herabstürzenden Wassers - erst dann die eigene, emotionale Reaktion: die starke Erregtheit, der er sich vom ersten Augenblick an ausgesetzt fühlt.

> "Früh um halb sieben Uhr ausgefahren, um den Rheinfall zu sehen. Grüne Wasserfarbe, Ursache derselben.
>
> Die Höhen waren mit Nebel bedeckt, die Tiefe war klar, und man sah das Schloss Laufen halb im Nebel. Der Dampf des Rheinfalls, den man recht gut unterscheiden konnte, vermischte sich mit dem Nebel und stieg mit ihm auf.
>
> Gedanke an Ossian. Liebe zum Nebel bei heftigen innern Empfindungen."

Noch einmal also taucht auf dieser Reise die Erinnerunng an seinen Werther auf! Für die gesamte Reise ist ein derartig aufgewühltes Selbstbildnis - wie diese ersten Sätze der Rheinfall-Beschreibung - einmalig. Die "Liebe zum Nebel" lässt übrigens verstehen, warum Goethe schon auf der Reise hierher jenem Nebel, der das Donautal erfüllte, eine so poetische Beschreibung gewidmet hatte. Nebel gehört zu Ossians Welt, die so lang schon hinter ihm liegt, mit der ihn im gegenwärtigen Lebensabschnitt wohl immer noch eine geheime Übereinstimmung verbindet, wofür auch sein bereitwilliges Eingehen in Stuttgart auf das von Zumsteeg vertonte Lied der Colma sprechen würde.

Erinnert sei aber daneben auch - rückblickend - an Goethes Brief an Schiller vom 22.Juni 1797:

> "Da es höchst nöthig ist dass ich mir, in meinem jetzigen unruhigen Zustande, etwas zu thun gebe, so habe ich mich entschlossen an meinen Faust zu gehen und ihn, wo nicht zu vollenden, doch um ein gutes Theil weiter zu bringen."

Dies in einem Lebensaugenblick voller Anspannung, in dem die so oft aufgeschobene Reise nach Italien ein allerletztes Mal als eventuell möglich überlegt wurde. Ähnlich Goethes Brief an den Herzog vom 29.Juni 1797:

"Die Ungewißheit, in der ich gegenwärtig vor meiner Abreise schwebe, ist ein peinlicher Zustand .... dabey ich um die übrigen Stunden zu nutzen den wunderlichen Entschluss gefasst habe meinen Faust wieder vorzunehmen, eine Arbeit die sich zu einer verworrenen Stimmung recht gut paßt."

Zwei Wochen später, am 5.Juli 1797 - also kurz vor der Abreise in die Schweiz - berichtet Goethe dann an Schiller:

"Faust ist in der Zeit zurückgelegt worden, die nordischen Phantome sind durch die südlichen Reminiszenzen auf einige Zeit zurückgedrängt worden, doch habe ich das Ganze als Schema und Übersicht sehr umständlich durchgeführt."

Das Fragment "Faust" war 179o erschienen. Erst 1808, nach fast zwanzig Jahren, wird Faust I vollendet sein. So lange noch - länger als ein Jahrzehnt - trägt Goethe jene "nordischen Phantome" weiterhin mit sich herum, die er 1797, sozusagen zur "Halbzeit" von Fausts Entstehung, unmittelbar vor der Schweizerreise durch Verfertigung eines vollständigen Schemas "sehr umständlich" zur Weiterarbeit vorbereitet und sich dadurch aufs intensivste vergegenwärtigt hatte. Wenn er auch später in Faust I nicht - wie in Faust II - den Rheinfall nachweisbar zitiert, so sei der Umkehrschluss erlaubt, in Goethes "Liebe zum Nebel bey heftigen innern Empfindungen" sei möglicherweise nicht bloß der "Gedanke an Ossian" als eine Art Gedankenkeim enthalten, sondern möglicherweise auch - unbewusst - die Welt jener "nordischen Phantome", in die er sich noch kurze Zeit vorher vertieft hatte. Viele Jahre später - mit der Schlussstrophe der Walpurgisnacht, Faust I - zitiert Goethe bedeutsam den Nebel herbei. Ähnlich verklärt wie der Rheinfall in Faust II, befreit von allen "heftigen innren Empfindungen", bereitet Nebel, ein arielhafter Luftgeist, dem hexenhaften Blocksberg-Zauber mit einem einzigen Hauch ein Ende :

"Wolkenzug und Nebelflor
Erhellen sich von oben.
Luft im Laub und Wind im Rohr,
Und alles ist zerstoben."

Dem metereologischen Phänomen Dunst und Nebel, das den Rheinfall begleitet, schenkt Goethe wie immer hohe Aufmerksamkeit.

"Der Himmel klärte sich langsam auf, die Nebel lagen noch auf den Höhen."

Höchstes Interesse jedoch wendet er fast immer der besonderen geologischen Beschaffenheit einer Region zu: so identifiziert er als erstes Grund und Boden beim Rheinfall, "auf dem man steht", wenn man "von Laufen herabsteigt", als "Kalkfelsen." Dieses Grund-Gestein also - es handelt sich um sog. Malm-Kalk - bildet gleichsam die Arena und die Szene, vor und auf der sich das Schauspiel des Kataraktes ereignet. Keinesfalls das höchst Malerische der inmitten des Wasserfalls aufragenden Felsen registriert er alsbald, sondern, versachlicht, lediglich ihre durch den Anprall der Wassermassen entstandene "ausgeschliffene" Verformtheit.

"Laufen. Man steigt hinab und steht auf Kalkfelsen.

Theile der sinnlichen Erscheinung des Rheinfalls, vom hölzernen Vorbau gesehen. Felsen, in der Mitte stehende, vom höhern Wasser ausgeschliffene, gegen die das Wasser herabschießt. Ihr Widerstand, einer oben, und der andre unten, werden völlig überströmt. Schnelle Wellen. Lakengischt im Sturz, Gischt unten im Kessel, siedende Strudel im Kessel."

Der erste Blick auf den Rheinfall gab nur Gegensätze von Höhe und Tiefe, Klarheit nach unten, nebelverschleiertes Oben. Vom hölzernen Vorbau aus erfolgt jetzt eine Art Analyse des "Bildaufbaus": der in der Mitte stehende Felsen gibt dem verschwimmenden Auge Halt, ist die vom formlosen Element geformte feste Gestalt. Die Bewegung des Wassers leitet das Auge weiter, tritt ihm entgegen, bildet Strudel und Wirbel, wird in ihrem Gestaltenreichtum und den Nuancen ihrer Verfärbungen wahrgenommen. Vor allem aber rechtfertigt sich zu Goethes Genugtuung die Dichtung vor der Wirklichkeit:

"Der Vers legitimiert sich: Es wallet und siedet und brauset und zischt u.s.w. Wenn die strömenden Stellen grün aussehen, so erscheint die nächste Gischt leise purpurgefärbt. Unten strömen die Wellen schäumend ab, schlagen hüben und drüben ans Ufer, die Bewegung verklingt weiter hinab, und das Wasser zeigt im Fortfließen seine grüne Farbe wieder."

In seinem Brief vom 25.September 1797 knüpft Goethe an Schillers Vers im "Taucher" an, der das Geräusch gewaltig bewegten Wassers lautmalerisch in Worte fasst. Dagegen Goethes Rheinfall-Schilderung: ein Augenerlebnis; nur ein einziges Mal macht er am Nachmittag auf dem Weg zum Rheinfall den Fluss "mehr oder weniger" hörbar, der hier schon der Ebene zufließt.

> "Ich fuhr am rechten Rheinufer hin; rechts schöne Weinberge und Gärten, der Fluss strömt über Felsbänke mit mehr oder weniger Rauschen."

Dagegen Schillers Wahrnehmung - wenn man es genau nimmt : ohrenbetäubend.

> "Bald hätte ich Ihnen vergessen zu sagen, dass der Vers: es wallet und siedet und brauset und zischt pp. sich bey dem Rheinfall trefflich legitimiert hat, es war mir sehr merkwürdig wie er die Hauptmomente der ungeheuren Erscheinung in sich begreift. Ich habe auf der Stelle das Phänomen in seinen Theilen und im ganzen wie es sich darstellt zu fassen gesucht und die Betrachtungen, die man dabey macht, sowie die Ideen die es erregt abgesondert bemerkt. Sie werden dereinst sehen, wie sich jene wenigen dichterischen Zeilen gleichsam wie ein Faden durch dies Labyrinth durchschlingen."

In jeder Phase der Beobachtung hält Goethe sein Prinzip durch und trennt in seinem Tagebuch penibel die eigentliche "Darstellung des Phänomens" von den "Betrachtungen, die man dabey macht, sowie Ideen ... die es erregt". Seine eigene, subjektive Reaktion, sein "Selbstgefühl" folgt immer erst am Ende jeder Besichtigung, die von verschiedenen Standpunkten aus möglich ist:

> "Erregte Ideen über die Gewalt des Sturzes. Unerschöpfbarkeit als wie ein Unnachlassen der Kraft. Zerstörung, Bleiben, Dauern, Bewegung, unmittelbare Ruhe nach dem Fall.".

Solche starken emotionalen Ausschläge hätte man auf dieser Reise eigentlich nicht erwartet. Beim ersten Eindruck in der Morgenfrühe registrierte Goethe "Liebe zum Nebel bey heftigen innern Empfindungen". Später wandeln sich diese in "erregte Ideen über die Gewalt des Sturzes". Also zuerst ein elementares emotionales Erschrecken. Dann jedoch eine andere, geistige

Art der Erregung: Ideen - die sich mit der Kraft des Gedankens der "Gewalt
des Sturzes" entgegenstellen. Der kritische Geist - diese fast unschlagbare
Waffe, die nun einmal der antitragische Klassizismus dem Übergriff der Elemente entgegenzusetzen hat, wenn er ihnen als Mensch nicht erliegen will.
Seinen fortdauernden Rückhalt an rationalem Denken gibt Goethe indirekt
durch seine Kritik an der "Verbauung" des Rheinfalls zu erkennen:

> "Beschränkung durch Mühlen drüben, durch einen Vorbau hüben. Ja,
> es war möglich, die schönste Ansicht dieses herrlichen Naturphäno-
> mens wirklich zu verschließen."

> Umgebung. Weinberge, Feld, Wäldchen."

Erst im Verlauf des Vormittags tritt in Goethes Beschreibung Licht und
damit die Wahrnehmung der Gesamtansicht hinzu:

> "Bisher war Nebel, zu besonderm Glücke und Bemerkung des Details"

- wieder die Hervorhebung des Nebels und seine glückliche malerische Funktion in der Wasserlandschaft. Dann:

> "die Sonne trat hervor und beleuchtete auf das Schönste schief von
> der Hinterseite das Ganze. Das Sonnenlicht theilte nun die Massen
> ab, bezeichnete alles Vor-und Zurückstehende, und verkörperte die
> ungeheure Bewegung. Das Streben der Ströme gegeneinander schi-
> en gewaltsam zu werden, weil man ihre Richtung und Abtheilungen
> deutlicher sah. Stark spritzende Massen aus der Tiefe zeichneten sich
> beleuchtet nun vor dem feineren Dunst aus, ein halber Regenbogen
> erschien im Dunst."

Schon diese Szene könnte sich als eine Art prosaischer Vorstufe zur Faust-
II-Strophe erweisen. Eckermann, dem Goethe 1823 die in drei Bündeln auf-
bewahrten Reise-Materialien übergibt, um sie von ihm für die Aufnahme
in seine Gesammelten Werke begutachten zu lassen, erwähnt allerdings mit
keinem Wort, dass Goethe sich seine Aufzeichnungen in den seither vergangenen sechsundzwanzig Jahren je noch einmal vorgenommen hätte.

Im Gegensatz zur poetischen Deutung des flammenden Tagesgestirns
im Faust II tritt Licht/Sonne in der Realität Schaffhausens von 1797 als
rational klärendes Medium auf.

Keinerlei Farbe, nichts Malerisches; die Sonne hebt die Massen plastisch voneinander ab, lässt das Bild räumlich werden. Zeichnerisch, farblos schildert Goethe die feinen Nuancen der Beleuchtung, selbst der Regenbogen ist von seinem Spektrum abstrahiert. Den Betrachter fasziniert jetzt insbesondere die Schein-Wirkung der "Erscheinungen" und aus der Unterscheidung von Sein und Schein leitet er schließlich eine psychologische Erklärung in Form einer allgemeingültigen Sentenz ab, die viel später in der Faust II-Strophe eine geradezu triumphale Endgültigkeit erfahren wird: nicht die Wirklichkeit ist das Wirkliche - der Schein, die Erscheinung, das "Abbild" ist das Leben.

> "Bey längerer Betrachtung scheint die Bewegung zuzunehmen. Das dauernde Ungeheure muss uns immer wachsend erscheinen; das Vollkommne muss uns erst stimmen und uns nach und nach zu sich hinaufheben. So erscheinen uns schöne Personen immer schöner, verständige immer verständiger.

> Das Meer gebiert das Meer. Wenn man sich die Quellen des Ozeans dichten wollte, so müßte man sie so darstellen.

Damit ist ein Stadium erreicht, wo der Betrachter Goethe seinem " Verlangen", das Sichtbare in Worte zu fassen, nachgeben kann, ohne dabei seiner "innern Empfindungen" wegen leiden zu müssen. Seine Tagebuchaufzeichnungen sind deshalb für Goethe mit Sicherheit auch ein Instrument der Selbsthilfe, ja, der Selbstbehauptung, und insofern ein Mittel, als ein im Grund nur widerwillig Reisender, "fremd in der Fremde", diese Reise - und vor allem ihre sein Gleichgewicht attackierenden, gewaltsamen Höhepunkte wie den Rheinfall ohne Beschädigung zu überstehen. Dass der Rheinfall ihn bis fast an die Grenze einer existentiellen Konfrontation mit sich selbst heranführt, wird sich noch zeigen. Wichtig für Goethe, den Dichter, ist und wird immer bleiben die Transformation ins Wort, um sich dabei jeweils seiner selbst und seiner Wort-Macht über alles und alle zu vergewissern. Der Unheil verhütende "Gegen-Zauber", den seit Urzeiten das Wort ausübt, ist für den wortgewaltigen Goethe ein intuitiver Wissensbesitz.

Nur durch das Wort lässt sich die "unregulierte Naturkraft" regulieren, - und letztlich ihrer zerstörerischen Kraft, Symbol des alles verschlingenden Chaos, in Gedanken Paroli bieten. Das beweist sich auch - umgekehrt - durch

gelegentliche, eher prosaische, als gedankliche Puffer gegen die dramatische
Urgewalt des Naturschauspiels dazwischen gestreute Einschübe:

> "Beym Hinabsteigen nach dem flächern Ufer Gedanken an die neumo-
> dische Parksucht."

Und wieder die Sentenz, die Wendung ins Allgemeingültige:

> "Der Natur nachzuhelfen, wenn man schöne Motive hat, ist in jeder
> Gegend lobenswürdig; aber wie bedenklich es sey, gewisse Imaginatio-
> nen realisieren zu wollen, da die größten Phänomene der Natur hinter
> der Idee zurückbleiben."

Indirekt lässt sich dieser Satz als vorweggenommenes Urteil über die eigene
Art von Vollkommenheit eines Naturwunders wie den "Rheinfall" verstehen. Denn auch er als eines "der größten Phänomene der Natur" muss, nach
Goethes Meinung, "hinter der Idee zurückbleiben." Dem Rheinfall fehlt jenes
volle Maß an Idealität, das Goethe Heidelbergs zuerkannte, jene - klassizistische - Idealität,

> "die denkende Menschen aus der Natur genommen und in sie hinein-
> gelegt haben",

- ihm fehlt zur Vollkommenheit das "Humanum". Ein Ideal sieht Goethe
entstehen im Zusammen- und Wechselwirken von Mensch und Natur: aus
einem Gedankenentwurf, der von der Idee zum Ideal führt, zur vollendeten,
zur Über-Natur.

Es ist jedoch zu vermuten, dass Goethe auch aufgrund seiner persönlichen Veranlagung und erst recht wegen seiner damaligen inneren, "klassizistischen" Verfassung der brutalen Gewalt der herabstürzenden Wassermassen "Idealität" im Sinne seines Schönheitsanspruchs nicht hätte zusprechen
können. Seinem ganzen Wesen nach sieht er sich gezwungen, sich allen "pathologischen" Stimmungsattacken beim Anblick dieses Naturschauspiels zu
widersetzen, um sich seine ihm vom Wesensgrund her so notwendige Sammlung und Gelassenheit zu bewahren:

> "Nach einiger Beruhigung verfolgt man den Strom in Gedanken bis
> zu seinem Ursprung und begleitet ihn wieder hinab."

Den Ansturm seiner Gefühle, die ihm schon beim allerersten Anblick in der frühesten Morgenstunde ins Unkontrollierbare zu entgleiten drohten, versucht er mit diesem Gedankenspiel gleichsam zu neutralisieren. Den Quellen des Rheins ganz nah ist Goethe tatsächlich vorher schon zweimal gewesen, 1775 und 1779, auf seiner ersten und zweiten Schweizerreise. Mit dem großgesehenen Ursprung des Rheins unfern des St.Gotthard endeten "Goethes Briefe aus der Schweiz" - (die erst 1796 - also ein Jahr zuvor - in den HOREN erschienen waren.)

> "Gipfel des Gotthards, den 13.November 1779. Der Gotthard ist zwar nicht das höchste Gebirge der Schweiz ... doch behauptet er den Rang eines königlichen Gebirges über alle andere, weil die größten Gebirgsketten bei ihm zusammenlaufen und sich an ihn lehnen ... Nicht fern von hier entspringt der Rhein und läuft gegen Morgen, und wenn man alsdann die Rhone dazunimmt ... die nach Abend läuft; so befindet man sich hier auf einem Kreuzpunkt, von dem aus Gebirge und Flüsse in alle vier Himmelsrichtungen auslaufen."

Für den 1797 knapp Fünfzigjährigen bringt sicher der in Schaffhausen verbrachte 18.September die dramatischste Szenerie dieser seiner dritten Reise in die Schweiz. Die Konfrontation mit dem Rheinfall - Goethe erlebt ihn ja nicht zum ersten Mal - von wechselnden Schauplätzen und aus immer neuen Perspektiven, zwingt ihn immer wieder zur Selbstprüfung. Der Faszination zerstörerischer Kraft kann er sich dabei keineswegs entziehen, auch wenn er - den Fluss überquerend - weder dem "unbändigsten rechts" noch dem "nützlich verwendeten links" eine an symbolischer Kraft höhere Qualität zubilligt, sondern sich auf einen neutralen Standpunkt zurückzieht.

> "Wir fuhren über. Der Rheinfall von vorn, wo er faßlich ist, bleibt noch herrlich, man kann ihn auch schon schön nennen. Man sieht schon mehr den stufenweisen Fall und die Mannigfaltigkeit in seiner Breite; man kann die verschiedenen Wirkungen vergleichen, vom unbändigsten rechts bis zum nützlich verwendeten links."

Dann die Bemerkung:

> "Über dem Sturz sieht man die schöne Felsenwand, an der man das Hergleiten des Stromes ahnen kann; rechts das Schloss Laufen. Ich stand so, dass das Schlößchen Wörth und der Damm den linken Vordergrund machten. Auch auf dieser Seite sind Kalkfelsen, und wahrscheinlich sind auch die Felsen in der Mitte des Sturzes Kalk."

Noch einmal, als er nach dem Mittagessen in Schaffhausen wieder hinaus zum Rheinfall fährt, kommt Goethe auf die Felsen mitten im Strom zurück - und spricht ihnen dabei eine unerwartete, fast unglaubliche Bedeutung zu:

> "Der Kalkstein, an dem man vorbeifährt, ist sehr klüftig, sowie auch der drüben bei Laufen. Das wunderbarste Phänomen beim Rheinfall sind mir daher die Felsen, welche sich in dessen Mitte so lange erhalten, da sie doch wahrscheinlich von derselben Gebirgsart sind."

Warum diese einzigartige Hervorhebung? Das erklärt sich erst Jahrzehnte später: Goethe berichtet Eckermann 1823, Fels und Gebirg habe er auf seiner letzten Schweizerreise nur noch "in mineralogischer Hinsicht betrachtet". Dabei lässt er auch noch die Beunruhigung nachklingen, die ihm - der vielleicht "weit glücklicher zuhause geblieben wäre" - die doch völlig unspektakuläre Reise von vornherein verursacht hatte, die sich dann beim Anblick des Rheinfalls mit seiner gewaltigen Dynamik ins fast Unerträgliche steigerte.

> "Im Grunde ist dem Menschen nur der Zustand gemäß, worin und wofür er geboren worden. Wen nicht große Zwecke in die Fremde treiben, der bleibt weit glücklicher zu Hause. Die Schweiz machte anfänglich auf mich großen Eindruck, dass ich dadurch verwirrt und beunruhigt wurde; erst bei wiederholtem Aufenthalt, erst in späteren Jahren, wo ich die Gebirge bloß in mineralogischer Hinsicht betrachtete, konnte ich mich ruhig mit ihnen befassen."

Seine "Verwirrung und Beunruhigung", deren sich Goethe später aus so großer zeitlicher und psychischer Distanz erinnert, begann wohl auch bei den beiden früheren Reisen nicht erst im Schweizer Hochgebirge. Jetzt, 1797, bildet jedenfalls mit Gewißheit der Rheinfall zu Schaffhausen - als größter Wasserfall Mitteleuropas der grandiose Auftakt zur eigentlichen Reise innerhalb der Schweiz - die Ursache der so unwillkommenen inneren Erregtheit des Betrachters. Im Grunde stellt dieser gewaltige Katarakt ja nichts anderes dar als ein Stück rohe Naturgewalt.

Von daher verstehbar ist Goethes Reaktion:

> "Das wunderbarste Phänomen beim Rheinfall sind mir daher die Felsen, welche sich in dessen Mitte so lange erhalten."

In Wirklichkeit versucht sich Goethe also schon in Schaffhausen mithilfe
seiner mineralogischen Kenntnisse Distanz zur "Großheit"der Natur zu verschaffen. Wie er mit Genugtuung erkennt, setzt der harte sog. Malmkalk,
von denen der Rhein herabstürzt, ebenso wie die in der Mitte aufragenden Felsen der zerstörenden Gewalt des Wassers eine besondere Resistenz
entgegen.

Diese "klüftigen", unzerstörbar scheinenden Kalkfelsen, die seit Urzeiten
dem Rheinfall Widerstand leisten, sind Goethe ein Ur-Symbol standhafter
Selbstbehauptung, mit dem er sich - im Gegensatz zu den reißenden Gewässern - identifizieren kann. Man könnte sogar an eine Analogie zu den
Schlussstrophen des erst vor kurzem entstandenen Gedichts "Hermann und
Dorothea" denken: sie beschreiben ein menschliches Idealbild, das sich "fel-
senfest" den zerstörerischen Mächten der Zeit widersetzt, die

> "... die Welt, die gestaltete
> Lösen in Chaos und Nacht ...
> Denn der Mensch, der zur schwankenden Zeit auch schwankend
> gesinnt ist,
> Der vermehret das Übel und breitet es weiter und weiter;
> Aber wer fest auf dem Sinne beharrt, der bildet die Welt sich.
> Nicht dem Deutschen geziemt es, die fürchterliche Bewegung
> Fortzuleiten und auch zu wanken hierhin und dorthin ...
> Und drohen dies Mal die Feinde ...
> O, so stellt sich die Brust dem Feinde sicher entgege
> Und gedächte jeder wie ich, so stünde die Macht auf
> Gegen die Macht, und wir erfreuten uns alle des Friedens."

Goethes Auseinandersetzung mit dem Rheinfall: eine Art Drama zu drei
verschiedenen Tageszeiten, wobei Goethe jedesmal seine Rolle wechselt -
als Beobachter, als Bewunderer, als Widerpart. In seinem Tagebuch und
einem Bericht an Schiller spiegelt sich, wenn auch nicht identisch im Wortlaut, diese mehrfach wiederholte Annäherung. Goethes Brief an Schiller vom
26.September 1797: eine wohlüberlegte, objektivierte Zusammenfassung der
einzelnen Höhe-, aber nicht ihrer Tiefpunkte.

> "Den 18. widmete ich ganz dem Rheinfall, fuhr früh nach Lau-
> fen und stieg von dort hinunter, um sogleich der ungeheuren Über-
> raschung zu genießen. Ich beobachtete die gewaltsame Erscheinung,

indeß die Gipfel der Berge und Hügel vom Nebel bedeckt waren, mit
dem der Staub und Dampf des Falles sich vermischte. Die Sonne kam
hervor und verherrlichte das Schauspiel, zeigte einen Theil des Regenbogens und ließ mich das ganze Naturphänomen in seinem vollen
Glanze sehen. Ich setzte nach dem Schlößchen Wörth hinüber und
betrachtete nun das ganze Bild von vorn und von weitem, dann kehrte ich zurück und fuhr von Laufen nach der Stadt. Abends fuhr ich
auf dem rechten Ufer wieder hinaus und genoß von allen Seiten, bey
untergehender Sonne, diese herrliche Erscheinung nocheinmal.

Es bleibt die Frage, warum Goethe weder 1775 noch 1779 vom Rheinfall
literarisch "Notiz genommen" hat, als er ihn sowohl auf seiner ersten wie
auf seiner zweiten Schweizerreise besichtigte. Verwunderlich auch, dass er
auf seiner dritten Reise jene früheren Besuche mit keinem Wort erwähnt.
Einzige Ausnahme - eine ferne Erinnerung an Rom:

> "Schlösschen Wörth. Ich ging hinein, um ein Glas Wein zu trinken.
>
> Alter Eindruck bei Erblickung des Mannes. Ich sah Trippels Bild an
> der Wand und fragte, ob er etwa zur Verwandtschaft gehöre? Der
> Hausherr, namens Gelzer, war mit Trippel verwandt, durch Mutter
> Geschwisterkind."

Im Schlößchen Wörth wird Goethe unerwartet durch dieses Porträt Alexander Trippels an den 1744 in Schaffhausen geborenen, 1793 in Rom verstorbenen Bildhauer erinnert, der zu seinem römischen Freundeskreis gehört
und 1787 Goethes Büste modelliert hatte. Goethe berichtete damals nach
Weimar:

> "Meine Büste ist sehr gut geraten ... Gewiß ist sie in einem schönen
> und edlen Stil gearbeitet, und ich habe nichts dagegen, dass die Idee,
> als hätte ich so ausgesehen, in der Welt bleibt..."

1789 schuf Trippel[27] dann eine Kolossalbüste von Goethe, von der sich ein
Zweit-Exemplar in Weimar befindet.

---

[27] Alexander Trippel, schweizer Bildhauer. Seit 1788 ständig in Rom tätig, wo er Bild-
werfke in frühklassizistischem Stil schuf. Vorläufer von A.Canova. Werke: Kolossalbüste Goethes, 1789 (Schloss Arolsen), 2.Exemplar in Weimar (Landesbibliothek) Büste Herders (ebd.), Grabdenkmal Gessners, 1791 (Zürich, Kunsthaus), Johannes, Fürst
v.Schwarzenberg, 1793

Es ergibt sich weiterhin die Frage, warum Goethe erst 1797 - unter Umgehung aller denkbaren und naheliegenden Erinnerungen - so ausschließlich und ausführlich, ja, geradezu exzessiv über den Rheinfall zu berichten "ein heftiges Verlangen" trug.

Seine erste Reise zusammen mit den Stolbergs 1775 in die Schweiz über Schaffhausen hätte ihn eigentlich bis nach Italien führen sollen. Auf dem Gotthard warf er dann doch nur einen "Scheideblick" hinüber und kehrte um.

An manche Einzelheiten seiner zweiten Schweizerreise, die Goethe 1779 als Begleiter und als eine Art Mentor des zehn Jahre jüngeren Herzogs Carl August auf dessen Bildungsreise absolvierte, erinnerte er sich später zu seinem eigenen Erstaunen nur vage. In seinem Brief aus Tübingen vom 11.September 1797 an den Herzog in Weimar findet sich eine der äußerst sparsamen Hinweise auf verblaßte Reminiszenzen:

> "Wie auslöschlich die Züge der Gegenstände im Gedächtnis seyen, bemerke ich hier mit Verwunderung, indem mir doch keine Spur vom Bilde Tübingens geblieben ist, das wir doch auch, auf jener sonderbaren und angenehmen, ritterlichen Expedition, vor so viel Jahren, berührten."

Man könnte spekulieren, Goethe habe diese nur allzu menschliche Erfahrung verinnerlicht und sei vielleicht gerade deshalb so bemüht gewesen, den gewaltigen Eindruck des Rheinfalls vor der eigenen Vergesslichkeit zu bewahren, ihn für alle Zeit unverlierbar in Besitz zu nehmen, ihn sich gleichsam "einzuverleiben". Für ihn als Schriftsteller konnte das nur bedeuten, dieses Naturwunder zu "literarisieren", das heißt, es wenigstens in einer vorliterarischen Form festzuhalten, - wie das in seinen Notizen denn auch geschehen ist. Das hat ihm einen schmerzhaften Kraftakt abgefordert: dem Phänomen, das er einerseits geistig in Besitz nehmen wollte, musste er sich andererseits seelisch ausliefern, anders als über die psychische Erschütterung war die Transformation ins (dichterische) Wort nicht zu haben.

Gerade dies wurde dann aber wohl eine der größten Herausforderungen, der er sich auf dieser Reise unterwarf: die Frage, wie weit das Harmoniebedürfnis seiner Natur - sein klassizistisches Lebensgefühl - diese Kraftprobe bestehen würde. Mit ästhetischen Kategorien allein war für einen Betrachter wie Goethe die problematische Konfrontation mit einem solchen Naturereignis nicht zu bewältigen.

Umso genauer - auch zu seinem eigenen Schutz - beobachtet Goethe seine wechselnden, teils auch gegensätzlichen Reaktionen auf sich ständig verändernde Eindrücke:

> "Um zehn Uhr fuhr ich bei schönem Sonnenschein wieder hinüber. Der Rheinfall war noch immer seitwärts von hinten erleuchtet, schöne Licht- und Schattenmassen zeigten sich sowohl von dem Laufenschen Felsen als von dem Felsen in der Mitte.
>
> Ich trat wieder auf die Bühne an den Sturz heran und fühlte, dass der vorige Eindruck schon verwischt war; denn es schien gewaltsamer als vorher zu stürmen, wobei ich zu bemerken hatte, wie schnell die Nerve in ihren alten Zustand sich wieder herstellt. Der Regenbogen erschien in seiner größten Schönheit; er stand mit seinem ruhigen Fuß in dem ungeheuren Gischt und Schaum, der, indem er ihn gewaltsam zu zerstören drohte, ihn jeden Augenblick neu hervorbringen muss.
>
> Betrachtungen über die Sicherheit neben der entsetzlichen Gewalt.
>
> Durch das Rücken der Sonne entstanden noch größere Massen von Licht und Schatten, und da nun kein Nebel war, so erschien der Gischt gewaltiger, wenn er über der reinen Erde gegen den reinen Himmel hinauffuhr. Die dunkle grüne Farbe des abströmenden Flusses ward auffallender."

Das alles beherrschende Bild des Regenbogens - ohne nähere Angabe der spektralen Intensität - beruht allein auf dem Abwägen statischer gegen dynamische Kräfte; das optische Geheimnis von Schein und Sein fesselt den Betrachter hier stärker als die realen Augentatsachen. Innerhalb der "Beobachtungen und Betrachtungen" vertieft sich die Empfindung, gelangt in dieser Phase der Beschreibung zu ihrem Höhepunkt. Obgleich noch einmal auf das Scheinhafte des Eindrucks verwiesen und im Zusammenhang seiner physikalischen Kausalität erklärt wird, steigert sich doch die Kraft der sprachlichen Wiedergabe bedeutend: sie lässt die Gischt "hinauffahren", wiederholt das "Reine" der Erde und des Himmels - schließlich belebt intensiv gesehene Farbe das Bild. Von da an mäßigt sich die Anteilnahme, gewinnt jedoch aus dem Sinneneindruck erneut eine eindrucksvolle Metapher:

> Wir fuhren zurück Wenn man den Fluss nach dem Falle hinabgleiten sieht, so ist er ruhig, seicht und unbedeutend. Alle Kräfte, die sich

gelassen, successiv einer ungeheuren Wirkung nähern, sind eben so anzusehen. Mir fielen die Kolonnen ein, wenn sie auf dem Marsch sind.".

Auf dem Rückweg schweift der Blick ringsumher: Goethes Landschafts-Schema tritt durchsichtig hervor:

"Man sieht von links ... Ein wenig vorwärts ... Rechts die hohen Ge-bürge der Schweiz in weiter Ferne hinter den mannigfaltigsten Mittel-gründen. Auch bemerkt man hinterwärts gar wohl an der Gestalt der Berge den Weg, den der Rhein nimmt."

Vielsagend eine Szene kurz vor dem Mittagessen - (die gut und gern über zwei Jahrhunderte hinweg das Verhalten heutiger Touristen parodieren könn-te) - und die sich, wie zahlreiche andere Nebenbei-Beobachtungen passgenau in Goethes Reise-Schema einfügt;

"Unterm Thore des Wirtshauses fand ich ein paar Franzosen wieder, die ich auch am Rheinfall gesehen hatte. Der eine schien wohl damit zufrieden, der andere aber sagte: C'est assez joli, mais pas si joli que l'on me dit. Ich möchte die Ideen des Mannes und seinen Maßstab kennen.

Bei Tische saß ich neben einem Manne, der aus Italien kam ... Er konnte von der Theuerung in Italien nicht genug sagen. Ein Pfund Brod kostet 20 französische Sous und ein Paar Tauben einen kleinen Thaler."

Allzu weit ist der Schatten Napoleons auch von der Schweiz in diesem Au-genblick nicht mehr entfernt - mit fühlbarem Schauder bemerkt Goethe an diesem Nachmittag:

"Marokanische Uniform französischer edeln Kavalleristen. Fürchterli-ches Zeichen der drei schwarzen Lilien auf der weißen Binde am Arm."

Noch war Schaffhausen - 1797 - selbständiger Stadtstaat, schon ein Jahr später, 1798, kam es durch Frankreichs Einwirkung an die Helvetische Re-publik; schon seit längerem befürchtete Goethe mit Recht Napoleons Aus-greifen nach der Schweiz.

Am Nachmittag fährt Goethe noch einmal zum Rheinfall:

"Man fährt weiter hinauf. Schaffhausen hat man nun in der Tiefe, und
man sieht die Mühlen, die vor der Stadt den Fluss herabwärts liegen.
Die Stadt selbst liegt wie eine Brücke zwischen Deutschland und der
Schweiz ... Bei der Abendsonne sah ich noch den Rheinfall von oben
und hinten, die Mühlen rechts, unter mir das Schloss Laufen, im Angesicht eine große herrliche, aber faßliche, in allen Theilen interessante,
aber begreifliche Naturscene; man sieht den Fluss heranströmen und
rauschen und sieht, wie er fällt. Man geht durch die Mühlen durch in
der kleinen Bucht. Bei den in der Höhe hervorstehenden mancherlei
Gebäuden wird selbst der kleine Abfall eines Mühlwassers interessant,
und die letzten diesseitigen Ströme des Rheinfalls schießen aus grünen
Büschen hervor."

Innerhalb des Gesamtpanoramas - der Rheinfall in der Totale gesehen - verliert der Fluss und sein steiler Absturz die heroische Aura; er wirkt von
hier aus nur "interessant", nicht "schön" in einem idealen Sinn. Aber bemerkenswert ist das Sprachbild: die Ströme des Rheines "schießen aus grünen
Büschen hervor". Vegetationsgrün ist bis jetzt außerordentlich sparsam verwendet worden, zur Dynamik des Verbs kommt die Dynamik der Farbe:

"Wir gingen weiter, um das Schlößchen Wörth herum. Der Sturz war
zu meinem Vortheil und Nachtheil von der Abendsonne grade beleuchtet; das Grün der tiefern Strömungen war lebhaft, wie heute früh, der
Purpur aber des Schaumes und Staubes viel lebhafter."

Die höchste Steigerung erfährt die Darstellung der Rheinfall-Begegnung
beim Abendlicht. Auch sich selbst bezieht Goethe zum Schluss noch einmal mit seiner ganzen Emotionalität ein:

"Wir fuhren näher an ihn hinan; es ist ein herrlicher Anblick, aber man
fühlt wohl, dass man keinen Kampf mit diesem Ungeheuer bestehen
kann."

Eigentlich spricht Goethe hier zum ersten Mal ganz direkt seine hintergrün-
dige, fast personalisierte Beziehung zum Rheinfall aus: er fühlt sich ihm
gegenüber als Widerpart - im Versuch, sich dies ebenso grandiose wie aggressive Phänomen "fasslich" zu machen, als Geistwesen über die Materie
durch Reflexion zu verfügen, ja, zu triumphieren. Tatsächlich ist ihm dieser
Triumph, wenn auch sehr viel später, dann doch noch gelungen - in einer literarischen Version, die aus dem ehemaligen realen Erlebnis die reine Essenz

herauspreßt und ihr eine Vollkommenheit verleiht, die jenes "humanum" der Idealität enthält, die dem tatsächlichen Rheinfall abging, nämlich das, was

> "denkende Menschen aus der Natur genommen und in sie hineingelegt haben."

Genau nach diesem Dictum handelte Goethe, als er in den zwanziger Jahren in der ersten Szene seines Faust II den Rheinfall wiederaufleben ließ mit den Versen:

> Ein Feuermeer umschlingt uns, welch ein Feuer!
> Ist's Lieb'? Ist's Haß? die glühend uns umwinden,
> Mit Schmerz und Freuden wechselnd ungeheuer,
> So dass wir wieder nach der Erde blicken,
> Zu bergen uns in jugendlichstem Schleier.
> So bleibe denn die Sonne mir im Rücken!
> Der Wassersturz, das Felsenriff durchbrausend,
> Ihn schau' ich an mit wachsendem Entzücken.
> Von Sturz zu Sturzen wälzt er jetzt in tausend,
> Dann aber tausend Strömen sich ergießend,
> Hoch in die Lüfte Schaum an Schäume sausend.
> Allein wie herrlich, diesem Sturm ersprießend,
> Wölbt sich des bunten Bogens Wechseldauer,
> Bald rein gezeichnet, bald in Luft zerfließend,
> Umher verbreitend duftig kühle Schauer!
> Der spiegelt ab das menschliche Bestreben.
> Ihm sinne nach, und du begreifst genauer:
> Am farbigen Abglanz haben wir das Leben.

Mit diesen Versen vergleiche man die Schlusssequenz von Goethes Schaffhauser Aufzeichnungen:

> Farbenspiel herrlich. Von dem großen überströmten Felsen schien sich der Regenbogen immerfort herabzuwälzen, indem er in dem Dunst des herunterstürzenden Schaumes entstand. Die untergehende Sonne färbt einen Theil der beweglichen Massen gelb, die tiefen Strömungwen erschienen grün, und aller Schaum und Dunst war lichtpurpur; auf allen Tiefen und Höhen erwartete man die Entwicklung eines neuen Regenbogens.

Herrlicher war das Farbenspiel in dem Augenblick der sinkenden
Sonne, aber auch alle Bewegung schien schneller, wilder und sprühen-
der zu werden. Leichte Windstöße kräuselten lebhafter die Säume des
stürzenden Schaumes, Dunst schien mit Dunst gewaltsamer zu kämpfen, und indem die ungeheure Erscheinung immer sich selbst gleich
blieb, fürchtete der Zuschauer dem Übermaß zu erliegen und erwartete als Mensch jeden Augenblick die Katastrophe."

Dies ist ein Augenblick, in dem Goethes damalige klassizistische Grundhaltung dem Ansturm dunkler, kathartischer Gefühle zu erliegen scheint - wo
das Gefühl für "Maß", "Mäßigung", "Maßhalten" einfach nicht hinreicht, um
einer so absolut "maßlosen", "ungeheuren Erscheinung" mental wie emotional
standzuhalten. Es ist aber gleichwohl auch ein Augenblick der Selbstbeobachtung. Mit Sicherheit weiß Goethe, dass er hier mit dem Rheinfall einen
"symbolischen Gegenstand" der höchsten Kategorie erlebt - mehr, als er sich
je in Frankfurt hätte träumen lassen, wo er sich in den ersten Reisetagen
für den neugefundenen Begriff des "symbolischen Falls" begeisterte. Einen
"symbolischen Fall", dessen er sich letztendlich erst in ferner Zukunft mittels
souveräner Umdeutung im Vollsinn bemächtigen wird.

Bei der Beurteilung von Goethes Rheinfall-Beschreibung soll die sprachliche Meisterschaft, die kunstvolle Steigerung bis zum Höhepunkt, die Präg-
nanz der Einzelheiten nicht ausschließliches Kriterium sein. Als sprachliche
Komposition ist die Darstellung des 18.September 1797 - obwohl gleichsam
nur in Stichworten notiert - eine der Glanzleistungen der Schweizerreise.
Auch die Beobachtung der psychischen Resonanz, die Verschlingung seelischer Reaktionen mit den jeweiligen wissenschaftlichen Beobachtungen ist
das Produkt hoher Reife und staunenswert vielseitigen Interesses und Wis-
sens. Aber es ist das - in der zeitlichen Entfernung mehrerer Jahrzehnte entstandene - "Zitat" des Schaffhauser Wasserfalls, das die Rheinfall-Studien
wegen ihrer Bedeutungsverschiebung im Faust-Monolog II.Teil aus dem gesamten Text der Schweizerreise heraushebt: äußerste Lebensbedrohlichkeit
verkehrt sich in ein triumphales Lebensgleichnis.

Man muss sich die jeweilige Schlusssequenz vor Augen halten: (Schweizerreise)

"... Dunst schien mit Dunst gewaltsamer zu kämpfen, und indem die
ungeheure Erscheinung immer sich selbst gleich blieb, fürchtete der

Zuschauer dem Übermaß zu erliegen und erwartete als Mensch jeden
Augenblick die Katastrophe."

Dagegen: (Faust II)

"Den Wassersturz, das Felsenriff durchbrausend
Ihn schau ich an, mit wachsendem Entzücken
. . .
Allein wie herrlich, diesem Sturm ersprießend
Wölbt sich des bunten Bogens Wechseldauer
. . .
Ihm sinne nach, und du begreifst genauer:
Am farbigen Abglanz haben wir das Leben."

Hauptelement des Augenerlebnisses im Faust II sind seine reflektierenden
Momente. Was Goethe im Tagebuch nur andeutet, die Scheinexistenz der
Phänomene, das spricht der Monolog gedanklich eindeutig aus. Die "Oberflä-
chenwirkung", die im Faust II die eigentliche Sinngebung übernimmt, bahnt
sich teilweise auch schon bei den Rheinfall-Impressionen von 1797 als Verlust der Unmittelbarkeit an, der Eindruck gewinnt Spiegelungscharakter.
Vgl. die Bemerkung:

"Bey längerer Betrachtung scheint die Bewegung zuzunehmen. Das
dauernde Ungeheuer muss uns immer wachsend erscheinen ..."

überhaupt die häufige Wiederholung "schien", "scheint", mit der Goethe sehr
präzis den subjektiven Augeneindruck kennzeichnet und ihn so als spezifisches Charakteristikum unsres Sehvorgangs hervorhebt. Das Sonnenuntergangsbild ist fast durchweg auf der subjektiven Täuschung des Augensinnes
aufgebaut. Es erreicht seine höchste Wirkung gerade in dem Maße, wie sich
Lichtreiz in Farbenenergie - und nicht mehr in raumschaffende Dimension,
in Fläche und Kontur - umsetzt und sich die Bildkomposition in "ungeheu-
res Gewühle", "Dunst", "herunterstürzenden Schaum", "bewegliche Massen"
und wieder in "Schaum und Dunst" auflöst. Alle Sensibilität des Auges -
und des Urteils - richtet sich auf die Oberfläche und ihre Reize, ohne dass
es ihrer Scheinhaftigkeit erliegt. Denn das irregeführte Auge bleibt sich seiner optischen Verführbarkeit bewusst; Goethe wahrt also immer noch eine
letzte, zwar nicht ästhetische, aber psychologische, durch wissenschaftlich-
nüchterne Überlegung gestützte Distanz, wobei ihm natürlich bewusst ist,

dass sich genau dieser Verführbarkeit des Auges der unbeschreiblich hohe ästhetische Genuss bei der Betrachtung des Rheinfalls verdankt.

Die Distanz des "Zuschauers", der sich nicht in das Drama "hineinziehen" lässt, bleibt also gewahrt. In solcher Perspektive gewinnt Goethes Darstellung des Rheinfalls nicht nur eine allgemeine, sondern auch eine Art persönlicher Symbolik: als Beispiel der für seine Existenz fast lebenswichtigen Neigung zum Mittelbaren, Indirekten, Reflektieren und Reflektierten. Einer aufs Tragische zugespitzten Haltung Auge in Auge mit dem gewaltigen Naturschauspiel ist er vollkommen abgeneigt - eine pessimistischere Natur als Goethe würde sich depressiv ihrer menschlichen Kleinheit vergewissert haben - eine eher kämpferische hätte sich in heroischen Untergangsphantasien zu behaupten versucht. Die humane Superiorität Goethes - und erst recht die klassizistische Grundhaltung dieser Lebensphase - widersetzt sich dem Anspruch der Elemente, er kann und darf sich ihnen nicht emotional völlig preisgeben. Er stellt ja selbst mit Erstaunen fest:

"Wie schnell sich die Nerve wieder in ihren alten Zustand herstellt."

Die Rheinfallbeschreibung ist nicht im eigentlichen Sinn naturwissenschaftliche Deskription, und schon gar nicht Widerspiegelung einer Seelenlandschaft. Sie ist - sehr viel mehr noch als etwa der Heilbronner Sonnenuntergang oder Stuttgart bei Eintritt der Dämmerung - ein großartiges, Sprache gewordenes Naturbild (oder besser eine Naturskizze), und durchaus - angesichts der gewaltigen Zerstörungskräfte des Rheinfalls - wohl auch eine durch Goethes sprachliche Meisterschaft bewältigte psychische Herausforderung. Aber es existiert in diesem Lebensabschnitt ja kein echtes, persönliches Lebensproblem, das sich in diesem gewaltigen Naturschauspiel spiegelnd hätte "abbilden" können, - dem sich Goethes Seelenstimmung hätte "anähnlichen" können. Im Gegensatz zu dem real wahrgenommenen Phänomen greift der Schlusssatz des Faust-II-Monologs aber nun zu einer semantisch fast nicht mehr steigerbaren positiven Metapher: dem im 18.Jh. aufgekommmenen Wort "Abglanz", das der Lexikograph J.Ch.Adelung in seinem 1784-86 erschienenen, fünfbändigen "Versuch eines vollständigen Wörterbuchs der hochdeutschen Mundart" versteht als "ein glänzendes Ebenbild, doch nur von Gott gebraucht" - während Goethe es seit seiner Weimarer Zeit gern aus diesem Bereich für seine Licht-Metaphorik entlehnt. Im Zusammenhang mit Faust, für Goethe Verkörperung höchster Persönlichkeits-

und Lebenssteigerung, erscheint ihm das eigentlich sakrale Wort "Abglanz" als Inbild eines "höchsten Begriffs" zulässig und zutreffend, wie er ihn allein dem schöpferischen Menschen, dem Künstler als Lebenssymbol zugestand. Dass Goethe aus dem lange zurückliegenden Erlebnis des Rheinfalls Jahrzehnte später die so hoch gestimmte metaphorisch-symbolische Sequenz im Faust II wiedererstehen lassen konnte, spricht für die optimistische Grundstimmung dieser Lebensphase, welche rückwirkend die Schweizerreise einschließt. Es ist ein auch damals schon nicht mehr jugendliches, sondern das reife, gereifte Lebensgefühl eines Menschen, der sich seiner selbst geschaffenen inneren "Geformtheit" bewusst ist und wie Hermann von sich sagen konnte :

> "Nun ist das Meine meiner als jemals".

In einem ganz anderen Naturbild hat Goethe, einen Tag nach der "Begegnung" mit dem Rheinfall, das "Gegenbild", den "symbolischen Fall" seiner eigenen, intimen damaligen Lebenssituation im Vorüberfahren gleichsam identifiziert und ohne Scheu in deutlich deutende Worte gefasst.

Die Elegie "Amyntas" - Dialektik der heroischen Schwäche

Auf der Weiterfahrt von Schaffhausen über Zürich nach Stäfa, dem Geburtsort Meyers und eigentlichen Ziel der Reise, notiert Goethe eine nachdenkliche Bemerkung, die man in einem passenden Zusammenhang mit seinen eigenen, delikaten Lebensumständen sehen könnte, die zwar real existierten und von der Weimarer Gesellschaft mit übelster Nachrede traktiert wurden, die Goethe jedoch souverän "beschwieg":

> "Betrachtung, dass der Mensch die Rede eigentlich für die höchste Handlung hält, so wie man Vieles thun darf, was man nicht sagen soll."

Goethe, der seit 1788, damals gerade eben aus Italien zurückgekehrt, mit Christiane Vulpius zusammenlebt, bezeichnet diese Lebensgemeinschaft als "Ehe" - "nur nicht durch Zeremonie". Vor Antritt seiner Schweizerreise 1797 setzte er in seinem Testament Christiane und seinen 1789 geborenen Sohn

August zu Erben ein. Er stellte beide seiner liebe- und verständnisvoll rea-
gierenden Mutter in Frankfurt vor, der er bei dieser Gelegenheit zum letzten
Male begegnete, - elf Jahre vor ihrem Tod. Seinen Sohn ließ Goethe 1801
legitimieren, 18o6 heiratete er Christiane.

Es ist nicht Aufgabe dieser Untersuchung, die Bedeutung und den Verlauf von Goethes Verbindung mit Christiane Vulpius zu kommentieren. Nur
insofern diese Verbindung Einfluss auf Goethes Stimmung und dichterische
Arbeit während der Reise nahm und ihr individuelle Schattierungen ver-
lieh, ist sie Gegenstand dieser Arbeit. Das Quellenmaterial beschränkt sich
also auf Goethes Reisebriefe an Christiane - und natürlich auf die Elegie
"Amyntas", die sich auf ihn und Christiane bezieht.

An Zahl, nicht an Gewicht übertreffen die Briefzeugnisse an Christiane
die aller übrigen Empfänger, wobei die Zahl seiner Reisebriefe an verschie-
denste Personen sowieso beachtlich erscheint. Die Korrespondenz mit Christiane bleibt bis Zürich einseitig, da Christianes Briefe ihm von Frankfurt
aus hätten nachgeschickt werden sollen, aber dort aufgrund eines Missver-
ständnisses zurückgehalten wurden. Ganz aus eigener Kraft musste er die
räumliche Trennung überbrücken und schrieb so seine Briefe gewissermaßen
"ins Leere". Auch in diesem Sinne ist er dadurch, wenn auch aus Zufallsgrün-
den, von "daheim" gänzlich abgeschnitten.

Schon aus Frankfurt, wo Goethe Frau und Sohn seiner Mutter vorgestellt
und einige Tage gemeinsam mit ihnen verbracht hatte, reist der Familie, die
sich auf der Rückreise nach Weimar befindet, ein erster Brief hinterher. Der
zweite Brief aus Frankfurt spielt bereits mit der Möglichkeit eines erneuten
gemeinsamen Aufenthaltes in der Geburtsstadt, die sich später allerdings
nicht ergibt. Aus Frankfurt, datiert vom 15.August 1797, erhält Christiane Dank für ein von ihr verfasstes und eben mitgeteiltes Reisetagebuch;
schließlich das fast konkrete Versprechen auf künftige gemeinsame Reisen:

> "Es freut mich gar sehr, dass deine Hinreise zwar nicht ohne Unbe-
> quemlichkeit doch glücklich und mit bester Ordnung vollbracht wur-
> de, so wie mir unsere ganze Expedition Lust und Muth gegeben hat
> mit euch künftig dergleichen mehr zu unternehmen, und mit dem
> Kinde wird es je älter es wird immer eine größere Lust seyn."

Der Ton, der die Briefe an Christiane durchzieht, ist leicht, mit einem bewusst scheinenden Zuschnitt aufs Unproblematische, er verkürzt die Per-

spektiven und schneidet keinerlei tiefere Probleme an. Das Gewicht legt der Briefschreiber sichtlich auf "Unterhaltsamkeit" - schließlich geht er zuweilen zärtlich ein auf den engeren Erlebnisbereich Christianes wie im Brief vom 15.August 1797 aus Frankfurt:

> "Schreibe mir ja wie das schwarzseidne Kleid gerathen ist und wann du es zum erstenmal angehabt hast ..."

Den Reminiszenzen an die gemeinsamen Frankfurter Tage und einem Ausblick auf künftigen Aufenthalt fügt Goethe hinzu:

> "Und nun, zum Lebewohl, noch ein paar Worte von meiner Hand. Ich liebe dich recht herzlich und einzig, du glaubst nicht wie ich dich vermisse. Nur jetzt wünschte ich reicher zu seyn als ich bin, dass ich dich und den Kleinen immer bey mir haben könnte. Künftig, meine beste, wollen wir noch manchen Weg zusammen machen."

Hier klingt zum ersten Mal ein sehnsüchtiger Ton auf. Beachtlicherweise ist es nicht an das heimische Weimar geknüpft, wie etwa bestimmte Äußerungen gegenüber Knebel, sondern er zieht Christiane herüber zu sich ins Unterwegs-Sein, lässt sich an ihrer Gegenwart genügen.

Der letzte Brief aus Frankfurt vom 24.August 1797 dämpft die intimere Stimmung wieder etwas, einleitend ist er fürsorglich, fast väterlich, gehalten.

> "Vor allen Dingen muss ich dich bitten, mein liebes Kind, dass du dich über meine weitere Reise nicht ängstigst ... Du weißt überhaupt ... dass ich bey solchen Unternehmungen sorgfältig und vorsichtig bin, du kannst leicht denken, dass ich mich nicht von heiler Haut in Gefahr begeben werde, und ich kann dir wohl gewiß versichern, dass ich für diesmal nicht nach Italien gehen werde..."

Antiabenteuerlich, bürgerlich zeigt sich Goethe für Christiane. Sie ist auch die einzige, die an seinem Geburtstag - aus Heilbronn - Nachricht erhält. Aus dem siebentägigen Aufenthalt in Stuttgart schreibt Goethe am 31.August und 4.September 1797. Tübingen intensiviert den Briefrhythmus: innerhalb von 4 Tagen gehen zwei in ihrem seelischen Gehalt wichtige Briefe an Christiane ab. Am 11.September 1797 heißt es;

> "Ob ich mich gleich nur langsam von dir entferne, so will ich dir doch umso geschwinder wieder schreiben, damit du niemals an meinen

Nachrichten Mangel hast, denn der Brief ... kommt doch zur rechten
Zeit an, dir zu sagen dass ich immerfort an dich denke. Je mehr ich
neue Gegenstände sehe, desto mehr wünsche ich sie dir zu zeigen ...
und du würdest noch einmal so gern mit mir leben, wenn du die Art
zu seyn so vieler andern Menschen gesehen hättest."

Und mit Nachdruck:

"Mein einziger Wunsch bleibt immer, dass ich mit dir und dem Kinde
wenn seine Natur ein bißchen mehr befestigt ist, und mit Meyern noch
einmal eine schöne Reise thun möchte, damit wir uns zusammen auch
auf diese Weise des Lebens erfreuen."

Abschließend fügt Goethe diesem Brief am folgenden Tag hinzu;

"Ich sehe der Zeit mit Sehnsucht entgegen, da ich euch wieder antreffe
und durch meine Gegenwart vollkommen beruhigen werde."

(Inzwischen hatte er durch Voigt von Augusts Erkrankung und von dem
Brand in Weimar erfahren.) Schließlich löst seine Hand wieder die des
Schreibers Geist ab:

"Nun muss ich dir zum Schluss auch noch mit eigener Hand sagen:
wie sehr ich dich liebe, und wie sehr ich wünsche bald wieder an
deiner Seite zu seyn. Behalte mich lieb, wie ich dich, damit wir uns
herzlich mit Freuden wieder umarmen können. Küsse den Kleinen
tausendmal."

Der zweite Brief aus Tübingen ist kurz, aber in der gleichen Innigkeit gehalten:

"So oft ich von einem Ort weggehe wünsche ich mir immer mich dir
wieder zu nähern, und freue mich schon auf die Zeit wenn es geschehen
wird, und noch mehr bey dem Gedanken mit dir einmal eine größere
Reise zu machen."

Den Höhepunkt dieses sich immer wieder Zurücktastens in die häusliche
Bindung erreicht der erste Brief aus Stäfa vom 23.September 1797.
   Zuerst dem Schreiber diktiert:

"Das beste wird aber doch seyn dass wir wieder zusammenkommen
und einander in Freud und Leid beystehen können."

Dann:

> "Nun muss ich dir noch mit eigener Hand hinzufügen und dir sagen:
> dass ich dich recht herzlich, zärtlich und innig liebe und dass ich nichts
> sehnlicher wünsche als dass deine Liebe zu mir sich immer gleich blei-
> ben möge. Mit meinen Reisen wird es künftig nicht viel werden, wenn
> ich dich nicht mitnehmen kann. Denn jetzt schon möchte ich lieber
> bey dir zurück seyn, dir im grünen Alkoven eine gute Nacht und einen
> guten Morgen bieten und mein Frühstück aus deiner Hand empfangen
> ... Dencke meiner und mache nicht zu viel Äugelchen, am besten wäre
> es du machtest gar keine, denn es ist auch mir auf der ganzen Reise
> noch kein einziges vorgekommen ..."

Dieser Brief ist nach der Entstehung der Elegie geschrieben, er bezeugt Vertiefung der sehnsüchtigen Vorausblicke auf das Wiedersehen - das erotische
Element erinnert in seiner Tönung an die Römischen Elegien.

Zwischen diesem und dem nächstfolgenden Brief liegt eine Fußwanderung Goethes und Meyers auf den Gotthard. Deutlich vergrößert die Gebirgswelt den Abstand, der Ton wirkt kühler, das Persönliche tritt zurück.
Nur eine wärmere Geste findet sich in diesem Brief vom 13.Oktober 1797,
nachdem Goethe sich zuvor über das Ausbleiben ihrer Briefe beklagt hatte:

> "Ich bin recht vergnügt und Meyer ist's auch, wir wünschen beyde
> bald bey dir zu seyn."

Und zum Schluss:

> "Behalte mich lieb, ich dencke immer an dich und wünsche dich zu
> mir."

Am 17.Oktober 1797 insistiert ein weiterer Brief aus Stäfa:

> "Noch immer habe ich keine Briefe von dir erhalten und entbehre
> dadurch meiner besten Freude, zu wissen wie Dir's und dem Kinde
> geht."

Der Züricher Brief vom 25.Oktober 1797 atmet auf:

> "Endlich habe ich, mein liebes Herz, deine letzten Briefe erhalten, die
> du mir unmittelbar schicktest. Ich weiß nicht was die gute Mutter
> machte indem sie die andern bey sich liegen ließ ..."

Jetzt blickt Goethe dringlicher der Heimkehr entgegen:

> "Habe jetzt nur noch ein wenig Geduld, denn ich komme bald wieder, auch mir ist es in der Entfernung von dir nie recht wohl geworden, wir wollen uns nunmehr umso lebhafter des Zusammenseins erfreuen. Der Gefahr wegen hätte ich wohl nach Italien gehen können, denn mit einiger Bequemlichkeit kommt man überall durch, aber ich konnte mich nicht so weit von euch entfernen. Wenn es nicht möglich wird euch mitzunehmen, so werd ich es wohl nicht wiedersehen."

Der hier auf solche Weise begründete Verzicht auf Italien überrascht, aber unglaubwürdig wirkt er keineswegs. Von ganz anderen Wesenstiefen her hatte Goethe allerdings vor Reiseantritt Schiller gegenüber Entsagung bekundet. Und doch ist im einen wie im andern Fall Goethes Motivation einleuchtend: Goethe verzichtet, indem er sich den überaus ungünstigen Zeitumständen beugt - und anschließend macht ihm die mehrmonatige Reise in die Schweiz bewusst, dass er in Wirklichkeit gar nicht mehr genügend innere Freiheit und Unabhängigkeit besitzt, sich auf eine lange, schmerzliche Trennung von den Seinen einzulassen. Eine Erfahrung, die er eben nur durch die Reise gewinnen konnte. So verzichtet Goethe Christiane gegenüber auf seinen Liebesgegenstand Italien praktisch endgültig unter anderem auch aus wirklicher Zuneigung für sie und den Sohn. Die Begründung, die er Schiller für seinen Verzicht gibt, scheint vielleicht einleuchtender, zumal sie von zahlreichen, ähnlich lautenden Selbstzeugnissen unterstützt wird. Trotzdem besitzt das Versprechen an Christiane Geltung. Es bezeugt eine durch die bisherige Reise vertiefte Bindung ans Angewohnte, ans Behaustsein - im engsten Sinne an die Frau als den Inbegriff des Heimischen.

Der letzte Brief von der Reise an Christiane, von der Rückfahrt, aus Tübingen vom 3o.Oktober 1797 fasst die Summe der Gefühle zusammen, die sich unterdessen für Christiane aufgespeichert haben:

> "Ich kann aber auch wohl sagen, dass ich nur deinet und des kleinen willen zurück gehe. Ihr allein bedürft meiner, die übrige Welt kann mich entbehren. Lebe recht wohl und habe mich so lieb wie ich dich. Ich freue mich unaussprechlich dich wieder zu sehen."

Der an anderer Stelle energisch kundgetane "illiberale Entschluss", sich ausschließlich auf das "eigene Handwerk" zu beschänken, findet hier seine Entsprechung im Privaten. Wie beim Planen der italienischen Reise fast der

Eindruck einer Flucht entstehen hätte können, so scheinen ähnliche Motive den Reisenden jetzt umgekehrt in Haus und Familie zurückzutreiben. Die Eile, mit der Goethe die Rückreise absolviert, erhärtet das Bekenntnis zu Christiane. (Trotz des mehrtägigen Aufenthalts in Nürnberg, von wo aus Goethe einst auf dem geplanten Weg nach Italien den "altdeutschen Kunst-horizont" zu überblicken sich vorgenommen hatte - und nicht nur wegen seiner in erster Linie auf die italienische Renaissance bezogenen Interessen - findet Goethes Aufenthalt in Nürnberg kaum einen kunstgeschichtlichem Niederschlag.)

Es darf wohl vermutet werden, dass die seit neun Jahren andauernde Bindung an Christiane - damals noch sehr vielschichtig - die Reise teils untergründig beunruhigte, teils aber auch den Zustand des Reisens erleich-terte. Sie gab ein lokales und seelisches Ziel.

Die Sogwirkung dieser Beziehung spricht deutlich aus den Briefzeugnis-sen. Zusammen mit anderen Tendenzen des Verzichts auf Italien gibt sie der Rückreise nach Weimar das Gepräge einer bewussten, freiwilligen und beinahe erleichterten Umkehr.

Der Zeitpunkt und fast sogar der Ort der Anregung zur Elegie ist laut Tagebucheintragung vom 19.September 1797 ziemlich genau bestimmbar:

> "Früh sechseinhalb Uhr aus Schaffhausen. Berg und Täler klar, der Morgenhimmel leicht gewölkt, im Abend dichtere Wolken.
>
> Wir fuhren einen Theil des gestrigen Wegs. Der Baum und der Epheu Anlaß zur Elegie."

Die Impression, der gedankliche Anstoß zur Elegie also liegt zwischen Schaff-hausen und Stäfa. Das Gedicht entstammt, innerhalb des Reiseverlaufs, ei-ner Art Zwischenbereich, ist zwischen zwei wichtigen Stationen entstanden und liegt, an den Briefzeugnissen gemessen, im Durchgangsstadium zu ei-nem wichtigen Gefühlsstau, der sich dann im ersten Brief an Christiane aus Stäfa entlädt. Das entscheidende Ereignis dieser Reise, das Wiedersehen mit Meyer in Stäfa, stand Goethe noch bevor - ihm, Meyer, sollte für den letztlich immer noch offengehaltenen, weiteren Reiseverlauf die allerletzte Entscheidung vorbehalten bleiben. Erst in Stäfa ist sie dann übereinstim-mend gefallen: Italien unwiderruflich den Rücken zu kehren.

Wann genau auf der Reiseroute von Schaffhausen über Zürich nach Stäfa die Elegie Amyntas entstand, lässt sich den Tagebuchaufzeichnungen nicht

entnehmen, - Eckermann hat sie ohne Datum zwischen zwei Briefe, die beide
vom 25.September 1797 datiert sind, in seine Redaktion der Reise eingeord-
net. Demnach könnte die Elegie zwischen dem 19. und dem 25.September
1797 entstanden sein.

A m y n t a s
Elegie
Nikias, trefflicher Mann, du Arzt des Leibs und der Seele!
Krank! ich bin es fürwahr; aber dein Mittel ist hart.
Ach! die Kraft schon schwand mir dahin dem Rate zu folgen,
Ja, und es scheinet der Freund schon mir ein Gegner zu sein.
Widerlegen kann ich dich nicht, ich sage mir alles,
Sage das härtere Wort, das du verschweigest, mir auch.
Aber, ach! das Wasser entstürzt der Steile des Felsens
Rasch, und die Welle des Bachs halten Gesänge nicht auf.
Rast nicht unaufhaltsam der Sturm? und wälzet die Sonne
Sich, von dem Gipfel des Tags, nicht in die Wellen hinab?
Und so spricht mir rings die Natur: auch du bist, Amyntas,
Unter das strenge Gesetz ehrner Gewalten gebeugt.
Runzle die Stirn nicht tiefer, mein Freund! und höre gefällig,
Was mich gestern ein Baum, dort an dem Bache, gelehrt.
Wenig Äpfel trägt er mir nur, der sonst so beladne;
Sieh, der Efeu ist schuld, der ihn gewaltig umgibt.
Und ich fasste das Messer, das krummgebogene, scharfe,
Trennte schneidend und riß Ranke nach Ranken herab;
Aber ich schauderte gleich, als, tief erseufzend und kläglich,
Aus den Wipfeln zu mir, lispelnd, die Klage sich goß:
O! verletze mich nicht, den treuen Gartengenossen!
Dem du als Knabe schon früh manche Genüsse verdankt.
O, verletze mich nicht! du reißest mit diesem Geflechte,
Das du gewaltig zerstörst, grausam das Leben mir aus.
Hab' ich nicht selbst sie genährt und sanft sie herauf mir erzogen?
Ist, wie mein eigenes Laub, mir nicht das ihre verwandt?
Soll ich nicht lieben die Pflanze? die, meiner einzig bedürftig,
Still, mit begieriger Kraft, mir um die Seite sich schlingt?
Tausend Ranken wurzelten an, mit tausend und tausend
Fasern, senket sie, fest, mir in das Leben sich ein.
Und so saugt sie das Mark, sauget die Seele mir aus.
Nur vergebens nähr' ich mich noch; die gewaltige Wurzel

Sendet lebendigen Saft, ach! nur zur Hälfte hinauf.
Denn der gefährliche Gast, der geliebte, maßet behende
Unterweges die Kraft herbstlicher Früchte sich an.
Nichts gelangt zur Krone hinauf; die äußersten Wipfel
Dorren, es dorret der Ast über dem Bache schon hin.
Ja, die Verräterin ist's! sie schmeichelt mir Leben und Güter,
Schmeichelt die strebende Kraft, schmeichelt die Hoffnung mir ab.
Sie nur fühl' ich, nur sie, die umschlingende, freue der Fesseln,
Freue des tötenden Schmucks fremder Umlaubung mich nur.
Halte das Messer zurück! o Nikias! schone den Armen,
Der sich in liebender Lust willig gezwungen verzehrt!
Süß ist jede Verschwendung; o laß mich der schönsten genießen!
Wer sich der Liebe vertraut, hält der sein Leben zu Rat?

Das Kunstmittel eines doppelten Schein-Dialogs beherrscht die Elegie. Es findet ja in Wirklichkeit kein Zwiegespräch zwischen dem Arzt Nikias und seinem kranken Freund Amyntas statt: Nikias schweigt. Auch der Baum redet nicht selbst: Amyntas zitiert ihn. Trotzdem ist das Gedicht ein Dialog, wenn auch ein fiktiver, - ein kunstvolles, dreifach personalisiertes Selbstgespräch, - halb Selbstbezichtigung, - halb Selbstrechtfertigung, Ein Angeklagter, der sich in seinem hilflos verzweifelten, widersprüchlichen, dialektischen Plädoyer als sein eigener Anwalt zu verteidigen sucht:

Amyntas ist krank, aber den Namen seiner Krankheit verschweigt er, nein, legt sie dem kranken Baum in den Mund: dessen Krankheit, eine Stellvertreter-Krankheit, ist der Efeu: ein Parasit! Den Baum lässt Amyntas nun für sich reden, seine Passion, seinen Leidensweg, der zugleich seine Leidenschaft ist, beschreiben: denn auch Amyntas will leiden, ja, daran zugrunde gehen wie der Baum; wie der Baum ist er stigmatisiert durch die Liebe zu einem Geschöpf, das er sich selbst herangezogen hat. Das Analogon, die Schluss-Apotheose des Amyntas: so wie der sterbende Baum verklärt auch er sich in all seiner Schwäche, in seiner Liebe ist auch er heldenhaft zum Tode bereit.

Die Elegie Amyntas: im Sinne von Goethes und Meyers Definition muss das Schöne schön bleiben, auch im Todeskampf, und darf auf keinen Fall durch eine naturalistische Darstellung verunstaltet werden. In Schönheit sterben, ein süßer Tod - ein Grundgesetz des Klassizismus.

Die einleitenden drastischen Naturszenen verschaffen dem Leiden und
Wehklagen des Kranken - sei es Baum oder Mensch - ein wahrhaft grandio-
ses Umfeld. Stürzender Wasserfall, sich hinabwälzende Sonne, der rasende
Sturm schaffen eine tragisch-heroische Landschaftsstimmung. Der eigentliche, wenngleich vorgeschobene, der stellvertretende Mittelpunkt der Elegie,
der efeuumlaubte Apfelbaum, steht am längst zum Topos gewordenen Bach,
kulissenartig umgeben von einer gleichnishaften Elementarlandschaft, die
die Aufgabe erfüllt, die Krankheit des Amyntas zu legitimieren als unaus-
weichliches, von ewigen Mächten verfügtes Geschick.

> "Aber, ach, das Wasser entstürzet der Steile des Felsens
> Rasch, und die Welle des Bachs halten Gesänge nicht auf.
> Rast nicht unaufhaltsam der Sturm? und wälzet die Sonne
> Sich, von dem Gipfel des Tags, nicht in die Wellen hinab?"

Denn all diese gewaltigen Naturerscheinungen sind keineswegs bloß weit
hergeholte Metaphern, sondern gleichsam personalisierte Schicksalsmächte:

> "Und so spricht mir rings die Natur, auch du bist, Amyntas, unter
> das strenge Gesetz ehr'ner Gewalten gebeugt ..."

Das

> "... dort an dem Bache ..."

schafft daneben die nötige Distanz zwischen heroischer Kulisse und idyl-
lischer Naturszene von Baum und Bach - um, nachdem die elementaren
Sinneseindrücke des stürzenden Wassers, des rasenden Sturmes und der
sich hinabwälzenden Sonne Bild geworden sind, neben ihrer ungeheuren
Dynamik jetzt dem stillen, statischen Dasein des Baumes einen gleichsam
abstrakten Rahmen zu verschaffen. Dann der radikale Angriff auf die miteinander verwachsenen Pflanzengeschöpfe:

> "und ich fasste das Messer, das krummgebogene, scharfe, Trennte
> schneidend und riß Ranke nach Ranken herab."

Nicht gewaltig aufstöhnend, sondern verhalten, fast lautlos, im Flüsterton
lässt der Dichter die Klagelaute des Baumes vernehmen:

> "Aber ich schauderte gleich, als tief erseufzend und kläglich Aus den
> Wipfeln zu mir, lispelnd, die Klage sich goß."

Zweimal bittet der Baum den Amyntas - und so bittet später auch Amyntas den Arzt:

> "O, verletze mich nicht!"

Jetzt also lässt der Baum vor dem Auge des Erzählers die allmählich gewachsene Gemeinschaft von Baum und Efeu erstehen - immer in Abwehr gegen den Gärtner, den Erzähler gerichtet.

> "Soll ich nicht lieben die Pflanze, die, meiner einzig bedürftig,
> Still, mit begieriger Kraft. mir um die Seite sich schlingt?"

Von jetzt an lassen sanft gleitende Bewegungen den Blick gleichsam fasziniert der spiraligen Bewegung der Efeuranken, dem sanften Versrhythmus der Einwurzelung folgen:

> "Tausend Ranken wurzelten an,
> Mit tausend und tausend Fasern
> Senkelt sie fest mir in das Leben sich ein.
> Hab ich nicht selbst sie genährt
> Und sanft sie herauf mir erzogen ?"

Während die drehende, kreisende Bewegung der Pflanze den Baum umrundet, gelingt - rein vom Bild her - die positive Täuschung des allseits sich Umschlingens, wo sich Statik und Dynamik, Geben und Nehmen scheinbar im rhythmischen Ausgleich gefunden haben. Dann erst lässt der Dichter den Baum die Verwüstungen schildern, die der gefährliche Gast anrichtete. Die Worte jedoch, in die er die tödliche Gefahr einkleidet, überspielen mit ihren weichen, "schmeichelnden" Lauten alle Bedrohung:

> "Ja, die Verräterin ist's! sie schmeichelt mir Leben und Güter, Schmei-
> chelt die strebende Kraft, schmeichelt die Hoffnung mir ab."

Goethe beschränkt sich ganz darauf, uns das zärtlich unbedenkliche Emporstreben und die schmiegsame Schmeichelei der Laute im Ohr nachvollziehen zu lassen. Das Bild selbst ist ganz aufgelöst in zärtlich umschlingende Gebärde. Schließlich kann er es wagen, die ornamentale Wirkung allein vom Ästhetischen her zu preisen:

"Sie nur fühl' ich, nur sie, die Umschlingende, freue der Fesseln, Freue
des tötenden Schmucks fremder Umlaubung mich nur"

In den vier letzten Verszeilen wendet sich Amyntas, der Kranke, - nachdem
er den Baum hat sprechen lassen - fast abrupt wieder direkt an Nikias,
seinen Arzt - und nennt jetzt, zum Schluss, auch das Instrument, mit dem
der Arzt seine Krankheit behandeln will - es ist das gleiche, mit dem er,
Amyntas, den Baum attackieren wollte: ein Messer.

"Krank! Ich bin es fürwahr; aber dein Mittel ist hart ... Halte das
Messer zurück! o Nikias! schone den Armen ..."

Es handelt sich also in beiden Fällen um eine Operation, um einen "blu-
tigen", Leben verletzenden, aber auch Leben rettenden Eingriff auf Leben
und Tod.

Am Schluss des Gedichtes wendet Amyntas sich mit großartiger rheto-
rischer Geste - ein Schauspieler auf großer Bühne an sein Publikum - mit
dem effektvollen Schlusssatz, einer Frage, die alles offenlässt:

"Wer sich der Liebe vertraut, hält er sein Leben zu Rath?"

Die Gestik des leidenden Helden steigert sich zum Schluss hin mit groß
ausgebreiteter Opfergebärde:

"Halte das Messer zurück, o Nikias, schone den Armen,
Der sich in liebender Lust, willig gezwungen, verzehrt!
Süß ist jede Verschwendung; o laß mich der schönsten genießen."

Nirgends jedoch ist von einer echten Liebesgemeinschaft die Rede, Amyntas
verteidigt immer nur sich selbst - und das Paradoxon seiner Liebe. Obwohl
der Glanz der Sprache sich auf das Ende hin steigert, verdunkelt sich die
Bedeutung der Worte zusehends. Es häufen sich die Bezeichnungen heilloser
Zustände: er "verzehrt sich", er "ist gezwungen", er "hält nicht einmal mehr
sein Leben zu Rath". Nichts anderes betreibt er also als seine Selbstvernich-
tung, schiebt die Warnung des Arztes und Freundes beiseite, entschlossen
sich ausliefernd an eine schicksalhafte Zerstörung, welche den eingangs geschilderten Naturbildern sehr nahe kommt.

Als drohende Kulisse rings um die Schlussekstase bleiben die dämonisch
schreckenden Landschaftselemente bestehen.

Beim ersten Anblick des Rheinfalls fühlte Goethe sich von Ossian-Stimmung ergriffen, in ihr klang auch das Motiv "Werther" mit an. In der Elegie wird der noch vor wenigen Stunden mit wissenschaftlicher Sachlichkeit beobachtete Rheinfall jetzt einseitig dämonisiert in die düstere Stimmung des Zerstörens durch gewaltige Wassermassen getaucht, er ist ganz destruierende Bewegung geworden. Die "Steile des Felsens" betont noch das Stürzende und Drohende des Falls, der Fels tritt aus seiner Statuarik heraus und scheint die Bewegungsintensität noch zu verstärken. Auch das Tagesgestirn ist völlig einseitig in der Richtung, ja in der Art der Bewegung gesehen: es "wälzt sich hinab."

Nicht diesen Elementargewalten setzt der Dichter als Orpheus seine Stimme entgegen, sondern

"... die Welle des Bachs halten Gesänge nicht auf ..."

Die Macht des Gesanges - Synonym für die Kunst und ihre Wirkung - erweist ihre Ohnmacht vor der Natur, selbst vor der Welle eines Baches. Die Dichtung, ihre orphische Funktion, die später mit Gesang und Flötenspiel in der "Novelle" zur wunderbarsten Anwendung gelangt, wird hier resignierend eingeschränkt: sie versagt sogar vor der Welle eines Bachs, einer denkbar harmlosen Naturerscheinung, die eher zum bukolischen Vokabular gehört. Welcher Orpheus würde sie mit seinem Gesang aufhalten wollen - und aus welchem Grund?

Nicht nur im Hinblick auf das Wiedererstehen der Wertherschen Ich-Landschaft lässt sich eine eigenartige Parallele der Elegie zum Werther feststellen: auch dort steht der schöpferische Mensch hilflos vor den Elementen. Man vergleiche die Ossian-Übersetzung, den Gesang Colmas gegen die stürmischen Winde, gegen den Strom:

"Der Strom, heult den Felsen hinab ... Aber hier muss ich sitzen auf dem Felsen des verwachsenen Stroms ... Der Strom und der Sturm saust ... Da ist der Fels und der Baum und hier der rauschende Strom ... Schweig eine Weile stille, o Wind! still eine kleine Weile, o Strom!"

Auch Werther selbst klingt in der Elegie an:

"Gestern abend musst ich hinaus. Es war plötzliches Tauwetter eingefallen, ich hatte gehört, der Fluss sei übergetreten, alle Bäche geschwollen, und von Wahlheim herunter mein liebes Tal überschwemmt.

Nachts nach elf rannt' ich hinaus. Ein fürchterliches Schauspiel, vom
Fels herunter die wütenden Fluten in dem Mondlicht wirbeln zu sehen, über Äcker und Wiesen und Hecken und Alles, und das weite
Tal hinauf und hinab eine stürmende See im Sausen des Windes! Und
wenn der Mond wieder hervortrat, und über der schwarzen Wolke
ruhte, und vor mir hinaus in die Flut in fürchterlich herrlichem Widerschein rollte und klang: da überfiel mich ein Schauer und wieder
ein Sehnen! Ach mit offenen Armen stand ich gegen den Abgrund und
atmete hinab! hinab! und verlor mich in der Wonne, meine Wonne,
meine Qualen da hinabzustürmen! dahinzubrausen wie die Wellen!"

Aber was Werther da aus seiner Todessucht ekstatisch herausschleudert,
drückt die Elegie sehr viel verhaltener, leiser - elegisch - aus. Das Lebensgefühl, das ihr vom Dichter unterlegt wird, scheint zwar entfernt verwandt:
die Neigung zur Katastrophe, das scheinbare sich Ergeben. Die Qual, die
zur Lust wird. Die Ohnmacht der Worte, des Gesanges.

Die eigentliche Macht der Dichtung, des Gesanges, die ja eben für Klassik
und Klassizismus darin besteht, objektivierend das Barbarische, Unregulierte, Elementare in Herz und Wort des Dichters auszusöhnen, würde jedoch
mit einer - echten - Wertherreminiszenz einen schweren Verlust erleiden, das
Humane als sittliches und ästhetisches Phänomen - in seiner höchsten Form
als Kunst - sich von der elementaren Naturgewalt entmächtigt und sogar
seiner freien Willensentscheidung beraubt sehen:

"Auch du bist, Amyntas, unter das strenge Gesetz eh'rner Gewalten
gebeugt."

Wenn man die Elegie Amyntas gleichsam als dichterische Verwertung seiner damaligen privaten Lebenssituation, auf die sich die Elegie ja eindeutig
bezieht, zu analysieren versucht, dann ergibt sich: der Dichter in der Person des Amyntas sieht sich zwar in einer Art Zwangslage befangen, die er
jedoch durchaus lustvoll genießt und literarisch ausbeutet. In diesem Lebensaugenblick - beim Anblick eines efeuumschlungenen Apfelbaums - ist
ihm die Inspiration sozusagen im Vorüberfahren in den Schoß gefallen: als
Chiffre zur Darstellung eigenen Schicksals, vom Dichter zum"strengen Gesetz ehr'ner Gewalten" hochstilisiert. Die Rolle, in die er sich kraft seiner
"proteischen Natur" einkleidet: Leidensweg, Hingabe, Aufopferung - sie ermöglicht uns im Nachhinein einen Blick in Goethes Werkstatt, wobei die

Selbstausbeutung privatester, intimster Empfindungen und Verstrickungen und des weiteren ihre hoch prätentiöse literarische Gebärdensprache durchaus zum legitimen Instrumentarium eines Dichters gehört, der sich in der Elegie Amyntas nicht nur seine klassizistische Pose bewahrt, sondern mit ihrer Hilfe geradezu modellhaft sein klassizistisches "Glaubensbekenntnis" exemplifiziert- fast deutlicher als zuvor in "Hermann und Dorothea".

Es sei erinnert an eine Forderung Goethes, die zur Grundausstattung seiner "klassizistischen Kunsttheorie" gerechnet werden kann: dass nämlich - wie bei den griechischen Antiken - in der Kunst "Schönheit vor Wahrheit" gehe, was bedeutet, dass die Idealität der Formen niemals einem abschreckenden, wenngleich der "Wahrheit" entsprechenden "Naturalismus" zum Opfer fallen dürfe. Eine Maxime, die für Goethe innerhalb des hier beschriebenen Zeitabschnitts nicht nur sein Kunst-, sondern auch sein Selbstverständnis und seine Lebensphilosophie in der Weise bestimmte, dass er stets versuchte, in Übereinstimmung mit seiner Veranlagung "pathologische Interessen" ebenso zu meiden wie tragische Sujets oder gar zu tragischen Verwicklungen neigende menschliche Beziehungen. Ohne Zweifel trifft dies auch für seine Verbindung mit Christiane zu und lässt ihn 1797 in seinen Reisebriefen überwiegend einen liebevoll zärtlichen Ton anschlagen und betont im Genre einer ehelichen Idylle sich bewegen.

Genau in diesem Sinne inszeniert er in seiner Elegie das eigentlich unausgesprochen zu einem tragischen Finale tendierende"höchste Pathetische" des Themas als letztlich "ästhetisches Spiel": was nach Goethes Überzeugung ja einer der wichtigsten "Vorzüge der Alten"war. Vor allem aber vermeidet Goethe, was ihm als seine spezifische Gefährdung stets bewusst ist: die Nähe zur Tragödie.

Die Ursache seiner Krankheit ist die Partnerin in Person: gegen die unausgesprochenen Vorwürfe des Arztes Nikias lässt Amyntas den Baum, sein fiktives alter ego, stellvertretend argumentieren:

> "Ja, die Verrätherin ist's! sie schmeichelt mir Leben und Güter, Schmeichelt die strebende Kraft, schmeichelt die Hoffnung mir ab."

Das Problem der Schuld, eine der unerläßlichen Konstituanten der Tragödie, ist damit aufgehoben: schon allein durch die Tonhöhe, dann durch die Wortwahl - und schließlich auch durch das argumentative Element dieses Gedichtes, mit dem es sich wesentlich von der rein sentimentalischen

Werther-Selbstdarstellung abhebt, der sich nur vor sich selbst verantwortet
und auf jedes dialektische Mittel verzichtet. Denn was im Werther unter aus-
schließlichem Ich-Bezug sich abspielt, findet in der Elegie seinen Ausdruck
in der Frageform, als Verteidigungs-Geste:

> "Rast nicht unaufhaltsam der Sturm? und wälzet die Sonne Sich von
> dem Gipfel des Tags nicht indie Wellen hinab?"

Es sind rhetorische Fragen; sie suggerieren eine Art Wertherkulisse, der
der kranke Amyntas nichts entgegenzusetzen hat als die schuldbefreiende,
rundumweisende dekorative Gebärde in das umgebende Panorama hinaus:

> "Und so spricht mir rings die Natur ..."

Der Ausdruck "rings" staffiert den imaginären Schicksalsraum mit einzelnen,
im Grunde zusammenhanglosen Natur-Gegenständen aus, dämonische, zerstörerische Gewalten. Im Unterschied zu Werther sind sie aber alle nicht als
Spiegelungen der eigenen zerstörerischen Möglichkeiten gedacht, sondern
repräsentieren ein außermenschliches Fatum. Der Dichter identifiziert sich
nicht mit den Phänomenen wie Werther:

> "Weh mir! ich fühle zu wahr, dass an mir allein alle Schuld, ... Genug,
> dass in mir alle Quelle des Elendes verborgen ist, wie ehemals die
> Quelle aller Seligkeiten."

Hier ist der Bezug zwischen Ich und Landschaft, zwischen Schuld und Leiden als Ursache und Wirkung aus tief leidendem Selbstgefühl aufgewiesen.
Das Gefühl schwingt rhythmisch zwischen dem eigenen Herzen und seiner
Spiegelung in der Natur hin und her. Das vor dem Leser erstehende Naturbild ist echt, weil es Landschaft der Seele in ihrem höchsten Erregungsgrad
darstellt, zugleich ist es eine in allen ihren kompositorischen Elementen aufeinander abgestimmte Erlebnislandschaft. Sie kann vom Leser imaginiert
und wahrgenommen werden. Hingegen sind die in die Elegie montierten
einzelnen Landschaftselemente aus einem Gesamtumkreis von Naturrequi-
siten herausgegriffen, bleiben im Nebeneinander unverbunden, der Dichter
ruft sie einzeln ab, nicht als Gesamtbild: Das Wasser, der Sturm, die Welle,
das Gestirn wollen nur noch als Symbole verstanden sein. Scheinbar zwar
greift Goethe in Stil und Stimmung auf die Werther'sche Seelenlandschaft

zurück, nicht aber in der Rückbindung, der "religio" an die Seelenkräfte, die eine solche Landschaft erst zu erschaffen vermögen. Wo Werther klagt, er sei selber die Quelle aller Qual und aller Seligkeiten, sieht Amyntas im "strengen Gesetz ehr'ner Gewalten" und nicht in sich selbst den Verursacher seiner "Krankheit", die doch nichts weiter ist als eine Liebesverstrickung, aus der er sich nicht zu lösen vermag - weil nämlich, um Goethes letzten Reisebrief an Christiane zu zitieren:

"Ihr allein bedürft meiner, die übrige Welt kann mich entbehren ..." -

Goethe nimmt diesen Passus dann sinngemäß fast wörtlich in die Elegie auf:

"Soll ich nicht lieben die Pflanze, die, meiner einzig bedürftig ..."

Das humanum bestimmt über menschliches Geschick: letztlich ein dem Menschen rational begreifbares, pseudo-antikisch verbrämtes, angeblich höheres Gesetz - aber nicht etwa die numinose, die geheimnisvoll höhere, unbegreifliche, personale, wenn auch namenlose göttliche Macht. Der griechische Götterhimmel besteht ja seit langem nur mehr aus Literatur und Marmorfiguren; im Klassizismus muss auch ein Goethe sich notgedrungen mit einem anonymen Gesetz und unpersönlichen Gewalten behelfen, wenn er dem Eingeständnis tragischer, selbstverursachter Schuld ausweichen will und wenn andererseits für ihn kein Gott existiert, vor dem er sich durch sein Märtyrertum rechtfertigen könnte. Die Kunstreligion des Klassizismus leiht sich für ihre Protagonisten Namen und Kostüme aus der Antike, deren einstige religiöse Dimension sie nicht mehr glaubwürdig vermitteln kann. Sie verzichtet außerdem auf das schuldfähige und schuldverursachende Feuer der Leidenschaft, so wie sich Amyntas nicht einmal durch ein wirklich echtes, tiefes Liebesgefühl vor seinem Ankläger für sein Verhalten zu rechtfertigen vermag.

Das Pathos des säkularisierten Opfermotivs, das den Inhalt des Gedichtes zusammenfasst: die hingebungsvolle, selbstverzehrende, todesbereite, einseitige Hingabe - legt wiederum eine Parallele zu Werther nahe. Auch Werther opfert sich ja bewusst um der Seelenruhe der Geliebten willen. Doch Werther greift zum denkbar höchsten Vergleich: dem Opfertod Christi.

"Was ist's anders als Menschenschicksal, sein Maß auszutrinken? - Und ward der Kelch dem Gott vom Himmel auf seiner Menschenlippe zu

bitter, warum soll ich groß tun und mich stellen, als schmeckte er mir
süß. Und warum sollte ich mich schämen, in dem schrecklichen Augenblick, da mein ganzes Wesen zwischen Sein und Nichtsein zittert,
da die Vergangenheit wie ein Blitz über dem finstern Abgrund der Zukunft leuchtet, und alles um mich her versinkt, und mit mir die Welt
untergeht - Ist es da nicht die Stimme der ganz in sich gedrängten, sich
selbst ermangelnden und unaufhaltsam hinabstürzenden Kreatur, in
den innern Tiefen ihrer vergebens aufarbeitenden Kräfte zu knirschen:
Mein Gott! Mein Gott! warum hast du mich verlassen? Und soll' ich
mich des Ausdrucks schämen, sollte mir's vor dem Augenblicke bange
sein, da ihm der nicht entging, der die Himmel zusammenrollte wie
ein Tuch?"

Während die Dimension tiefster existentieller Verzweiflung Werther zum
Vergleich mit der Todesangst Christi greifen lässt, möchte Amyntas die
freiwillig erzwungene Hingabe seiner Hoffnung - und seiner Lebenskraft
süße Verschwendung - mit Lust genießen. Anders als Werther rühmt sich
Amyntas seiner Qualen, kostet sie aus. Die Gestaltung des Motivs verbirgt
anakreontische Elemente unter einer aufs höchste gestrafften, klassischen
Formgebung. Das Todesmotiv klingt zum Schluss noch einmal auf und in
einer fast leichtsinnigen, antitragischen Phrase aus. Der Dichter begleitet
seinen Helden auf seinem Leidensweg nur bis zur vorletzten Station. Er
blickt nicht mit dem Leser über den Rand jenes Abgrundes, in den er einst
seinen Werther hat stürzen lassen. Im Gegenteil: Der Schmarotzer wird für
den Baum zum Lebensgefährten, untrennbar mit seinem Ernährer in my-
stischer Symbiose verwachsen:

> Hab ich nicht selbst sie genährt und sanft sie herauf mir erzogen?
> Ist, wie mein eigenes Laub, mir nicht das ihre verwandt?
> Soll ich nicht lieben die Pflanze, die. meiner einzig bedürftig,
> Still, mit begieriger Kraft, mir um die Seite sich schlingt?"

Der männliche Efeu hat sich - sprachlich - in die weibliche Pflanze verwandelt; der Wechsel des genus fällt dem Leser vermutlich gar nicht weiter auf.
Aber nur so können Baum und Pflanze sprachlich ein "Liebespaar" werden,
zum Spiegelbild der Polarität von Mann und Frau: des Amyntas und seiner
ungenannten Freundin, Goethes und Christianes. Möglicherweise möchte
uns der Dichter mit dieser doppelten Spiegelung jedoch dies Opus nicht

bloß als Abbild seiner eigenen, privaten Liebesbindung zeigen, sondern weit universaler als Vereinigung von weiblichem und männlichem Prinzip - und, trotz aller Gegensätzlichkeit als das Idealbild des mit- und ineinander Verschlungenseins, und das unter Vermeidung jedweder tragischen Komponente: in symbiotischer Harmonie. Insofern ist diese Elegie auch ein kunstvoll mehrschichtiges "Lehrgedicht", wie ja dem Klassizismus in der Goethe'schen Lesart immer etwas Didaktisch-Präzeptorhaftes innewohnt, unter beflissener Beschönigung seiner eigenen Zuneigung zu Christiane. Nicht ganz zwanzig Jahre später, 1815, ein Jahr vor Christianes Tod, schreibt Goethe im West-Östlichen Divan unter dem Bann seiner ganz anders gearteten Liebe zu Marianne v.Willemer die Verse über ein Blatt des Gingko biloba, worin es heißt

" dass ich Eins und doppelt bin ..."

Ist der weit prosaischere Apfelbaum des Jahres 1797 und die Elegie, die seine Liebe zur "Verrätherin" dokumentiert, von der er sich freiwillig gezwungen Leben und Hoffnung abschmeicheln lässt, vielleicht doch eine Art VorAhnung jener wohl ungleich idealeren liebenden Zwei- und Einheit, nach der er sich sehnt und in die er sich gemeinsam mit Marianne v.Willemer hineindenkt und -fühlt. Aber auch schon 1797 statuiert Goethe in seiner Elegie unbestreitbar eine Art mystische, gegenseitige Abhängigkeit von Baum und Pflanze:

"Du reißest mit diesem Geflechte, Das du gewaltig zerstörst, grausam
das Leben mir aus."

Der mörderische Zugriff der Efeupflanze bedeutet jedoch angeblich ebenfalls eine hohe existentielle Gefahr für den Baum. In deutlicher Parallele zu den in der Einleitung von Amyntas geschilderten gefahrdrohenden Naturerscheinungen "entstürzt" der Baumseele jetzt ein Leidensbekenntnis: was Amyntas abstreitet - die drohende Katastrophe, die Todesangst - der Baum gibt sie zu.

"Nahrung nimmt sie von mir, was ich bedürfte, genießt sie.
Und so saugt sie das Mark, sauget die Seele mir aus.
Nur vergebens nähr' ich mich noch; die gewaltige Wurzel
Sendet lebendigen Saft, ach! nur zur Hälfte hinauf:

> Denn der gefährliche Gast, der geliebte, maßet behende
> Unterweges die Kraft herbstlicher Früchte sich an.
> Nichts gelanget zur Krone hinauf; die äußersten Wipfel
> Dorren, es dorret der Ast über dem Bache schon hin.
> Ja, die Verräterin ist's! sie schmeichelt mir Leben und Güter,
> Schmeichelt die strebende Kraft, schmeichelt die Hoffnung mir ab."

Alles, was ihm abgeschmeichelt und nicht etwa gewaltsam geraubt wird, gibt er widerstandslos, ja, gerne hin.

> Sie nur fühl' ich, nur sie, die Umschlingende, freue der Fesseln
> Freue des tötenden Schmucks fremder Umlaubung mich nur."

Die sprachliche Dynamik drängt sich ganz in dem wiederholten "sie" zusammen, vollzieht zu wiederholten Malen die umrundende Bewegung der Efeuranken nach: das "Umschlingen", die "Fesseln", die "Umlaubung" - immer wieder dieselbe Spirale, das Umringtsein.

Die Nähe zum Tode, ein Motiv der Romantik, die klaglose Hingabe, das Verschwistertsein von Schönheit und Tod, wie bei Platen ("Wer die Schönheit angeschaut mit Augen ... ") der Abschied, die Entsagung, das alles drückt Goethe dann 1807 in den Versen der "Pandora" aus:

> "Wer von der Schönen zu scheiden verdammt ist,
> Fliehe mit abgewendetem Blick ..."

Auch die Elegie, das Klagelied "Amyntas" hätte das tödliche Element eines jeden Liebesbezugs sinnfällig machen können. Aber die Dimension innerer Einsamkeit, des Todesernstes und schicksalhaften Verfallenseins reichen an das Pandora-Zitat bei weitem nicht heran, sie waren für Goethe in diesem Lebensaugenblick auch gar nicht erlebbar. Amyntas, der Held als Opfer, zelebriert seinen spezifischen SelbstGenuss, einsam wie Narziss fühlt der Liebende in seiner Umstrickung nur sich selbst.

Die Schweiz

Von Stäfa auf den St.Gotthard

1823, als Goethe seinem Gesprächspartner Eckermann die Materialien seiner dritten Reise in die Schweiz übergibt, kommentiert der 74-Jährige seine dreimalige Fußwanderung auf den St.Gotthard - 1775, 1779 und 1797 - so:

> "Die Schweiz machte anfänglich auf mich einen großen Eindruck, dass ich dadurch verwirrt und beunruhigt wurde; erst bei wiederholtem Aufenthalt, erst in späteren Jahren, wo ich die Gebirge bloß in mineralogischer Hinsicht betrachtete, konnte ich mich ruhig mit ihnen befassen."

Trotz - oder vielmehr gerade wegen dieser Einschränkung möchte man in Goethes letzter, nun schon traditioneller Fußreise zum Sankt Gotthard - eine Art Wallfahrt? - das Herzstück seiner dritten Schweizerreise erblicken, wenn auch das glückliche Wiedersehen mit Meyer, ihrer beider Diskurs über ästhetische Theorien und Denkmodelle das erklärte Ziel seiner durch Zwischenaufenthalte mehrfach verzögerten Ankunft in Stäfa geblieben war. Von Weimar bis zur Ankunft an Meyers Aufenthaltsort Stäfa am Züricher See hat Goethe immerhin mehr als sieben Wochen gebraucht.

Goethes Erläuterung, 1797 habe er das Gebirge nur mehr "in mineralogischer Hinsicht betrachtet", bestätigen seine Tagebuchaufzeichnungen durch die eindrucksvolle Fülle geologischer und mineralogischer Notizen.Dass diese Beobachtungen jedoch insbesondere dazu dienen sollten, Goethe psychisch abzusichern, ihn vor Verwirrung und Beunruhigung durch die "Großheit" der Gebirgswelt zu schützen, hätte sich - ohne das späte Bekenntnis Goethes - schwerlich vermuten lassen.. So aber ergänzt dieser authentische Einblick in seine damalige Gefühls- und Denkwelt das, was wir über die Mentalität des Klassizisten Goethe zu wissen glauben: er hat sich mit seinem objektiv wissenschaftlichen Interesse der titanenhaften Welt der heroischen Alpenlandschaft - dem dramatischen Gegenentwurf der Natur zur Idylle der Schweizer Kulturlandschaft - bewusst widersetzt.[28] Es hätte einer echten Leidensbereitschaft bedurft, sich stattdessen ebenso bewusst einem Widerpart von der ungeheuren Schroffheit, der Menschenfeindlichkeit und virtuellen Aggressivität des Gotthard auszusetzen, (Schiller hätte das eine Denkfigur, eine Idee genannt) - und dagegen sein Ideal einer "gebildeten", durch Maß und Harmonie gebändigten menschlichen Natur zu verteidigen, die eine "urbane" Landschaft, eine vom Menschen gezähmte Natur in sich schließt. Die Ordnungskräfte der Zivilisation sind das Agens von Goethes zutiefst antirevolutionärem bürgerlichen Weltbild, weshalb er auch als geschworener Feind des Plutonismus für alle Zeiten ein Vertreter des "sanften" Neptunismus bleibt. Man muss aber im Auge behalten, dass Goethe im späten Alter so prophetische Wünsche geäußert hat wie: den Bau des Panamakanals und des Suez-Kanals noch zu erleben, die ohne das Maschinenzeitalter, das Goethe heraufkommen sah und fürchtete, ja gar nicht denkbar gewesen wären.

An der den Gebirgen vorgelagerten Kulturlandschaft hatte er sich schon vor und erst recht nach Überschreiten der Schweizer Grenze nicht genug ersättigen können. Wie er sich dann dem gleichsam personalisierten "Duell" mit dem Schaffhauser Wasserfall entzogen hatte, so jetzt dem Anspruch der Gebirgswelt, die - Gegenbild aller Humanität - sein geistig-seelisches Gleichgewicht bedrohte. Für Schiller hätte es vermutlich eine solche Alternative nicht gegeben: entweder die Konfrontation mit dem Außerordentlichen, Übermächtigen auszuhalten oder ihr auszuweichen, sei es Naturschauspiel,

---

[28]So schreibt Goethe am 25.Oktober 1797 an Voigt - in Bezug auf den Weimarer Schlossbau:

"Dauthe ist ein verdienstvoller Mann; wie er sich aus den Dekorationen des Schlosses ziehen wird, wollen wir abwarten ... Indessen bin ich für meinen Theil zufrieden, wenn Jemand die Sache in Theilen angibt und im Ganzen dirigiert ... *Wenn man einen rechten Park sehen will, so muss man nur vier Wochen in der Schweiz umherziehen* ... Was wir in Deutschland ... der Natur aufdringen und der Kunst abgewinnen wollen, sind Alles vergebliche Bemühungen ... *Verzeihen Sie mir diese gleichsam hypochondrischen Reflexionen!*"

sei es Menschenschicksal. Der so anders geartete Goethe, der allem Kampf gern aus dem Weg ging, hat auf mancherlei Lebensfluchten sich ihm zu entziehen gewusst.

Seltsamerweise genau in dem Augenblick, wo er Schiller seine Fußwanderung ankündigt, erinnert er sich und Schiller an den komplizierten Beginn ihrer Freundschaft. Es ist ein genau auf Tag und Stunde datierbares "glückliches Ereignis", wie er es zwanzig Jahre später, lange nach Schillers Tod, im Rückblick nennt. Von 1788 bis 1794 war die Annäherung zwischen dem zehn Jahre jüngeren Schiller und dem doch schon recht gravitätischen Goethe um mehr als ein halbes Jahrzehnt verzögert bzw. vonseiten Goethes geradezu verhindert worden. Inzwischen sind Goethe und Schiller nun seit drei Jahren befreundet. Warum versucht Goethe gerade jetzt, von Stäfa aus dem Freund das auch in historischer Sicht beklagenswerte Versäumnis verstehbar zu machen? Ein Gedankenblitz? Der Hauch eines Schuldbewusstseins? Im Brief vom 25.September 1797 schreibt er an Schiller:

> "Für uns Beide, glaub' ich, war es ein Vortheil, dass wir später und gebildeter zusammentrafen."

Schiller - großmütiger, diplomatischer als Goethe - geht nicht auf diesen heiklen, die Wahrheit kunstvoll umdeutenden Punkt ein. Anders Goethe: sein Selbstbild hatte sich inzwischen so stark nach seinem klassizistischen Bildungsideal geformt, dass er sich nachträglich die Jahre vor Schiller - von 1788 bis 1794 - gleichsam selber soufflieren kann als eine Zeit fortschreitender Vervollkommnung: im Sinn seines klassizistischen Rollenverständnisses als einen Prozess, einen ständigen Fortschritt seiner "Gebildetheit", der sich zuletzt in der Harmonie ihrer in der Literaturgeschichte einmaligen Freundschaft wie von selbst auflösen musste.

In seinen viel später verfassten "Annalen" hat Goethe diese für ihn in Wirklichkeit freudlose Zeitspanne ohne Beschönigung beschrieben: seine schriftstellerische Arbeit war ins Stocken geraten, durch umfangreiche naturwissenschaftliche Studien hatte er sich selbst blockiert:

> "Als Hausgenossen besaß ich nunmehr meinen ältesten römischen Freund, Heinrich Meyer. Erinnerung und Fortbildung italiänischer Studien blieb tägliche Unterhaltung ... Wie aber alles Bestreben, einen Gegenstand zu fassen, in der Entfernung vom Gegenstande sich nur verwirrt

oder ... die Unzulänglichkeit der Erinnerung fühlbar macht und immerfort eine Rückkehr zur Quelle des Anschauens ... fordert, so war
es auch hier. Und wer, wenn er auch mit wenigerm Ernst in Italien
gelebt, wünscht nicht immer dorthin zurückzukehren!

Noch aber war der Zwiespalt, den das wissenschaftliche Bemühen in
mein Dasein gebracht, keineswegs ausgeglichen; denn die Art, wie
ich die Naturerfahrungen behandelte, schien die übrigen Seelenkräfte
sämtlich für sich zu fordern."

Als Zeit der Vereinsamung und des Unverstandenseins erinnert er sich dieser
Epoche. (Natürlich trug auch seine in ganz Weimar als Mesalliance betrachtete Verbindung mit Christiane zu dieser Isolation bei.)

"Die Freunde, statt mich zu trösten und wieder an sich zu ziehen,
brachten mich zur Verzweiflung. Mein Entzücken über entfernteste,
kaum bekannte Gegenstände, mein Leiden, meine Klagen über das
Verlorne schien sie zu beleidigen, ich vermißte jede Teilnahme, niemand verstand meine Sprache. In diesen peinlichen Zustand wußt'
ich mich nicht zu finden: die Entbehrung war zu groß, an welche sich
der äußere Sinn gewöhnen sollte; der Geist erwachte sonach und suchte
sich schadlos zu halten."

So hatte er sich zurückgezogen u.a. in eine Welt kritischer Reflexionen über
Kunst und Kunstpädagogik. Letztlich begünstigte diese Vereinsamung wohl
auch den Plan, ein zweites Mal in Italien - der Kunstprovinz schlechthin -
sich als Mensch, Wissenschaftler und Kunstkenner einem erhofften, ihm nirgendwo sonst erreichbar scheinenden Grad persönlicher Vervollkommnung
im Bannkreis der Idealität der italienischen Kunstschätze anzunähern.

Endlich - 1794 - führt ein eher wie zufällig sich ergebendes Zusammen-
treffen und der spektakuläre Brief Schillers an Goethe vom 23.August 1794
diese schicksalhafte Vereinigung herbei- und wie unendlich vieles Goethe in
der Folgezeit der Zuwendung Schillers zu verdanken hatte, stellt er 1817,
zwölf Jahre nach Schillers Tod, in einem Aufsatz dar:

"Glückliches Ereignis[29]
(Erste Bekanntschaft mit Schiller)

---

[29]Im ersten Heft "Zur Morphologie" von 1817 hat Goethe unter dem Titel "Glückliches
Ereignis" die Geschichte seiner Annäherung an Schiller beschrieben. Später hat Goethe
diesen Aufsatz für die Ausgabe seiner Werke den "Annalen oder Tag= und Jahreshefte"
von 1794 beigefügt.

Alle meine Wünsche und Hoffnungen übertraf das auf einmal sich ent-
wickelnde Verhältnis zu Schiller, das ich zu den höchsten zählen kann,
die mir das Glück in späteren Jahren bereitete. Und zwar hatte ich
dieses günstige Ereignis meinen Bemühungen um die Metamorphose der Pflanzen[30] zu verdanken, wodurch ein Umstand herbeigeführt
wurde, der die Mißverhältnisse beseitigte, die mich lange Zeit von ihm
entfernt hielten.

An keine Vereinigung war zu denken ... ja, meine Gründe, die ich
jeder Vereinigung entgegensetzte, waren schwer zu widerlegen. Niemand konnte leugnen, dass zwischen zwei Geistesantipoden mehr als
ein Erddiameter die Scheidung mache, da sie denn beiderseits als
Pole gelten mögen, aber ebendeswegen in eins nicht zusammenfallen
können. dass aber doch ein Bezug unter ihnen stattfinde, erhellt aus
folgendem.

Schiller zog nach Jena, wo ich ihn ebenfalls nicht sah. Zu gleicher Zeit
hatte Batsch eine naturforschende Gesellschaft in Tätigkeit gesetzt
... Ihren periodischen Sitzungen wohnte ich gewöhnlich bei; einstmals
fand ich Schillern daselbst; wir gingen zufällig beide zugleich heraus,
ein Gespräch knüpfte sich an, er schien an dem Vorgetragenen Teil zu
nehmen, bemerkte aber sehr verständig und einsichtig und mir sehr
willkommen, wie eine so zerstückelte Art, die Natur zu behandeln, den
Laien keineswegs anmuten könne. Ich erwiderte darauf, ... dass es doch
wohl noch eine andere Weise geben könne, die Natur nicht gesondert
und vereinzelt vorzunehmen, sondern sie wirkend und lebendig, aus
dem Ganzen in die Teile strebend, darzustellen. Er wünschte hierüber aufgeklärt zu sein, verbarg aber seine Zweifel nicht; er konnte
nicht eingestehen, dass ein Solches, wie ich behauptete, schon aus der
Erfahrung hervorgehe.

Wir gelangten zu seinem Hause; das Gespräch lockte mich hinein;
da trug ich die Metamorphose der Pflanzen lebhaft vor und ließ mit
manchen charakteristischen Federstrichen eine symbolische Pflanze
vor seinen Augen entstehen. Er vernahm und schaute das alles mit
großer Teilnahme, mit entschiedener Fassungskraft; als ich aber geen-
det, schüttelte er den Kopf und sagte: "Das ist keine Erfahrung, das ist
eine Idee!" Ich stutzte, verdrießlich einigermaßen; denn der Punkt, der
uns trennte, war dadurch aufs Strengste bezeichnet. Die Behauptung
aus Anmut und Würde fiel mir wieder ein; der alte Groll wollte sich re-

---

[30]Die "Metamorphose der Pflanzen" war 1790 erstmals erschienen.

gen, ich nahm mich aber zusammen und versetzte: "Das kann mir sehr
lieb sein, dass ich Ideen habe, ohne es zu wissen, und sie sogar mit Augen sehe." Schiller, der sehr viel mehr Lebensklugheit und Lebensart
hatte als ich, und mich auch wegen der "Horen", die er herauszugeben
im Begriffe stand, mehr anzuziehen als abzustoßen gedachte, erwiderte darauf als ein gebildeter Kantianer; und als aus meinem Realismus
mancher Anlaß zu lebhaftem Widerspruch entstand, so ward viel ge-
kämpft und dann Stillstand gemacht; Keiner von beiden konnte sich
für den Sieger halten, beide hielten sich für unüberwindlich. Sätze
wie folgende machten mich ganz unglücklich: "Wie kann jemals Erfahrung gegeben werden, die einer Idee angemessen sein sollte? Denn
darin besteht eben das Eigentümliche der letztern, dass ihr niemals
eine Erfahrung congruiren könne."Wenn er das für eine Idee hielt, was
ich als Erfahrung aussprach, so musste doch zwischen beiden irgend
etwas Vermittelndes, Bezügliches obwalten! Der erste Schritt war jedoch getan. Schillers Anziehungskraft war groß, er hielt Alle fest, die
sich ihm näherten; ich nahm Teil an seinen Absichten und versprach,
zu den "Horen" manches, was bei mir verborgen lag, herzugeben; seine
Gattin ... trug das ihrige bei zu dauerndem Verständnis; alle beiderseitigen Freunde waren froh, und so besiegelten wir durch den größten,
vielleicht nie ganz zu schlichtenden Wettkampf zwischen Objekt und
Subjekt einen Bund, der ununterbrochen gedauert und für uns und
andere manches Gute gewirkt hat.

Für mich insbesondere war es ein neuer Frühling, in welchem alles froh
neben einander keimte und aus aufgeschlossenen Samen und Zweigen
hervorging. Unsere beiderseitigen Briefe geben davon das unmittel-
barste, reinste und vollständigste Zeugnis."[31]

"Mehr als ein Erddiameter" hatte die beiden "Geistesantipoden" voneinander getrennt. Goethe blieb der Umworbene, Schiller der Werbende. In
seinem Brief vom 2.Juli 1796 etwa schreibt Schiller dem Freund über das
ihm zur Beurteilung zugesandte Manuskript des Wilhelm Meister:

"... das schöne Verhältnis, das unter uns ist, macht es mir zu einer
gewissen Religion, Ihre Sache hierin zu der meinigen zu machen, ...
und so, in einem höheren Sinne des Worts, den Namen Ihres Freundes
zu verdienen. Wie lebhaft habe ich bei dieser Gelegenheit erfahren, ...
dass es dem Vortrefflichen gegenüber keine Freiheit gibt als die Liebe."

---

[31] Der Briefwechsel wurde 1828 veröffentlicht. Dedikation an Ludwig I. von Bayern.

Schillers "Liebeswerben" begleitet von der ersten Begegnung an Goethes Wesen, sein gesamtes Schaffen, Wissen und Erkennen, - Goethe erwidert es mit einer Art freundschaftlicher Kollegialität auf höchster Ebene, im rückhaltlosen Austausch ihrer jeweiligen Gedankenwelt und Gedankenwerkstatt. Erst später und also "gebildeter" mit Schiller zusammengetroffen zu sein erscheint Goethe 1797 als Vorzug; später heißt es, den vielen Jahren verzögerter Freundschaft nachtrauernd, "könnte weinen!"

Der Italien-Plan nahm jetzt erst - während der beginnenden Freundschaft mit Schiller - richtig Gestalt an und wurde, trotz des zutiefst fruchtbaren, sich gegenseitig inspirierenden Gedankenaustauschs, des einander Zuarbeitens und der beiderseitigen, so produktiven Arbeitsphase nie in Frage gestellt. Wäre er nicht durch die Kriegsereignisse verhindert worden, hätte die Ausführung dieses Planes Schiller und Goethe wohl auf unabsehbare Zeit getrennt, ja, möglicherweise sogar einander wieder entfremdet, auf jeden Fall aber Goethes Schaffenskraft und sein Interesse für solche Wissensgebiete absorbiert, die für Schiller höchstens marginale Bedeutung besaßen, - was alles aber während seiner jahrelangen Vorarbeiten nicht im mindesten jemals von Goethe bedacht wurde. Wie war nun Schiller zum italienischen Vorhaben eingestellt? Er hat wohl sehr genau eine Gefahr für Goethe darin gesehen. Es ist wohl keinesfalls die Frage, ob Schillers Selbstverständnis in ähnlicher Weise wie das Goethes danach verlangte, sich mit vergleichbarer Ausschließlichkeit auf ein wissenschaftliches, theoretisches Unternehmen wie das italienische Vorhaben einzulassen - das für Goethe dagegen die sicherlich utopische Spiegelung seiner eigenen, immensen Personalität in einem universalen Individuum - Italien - darstellte. Goethes Aufenthalt in der Schweiz bedeutete in Schillers Augen darum neuerdings eine Aktualisierung der Gefahr, der Freund könne sich doch noch spontan zum Schritt hinüber ins Gelobte Land entschließen, um dem Schicksal das abzutrotzen, was er wiederholt dezidiert geäußert und 1795 nochmals geradezu als sein zukünftiges Lebensprogramm proklamiert hatte, - für dessen Verwirklichung aber Goethe nichts weniger als eine unabschätzbar große Spanne an Lebenszeit und ein herkulisches Potential an Schaffenskraft hätte einsetzen müssen. Damals hatte er an Meyer geschrieben:

" Ich habe indessen auch mancherley zu unserm Zwecke zusammengetragen und hoffe die Base zu unserm Gebäude breit und hoch und

dauerhaft genug aufzuführen. Ich sehe schon die Möglichkeit vor mir,
eine Darstellung zu geben der physikalischen Lage, im allgemeinen
und besondern, des Bodens und der Cultur, von der ältesten bis zur
neuesten Zeit, und des Menschen in seinen nächsten Verhältnissen zu
diesen Naturumgebungen. Auch ist Italien eins von den Ländern, wo
Grund und Boden bey allem, was geschieht, immer mit zur Sprache
kommt. Höhe und Tiefe, Feuchtigkeit und Trockne sind bey Begebenheiten viel bedeutender, und die entscheidenden Abwechslungen
der Lage und der Witterung haben auf die Cultur des Bodens und
der Menschen, auf Einheimische, Colonisten und Durchziehende mehr
EinFluss als in nördlichern und breiter ausgedehnten Ländern."

Versetzt Goethe kurz vor seiner Abreise ungewollt den Freund durch münd-
liche Bemerkungen - beispielsweise auch im Freundeskreis - über seine anhal-
tende innere Unschlüssigkeit in Alarmzustand? Noch in einem Brief Goethes
an Körner vom 20.Juli 1797 ist nachzulesen:

"Freund Meyer ist in der Schweiz und ich gehe ihn zu besuchen. Was
weiter aus uns werden wird, weiß ich nicht."

Also zieht Schiller jetzt die Notbremse. Noch bevor Goethe abreist, sendet
Schiller am 21.7.1797 einen Brandbrief nach Stäfa an Heinrich Meyer:

"Auch wir waren nicht untätig, wie Sie wissen, und am wenigsten
unser Freund, der sich in diesen letzten Jahren wirklich selber übertroffen hat. Sein episches Gedicht "Hermann und Dorothea" haben
Sie gelesen; Sie werden gestehen, dass es der Gipfel seiner und unsrer
ganzen neueren Kunst ist. Ich hab es entstehen sehen und mich fast
ebensosehr über die Art der Entstehung als über das Werk verwun-
dert. Während wir andern mühselig sammeln und prüfen müssen, um
etwas Leidliches langsam hervorzubringen, darf er nur leis an dem
Baume schütteln, um sich die schönsten Früchte, reif und schwer, zu-
fallen zu lassen. Es ist unglaublich, mit welcher Leichtigkeit jetzt die
Früchte eines wohlangewandten L:ebens und einer anhaltenden Bildung an sich selber einerntet, wie bedeutend und sicher jetzt alle seine
Schritte sind, wie ihn die Klarheit über sich selbst und über die Gegenstände vor jedem eiteln Streben und Herumtappen bewahrt. Doch
Sie haben ihn jetzt selbst und können sich von allem dem mit eignen
Augen überzeugen. Sie werden mir aber auch darin beipflichten, dass
er auf dem Gipfel, wo er jetzt steht, mehr darauf denken muss, die

schöne Form, die er sich gegeben hat, zur Darstellung zu bringen, als nach neuem Stoffe auszugehen, kurz, dass er jetzt ganz der poetischen Praktik leben muss. Wenn es einmal einer unter Tausenden, die danach streben, dahin gebracht hat, ein schönes vollendetes Ganzes aus sich zu machen, der kann meines Erachtens nichts Besseres tun, als dafür jede mögliche Art des Ausdrucks zu suchen, denn, wie weit er auch noch kommt, er kann doch nichts Höheres geben. - Ich gestehe daher, dass mir alles, was er bei einem längeren Aufenthalt in Italien auch gewinnen möchte, für einen höchsten und nächsten Zweck doch immer verloren scheinen würde. Also bewegen Sie ihn auch schon deswegen, lieber Freund, recht bald zurückzukommen und das, was er zu Hause hat, nicht zu weit zu suchen."

Ob dieser Brief tatsächlich die Entscheidung gegen das Italien-Unternehmen beeinflusst hat, das bei der damaligen Weltlage wohl eher ein Abenteuer geworden wäre, lässt sich nicht beurteilen. Gewiss jedoch zieht es den gerade erst genesenen Meyer eher nach Weimar als nach Rom. Und Goethe, ermüdet vom ewigen Hin und Her zwischen Hoffen und Verzicht? Schon am 10.August 1797 schreibt er von Frankfurt aus an Knebel:

"Nach Italien habe ich keine Lust, ich mag die Raupen und Chrysaliden der Freyheit nicht beobachten, weit lieber möchte ich die ausgekrochenen französischen Schmetterlinge sehen."

Noch einmal, Mitte Oktober, jagt Goethe dem Freund einen letzten Schreck ein, allerdings im Konjunktiv:

"Ich bin auch jetzt überzeugt, dass man recht gut nach Italien gehen könnte, denn alles setzt sich in der Welt nach einem Erdbeben, Brand und Überschwemmung so geschwind als nöglich in seine alte Lage, und ich würde persönlich die Reise ohne Bedenken unternehmen, wenn mich nicht andere Bedenken abhielten... Die Hoffnung ... mit Ihnen zu einer immer größern theoretischen und praktischen Vereinigung zu gelangen, ist eine der schönsten, die mich nach Hause lockt."

Das Lockmittel also ist die Spekulation, das gemeinsame Nachdenken, das Gespräch über Kunst und Literatur - über das Regelhafte, das Normative, den Kanon aller Künste: Architektur, Bildhauerei, Malerei, Literatur, Musik. Das zentrale Problem fokussiert sich letztlich auf die Frage, welche Form einem bestimmten Stoff (und nur ihm) gemäß, und welcher Gegenstand für eine bestimmte Kunstgattung (und nur dafür) geeignet sei. Jahrzehnte später bewegt ihn dies Thema noch immer - hesitzt vielleicht Priorität bis in seine letzte Lebenszeit.

Denn noch am 3.Novamber 1823 berichtet Eckermann:

> "Ich brachte sodann das Gespräch auf die im Jahre 1797 über Frankfurt und Stuttgart gemachte Reise in die Schweiz, wovon er mir die Manuskripte in drei Heften dieser Tage mitgeteilt und die ich bereits fleißig studiert hatte. Ich erwähnte, wie er damals mit Meyer soviel über die Gegenstände der bildenden Kunst nachgedacht.
>
> Ja, sagte Goethe, was ist auch wichtiger als die Gegenstände, und was ist die ganze Kunstlehre ohne sie. Alles Talent ist verschwendet, wenn der Gegenstand nichts taugt. Und eben weil dem neuern Künstler die würdigen Gegenstände fehlen, so hapert es auch so mit aller Kunst der neuern Zeit. Darunter leiden wir alle; ich habe auch meine Modernität nicht verleugnen können.
>
> Die wenigsten Künstler, fuhr er fort, sind über diesen Punkt im klaren und wissen, was zu ihrem Frieden dient. Da malen sie zum Beispiel meinen Fischer und bedenken nicht, dass sich das gar nicht malen lasse. Es ist ja in dieser Ballade bloß das Gefühl des Wassers ausgedrückt, das Anmutige, was uns im Sommer lockt, uns zu baden; weiter liegt nichts darin, und wie lässt sich das malen!"

Derjenige, mit dem er die intensivsten und ausschließlichsten Gespräche über den Kunst-Kanon führte, vor allem im Hinblick auf die Themen der bildenden Kunst, war der Maler und Kunstprofessor Heinrich Meyer, der als ältester römischer Freund auch die Liebe zur Kunst, die Liebe zu Rom mit ihm teilte: ein unzerstörbares Bindeglied. Über Meyer, der allezeit oberste Instanz in Sachen Bildender Kunst und Kunstgeschichte für ihn geblieben ist, urteilte Goethe 1825 laut Eckermann:

> "Ich ... habe auch fast ein halbes Leben an Betrachtung und Studium von Kunstwerken gewendet, aber Meyern kann ich es denn doch in gewisser Hinsicht nicht gleichtun. Ich hüte mich daher auch wohl, ein neues Gemälde diesem Freunde sogleich zu zeigen, sondern ich sehe zuvor zu, wieweit ich ihm meinerseits beikommen kann. Glaube ich nun, über das Gelungene und Mangelhafte völlig im klaren zu sein, so zeige ich es Meyern, der denn freilich weit schärfer sieht und dem in manchem Betracht noch ganz andere Lichter dabei aufgehen.

> Und so sehe ich immer von neuem, was es sagen will und was dazu
> gehört, um in einer Sache durchaus groß zu sein. In Meyern liegt eine
> Kunsteinsicht von ganzen Jahrtausenden."

Anders, wärmer als zu Schiller war Goethes Verhältnis zu Meyer: Goethe
fiel es offensichtlich leichter, dem letztlich subalternen Maler und Kunstgelehrten Heinrich Meyer Herz zu zeigen als dem hochintellektuellen Freund
Friedrich Schiller.

Schon Anfang Mai 1797 hatte Goethe an den noch in Florenz weilenden
Meyer geschrieben:

> "Ich wiederhole nur kürzlich, dass es mir ganz gleich ist, in welche
> Gegend ich mich von Frankfurt aus bewege, wenn ich nur erfahre wo
> ich Sie am nächsten treffen kann."

Dieses Ziel wird sich nicht ändern. An Schiller schreibt er während der Reise
am 12.August 1797 über sein Verhältnis zu Meyer:

> "Er ist eine reine und treu fortschreitende Natur, unschätzbar in jedem
> Sinne. Ich will nur eilen ihn wieder persönlich habhaft zu werden und
> ihn dann nicht wieder von mir zu lassen."

Aus Frankfurt kündigt er Meyer an:

> "Meine Hoffnung und Freude Sie bald wieder zu sehen ist sehr groß,
> machen Sie mir bey sich auf dem Lande ein Winkelchen bereit wo
> wir eine Zeit lang zusammen leben können. Bis wir uns so manche
> Facta mittheilen, uns über Standpunct und Methode vereinigen und
> das gesammelte zu verarbeiten auch nur anfangen, wird schon eine
> Zeit hingehen."

Bei der Anreise ist noch nirgends die Rede von einer gemeinsamen Erwande-
rung der Stäfa benachbarten Gebirgsregion. Der Vorausblick geht ins Enge,
in ein "Winkelchen", in dem sich Gelegenheit zu ruhigem Gespräch bietet.
Aber eben dies Bedürfnis, sich ins kunsthistorische, partnerschaftliche Gespräch zurückzuziehen, verändert die Reise, als Zustand, nun grundlegend.

Goethe, der einzelgängerische Reisende wird, wenn auch vorübergehend,
"sesshaft". Vorher hatte er sich bewusst nach außen geöffnet, nach außen gelebt, war Gesprächspartner für viele gewesen, jetzt "verinnerlicht" er sich im

Dialog mit einem einzigen Menschen, Meyer, auf ein einziges Thema, Italien. "Das Reisen", wie es Goethe anfangs definiert hatte, pausiert: eigentlich ist es sogar mit dem Eintreffen in Stäfa beendet, und die sogenannte Fußreise zum Gotthard ist nur ein Ausflug; zwei Wanderer, nicht zwei Reisende, begeben sich ins Gebirge.

Für das Wiedersehen mit Heinrich Meyer in Zürich findet sich im Tagebuch, statt eines Paukenschlags, den man erwartet hätte, nur die lakonische Notiz:

> "Zürich, den 2o.September 1797.
>
> Früh oberhalb der Stadt an den See gegangen ... Das Wetter war sehr trüb; dessen ungeachtet ging ich nach Tisch ein wenig über die neuen Anlagen spazieren.Gegen vier Uhr kam Meyer; es fiel ein starker Regen..."

Am nächsten Tag berichtet das Tagebuch weiterhin wortkarg:

> "Wir fuhren zu Schiffe gegen acht Uhr und bei heiterm Wetter den See hinaufwärts. Zu Mittag wurden wir von Herrn Escher auf seinem Gut bei Herrliberg am See freundlich bewirtet und gelangten Abends nach Stäfa."

Am 22.September 1797:

> "Einen trüben Tag brachten wir mit Betrachtung der von Meyer verfertigten und angeschafften Kunstwerke zu, so wie wir auch einander verschiedene Ideen und Aufsätze mittheilten."

Am 23.September 1797 heißt es:

> "Früh Meyers mitgebrachte Arbeiten nochmals durchgesehen."

Am 24.September 1797:

> "Gespräch mit Meyer über die vorhabende rhetorische Reisebeschreibung. Wechselseitige Theilnahme. Über die Notwendigkeit, die Terminologie zuerst festzusetzen, wonach man Kunstwerke beschreiben und beurtheilen will."

Am 25.September 1797 kündigt erstmals ein Brief an Schiller die beabsichtigte Reise zum Gotthard an:

"Nun soll es in einigen Tagen nach dem Vierwaldstätter See gehen. Die großen Naturszenen, die ihn umgeben, muss ich mir, da wir so nahe sind, wieder zum Anschauen bringen; denn die Rubrik dieser ungeheuren Felsen darf mir unter meinen Reisekapiteln nicht fehlen."

Prosaischer schildert Goethe sein Vorhaben mit Brief vom 27.September 1797

"An Herrn Geheime-Rath Voigt":[32]

"Etwa übermorgen denke ich mit Professor Meyer eine kleine Gebirgsreise anzutreten. Man kann sich nicht verwehren, wenn man so nahe ist, sich auch wieder unter diese ungeheuren Naturphänomene zu begeben. Die mineralogische und geognostische Liebhaberei ist auch erleichtert, seitdem so manche Schweizer sich mit diesem Studium abgeben und durch ihre Reisen ... den Fremden den Vorteil verschafft haben, sich leichter zu orientieren. Die Aufsätze eines Herrn Escher von Zürich[33] haben mir eine geschwinde Übersicht gegeben Dessen, was ich auf meiner kleinen vorgenommenen Tour zu erwarten habe ..."

Am selben Tag schreibt er auch an Cotta in Tübingen und lässt, vermutlich für Cotta in seiner wahren Bedeutung unverständlich, in einem Nebensatz die Beunruhigung, die frühere "Gewalt" der Gebirge über ihn, anklingen:

"Ich denke die ersten Tage des Octobers in den tieferen Gebirgen zuzubringen, da ich so nahe bin, konnte ich der Versuchung nicht widerstehen, meine alten Freunde wiederzusehen, die in früherer Zeit so viel Gewalt über mich gehabt."

Elf Tage, von Donnerstag, 29.September bis Sonntag, 8.Oktober 1797 dauert dann die Reise von Stäfa aus auf den St.Gotthard und zurück, - teils Schiffsreise, teils Fußwanderung - in einer Jahreszeit, die sich im Gebirge schon als recht unwirtlich erwies.

---

[32] In den "Annalen" für 1794 schreibt Goethe:"Geheime Rath Voigt, ein getreuer Mitarbeiter auch im mineralogischen Feld, kam von Karlsbad zurück und brachte sehr schöne Tungsteine, theils in größeren Massen,theils deutlich krystallisiert, womit wir späterhin, als dergleichen seltener vorkamen, gar manchen Liebhaber erfreuen konnten."

[33] Diesen lernte er am 2o.September 1797 auf der Fahrt von Zürich nach Stäfa als Gastgeber persönlich kennen.

1.Tag: ab 8 Uhr zu Schiff über den Zürich-See von Stäfa nach Richterschwyl. Von dort zu Fuß nach Hütten und weiter nach Einsiedeln. Dort Übernachtung.

2.Tag: ab 11 Uhr von Einsiedeln. Entlang Alp (Alptal) nach Schwyz.

3.Tag: ab 8.45 Uhr nach Brunnen am Urner See (d.i.obere Hälfte des Vierwaldstätter Sees.) Einschiffung. Zu Schiff vorbei an "Freiheits-Grütli". Halt an Tells Kapelle. Weiter bis Flüelen. Von da zu Fuß weiter nach Altdorf.

4.Tag, So.1.Okt.1797: ab 8.3o Uhr von Altdorf an Reuss vorbei nach Amstäg. Nachmittags ("Wir traten unsern Weg nach dem Gotthard an") zu Fuß nach Wasen.

5.Tag: 7 Uhr von Wasen nach Göschenen, dort um 8 Uhr. Teufelsbrücke. Urserner Tal. "Hospital" (Hospental?)

6.Tag: 8.3o Uhr von Hospental zum Gipfel, zurück nach Hospental.

7.Tag: Rückreise nach Stäfa. 8.3o Uhr von Hospental nach Ursern-Andermatt. Weiter nach Göschenen, von da nach Wasen.

8.Tag: 7 Uhr von Wasen nach Amstäg, von da nach Altdorf.

9.Tag: von Altdorf nach Flüelen/Vierwaldstätter See. Einschiffung. Vorbei an Beckenried (li.Ufer) - dann an Axen (re.Ufer). Weiter "quer über den See" nach linker Landspitze, wo dann "nordöstlich die Schwyzer Mythenberge" erscheinen. Am Grütli (li.) vorbei. An Brunnen (re.) vorbei nach Beckenried. Ausgestiegen. (Gipfel des Rigi.) Zu Fuß weiter nach Stanz über Buochs.

1o.Tag: von Stanz nach Stanzstade. Eingeschifft. Zu Schiff nach Küssnacht. Von da an zu Fuß weiter nach Immensee am Zuger See. Eingeschifft. Zu Schiff nach Zug.

11.Tag: 8 Uhr von Zug zu Fuß nach Baar. In Horgen am Zürcher See eingeschifft nach Stäfa.

Auf dieser Etappe breitet sich noch einmal eine an Bildkraft auffallend reiche Periode des Wahrnehmens und Beschreibens aus, die ein letztes Mal während dieser Reise alle Mittel des Auges und Wortes zugunsten der Kulturlandschaft einsetzt. Auffällig intensiv und symptomatisch für diese Steigerung von Aufmerksamkeit und Darstellungskraft begann schon mit dem Abreisetag von Schaffhausen die intensive Beobachtung und Darstellung der Witterungsverhältnisse. Die Übergänge von rein wissenschaftlich-deskriptiver zu ästhetisch-poetischer Beschreibung von Atmosphäre und

Meteorologie sind dabei oft fließend und keineswegs so eindeutig wie bei dem kleinen Stück Himmel, dessen Farbe die beiden Wanderer als Ultramarinasche vermuten mussten, da ihnen kein Kyanometer zur Hand war, als sie auf ihrer Fußwanderung einmal versuchten, den Bläuegrad des Himmels exakt zu bestimmen:

"Um elf Uhr von Einsiedeln ab. Ein Nebel überzog den Himmel und die Gipfel der Berge; nur ein wenig blauer Himmel sah durch. Da wir kein Kyanometer[34] bei uns hatten, schätzten wir die Erscheinung nach Ultramarin.Die gegenwärtige ward nur für die Ultramarinasche gehalten ..."

Das kleine Naturbild aus Stäfa, das Goethe in seinem Brief an Schiller vom 22.September 1797 vermittelt, verzichtet noch darauf, die sonst des öfteren in die einzelnen Tagebuchnotizen eingebaute Tagesstufe als Wirkungsfaktor anzuwenden. Abgesehen von diesem Mangel besitzt die "Skizze" aber schon Ansätze der kurz darauf in gültiger Form auftretenden "künstlerischen" Geschlossenheit:

"Abends machten wir noch einen großen Spaziergang den Ort hinaufwärts, welcher von der schönsten und höchsten Cultur einen reizenden und idealen Begriff giebt. Die Gebäude stehen weit auseinander, Weinberge, Felder, Gärten, Obstanlagen breiten sich zwischen ihnen aus, und so erstreckt sich der Ort wohl eine Stunde am See hin, und eine halbe bis nach dem Hügel ostwärts, dessen ganze Seite die Cultur auch schon erobert hat."

Ergänzend heißt es dazu auf Folio 82 des 2.Faszikelbandes der Reisematerialien:

"Die Anlage des sogenannten Philosophen auf dem Berge bey Stäfa als ein glücklicher Gegenstand zur Idylle, in welcher Cultur in ihrer Breite, Anmuth und Wichtigkeit dargestellt werden könnte."

Hier erscheint seit Heidelberg zum ersten Mal wieder ein "ideales"Landschaftsbild; im Unterschied zu dort spricht Goethe hier nicht mehr vom "Landschaftsmahler", sondern von Idylle. Auch ist es diesmal nicht "Natur" schlechthin, die zum Gestalten reizt, sondern "Cultur" als geformte Natur.

---

[34]Farb-Meßgerät (von grch.kyaneos "stahlblau")

Die Bezeichnung "ideal" an dieser Stelle, im Vergleich zu Heidelberg, erscheint nicht zufällig. Der Bezug zum menschlichen Wirken in der Landschaft ist hier ein Pendant zum intimen, persönlichen Charakter des Schweizer Aufenthaltes überhaupt: auch die Begegnung mit der Landschaft wird in der Form idylischen Mitempfindens zum Zwiegespräch. Die Begegnung mit dem Rheinfall trägt, dagegen abgehoben, noch deutlich monologische Züge. Ihr fehlt jene Wärme, jenes seelische Behagen, das die Kulturbilder des Schweizer Aufenthaltes auszeichnet. Fast ausschließlich richtet sich Goethes Ansprechbarkeit auf diese Art der Wahrnehmung. Von jetzt an ist sie Goethes eigentliche Erlebnisform.

Was am Tag vor dem Aufbruch noch Skizze war - vgl. Brief an Schiller vom 22.September 1797 - konzentriert sich nun mehr und mehr. Schon der 1.Reisetag am 28.September bringt eine erstaunliche optische Vielfalt der Eindrücke bei der Fahrt über den See:

> "Glanz der Wolken über dem Ende des Sees, Sonnenblick auf Richtersschwyl und den nächsten Höhen. Nebel und Wolken über dem untern Theil nach Zürich zu. In der Mitte des Sees ist die Aussicht hinaufwärts sehr schön, man sieht Stäfa, Rapperschwyl, die Berge von Glarus, die ineinandergreifenden Vorgebürge, hinter und zwischen denen der Wallenstädter See liegt, die Uffenau auf der Wasserfläche, dann den Theil des Ufers mit seinen Bergen zum Kanton Schwitz gehörig ... und so weiter herab bis Richtersschwyl. Dieser Ort liegt sehr artig, gleich hinter ihm steigen fruchtbare Höhen auf. Ehe man landet, sieht der obere Theil des Sees sehr weit und groß aus; Hintergrund und Seiten, wie sie schon beschrieben, machen sich sehr mannigfaltig. In 3/4 Stunden fuhren wir hinüber."

Das Bild wird mit einer für die bisherige Reise seltenen Intensität beleuchtet. Seit dem Rheinfall und seinen Lichtbrechungen zeigt sich Goethes vom atmosphärischen Licht neu aktiviertes Auge auffallend sensibilisiert für metereologische Phänomene. Tatsächlich "malt" Goethe mit Auge und Wort: die Tiefendimension des Bildraumes ist vielfältig abgestuft; Vordergrund, Mitte und Horizont sind gegeneinander abgehoben, die Flächenerstreckung durch die Ufenau waagrecht bezeichnet, die Seiten des Bildes als klare Konturen gegeben. Goethe sieht und beschreibt eindeutig ein "komponiertes" Bild - endend mit der schönen, mit einfachsten sprachlichen Mitteln bewirkten meisterhaften Schlusssequenz, die beim Lesen an der eher "unlogischen"

Voraussetzung "ehe man landet" wie an einer Fermate verweilen und begreifen lässt, welchen Unterschied es semantisch bedeutet, ob der obere Teil des Sees sehr weit und groß *ist* - oder ob er sehr weit und groß *aussieht*. Ein Satz, wert, ihn zu bedenken und seinen Wortlaut wie seine geheimnisvolle logische Unschärfe, die seinen Reiz ausmacht, abzuwägen.

> "Ehe man landet, sieht der obere Theil des Sees sehr weit und groß aus.

Der Abschiedsblick von Hütten gibt nochmals ein kleineres, ausgeführtes Bild:

> "Es war ein schöner Moment. Von der Höhe den Hüttner und Zürchsee, mit dem jenseitigen Ufer des letztern, zunächst die mannigfaltigen, mit Wäldern, Frucht- und Obstbau und Wiesen geschmückten Höhen und Thäler zu sehen. Bis nach der Stadt war alles klar, so wie hinaufwärts gegen Stäfa, Rappersschwyl, bis in Gebirge von Toggenburg."

Für die Annäherung an die Gebirgsregion prägt sich Goethe eine andere, härtere, eine blockige Sprache: der zweite Wandertag, 29.September 1797, dem St.Gotthard entgegen, ist durch ungünstiges Wetter und Verschlechterung der Wege charakterisiert. Das "Anmuthende" der Kulturlandschaft bleibt schon zeitweilig hinter den Wandernden zurück. So setzt im Tagebuch eine drastische Häufung von Substantiven ein:

> "Nun steigt man nach rechts, auf einem steilen Weg in die Höhe, über Kalkfelstrümmern, Platten und Fichtenstämmen. Erster Gießbach, über denselben rauher Stieg ... Holzverschwendung, alte, stehende, ganz kahle Stämme. Knüppelstieg, rauhester Stieg ... Wir kamen nun wirklich in den Nebel. Wüste Schlucht und Gießbach, darneben einige Trift und leidlicher Pfad."

Die Sprachverhärtung entspricht dem Zug zur Einzelszene, zum Bild-Ausschnitt. Weder der Weg in die Höhe noch der vom Gipfel abwärts bringt auch nur ein einziges Bild des Gesamtpanoramas, wie etwa bei der Reise von 1779. Je drastischer und knapper sich die Sprachskizze beim Weiterwandern formt, umso spezieller geht sie ins Detail. So heißt es, ebenfalls vom 29.September im Tagebuch:

"Wir hatten nun die Höhe des Schwitzerhakens erstiegen, allein alle
Aussicht war durch nahe und ferne Nebel gehindert. Sie zogen auf die
seltsamste Weise in den Tiefen und an den Höhen hin; unten über dem
Thale von Schwitz schwebte ein weißer wolkenartiger; ein graulicher
ließ den gegenüberstehenden Berg halb durchsehen, ein anderer drang
zu unserer linken Seite von den Mythen herunter und bedeckte sie
völlig."

Licht und Formen bleiben unberücksichtigt. Das Bild lebt vom farblosen
Weiß und dem farbfeindlichen Grau - vor allem aber von der Bewegung des
Nebels. Ähnlich wie bei den Donaunebeln beweist Goethe auf der Gebirgsreise eine hohe Sensibilität für diese Erscheinungen, sie hatten auch schon
bei der zweiten Schweizerreise 1779 starke Beachtung gefunden - dort aber
mit betonter Gefühlsbewegung gepaart. Jetzt, so hat man den Eindruck,
kommt es Goethe auf die sachliche, präzise Beschreibung an - selbst wenn
dabei auch einmal sein subjektives Empfinden gegenüber diesen menschen-
feindlichen Erscheinungen zur Sprache kam:

"Die Berggipfel waren alle mit vielfachen Wolken und Nebeln bedeckt,
so dass ihre Massen selten durchblickten und meist nur geahndet werden konnten. Ein seltsamer Schein in den Wolken und Nebeln zeigte
den Untergang der Sonne an. Diese Hüllen lagen so gehäuft übereinander, dass man bey einbrechender Nacht nicht glaubte, dass es wieder
Tag werden könne."

Einen kaum spürbaren kosmischen Schauder lässt Goethe hier ahnen, der
in dieser nebligen Abendstunde bei Einbruch der Dunkelheit seine Seele
berührte.

Am 3.Wandertag, dem 30.September 1797 entsteht noch einmal eine
Folge in souveräner Form ausgeführter Landschaftsbilder, die sich zuerst
dem Rundblick von oben und dann bei der Fahrt über den Vierwaldstätter
See erschließen:

"Wir übernachteten in Schwyz und hatten am Morgen einen schönen Anblick des völlig grünen, mit hohen zerstreuten Fruchtbäumen
und weißen Häusern übersäten Landes, so wie der steilen dunkeln Felsen dahinter, an denen die Wolken sinkend hinstrichen. Die Mythen
und übrigen Berge waren klar, der Himmel blickte an verschiedenen
Stellen blau durch; einige Wolken glänzten, von der Sonne erleuchtet.

> Man sieht einen Streif des Vierwaldstätter Sees, beschneite Gebirge
> jenseits; der Eingang ins Muottathal aus dem Thal von Schwyz er-
> scheint links. Die Heiterkeit der Nebel war ein Vorbote der Sonne.
> Unaussprechliche Anmuth entwickelte sich, sobald nur einzelne Son-
> nenblicke hier- und dahin streiften. Kein Besitzthum ist mit einer
> Mauer eingeschlossen; man übersieht alle Wiesen und Baumstücke.
> Die Nußbäume sind besonders mächtig."

Ein derart farbenfrohes Bild, abgesehen vom Rheinfall, besitzt die Schweizerreise bisher nicht: "völlig grün", "weiß", "blau" kontrastieren mit "steilen,
dunklen Felsen", und den "weißen Häusern" anworten die "beschneiten Gebürge jenseits". Die "Heiterkeit der Nebel" wiederum gehört zu jener oben
angeführten Kategorie der von Goethe geradezu mit Sprachlust hervorge-
zauberten Sprachbilder.

Wenig später:

> "Um ein Viertel auf neun gingen wir bey heiterm Sonnenschein ab,
> herrlicher Rückblick auf die ernsten Mythen. Von unten lagen sie im
> leichten Nebel und Rauchdunste des Ortes, am Gipfel zogen leichte
> Wolken hin."

An Farbintensität, Widerklang und Zusammenspiel von Licht und Schatten
und Kraft der Komposition leistet dieser Reisetag den reichsten Beitrag
der Gotthardwanderung. Ihn zeichnet noch ein weiteres "Naturgemälde"
aus, in dem Goethes abkürzende Sprache durch das Zusammenwirken der
Flächen und Formen und Bewegung der Gegenstände sinnliche Dichte und
Anschaulichkeit erreicht.

> "Wir kamen nach Brunnen und an den See in einem schönen Mo-
> ment; wir schifften uns ein. Nackte Kalkflötze, die nach Mittag und
> nach Mitternacht einfallen und sich gleichsam über einen Kern, auf
> dem sie ruhen hinlegen. Die großen Felsen theilen sich wieder in klei-
> nere, die sehr zerklüftet sind, so dass der Felsen an einigen Orten
> wie aufgemauert erscheint.Der Theil des Sees nach Stanz zu ver-
> schwindet. Freyheits-Grütli. Grüne des Sees, steile Ufer, Kleinheit
> der Schiffe gegen die ungeheuren Felsmassen. Schwer mit Käse belad-
> nes Schiff. Waldbewachsne Abhänge, wenige Matten, wolkenumhüllte
> Gipfel, Sonnenblicke, gestaltlose Großheit der Natur. Abermals nord-
> und südwärts fallende Flöße, gegen Grütli über. Links steile Felsen,

Confusion der Flötze hüben und drüben, die selbst in ihren Abweichungen correspondieren ... Thal hineinwärts, erst gelinde ansteigende, dann steile Matten. Angenehmer Anblick der Nutzbarkeit zwischen dem Rauhsten. Die Seelinie macht das Ganze so ruhig. Schwanken der Bergbilder im See. Gegen die Tellenplatte ist eine schöne Stelle, erst kahler Fels und Steinrutsche, dann anmuthige, nicht allzu steile Matten mit schönen Bäumen und Büschen umgeben, Felsen bis auf ihre höchsten Gipfel bewachsen.”

Rühmend hebt Goethe gegen die "gestaltlose Großheit der Natur" den "angenehmen Anblick der Nutzbarkeit zwischen dem Rauhsten" hervor. Seine Liebe gehört nach wie vor der Kulturlandschaft, wo sich die Natur ins "gestaltlose Große" wandelt, wird der Bericht knapp, abgehackt, summarisch, wissenschaftlich, wie am 4.Reisetag, dem 1.Oktober 1797, wo man von Altdorf aus die Weiterreise antritt. Anfangs noch poetische

" Nebelwesen. Man weiß nicht, ob sie steigen, sinken, sich erzeugen oder verzehren, wegziehen oder sich herabstürzen.”

Aber von jetzt an häufen sich die geologischen Beobachtungen:

"Steile Kalkfelsen links bis auf die Wiesen herab ... das Zickzack der Felslager erscheint wieder ... Granitgeschiebe ... zusammengestürzte Gneißmassen ... sehr quarzhafter Glimmerschiefer ... man sieht einen Pilger- und Mineralogenstieg den Berg hinaufgehen ...

Wir traten unsern Weg nach dem Gotthard an.

Man trifft schiefriges Kalkgestein ... grünlich Gestein mit viel Glimmer, Granit ... immer Granit, mit Talk gemischtes Quarzgestein.”

An diesem 1.Oktober entsteht in Uri das datierte Gedicht "Schweizeralpe", inspiriert vom Blick auf die schneebedeckten Berge, von Altdorf aus in der Morgenfrühe gesehen.

Noch einmal taucht das "holde Gebild" Christianes vor Goethes Auge auf; wer seine Reisebriefe an sie kennt, ebenso wie dieses Gedicht, muss einfach die zärtliche Zuneigung des Dichters zu ihr anerkennen, und die beiden ihrer wohlverdienten Privatsphäre überlassen. Goethes Zeitgenossen haben in Weimar und anderswo zur Genüge Häme verbreitet, man sollte sich nicht mit ihnen gemein machen.

Schweizeralpe.

Uri, am 1.Oktober 1797.

War doch gestern dein Haupt noch so braun wie die Locke der Lieben,
Deren holdes Gebild still aus der Ferne mir winkt;
Silbergrau bezeichnet dir früh der Schnee nun die Gipfel,
Der sich in stürmender Nacht dir um den Scheitel ergoß.
Jugend, ach! ist dem Alter so nah, durchs Leben verbunden,
Wie ein beweglicher Traum Gestern und Heute verband.

Was hingegen Goethe noch 1779 unter dem Eindruck der Gebirgswelt sich gewünscht hatte:

"Hätte mich nur das Schicksal in irgend einer großen Gegend wohnen heißen, ich wollte mit jedem Morgen Nahrung der Großheit aus ihr saugen, wie aus einem lieblichen Tal Geduld und Stille" -

das scheint sich nun bei der dritten Begegnung mit den Schweizer Alpen ins Gegenteil zu verkehren: nicht "Nahrung der Großheit" saugt er aus der "großen Gegend" - sondern lockend erscheint ihm mitten darin das "holde Gebild der Lieben". Und im Anblick felsenhafter Stetigkeit und Unveränderlichkeit überkommt ihn das Gefühl der Verwandlung, der Nähe von Jugend und Alter, des "beweglichen Traumes". Die Assoziation, die das Braun der Locke mit der Farbe der Bergkronen vergleicht, ist ins Idyllische verlieblichtes, nicht jedoch "großes" Gefühl. Der elegische Ton, den man anfangs zu vernehmen glaubt, verflüchtigt sich bei genauerem Hinhören. Es besteht nicht einmal eine eigentliche "Klage-Dimension".

Das einzige, groß gesehene Bild des 1.Oktober, an dem der Anstieg auf den Gotthard beginnt, beschließt diesen Tag - wobei man den irregulären Komparativ von "ganz", hochgesteigert durch das nachfolgende Adjektiv:

"Die Felsmassen werden immer ganzer, ungeheurer" -

nicht überlesen sollte: er stellt eine jener nicht wenigen stilistischen Freiheiten und unkonventionellen Feinheiten in Goethes Tagebuch dar - einem unscheinbaren Allerweltswort setzt der Tagebuchschreiber ein Glanzlicht auf.

"Wir traten unsern Weg nach dem Gotthard an ... Etwas höher schöner Rückblick nach Amsteg. Eigentümlicher Charakter der Gegend;

der Blick hinaufwärts verkündigt das Ungeheure. Um halb vier war
die Sonne schon hinter dem Berge ... Die Felsmassen werden immer
ganzer, ungeheurer ... Nacht. Von der Höhe Rückblick in die Tiefe;
die Lichter in den Häusern und Sägemühlen nahmen sich, in der un-
geheuern nächtlichen Schlucht, gar vertraulich aus. Die Herrlichkeit
des Herrn nach der neuesten Exegese ...”

Erst am 5.Reisetag, dem 2.Oktober 1797, an dem Goethe und Meyer beim
Aufstieg bis Hospital gelangen, konzentriert sich die Beschreibung auf das
“ungeheure Große” des Hochgebirges:

"Um 7 Uhr ab, die Nebel zertheilten sich, Schatten der Berggipfel
in den Wolken. Karge Vegetation, horizontale Wolkensoffitten, unter
Wasen, grüne Matten mit Granitblöcken und geringen Fichtengrup-
pen. Schöner mannigfaltiger Wasserfall, erst kleine Absätze, dann ein
großer, dann teilt sich das Wasser in die Breite, sammelt sich wieder
in der Mitte, und trennt sich wieder, bis es endlich zusammen in die
Reus stürzt. Brücke, Wasserfall über Felsen, die noch ganz scharfkan-
tig sind, schöne Austheilung des Wassers darüber. Man ist eigentlich
in der Region der Wasserfälle, Betrachtung, dass der Vierwaldstätter-
see auch darum einen so ruhigen Eindruck macht, weil kein Wasser in
demselben hineinstürzt.”

Es charakterisiert den Betrachter, dass er seine Gedanken aus der durch die
Wasserfälle dramatisch bewegten Gebirgsregion zum “ruhigen” Vierwald-
stättersee abschweifen lässt. Es charakterisiert ihn ebenfalls, dass er während der gesamten Fußreise mit keiner Silbe einen ähnlichen emotionalen
Aufruhr, ja, ein Gefühl des Bedrohtseins anklingen lässt, wie es ihm vor
kurzem der Rheinfall als sein Widerpart verursacht hatte.

Die Farbfeindlichkeit der Landschaft und ihre bleierne Tönung vermerkt
er mit deutlichem Mißbehagen. Grau war für Goethe immer eine widerwär-
tige Farbe:

"Alles sieht fast grau umher aus, von zerstreutem Granit, verwitterten
Holz und graugewordenen Häusern ... die Felsen ...hellgrau ...”

Die Beschreibung wird strenger, kühler, kubischer:

"Nebel zogen gleichsam als Gehänge über das Thal hin, und die Sonne, an den Gipfeln hinstreifend, erleuchtete rechts die Berge durch die

leichten Nebel, die sich an ihnen hinzogen ...Pflanzen werden immer
dürftiger ...An den Höhen sieht man durch die Nebel lange Wasser-
streifen sich herunterbewegen. Granitfelsen wie aufgebaute Pyrami-
den ... Obeliskenform. Vorwärts steiles Amphittheater der Schneeber-
ge im Sonnenlicht."

Lapidarer und zugleich brüchiger wird die Ausdrucksweise:

> "Harter Stieg ... Fichten verschwinden ganz, Teufelsbrücke, rechts un-
> geheure Wand, Sturz des Wassers, Stieg, Sonne, Nebel, starker Stieg,
> Wandsteile der ungeheuren Felsen, Enge der Schlucht, drey große Ra-
> ben kamen geflogen, die Nebel schlugen sich nieder, die Sonne war
> hell."

Hier erreicht Goethe einen Höhepunkt: die Sprache überstürzt sich, türmt
die Substantive übereinander. Die Energie der sprachlichen Bewegung ist so
stark, dass die grammatischen "Lücken" geradezu als Stilmittel zu wirken
beginnen.

Aber diese Bilder sind Ausnahmen. Denn unmittelbar danach, je näher
sie dem Gipfel kommen, findet Goethe wieder zur idyllischen Naturstim-
mung zurück. Bei der Ankunft im Hospital notiert er:

> "Schon war alle Mühe vergessen. Der Appetit stellte sich ein.Wir er-
> reichten das Hospital, wo wir zum goldenen Löwen oder der Post
> einkehrten."

Der 6.Reisetag, 3.Oktober 1797 - Aufstieg zum Gipfel: spektakulär unspek-
takulär! Der vollständige Tagebuchtext dieses Tages:

> "Um halb neun vom Hospital aufwärts. Wir sahen Glimmerschiefer
> mit vielem und schönem Quarz und den ersten Schnee neben uns.
> Ein schöner, breiter, gleichförmiger Wasserfall strömte über Glimmer-
> schieferplatten herüber, die gegen den Berg eingestürzt waren. Schöne
> Sonne. Kahles, leeres Thal; abhängige, abgewitterte Seiten. Die Bläue
> des klaren Himmels schätzten wir nach Ultramarin zu 30 Skudi. Unge-
> heure, ganz glatte Wände des blättrigen Granits. Über große Massen,
> Platten und Blöcke desselben Gesteins stürzte sich ein abermaliger
> Wasserfall. Wir nahten uns nun nach und nach dem Gipfel. Moor,
> Glimmersand, Schnee; Alles quillt um Einen herum. Seen.

Ich fand den Pater Lorenz noch so munter und gutes Mutes als vor zwanzig Jahren und freute mich seiner verständigen und mäßigen Urtheile über die gegenwärtigen Verhältnisse in Mailand. Es war seit einigen Jahren ein Stammbuch eingeführt. Ein junger Mensch, Jost Has von Luzern, zum künftigen Postboten bestimmt, wohnte seit acht Monaten beim Pater. Mineralienhandel der Köchin. Sie zeigte uns große Mengen Adularien. Erzählung, wo sie solche hernimmt. Wechselnde mineralogische Moden: erst fragte man nach Quarzkrystallen, dann nach Feldspäthen, darauf nach Adularien, und jetzt nach rothem Schörl (Titanit).

Nach der Observation eines gewissen Johnston, die in des Kapuziners Buch eingeschrieben ist, soll das Kloster 46' 33" 45"' nördlicher Breite liegen.

Nach Tische gingen wir wieder hinunter und waren so leicht und bald wieder im Hospital, dass wir uns verwunderten und der Bergluft diese Wirkung zuschrieben.

Im Hinuntergehen bemerkten wir eigens zackige Gipfel hinter Realp, die daher entstehen, wenn die obersten Enden einiger Granitwände verwittern, die andern aber stehenbleiben. Das Wetter war ganz klar. Aus der Reußschlucht, von der Teufelsbrücke herauf quollen starke Nebel, die sich aber gleich an den Berg anlegten.

Die Beschreibung der Gebirgswelt ist auf dem Rückweg noch spärlicher als beim Aufstieg, und so prosaisch wie möglich, überhaupt lässt sich eine emotionale Resonanz nicht erkennen. Die naturwissenschaftliche Beobachtung dagegen setzt sich stetig fort. Als Ausnahme die Bemerkung am 7.Tag, dem 4.Oktober 1797:

"Als wir wieder gegen die Teufelsbrücke kamen, stiegen feuchte Nebel uns entgegen, die sich mit dem Wasserstaub vermischten, so dass man nicht wußte, woher sie kamen und wohin sie gingen. Die Steinart ist sich gleich; denn das Ungeheure lässt keine Mannigfaltigkeit zu."

Am 8.Tag, dem 5.Oktober:

"Früh um 7 Uhr von Wasen ab. Oben war der Nebel schon vertheilt, wir kamen wieder in denselben hinab. Sonderbarer Anblick der Gebirge im Nebel als ganz flacher Massen."

Noch am selben Tag vermerkt Goethe:

> "Anmuthige Gegend an der Reuß."

Die Kulturregion ist erreicht. Damit stellen sich auch wieder solche malerischen Landschaftsbeschreibungen wie bei der Überfahrt auf dem Vierwaldstätter See im Sinne einer bewussten Komposition ein:

> "Wir kamen der Axen Flue näher; ungeheuere Felswand und Halbbucht ... Die Beleuchtung war schön, die Capelle lag im Schatten, die Kronalp im Lichten ... Matten, Wald, Abhang und Steile. Alles Menschenwerk, wie auch alle Vegetation, erscheint klein gegen die ungeheuren Felsmassen und Höhen."

Später:

> "Wir fuhren nun quer über den See nach der linken Landspitze zu. Die Schweizer Mythenberge erschienen wieder ... Wir kamen am Rütli vorbey. Kurz vor der Ecke sind Flötze wie Mauerwerke und Thürme. Den See hinauf wars trübe und die Sonne stach. Gegen Brunnen über die Ecke anmuthig überhängende Bäume. Man sah die Mythen in völliger Breite, Brunnen, einen Theil der Landbucht von Schwytz, die schönen nicht allzu steilen Matten der Schwytzer rechts am See ... Ein Wirtshaus steht in Fels und Waldgebüsch, am See. Man sah Beckerrieth von weitem, Pilatusberg in Wolken. Es entstand ein Gegenwind, wir kamen an der Grenze von Uri und Unterwalden vorbey, die sehr leicht gezeichnet ist. Hier ist der Anblick vorwärts mannigfaltig, groß und interessant: das linke Ufer ist waldig und schön bewachsen, man sieht Beckerrieth an einem fruchtbaren Abhange eines Berges liegen, dessen steiler Gipfel nach und nach bis in die Mitte des Bildes abläuft; hinter diesen schönbewachsenen Strichen ahndet man die Fläche von Stanz."

Am Abend des 8.Oktober 1797 sind Goethe und Meyer in Stäfa zurück. Sie werden noch 13 Tage bleiben, also bis zum 21.Oktober.

Am 9.Oktober taucht zum ersten Mal das Projekt "Tell" im Tagebuch auf:

> "Früh am Tagebuch diktiert. Sodann die Schweizerchronik wegen der Geschichte des Tell gelesen und mit Meyer über die Behandlung derselben ... gesprochen."

Am 1o.Oktober:

"Abschrift des Tagebuchs. Die Mineralien verzeichnet und eingepackt; darauf in Tschudi´s Chronik weiter gelesen..."

Am 11.Oktober:

"Abschrift des Tagebuchs fortgesetzt. Friese des Julius Roman. Andrea del Sarto. Vorlesung der Florentinischen Kunstgeschichte. Ferneres Einpacken der Steine."

Am 14.Oktober resümiert Goethe in einem sehr ausführlichen Brief an Schiller seine Gebirgswanderung:

"Kaum hatte ich mich in Zürich mit dem guten Meyer zusammen gefunden, kaum waren wir zusammen hier angelangt, kaum hatte ich mich an seinen mitgebrachten Arbeiten, an der angenehmen Gegend und Cultur erfreut, als die nahen Gebirge mir eine gewisse Unruhe gaben, und das schöne Wetter den Wunsch unterhielt mich ihnen zu nähern, ja sie zu besteigen.

Der Instinkt, der mich zu dieser Ausflucht trieb, war sehr zusammengesetzt und undeutlich. Ich erinnerte mich des Effekts, den diese Gegenstände vor zwanzig Jahren auf mich gemacht, der Eindruck war im Ganzen geblieben, die Theile waren erloschen, und ich fühlte ein wundersames Verlangen, jene Erfahrungen zu wiederholen und zu rektificiren. Ich war ein anderer Mensch geworden, und also mussten mir die Gegenstände auch anders erscheinen."

Goethe nennt seine dritte Gebirgsreise interessanterweise eine "Ausflucht", womit aber wohl unser modernes "Ausflug" gemeint ist - ihren Antrieb einen "zusammengesetzten und undeutlichen Instinkt", "jene Erfahrungen zu wiederholen und zu rektifizieren" habe er ein "wundersames Verlangen" gefühlt.

Da könnte nun ein Widerspruch herauszuhören sein zwischen diesem Brief vom Oktober 1797 an Schiller und Goethes Erläuterungen für Eckermann, die er ihm 1823 über seine Ausflüge zum St.Gotthard anläßlich der drei Schweizerreisen von 1775, 1779 und 1797 zur Hand gibt:

"Die Schweiz machte anfänglich auf mich großen Eindruck, dass ich dadurch verwirrt und beunruhigt wurde; erst bei wiederholtem Aufenthalt, erst in späteren Jahren, wo ich die Gebirge bloß in mineralogischer Hinsicht betrachtete, konnte ich mich ruhig mit ihnen befassen."

Seiner eigenen Erinnerung zufolge hat Goethe bei seinem dritten Ausflug zum Gotthard im Jahr 1797 eben gerade nicht die Wiederholung früherer Erfahrungen und Eindrücke gesucht, sondern sich ganz im Gegenteil "instinktiv" bemüht, alles Verwirrende und Beunruhigende zu meiden, und dem "Ungeheuren", das "keine Mannigfaltigkeit zulässt", standzuhalten. Es spricht vieles dafür, dass Goethe im Augenblick der Rückkehr vom Gotthard noch nicht in der Lage war, sich seine seelische Labilität - konfrontiert mit dem gewaltigen Naturtheater der Gebirgswelt, dem Schrecken des nicht Kultivier- und und schon gar nicht Domestizierbaren - so souverän wie später gegenüber Eckermann einzugestehen. Die Grenzerfahrung existentieller Erschütterungen der früheren Jahre hat Goethe sich jedenfalls 1797 mittels seiner mineralogischen, meteorologischen, geologischen und botanischen Beobachtungen vorsätzlich erspart.

Dem Menschenkenner Goethe diente die Reise obendrein zu dem ganz pragmatischen Zweck, die freundschaftliche Bindung an Meyer nach langem Getrenntsein erneut zu festigen:

> "Die Überzeugung, dass kleine gemeinschaftliche Abenteuer, so wie sie
> neue Bekanntschaften knüpfen, auch den alten günstig sind, wenn sie
> nach einigem Zwischenraum wieder erneut werden sollen,entschieden
> uns völlig, und wir reisten mit dem besten Wetter ab."

Der Hauptantrieb dieser Reise, sein "zusammengesetzter und undeutlicher Instinkt", war sicher, seinem früheren Ich in jenen Regionen des Amorphen, Gestaltlosen als ein "anderer Mensch" wiederzubegegnen und die souveräne Distanz, die sich als Welthaltung bisher auf der ganzen Reise bewährt hatte, auch angesichts der Menschenfeindlichkeit der Gebirgsnatur zu bekräftigen. Das weist eine Stelle im Brief an den Herzog vom 17.Oktober 1797 nach, wenn auch verschlüsselt in konventionelle Floskeln:

> "Tausendmal, ja beständig habe ich mich der Zeit erinnert da wir
> diesen Weg zusammen machten. Ich habe viel Freude gehabt diese
> Gegenstände wieder zu sehen und mich in mehr als Einem Sinne an
> ihnen zu prüfen, meine Kenntniß der Mineralogie war ein sehr angenehmes Hülfsmittel der Unterhaltung."

Sich selbst zu prüfen am Gegenstand: in dieser Formulierung ließe sich Goethes Anliegen an die Gebirgsreise am knappsten fassen. Sie sucht Selbstgewißheit und -bestätigung gegenüber der Herausforderung des Extremen, der Formlosigkeit, dem "Unmenschlichen."

Dem widerspricht nicht das Gedicht "Euphrosyne" auf den plötzlichen Tod der erst neunzehnjährigen, Goethe so sehr ans Herz gewachsenen Lieblingsschauspielerin Chistiane Neumann/Becker.[35] Sie war seit 1791 seine Schülerin. Er erfährt ihren Tod am 2.Oktober, mitten im Gebirge. An Böttiger schreibt er am 25.Oktober 1797 aus Zürich:

> "... ich leugne nicht, dass der Tod der Becker mir sehr schmerzlich gewesen. Sie war mir in mehr als einem Sinne lieb. Wenn sich manchmal in mir die abgestorbene Lust, fürs Theater zu arbeiten, wieder regte, so hatte ich sie gewiß vor Augen, und meine Mädchen und Frauen bildeten sich nach ihr und ihren Eigenschaften. Es kann größere Talente geben, aber kein für mich anmutigeres. Die Nachricht von ihrem Tode hatte ich lange erwartet; sie überraschte mich in den formlosen Gebirgen. Liebende haben Tränen und Dichter Rhythmen zu Ehre der Toten; ich wünschte, dass mir etwas zu ihrem Andenken gelungen sein möchte."

Noch in der Schweiz, unter dem Eindruck der Gebirgswanderung beginnt Goethe seine Totenklage, beendet wird das Gedicht "Euphrosyne" erst im Juni 1798. Als leuchtende Geistererscheinung schwebt ihm die Verstorbene aus glühendem Gewölk über der Gebirgslandschaft entgegen. Die Eingangszeilen drücken jedoch ein Naturgefühl aus, das dem Unwirtlichen zu entrinnen sucht:

> "Auch von des höchsten Gebirgs beeisten zackigen Gipfeln
> Schwindet Purpur und Glanz scheidender Sonne hinweg.
> Lange verhüllt schon Nacht das Tal und die Pfade des Wandrers,
> Der, am tosenden Strom, auf zu der Hütte sich sehnt,
> Zu dem Ziele des Tags, der stillen hirtlichen Wohnung;
> Und der göttliche Schlaf eilet gefällig voraus,
> Dieser holde Geselle des Reisenden. dass er auch heute,
> Segnend, kränze das Haupt mir mit dem heiligen Mohn."

---

[35] 1791 spielte Christine Neumann als 13-Jährige den Prinz Arthur in Shakespeares König Johann in dem unter Goethes Leitung neu geschaffenen Weimarer Hoftheater. Er hat das Amt bis 1817 inne, tritt dann wegen der eigemwilligen und intriganten Schauspielerin Caroline Jagemann, der Mätresse Carl Augusts, zurück.

Vor Tragik und Trauer sucht der Wanderer Zuflucht in Schlaf und Ruhe, in der Idylle.

Die Schluss-Sequenz verweist auf die Helligkeit des Tages, auf die Zukunft - auf das Leben, nicht auf den Tod:

> "... aus dem Purpurgewölk, dem schwebenden, immer bewegten,
> Trat der herrliche Gott Hermes gelassen hervor.
> Mild erhob er den Stab und deutete; wallend verschlangen
> Wachsende Wolken, im Zug, beide Gestalten vor mir.
> Tiefer liegt die Nacht um mich her, die stürzenden Wasser
> Brausen gewaltiger nun neben dem schlüpfrigen Pfad.
> Unbezwingliche Trauer befällt mich, entkräftender Jammer,
> Und ein moosiger Fels stützt den Sinkenden nur.
> Wehmut reißt durch die Saiten der Brust; die nächtlichen Tränen
> Fließen, und über dem Wald kündet der Morgen sich an."

In dieser Lebensphase verzichtet er auf Pathos, wehrt Leiden ab - im Leben wie in der Dichtung. Eine Äußerung Schillers aus der ersten Augusthälfte des Jahres 1798 bestätigt das:

> "Ich habe Goethe dieser Tage die zwei letzten Akte des Wallensteins gelesen ... und den seltenen Genuss gehabt, ihn sehr lebhaft zu bewegen, und das ist bei ihm nur durch die Güte der Form möglich, da er für das Pathetische des Stoffes nicht leicht empfänglich ist."

In ähnlicher Weise war Goethes Empfänglichkeit "für das Pathetische" der großen Naturszene erloschen.

Der "Übergang von dem Formlosesten zum Geformtesten"

In seinem Brief vom 25.September 1797, noch vor Antritt der Gebirgsreise, zieht Goethe in einem Brief an Schiller eine Art vorläufigen Schlussstrich unterl die Ergebnisse seiner dritten Reise in die Schweiz, deren Verwertung oder Bearbeitung ihn vorerst keineswegs beschwert, da er sich sowieso über ihre Verwertbarkeit noch völlig im Unklaren ist:

> "Ich habe schon ein paar tüchtige Aktenfaszikel gesammelt, in die alles, was ich erfahren habe, oder was mir sonst vorgekommen ist, sich

eingeschrieben und eingeheftet befindet, bis jetzt noch der bunteste
Stoff von der Welt, aus der ich auch nicht einmal, wie ich früher hoffte,
etwas für die Horen herausheben könnte."

Trotzdem ist dies ein Augenblick hoher Genugtuung für den Reisenden:

"Ich hoffe, diese Reisesammlung noch um vieles zu vermehren und
kann mich dabey an so mancherley Gegenständen prüfen. Man genießt
doch zuletzt, wenn man fühlt, dass man so manches subsummiren
kann, die Früchte der großen und anfangs unfruchtbar scheinenden
Arbeiten, mit denen man sich in seinem Leben geplagt hat."

Und an Barbara Schultheß in Zürich schreibt er am 27.Septembeer 1797:

"Alles iat mir bisher über alle meine Wünsche geglückt."

Dieser Ernte darf Goethe auch das Verdienst an Meyers Studien in Italien
hinzurechnen: in ihnen ist wenigstens ein Teil des von ihm nicht nur inspirierten, sondern sorgfältig in allen seinen Teilen vorbereiteten italienischen
Projektes gerettet worden und wird also weiterwirken und leben, denn

"Meyer befindet sich so wohl als jemals, und wir haben schon was Ehr-
liches zusammen durchgeschwätzt; er kommt mit trefflichen Kunst-
schätzen und Schätzen einer sehr genauen Beobachtung wieder zurück. Wir wollen nun überlegen, in was für Formen wir einen Teil
brauchen und zu welchen Absichten wir den andern aufheben wollen."

Und beinahe überschwenglich offenbart Goethe, nachdem er seit seiner Abreise aus Weimar kaum produktiv hatte sein können:

"Herrliche Stoffe zu Idyllen und Elegien, und wie die verwandten
Dichtarten alle heißen mögen, habe ich schon wieder aufgefunden,
auch einiges schon wirklich gemacht; so wie ich überhaupt noch niemals mit solcher Bequemlichkeit die fremden Gegenstände aufgefasst
und zugleich wieder etwas produziert habe. Leben Sie recht wohl und
lassen Sie uns theoretisch und praktisch immer so fortfahren."

Mit Meyer vom St.Gotthard nach Stäfa zurückgekehrt, schildert Goethe im
Brief vom 14.Oktober 1797 Schiller seine Zufriedenheit mit der Routine, die
er sich inzwischen als Reisender nicht nur beiläufig angeeignet hat, sondern

die ihm gleichsam zur zweiten Natur geworden ist und die ihm für die zukünftige Bearbeitung des angesammelten Stoffes in mannigfaltigen Formen
"mehr Freiheit als jemals" zu versprechen scheint:

> "Wenn ich Ihnen nun von meinem Zustand sprechen soll, so kann ich
> sagen, dass ich bisher mit meiner Reise alle Ursache habe zufrieden
> zu sein. Bey der Leichtigkeit die Gegenstände aufzunehmen, bin ich
> reich geworden ohne beladen zu seyn, der Stoff inkommodiert mich
> nicht, weil ich ihn gleich zu ordnen oder zu verarbeiten weiß, und ich
> fühle mehr Freiheit als jemals, mannigfaltige Formen zu wählen, um
> das Verarbeitete für mich oder andere darzustellen."

Ein wirklich großes und für Schiller selbst im Augenblick noch unvorherseh-
bar bedeutendes Vorhaben kündigt Goethe dem Freund an:

> "Was werden Sie aber sagen, wenn ich Ihnen vertraue, dass, zwischen
> allen prosaischen Stoffen, sich auch ein poetischer hervorgetan hat,
> der mir viel Zutrauen einflößt? Ich bin fast überzeugt, dass die Fabel
> von Tell sich werde episch behandeln lassen, und es würde dabei, wenn
> es mir, wie ich vorhabe, gelingt, der sonderbare Fall eintreten, dass
> das Märchen durch die Poesie erst zu seiner vollkommenen Wahrheit
> gelangte, anstatt dass man sonst, um etwas zu leisten, die Geschichte
> zur Fabel machen muss ... Das beschränkte, höchst bedeutende Lo-
> kal, worauf die Begebenheit spielt, habe ich mir wieder recht genau
> vergegenwärtigt, so wie ich die Charaktere, Sitten und Gebräuche der
> Menschen in diesen Gegenden, so gut als in der kurzen Zeit möglich,
> beobachtet habe, und es kommt nun auf gut Glück an, ob aus diesem
> Unternehmen etwas werden kann."

Ein euphorischer Ausblick auf zukünftiges Arbeiten, mit dem sich neue
Schaffenskraft anzukündigen scheint. Zugleich geht die Epoche des Reisens,
der Welterkundung und vieler Menschenbegegnungen äußerst erfolgreich zu
Ende. Die Rolle eines Reisenden, in die Goethe sich anfangs nur mit Vorbehalten hineingefunden hatte, verklärt sich ihm so am Ende zu einem beinahe
idealen Zustand:

> "Überhaupt aber bin ich auf einer Idee zu deren Ausführung mir nur
> noch ein wenig Gewohnheit mangelt. Es würde nämlich nicht schwer
> werden sich so einzurichten, dass man auf der Reise selbst mit Samm-
> lung und Zufriedenheit arbeiten könnte, denn wenn sie zu gewissen

Zeiten zerstreut, so führt sie zu andern schneller auf uns selbst zurück, der Mangel an äußern Verhältnissen und Verbindungen, ja die
Langeweile ist demjenigen günstig, der manches zu verarbeiten hat.
Die Reise gleicht einem Spiel, es ist immer Gewinn und Verlust dabey, und meist von der unerwarteten Seite, man empfängt mehr oder
weniger als man hofft, man kann ungestraft eine Weile hinschlendern,
und dann ist man wieder genötigt, sich einen Augenblick zusamm-
menzunehmen.

Für Naturen wie die meine, die sich gerne festsetzen und die Dinge
festhalten, ist eine Reise unschätzbar, sie belebt, berichtigt, belehrt
und bildet.

Alle der Reise vorausgegangene Problematik: ob und wie Goethe Reisen
als Zustand durchhalten, ertragen, als seelische Belastung vor sich selber
verantworten könne, scheint sich zum Schluss in Wohlgefallen aufzulösen.
Jetzt vergleicht er das Reisen mit einem "Spiel", mit einer Lotterie also, in
der Gewinn und Verlust nicht von vornherein feststehen, jedoch letztlich sich
ausgleichen. Für die Seßhaftigkeit seiner Natur sei eine Reise ein geradezu
"unschätzbares" Remedium. Am Ende erreicht seine Reise in die Schweiz
einen so harmonisch ausgeglichenen Zustand wie beim Aus- und Einatmen,
den Status der Balance zwischen geistiger Anspannung und emotionaler
Entspannung.

So kommt es, dass er sich das Konzept seiner künftigen Reisebeschreibung fast spielerisch vorstellt:

"Reise als Halbroman zu schreiben. Scherz über so viele halbe Genres."

Bei Goethes Veranlagung war das Risiko, sich auf solche Weise den poetischen Gehalt seiner Reiseaufzeichnungen zu verderben, ihn wörtlich zu
"verscherzen", bedrohlich. Noch fragwürdiger für die Zukunft mag sich die
menschlich so harmonische Gemeinsamkeit mit Meyer auswirken, der Goethe noch lange Jahre in seinem klassizistischen Schönheitskult und seinem
engen, rückwärtsgewandten Idealitätswahn bekräftigt und sein Auge für die
der Zukunft zugewandten Kräfte in der bildenden Kunst mit aller Kraft ver-
blendet. Seltsamerweise spricht Goethe selbst von einem "Museum", in das
er sich mit Meyer zurückgezogen habe - und benutzt diesen problematischen
Terminus ganz unbefangen in einem Brief an Cotta vom 17.Oktober 1797:

> "Von den Winterscenen des Gotthards ... haben wir uns in ein Museum zurückgezogen, das durch die von Prof. Meyer aus Italien mitgebrachte eigene Arbeiten und sonntags Acquisitionen gebildet wird, und sind also von dem formlosesten zu dem geformtesten übergegangen."

Auf dem Rückweg spielt Goethe noch eine andere Möglichkeit durch, ihrer beider Reisen - sowohl nach Italien wie in die Schweiz - zu veröffentlichen. In einem Brief an den ihm eigentlich höchst unsympathischen Böttiger vom 25.Oktober 1797 schreibt Goethe recht offenherzig:

> "Seitdem ich mit Meyer wieder zusammen bin, haben wir viel theoretisirt und praktisirt, und wenn wir diesen Winter unsern Vorsatz ausführen und ein Epitome unserer Reise zusammen schreiben, so wollen wir abwarten, was unsere Verlagsverwandte für einen Werth auf unsere Arbeit legen ... Unsre Absicht ist ein paar allgemein lesbare Octavbände zusammen zu stellen ... Über die Genauigkeit, mit welcher Meyer die Kunstschätze der alten und mittleren Zeit recensirt hat, werden Sie erstaunen und sich erfreuen, wie eine Kunstgeschichte aus diesen Trümmern gleichsam wie ein Phönix aus einem Aschenhaufen aufsteigt."[36]

Was schon dem italienischen Reisevorhaben einen vieldeutigen Charakter verliehen hatte: das Museale, Restaurative, Zurückgewendete - um nicht zu sagen Reaktionäre - das alles wird hier nochmals aufgenommen und im Arbeitsprogramm der nächsten Zukunft an erste Stelle gerückt. Die Faszination von Form und Theorie schlägt alles Interesse an der Empirie nieder. Goethes Brief an Schiller vom 14.Oktober 1797 bestätigt diese Transformation:

> "Bey unserer Rückkunft fand ich Ihre beyden lieben Briefe ... die sich unmittelbar an die Unterhaltung anschlossen, welche wir auf dem Wege sehr eifrig geführt hatten, indem die Materie von den vorzustellenden Gegenständen, von der Behandlung derselben durch die verschiedenen Künste von uns ... vorgenommen wurden. Vielleixcht zeigt Ihnen eine kleine Abhandlung bald, dass wir völlig Ihrer Meynung sind, am meisten aber wird mich's freuen, wenn Sie Meyers Beschreibungen und Beurtheilungen so vieler Kunstwerke hören und lesen.Man

---

[36]die Epitome = Auszug aus einem Schriftwerk; wissenschaftlicher oder geschichtlicher Abriß (in der altrömischen oder humanistischen Literatur)

erfährt wieder bey dieser Gelegenheit dass eine vollständige Erfahrung die Theorie in sich enthalten muss. Um desto sicherer sind wir dass wir uns in der Mitte begegnen, da wir von so vielen Seiten auf die Sache losgehen."

Die "Materie von den vorzustellenden Gegenständen, von der Behandlung derselben durch die verschiedenen Künste" bleibt für Goethe aktuell bis in seine letzten Lebensjahre, wie es Eckermann mit einem seiner frühesten Einträge vom 3.November 1823 überliefert :

> "Ich brachte sodann das Gespräch auf die im Jahre 1797 über Frankfurt und Stuttgart gemachte Reise in die Schweiz, wovon er mir die Manuskripte in drei Heften dieser Tage mitgeteilt und die ich bereits fleißig studiert hatte. Ich erwähnte, wie er damals mit Meyer soviel über die Gegenstände der bildenden Kunst nachgedacht. ´Ja‘, sagte Goethe, 'was ist auch wichtiger als die Gegenstände, und was ist die ganze Kunstlehre ohne sie. Alles Talent ist verschwendet, wenn der Gegenstand nichts taugt. Und eben weil dem neuern Künstler die würdigen Gegenstände fehlen, so hapert es auch so mit aller Kunst der neuern Zeit. Darunter leiden wir alle. Ich habe auch meine Modernität nicht verleugnen können. Die wenigsten Künstler ' fuhr er fort, ´sind über diesen Punkt im klaren und wissen, was zu ihrem Frieden dient. Da malen sie zum Beispiel meinen Fischer und bedenken nicht, dass sich das gar nicht malen lasse. Es ist ja in dieser Ballade bloß das Gefühl des Wassers ausgedrückt, das Anmutige, was uns im Sommer lockt, uns zu baden; weiter liegt nichts darin, und wie lässt sich das malen.‘ "

Und beim selben Gespräch ist der alte Goethe als Lehrer bemüht, seinem Dichter-Eleven Eckermann für dessen geplantes Werk über Tiefurt auf die Sprünge zu helfen, bzw. ihm den Glauben an das Vorhandensein einer "Kunstlehre" einzubleuen.

> "... dann brachte ich das Gespräch auf Tiefurt und in welcher Art es etwa darzustellen. Es ist ein mannigfaltiger Gegenstand, sagte ich, und schwer, ihm eine durchgreifende Form zu geben. Am bequemsten wäre es mir, ihn in Prosa zu behandeln. 'Dazu‘, sagte Goethe, 'ist der Gegenstand nicht bedeutend genug. Die sogenannte didaktisch-beschreibende Form würde zwar im ganzen die zu wählende sein, allein auch sie ist nicht durchgreifend passend. Am besten ist es, Sie stellen

den Gegenstand in zehn bis zwölf kleinen einzelnen Gedichten dar,
in Reimen, aber in mannigfaltigen Versarten und Formen, so wie es
die verschiedenen Seiten und Ansichten verlangen, wodurch denn das
Ganze wird umschrieben und beleuchtet sein ... Ja, was hindert Sie,
dabei auch einmal dramatisch zu verfahren und ein Gespräch etwa mit
dem Gärtner führen zu lassen? - Und durch diese Zerstückelung macht
man es sich leicht und kann besser das Charakteristische der verschiedenen Seiten des Gegenstandes ausdrücken. Ein umfassendes größeres
Ganze ist immer schwierig, und man bringt selten etwas Vollendetes
zustande.'

Ein Hauch von Klassizismus bleibt also über die Jahrzehnte erhalten, wie
der Fall Eckermann zeigt.

Während Goethe sich in diesen letzten Schweizer Tagen eigentlich schon
auf die Abreise einstellt, wendet sich, in einem für dieses Land prekären Augenblick seiner Geschichte, seine Aufmerksamkeit alarmiert den aktuellen
politischen Verhältnissen in der Schweiz zu. Der Status eines wohlunterrich-
teten Weimarer Ministers schlägt durch in Goethes Brief an seinen Souverän
- vom 17.Oktober 1797:

"Kaum sind wir aus der unglaublichen Ruhe, in welcher die kleinen
Kantone hinter ihren Felsen versenkt liegen, zurückgekehrt, als uns
vom Rhein und aus Italien her das Kriegsgeschrei nach- und entge-
genschallt. Bis dieser Brief Sie erreicht, wird manches entschieden sein;
ich spreche nur vom gegenwärtig nächsten.

Die Franzosen haben an Bern einen Botschafter geschickt mit dem
Begehren: man solle den englischen Gesandten gleich aus dem Lande
weisen. Sie geben zur Ursache an: "Man sehe nicht ein, was er gegenwärtig in der Schweiz zu tun habe, als der Republik innere und äußere
Feinde zu machen und aufzureizen." Die Berner haben geantwortet:
"Es hänge nicht von ihnen ab, indem der Gesamdte an die sämtlichen
Kantone akkreditiert sei". Der französische Abgeordnete ist deshalb
nach Zürich gekommen. Das weitere steht zu erwarten. Mir will es
scheinen, als suchten die Franzosen Händel mit den Schweizern. Die
Überbliebenen im Direktorium sind ihre Freunde nicht; in Barthelemy
ist ihr Schutzpatron verbannt. Ein verständiger Mann, der von Paris
kommt und die letzten Szenen miterlebt hat, behauptet, dass es nicht
sowohl der royalistischen als der friedliebenden Partei gegolten habe."

Auch informiert er den Herzog über eine für die Schweiz spezifische Devisenquelle:

> " Die Kultur dieser Gegenden, die Benutzung der Produkte gewährt einen sehr angenehmen Anblick. Es war eben die Zeit des Bellenzer Marktes und die Straße des Gotthards war mit Zügen sehr schönen Viehes belebt. Es mögen diesmal wohl an viertausend Stück, deren jedes hier im Lande zehn bis fünfzehn Louisdor gilt, hinübergetrieben worden sein. Die Kosten des Transports aufs Stück sind ungefähr fünf Laubtaler; geht es gut, so gewinnt man aufs Stück zwei Louisdor gegen den Einkaufspreis und also, die Kosten abgezogen, drei Laubtaler. Man denke, welche ungeheure Summe also in diesen Tagen ins Land kommt. Ebenso hat der Wein auch großen Zug nach Schwaben, und die Käse sind sehr gesucht, so dass ein undenkliches Geld einfließt."

Noch einmal füllt Goethe, über zahlreiche Interessengebiete verstreut, mit brieflichen Berichten und Bemerkungen über Land und Leute an verschiedene Adressaten sein Reisematerial bedeutend auf. An Schiller schreibt er:

> "Von dem unfruchtbaren Gipfel des Gotthards bis zu den herrlichen Kunstwerken, welche Meyer mitgebracht hat, führt uns ein labyrinthischer Spazierweg durch eine verwickelte Reihe von interessanten Gegenständen, welche dieses sonderbare Land enthält. Sich durch unmittelbares Anschauen die naturhistorischen, geographischen, ökonomischen und politischen Verhältnisse zu vergegenwärtigen, und sich dann durch eine alte Chronik die vergangenen Zeiten näher zu bringen, auch sonst manchen Aufsatz der arbeitsamen Schweizer zu nutzen, gibt, besonders bei der Umschriebenheit der helvetischen Existenz, eine sehr angenehme Unterhaltung; und die Übersicht sowohl des Ganzen als die Einsicht ins Einzelne wird besonders dadurch beschleunigt, dass Meyer hier zuhause ist, mit seinem richtigen und scharfen Blick schon so lange die Verhältnisse kennt ...

So entsteht in den Wochen von Goethes Aufenthalt in Stäfa ein Mosaik, das die von Napoleons weiteren militärischen Plänen akut bedrohte außenpolitische Situation der Eidgenossenschaft - aber auch ihre selbstgeschaffene, im Umbruch befindliche innere Lage - aus Briefen an die verschiedensten Empfänger ablesbar macht, ein zeitgeschichtliches Panorama im Kleinen. Auch Goethes Brief an den Geheimen Rath Voigt vom 25.September 1797 bekundet Goethes Interesse am aktuellen Geschehen in der Schweiz und zeigt, wie gut er sich informiert hat:

> "Die öffentlichen Angelegenheiten sehen in diesem Lande wunderlich
> aus. Da ein Teil der ganzen Masse schon völlig demokratisch regiert
> wird, so haben die Untertanen der mehr oder weniger aristokratischen
> Kantone an ihren Nachbarn schon ein Beispiel dessen, was jetzt der
> allgemeine Wunsch des Volks ist; an vielen Orten herrscht Unzufrie-
> denheit, die sich hie und da in kleinen Unruhen zeigt. Über all dies
> kommt in dem gegenwärtigen Augenblicke noch eine Sorge und Furcht
> vor den Franzosen. Man will behaupten, dass mehrere Schweizer bei
> der letzten Unternehmung gegen die Republik Partei gemacht und sich
> mit in der sogenannten Verschwörung befunden haben... Die Lage ist
> äußerst gefährlich, und es übersieht niemand, was daraus entstehen
> kann.
>
> Bei diesen selbst für die ruhige Schweiz so wunderbaren Aussichten
> werde ich selbst um desto eher meinen Rückweg bald möglichst antre-
> ten und geschwinder, als ich hergegangen bin, wieder in jene Gefilde
> zurückkehren, wo ich mir eine ruhige Zeit unter geprüften Freunden
> versprechen kann."

Andererseits stimuliert gerade diese unübersichtliche politische Lage der
Schweiz sein Interesse und seine Neugier: gern würde er zuletzt als Beobachter doch noch länger bleiben! Ein seine Schweizer Eindrücke abschließendes,
den Abschied von der Schweiz fast bedauerndes Wort geht von Zürich aus
an Schiller:

> "Wäre die Jahreszeit nicht so weit, so sähe ich mich wohl noch gern
> einen Monat in der Schweiz, um mich von den Verhältnissen im Gan-
> zen zu unterrichten. Es ist wunderbar, wie alte Verfassungen, die bloß
> auf *Sein* und *Erhalten* gegründet sind, sich in Zeiten ausnehmen, wo
> Alles zum *Werden* und *Verändern* steht."

Andererseits drängen jetzt die Zukunftspläne unmittelbar zur Verwirklichung. Meyer hat seinen Part innerhalb des italienischen Projekts erfüllt
und in den zwei Jahren seines Aufenthaltes in Italien die Grundlagen geschaffen für die beabsichtigte Darstellung der Kunst "der alten und mittleren
Zeit" in Italien: ihr nächstes, gemeinsames Ziel.

Der letzte Brief aus Stäfa vom 17.Oktober 1797 geht an Goethes zukünftigen Verleger Cotta:

> "Wir sind von unsrer Fuß- und Wasserreise glücklich wieder in Stäfa
> angelangt ... Das Kriegsfeuer, das sich überall wieder entzünden kann,

setzt einen Reisenden in eine sehr zweifelhafte Lage. Ich habe indessen
von der kurzen Zeit einen möglichsten Gebrauch gemacht. Von den
Winterszenen des Gotthards, die nur noch durch Mineralogie belebt
werden können, durch die auf mancherlei Weise fruchtbaren, genutz-
ten und in ihren Einwohnern emsigen Gegenden von Unterwalden,
Zug und Zürich, wo uns nun besonders die Weinlese umgibt, haben
wir uns in ein Museum zurückgezogen, das durch die von Meyer aus
Italien mitgebrachten eigenen Arbeiten und sonstige Acquisitionen gebildet wird, und sind also von dem Formlosesten zu dem Geformtesten
übergegangen.

Besonders wichtig ist die Kopie des antiken Gemäldes der sogenannten Aldobrandinischen Hochzeit, die im eigentlichsten Sinne mit Kritik gemacht ist, um darzustellen, was das Bild zu seiner Zeit gewesen
sein kann und was an dem jetzigen, nach so mancherlei Schicksalen,
noch übrig ist. Er hat dazu einen ausführlichen Kommentar geschrieben, der alles enthält, was noch über die Vergleichung des alten und
leider so oft restaurierten Bildes mit seiner gegenwärtigen Kopie und
einer ältern Kopie von Poussin ... zu sagen ist. Das Bild selbst, das
von einem geschickten Meister zu Titus' Zeiten mit Leichtigkeit und
Leichtsinn auf die Wand gemalt, nunmehr, so viel es möglich war,
nachgebildet und wieder hergestellt vor sich zu sehen, sich daran zu
erfreuen und sich über seine Tugenden und Mängel besprechen zu können, ist eine sehr reizende und belehrende Unterhaltung ... die Kopie
ist in allem, sowohl in der Größe als den Farben, den Tugenden und
den Fehlern, dem Original möglichst gleich gehalten."

Analog zum Wechsel von formloser Natur zum "Geformtesten" der Kunst
bedarf jedoch auch die formlose Masse von Eindrücken, Informationen, Erfahrungen seiner Reise einer baldigen Bearbeitung, um zu einem wirklich
Geformten zu werden, wie es das Tagebuch am 24.September 1797 plant:

"Gespräch über die vorhabende rhetorische Reisebeschreibung. Wech-
selseitige Teilnahme ... "

Der Schritt zur konkreten Überlegung, was aus den Reisematerialien denn
nun eigentlich werden solle, wird wenig später die erkennbare Bruchstel-
le bilden zwischen den in mehr als zweimonatiger eifriger Sammlertätigkeit
angehäuften, unsortierten, verschiedenartigsten Papieren und dem schon im

vorhinein lähmenden Vorausblick auf die bevorstehende Phase des Ordnens und Materialbearbeitens. Es hätte eine Art, von heute aus betrachtet, "journalistisches" Reisebuch daraus entstehen können: der Stoff der Reisenotizen nur locker hingepinselt, ohne das Korsett einer "künstlerischen Linie" - und nicht so kompakt ausführlich wie etwa "Aus einer Reise zum Rhein, Main und Neckar". Heute liegt der Reiz der Materialien aus der dritten Schweizerreise gerade in ihren Zufälligkeiten, in den Freiheiten der Diktion und in den kleinen stilistischen Manierismen, die eigentlich das Entzücken nicht bloß der Germanisten darstellen müßten - so, wenn Goethe am 25.Oktober 1797 aus Zürich an Böttiger schreibt:

> "Es war unserm Meyer und mir ein angenehmer Empfang in Zürich, auch einen Brief von Ihnen vorzufinden; denn besonders seitdem die Aldobrandinische Hochzeit *dem weit und breit gewaltigen Buonaparte* glücklich entronnen und vor wenigen Tagen in Stäfa angelangt war, so konnte der Wunsch nicht außen bleiben, dieses dem Moder und den Franzosen entrissene Bild schon in Weimar aufgestellt zu sehen."

Gegen Ende der Reise schiebt sich jetzt immer mehr das Gespenst der Theorie in den Vordergrund und gewinnt über alles Interesse an einem markanten Abschluss der Reiseaufzeichnungen die Oberhand. So fügt Goethe etwa in letzter Minute, als er seinen Brief an Schiller aus Zürich vom 25.Oktober 1797 mit einem "Lebewohl " bereits abgeschlossen hat, fast atemlos, überwältigt von dem soeben entdeckten Problem, unter einem förmlichen Schlussstrich hinzu:

> "Wir hatten kaum in diesen Tagen unser Schema über die zuläßlichen Gegenstände der bildenden Kunst mit großem Nachdenken entworfen, als uns eine ganz besondere Erfahrung in die Quere kam. Ihnen ist die Zudringlichkeit des Vulkan gegen Minerva bekannt, wodurch Erichthonius producirt wurde. Haben Sie Gelegenheit, so lesen Sie diese Fabel ja in der ältern Ausgabe des Hederich nach, und denken dabei, dass Raphael daher Gelegenheit zu einer der angenehmsten Kompositionen genommen hat. Was soll denn nun dem glücklichen Genie gerathen oder geboten sein?"

Dazu erfolgt dann obendrein noch ein

> "Späterer Zusatz.

Ich habe vorhin über einen Fall gescherzt, der uns unvermutet und
überrascht hat; er schien unsere theoretischen Bemühungen umzusto-
ßen und hat sie aufs Neue bestärkt, indem er uns nötigte, die Deduk-
tion unserer Grundsätze gleichsam umzukehren. Ich drücke mich also
hierüber nochmals so aus:

Wir können einen jeden Gegenstand der Erfahrung als einen Stoff
ansehen, dessen sich die Kunst bemächtigen kann, und da es bei derselben hauptsächlich auf die Behandlung ankommt, so können wir
die Stoffe beinahe als gleichgültig ansehen. Nun ist aber bei nähe-
rer Betrachtung nicht zu leugnen, dass die einen sich der Behandlung
bequemer darbieten als die andern, und dass, wenn gewisse Gegenstände durch die Kunst leicht zu überwinden sind, andre dagegen
unüberwindlich scheinen. Ob es für das Genie einen wirklich unüber-
windlichen Stoff gebe, kann man nicht entscheiden; aber die Erfahrung
lehrt uns, dass in solchen Fällen die größten Meister wohl angenehme
und lobenswürdige Bilder gemacht, die aber keineswegs in dem Sinne
vollkommen sind, als die andern, bei welchen der Stoff sie begünstigte
... Bei den echten Meistern wird man immer bemerken, dass sie da, wo
sie völlig freie Hand hatten, jederzeit günstige Gegenstände wählten
und sie mit glücklichem Geiste ausführten. Gaben ihnen Religions-
oder andere Verhältnisse andere Aufgaben, so suchten sie sich zwar
so gut als möglich herauszuziehen, es wird aber immer einem solchen
Stück etwas an der höchsten Vollkommenheit ... fehlen. Wunderbar
ist es, dass die neuern und besonders die neuesten Künstler sich immer die unüberwindlichsten Stoffe aussuchen und nicht einmal die
Schwierigkeiten ahnen, mit denen sie dann zu kämpfen haben; und
ich glaube daher, es wäre schon viel für die Kunst getan, wenn man
den Begriff der Gegenstände, die sich selbst darbieten, und anderer,
die der Darstellung widerstreben, recht anschaulich und allgemein machen könnte."

Es bildet dieser Brief-Anhang den eigentlichen Auftakt zur erneuten Diskussion jener Themen, die Goethe und Meyer in ihrem Briefwechsel schon
seit Jahren intensiv beschäftigt hatten. Wie früher nimmt auch Schiller
jetzt wieder an diesem wiederauflebenden Diskurs teil: der AnSchluss an
Weimar ist vollzogen. Nie während der gesamten Reise ist die Distanz zu
Weimar so gering wie während der letzten Tage in der Schweiz. Dagegen
rückt die geographische Nähe Italiens in weiten Seelenabstand, wie Goethes
Brief an Schiller vom 14.Oktober 1797 bestätigt, der zugleich die Gründe

dieser "Entfremdung" andeutet:

> "Ich bin auch jetzt überzeugt, dass man recht gut nach Italien gehen könnte ... und ich persönlich würde die Reise ohne Bedenken unternehmen, wenn mich nicht andere Betrachtungen abhielten... die Hoffnung mit Ihnen das erbeutete zu theilen und zu einer immer größeren theoretischen und praktischen Vereinigung zu gelangen, ist eine der schönsten, die mich nach Hause lockt."

Nach den vielen kräftezehrenden Versuchen früherer Jahre, die Reise nach Italien förmlich zu erzwingen, erscheint der nunmehr wirklich letzte und endgültige Verzicht auf Italien überraschend. Er ist aber von Goethes Wesen her konsequent. Italien ist nicht preisgegeben, es ist nur aus dem Bereich sinnlicher Anschauung in theoretische Spekulation umgesetzt worden, ein Gebiet, auf dem Goethe sich geradezu zum Lehrmeister berufen fühlt: beseelt von seinem besonderen, Goethe'schen, pädagogischen Eros, durchdrungen von der Überzeugung, das Geheimnis der Form sei für die Gegenwart und alle Zukunft so zeitlos und unveränderbar wie ein Naturgesetz - und wie ein ebensolches seinem "faustischen" Forscherdrang zugänglich. Als Idee soll Italien, in Gestalt seiner Kunst, nun erst recht in die zu gründende Gemeinschaft der Weimarer Kunstfreunde eingepflanzt werden - und dort, stellvertretend für das Land, seine Menschen, seine Natur, seine Geschichte, soll die Darstellung seiner Kunst, der höchsten Emanation Italiens, wie ein "Phönix aus der Asche emporsteigen". Meyer stellt in Person den Vermittler dar. In diesem Lebensaugenblick vollzieht Goethe in einer Art klassizistischer Hybris eine schicksalhafte Entscheidung: er legt sich darauf fest, das von ihm inspirierte Werk Meyers, an dessen Herstellung er sich bestenfalls indirekt beteiligen konnte, mit Meyer zusammen sich zur Aufgabe zu machen und den inneren Weg nach Italien am Leitfaden der Reflexion weiter zu verfolgen. Dieser Weg jedoch wird ein Leidensweg sein.

Seine früheren Stationen waren schon nach und nach an sinnlicher Dichte des Auges verarmt, nur die verblassende Überlieferung durch Erinnerung hatte sich erhalten können, Goethe war ja in uns heute unvorstellbarer Weise ausschließlich auf sein Gedächtnis angewiesen, da es keinerlei Möglichkeiten der Reproduzierbarkeit von Gemälden gab - außer Kupferstichen oder Kopien.

Anfangs erwächst Goethe - nach der Rückkehr von der Reise und dem sich Zurücktasten aus dem Abenteuer der Empirie in das Abenteuer der Theorie - innerer Schwung und große Befriedigung. So fordert er noch am 24.November 1797 Schiller auf:

> "Lassen Sie uns, besonders da Meyer auch einen grimmigen Rigorism aus Italien mitgebracht hat, immer strenger im Grundsätzlichen und sichrer und behaglicher in der Ausführung werden!"

Doch schon am 28.November 1797 heißt es in einem Brief an Schiller:

> "Mir ist es jetzo so zu Muthe, als wenn ich nie ein Gedicht gemacht hätte oder machen würde."

Und einen Tag später ebenfalls an Schiller über "Amyntas":

> "Da Sie so viel Gutes von meiner Elegie sagen, so tut es mir um so mehr leid dass sich eine ähnliche Stimmung bei mir nicht eingefunden hat. Jenes Gedicht ist bei meinem Eintritt in die Schweiz gemacht, seit der Zeit aber ist mein tätiges, produktives Ich, auf so manche angenehme und unangenehme Weise, beschränkt worden, dass es noch nicht wieder hat zur Fassung kommen können. Dieses müssen wir denn in aller Demut erwarten."

Dann am 2.Dezember 1797 an Schiller:

> "Ich selbst habe seit meiner Rückkunft kaum zur Stimmung gelangen können auch nur einen erträglichen Brief zu dictiren.
>
> Die Masse an Gegenständen die ich aufgenommen habe ist sehr groß, und das Interesse am aufschreiben und ausarbeiten ist zuletzt durch den Umgang mit Meyer sehr geschwächt worden. Sobald ich eine Sache einmal durchgesprochen habe, ist sie auf eine ganze Zeit für mich abgetan.

Am 9.Dezember 1797, vor einer Reise nach Jena - an Schiller:

> "Meyern werde ich wohl nicht mitbringen, denn ich habe die Erfahrung wieder erneuert: dass ich nur in einer absoluten Einsamkeit arbeiten kann ..."

Am 16.Dezember 1797 an Schiller:

> "Ich bin bis jetzt weder zu großem noch zu kleinem nütze ..."

Am 27.Dezember berichtet er mit Genugtuung über das Hauptanliegen:

> "Meyer arbeitet fleißig an seiner Abhandlung über die zur bildenden
> Kunst geeigneten Gegenstände, es kommt dabei allerlei zur Sprache
> was auch uns interessirt und es zeigt sich, wie nah der bildende Künst-
> ler mit dem Dramatiker verwandt ist."

Doch drei Tage später, am 30.Dezember 1797, schreibt er an Schiller:

> "Die theoretischen Betrachtungen können mich nicht lange mehr un-
> terhalten, es muss nun wieder an die Arbeit gehen."

Auch der Jahreswechsel vermittelt nicht den Impuls zu einem echten Schaf-
fensprozeß. Ein Brief Goethes an Knebel macht die nun doch schon einige
Zeit zurückliegende Reise verantwortlich für diese Stagnation:

> "Seit meinem Hiersein habe ich mehr einiges vorbereitet als etwas
> gethan, die Reise hat mich besonders zerstreut. Man ist in einem ge-
> wissen Alter an einen gewissen Ideengang gewöhnt, das neue was man
> sieht ist nicht neu und erinnert mehr an unangenehme als angenehme
> Verhältnisse, und ganz vorzügliche Gegenstände begegnen einem doch
> selten."

Ähnlich, wenn auch nicht ganz so hypochondrisch, beschreibt Goethes Brief
an Schiller vom 6.Januar 1798 seine Lage:

> "Sehr sonderbar spüre ich noch immer den Effect meiner Reise. Das
> Material, das ich darauf erbeutet, kann ich zu nichts brauchen und
> ich bin außer aller Stimmung gekommen irgend etwas zu thun. Ich
> erinnere mich aus früherer Zeit eben solcher Wirkungen und es ist
> mir aus manchen Fällen und Umständen recht wohl bekannt: dass
> Eindrücke bei mir sehr lange im Stillen wirken müssen, bis sie zum
> poetischen Gebrauch sich willig finden lassen. Ich habe auch deswegen
> ganz pausirt und erwarte nur, was mir mein erster Aufenthalt in Jena
> bringen wird."

Am 1.Februar 1798 schreibt Goethe an Knebel:

> "Leider hat meine Reise, mit ihren Folgen, mich sehr viel Zeit gekostet,
> ob ich gleich nicht Ursache habe, sie mich reuen zu lassen. So wie man
> bei dem wilden Zustand der Welt recht zufrieden sein kann sich wieder
> zu Hause zu befinden."

Das ist nun ein Schlussstrich. Was Goethe sich jetzt erst, nach Monaten, eingesteht: sein schwindendes Interesse an der während der Reise wahrgenommenen" empirischen Breite", lässt ihn die mit so viel Aufwand gesammelten Materialien vernachlässigen, um sie schließlich für Jahrzehnte zu archivieren.

Erst die "Annalen oder Tag- und Jahreshefte" für das Jahr 1797, veröffentlicht 1822, gehen mit einem kurzen, wohlwollenden Abriß auf die Schweizerreise ein:

> "Ich bereite mich zu einer Reise nach der Schweiz, meinem aus Italien zurückkehrenden Freunde Heinrich Meyer entgegen...
>
> Schiller besucht mich noch in Weimar, und ich reise den 3o.Juli ab. Da ein geschickter Schreiber mich begleitete, so ist Alles, in Akten geheftet, wohl erhalten, was damals auffallend und bedeutend sein konnte. Da hieraus mit schicklicher Redaktion ein ganz unterhaltendes Bändchen sich bilden ließe, so sei von dem Reiseverlauf nur das Allgemeinste hier angedeutet ..."

Eckermann berichtet am 25.Oktober 1823, Goethe habe ihm die Unterlagen seiner Schweizerreise zur Einsicht übergeben.

> "Sie werden sehen, sagte er, "es ist alles nur so hingeschrieben, wie es der Augenblick gab; an einen Plan und an eine künstlerische Rundung ist dabei gar nicht gedacht, es ist, als wenn man einen Eimer Wasser ausgießt."
>
> "Ich freute mich dieses Gleichnisses, welches mir sehr bezeichnend schien, um etwas durchaus Planloses zu bezeichnen."

Am 3.Dezember 1823 verhandelt Goethe nochmals mit Eckermann über die Schweizerreise "in drei Heften":

> "Ich erwähnte, wie er damals so viel mit Meyer über die Gegenstände der bildenden Kunst nachgedacht ...
>
> Ich erwähnte ferner, dass ich mich freue, wie er auf jener Reise an allem Interesse genommen und alles aufgefasst habe. Goethe antwortete: Aber Sie finden kein Wort über Musik, und zwar deswegen nicht, weil das nicht in meinem Kreise lag. Jeder muss wissen, worauf er bei einer Reise zu sehen hat und was seine Sache ist."

In der

> "Sicherung meines literarischen Nachlasses und Vorbereitung zu einer
> ächten vollständigen Ausgabe meiner Werke. 1824"

legt Goethe die Richtlinien nieder, nach denen das Archiv-Gut seiner Le-
bensarbeit - darunter auch die Schweizerreise 1797 - für die Gesamtausgabe
verwertet werden sollte. Schon vom 3o.Dezember 1823 berichtet Eckermann:

> (Goethe) "sagte mir, dass er die Absicht habe, seine Reise in die
> Schweiz 1797 in seine Werke aufzunehmen."

1824 schließt Goethe seinen mannigfaltigen Urteilen über das Material von
1797 einen letzten, abschließenden und in gewisser Hinsicht doch recht zu-
friedenen Befund an:

> "Ein dritter Band endlich wird meine im Jahr 1797 gemachte Reise
> nach Frankfurt, Stuttgart und der Schweiz enthalten und demnach
> einen schönen Punkt aus meinem Leben umfassen..."

Als Goethe dieses Vermächtnis abfasste - und auch schon früher, beim
Lebensrückblick der "Annalen" - übt der zeitliche und psychologische Abstand eine mildernde Wirkung aus. Die Nachwirkungen der Reise, die damaligen Komplikationen seiner Arbeit sind längst überwunden, vielleicht
auch verdrängt; die Erinnerung bucht letztlich allein die tatsächliche Leistung der umfangreichen Niederschriften bzw. Diktate und eben den Genuss
des Zuständlichen, der so deutlich aus ihnen hervorgeht. Diese ungetrübte
Stimmungsschattierung eines idyllischen "schönen Lebenspunktes" wird den
meisten Forschungsberichten der Literaturgeschichte zugrunde gelegt, ohne
kritisch auf all jene Stimmungsverdüsterungen hinzuweisen, die der Reise
vorangehen und die sie vor allem in ihren zeitlichen Ausläufern belasten.
Das Altersurteil Goethes ist Ergebnis ausgleichender, verklärender Erinnerung, nicht kritischer Rechenschaft. Es unterschlägt all jene "hypochondrischen" Anwandlungen, die in den Briefzeugnissen hervortreten und die in
den Reise-Faszikeln in dem Vers echten Schmerzes zusammengefasst sind:

> "Aller Trost ist niederträchtig
> Und Verzweiflung nur ist Pflicht. "

Über Italien, über die hohe Idealität, die Goethe damals seinem Italien-Plan beigemessen hatte, wird nirgends und mit niemand gesprochen. Vielleicht verbietet es sich für Eckermann, wenn vielleicht doch in Kenntnis einiger das Scheitern des Vorhabens betreffender Briefstellen, im Gespräch mit Goethe an alte Wunden zu rühren.

Goethes dritte Schweizerreise 1797 hat insgesamt beinahe vier Monate gedauert - eine lange Zeit der Abwesenheit von Weimar - die große nachträgliche Schwierigkeiten verursacht, sich in Weimar in seine gewohnte produktive Arbeitsweise wieder zurückzufinden.

Von allen seinen Reisen - seien es frühere oder spätere, - hebt sich die des Jahes 1797 durch ihren rigiden Vorsatz ab: sich entgegen seiner innersten Natur jeder unterwegs begegneten Erfahrung vorbehaltslos zu öffnen, und zwar ohne eine wie die für Italien vorausbestimmte Reihe von Gesichtspunkten. Ist die unbewusste Hoffnung, der Schritt nach Italien sei vielleicht doch noch von der Schweiz aus möglich, mit ein Antrieb zu dieser Reise gewesen? Oder war es eher im Gegenteil das Bestreben, sich von dem unerreichbaren Sehnsuchtsland mit Hilfe der Reise - als einer entschiedenen Zäsur - gleichsam abzunabeln, sich so von einem Arkadien, das nicht zuletzt durch die Plünderungen Napoleons[37] ein Phantom geworden schien, für immer zu verabschieden und sich mit Ersatzgegenständen wie der Aldobrandinischen Hochzeit und anderen antiken Repliken, mit denen das Weimarer Goethehaus aufs edelste ausgestattet war, endgültig zu begnügen?

Dass ihm von seinen gescheiterten Italien-Hoffnungen für immer ein Bodensatz der Verzweiflung übrig bleiben werde, hat Goethe vorausschauend in einem Brief an Schiller vom 2.8.1797 angekündigt:

> "... jetzt, da die Zeit herbeykommt, in welcher ich abreisen sollte, fühle ich nur allzu sehr, was ich verliere, indem mir eine so nahe Hoffnung aufgeschoben wird, was in meinem Alter so gut wie vernichtet heißt."

> Was ich noch von Cultur bedarf, konnte ich nur auf jenem Wege finden und anwenden, und ich war sicher, in unsern engen Bezirk einen großen Schatz zurückzubringen."

---

[37] Damals befand sich gerade die Laokoon=Gruppe auf dem Transport von Rom nach Paris, sie wurde gemäß dem Tolentiner FriedensbeSchluss an Frankreich ausgeliefert. In Paris wurde die Laokoon=Gruppe restauriert. Meyer berichtete später darüber, Goethe zeigte größtes Interesse dafür.

Davon erfährt der Leser der hernach veröffentlichten Version von Goethes
Reise in die Schweiz 1797 freilich nichts, auch nichts über die von ihr ver-
ursachte Schreibhemmung Goethes nach seiner Rückkehr.

Wenn Goethe von "unserm engen Bezirk" spricht, so gilt das wohl zunächst nur für sein enges Verhältnis zu Schiller; man darf es aber auch, und
nicht nur symbolisch, für das dichte Geflecht ihrer beider Freundes- und
Bekanntenkreise in Weimar, Jena und literarischen und intellektuellen Dis-
kussionsrunden und gesellschaftlichen Zirkeln andernorts verstehen: es ist
wirklich im wahrsten Sinne ein enges, engmaschiges, gelegentlich wohl auch
beengendes Gewirk menschlicher Beziehungen, das sich in einem unermüd-
lichen gegenseitigen Austausch von Nachrichten über Goethe befindet. So
gibt es viele briefliche Hinweise auch in den neunziger Jahren auf Goethes
Verhalten vor und nach seiner Schweizerreise, auf seinen Habitus; kritische
Stimmen, die sich, mit Ausnahmen, nach Kräften bemühen, der Nachwelt
ein nicht unbedingt sympathisches Goethebild zu überliefern. Man kann
ungezählte Beispiele solcher Art zitieren:

> "Goethes Vater war ein steifer, zeremoniöser Frankfurter Ratsherr.
> Alles Eckichte, Gezwungene, Gezwickte, Ministerartige hat Goethe
> von seinem Vater ..." (Böttiger)

> "Goethes Umgang allein tut einem nicht wohl. Er ist kalt und
> trocken für Menschen, die ihm gleichgültig sind, und um ihm mehr
> als das zu sein, dazu gehöret viel"(Sophie Brentano)

> "Es ist etwas Unstetes und Mißtrauisches in seinem ganzen Wesen.
> wobei sich niemand in seiner Gegenwart wohl befinden kann. Es ist
> mir, als wenn ich auf keinem seiner Stühle ruhig sitzen könnte. Er ist
> der glücklichste Mensch von außen. Er hat Geist, Ehre, Bequemlich-
> keit, Genuss der Künste. Und doch möcht ich nicht dreitausend Taler
> Einnahme haben und an seiner Stelle sein! "(Böttiger berichtet von
> Ifflands Urteil über Goethe)

Jean Paul schreibt sehr anschaulich, nobel:

> "... kam ich mit Scheu zu Goethe ... und jeder malte ihn ganz kalt
> für alle Menschen und Sachen auf der Erde. Ostheim sagt, er bewun-
> dert nichts mehr, nicht einmal sich; jedes Wort sei Eis ... er habe
> etwas Steifes, reichsstädtisch Stolzes; bloß Kunstsachen wärmen noch

seine Herznerven an ... Ich ging, ohne Wärme, bloß aus Neugierde.
Sein Haus frappiert, es ist das einzige in Weimar in italienischem Geschmack, mit solchen Treppen, ein Pantheon voll Bilder und Statuen.
Eine Kühle der Angst presset die Brust. Endlich tritt der Gott her,
kalt, einsilbig, ohne Akzent. Sagt Knebel zum Beispiel:"Die Franzosen
ziehen in Rom ein." - "Hm!" sagt der Gott. Seine Gestalt ist mar-
kig und feurig, sein Auge ein Licht (aber ohne angenehme Farbe).
Aber endlich schürete ihn nicht bloß der Champagner, sondern die
Gespräche über die Kunst, Publikum etc. sofort an, und - man war
bei Goethe. Er spricht ... scharf-bestimmt und ruhig. Zuletzt las er
uns - das heißt spielte er uns ein ungedrucktes herrliches Gedicht vor,
wodurch sein Herz durch die Eiskruste die Flammen trieb, so dass er
dem enthusiastischen Jean Paul die Hand drückte ... Beim Abschied
tat er's wieder und hieß mich wiederkommen."

Offenkundig verändert sich in diesem Zeitraum, in dem sich Goethe seinem
5o.Lebensjahr nähert, sein äußeres Erscheinungsbild und verrät damit dem
heutigen Betrachter eine körperliche Umstellung, die aber in den Urteilen
seiner Zeitgenossen merkwürdig differiert. So berichtet die ihm wohlgeson-
nene Karoline Schlegel:

"Gestern nachmittag meldete man mir den Herrn Geheimrat. Ohn-
gemeldet hätte ich ihn nicht erkannt, so stark ist er seit drei Jahren
geworden."

und:

"... er reitet trotz seiner Korpulenz wacker darauf los ..."

Abegg zu gleicher Zeit in seinem Tagebuch:

"Goethe ist einer der schönsten Männer, die ich je gesehen habe. Er ist
fast einen halben Kopf größer als ich, sehr gut gewachsen, angenehm
dick; aber sein Auge ist nicht so grell wie auf dem Kupferstiche. Ruhe, Selbständigkeit und eine gewisse vornehme Behaglichkeit werden
durch sein ganzes Benehmen zur Schau getragen."

Am 19.Dezember 1797 schreibt Jean Paul lakonisch, aber berührend:

"Goethe ist wieder zurück - und in Weimar einsam."

In seinem letzten Brief aus der Schweiz an den Herzog vom 17.Oktober 1797 hatte Goethe ihn an ihre gemeinsame Schweizerreise im Jahr 1779 - also vor bald zwanzig Jahren - erinnert, und zugleich das Fazit seiner jetzigen, dritten Schweizerreise gezogen:

> "Tausendmal, ja beständig habe ich mich der Zeit erinnert, da wir diesen Weg zusammen machten. Ich habe viel Freude gehabt diese Gegenstände wieder zu sehen und mich in mehr als Einem Sinne an ihnen zu prüfen."

Klar und eindeutig wie mit einer mathematischen Formel bringt Goethe damit die Essenz nicht nur seiner Gebirgsreise auf den Punkt. Ziel und Zweck dieser Reise hatten ihm zwar mitnichten von Anfang an so deutlich, wie er sie zum Schluss sieht, vor Augen gestanden: dass er sich an den Gegenständen dieser Reise "in mehr als Einem Sinne" prüfen wolle. Erst Auge in Auge mit den Phänomenen hat der Klassizist Goethe seine Unabhängigkeit, seine Standhaftigkeit, seine Freiheit verteidigt gegen jene Erscheinungen, die nicht in ein klassizistisches Raster paßten, die aber sehr wohl geeignet waren, ihn mit Macht zu überwältigen - wie der Rheinfall, wie das winterliche Hochgebirge, und er hat auch seine Fassung in seinem Gedicht "Amyntas" gegenüber der ihn umschlingenden, wie die Schlange im Paradies ihn verführenden, ihm vielleicht sogar verderblichen Efeupflanze in Balance gehalten. Und so - in der Auseinandersetzung mit der vielgesichtigen Empirie - kann man tatsächlich Goethes "Reise in die Schweiz 1797" als ein Dokument seiner klassizistischen Gesinnung bezeichnen, wie es B. Suphan ankündigte, - eine Gesinnung, die den klassizistischen Ideen und Idealen auch menschlich tief verpflichtet war.

Klassizismus strebt nach Form, nach der schönen Form - er signiert ihn durch humanistisches Ethos, nicht durch erlittenen Lebensstoff. Die Epoche der Schweizerreise weist bezeichnenderweise keine einzige, aufwühlende Seelenerfahrung, kein Konflikterlebnis im Menschlichen auf. Alles transzendiert in die narzisshafte Theorie als das oberste aller Ausdrucksmittel. Das Resultat solcher Existenzform zeigt sich im nach der Reise eintretenden und nur langsam überwundenen Stocken der Produktivität. Die Hintergründe der "Schweizerreise" sind - ganz im Gegensatz zu ihrem vorläufigen Anschein - sprachliche Virtuosität und artifizielle Selbstgestaltung. In solchem Sinne gehört die "Schweizerreise" zu den Endpunkten einer Entwicklung. Ihre sublimen inneren Krisenstoffe, wie das gescheiterte Italienprojekt, werden abgekapselt und als schmerzliche Erfahrung dem weiteren Schaffensprozess rigoros entzogen. So wird die "Schweizerreise" unmittelbar nach Goethes Rückkehr totes Material für ihn. Eine Art Pendant zu ihr bildet später die "Natürliche Tochter", sie gelangt mit ähnlichen Mitteln der Abstraktion und Schematisierung nicht über den Zustand der Idee hinaus. Beide Fälle erweisen, dass der Klassizismus die Schwierigkeit unterschätzt, "Confession" in ein vorgefertigtes Ordnungsschema zu pressen. Sein großes und einzigartiges positives Vermögen, sein historisches Vermächtnis jedoch ist die Phantasie eines naiv-rationalen Glaubens, der "Welt" als den Urtypus der Geordnetheit betrachtet, seinen musischen Optimismus in ihr auslebt und seinen untergründigen Pessimismus so lange wie möglich in sich selbst unterdrückt - Widersprüche, die nur Klassizismus auf höchster geistiger Stufe zur Einheit verbinden kann - und auch das nur eine begrenzte Zeit. Goethe schlingt sie, in williger Verpflichtung zum "Stil", zur Abstraktion, zur Idee, mit unanfechtbarer Reinheit der Überzeugung als die ihm in dieser Lebensphase auferlegten pädagogisch-didaktischen Pflichtübungen ineinander.

So bleibt die Schweizerreise Ansatz - und zugleich Modell eines größeren und geschichtlich umfassenderen Ansatzes: des klassizistischen Experimentes, Worte zu finden vor allem in der Kunst für eine vielleicht schon mechanisierte Idealität, aber auch einen alle Bereiche menschlicher Erfahrung durchwuchernden Anspruch auf ein ästhetisch-humanistisches Selbstbild. Zugleich aber sieht er sich immer nur im "Vorhof" - und an diesem "sub specie humanitatis" eingelegten Vorbehalt reibt sich im kleinen und großen die transzendierende Kraft des Klassizismus letztendlich auf.

Bis dahin wird ihm das "Geformteste" noch lange den Blick verstellen und es wird Jahre dauern, bis er seine klassizistische Hybris endlich ablegt und sich in einem schmerzvollen Prozeß davon verabschiedet. Wie "Die natürliche Tochter" ist die unvollendet gebliebene, rätselhafte "Pandora" Zeuge dieser Entwicklung - und das marmorschöne Gedicht aus der "Pandora" so etwas wie ihr vorläufiger Schlussstein.

"Wer von der Schönen zu scheiden verdammt ist,
Fliehe mit abgewendetem Blick!
Wie er, sie schauend, im Tiefsten entflammt ist,
Zieht sie, ach! reißt sie ihn ewig zurück.

Frage dich nicht in der Nähe der Süßen:
Scheidet sie? Scheid' ich? Ein grimmiger Schmerz
Fasset im Krampf dich, du liegst ihr zu Füßen,
Und die Verzweiflung zerreißt dir das Herz.

Kannst du dann weinen und siehst sie durch Tränen,
Fernende Tränen, als wäre sie fern;
Bleib! Noch ist's möglich! Der Liebe, dem Sehnen
Neigt sich der Nacht unbeweglichster Stern.

Fasse sie wieder! Empfindet selbander
Euer Besitzen und euren Verlust!
Schlägt nicht ein Wetterstrahl euch auseinander;
Inniger dränget sich Brust nur an Brust.

Wer von der Schönen zu scheiden verdammt ist,
Fliehe mit abgewendetem Blick!
Wie er, sie schauend, im Tiefsten entflammt ist,
Zieht sie, ach! reißt sie ihn ewig zurück.

Nachwort

Dies ist ein altmodisches Buch - 1999 bis 2002 entstanden aus einer Dissertation von 1954. Es soll dankbar gewidmet sein dem Doktorvater Walther Rehm und schließen mit einem Zitat aus E. Cassirers "Idee und Gestalt", Berlin 1924 - in hohem Respekt vor einem bedeutenden jüdischen Gelehrten:

"Denn nicht gelassen und ruhig trennt sich Goethe, im Gefühl einer neuen Einsicht, die er gewonnen, von dem Ideal seiner klassischen Zeit, sondern es ist ein Stück des eigenen Lebens, das er zugleich mit ihm versinken sieht ... Der eigentliche Sinn der Entsagung und ihre ganze schmerzliche Bedeutung ergibt sich für Goethe erst dort, wo sie von den Menschen nicht nur den Verzicht auf visuelle Güter, sondern auch den Verzicht auf den höchsten ideellen Gehalt verlangt. Und eben diese Forderung ist es, die sich in Goethe, seit der Epoche der Pandora und der Wahlverwandtschaften, innerlich immer bewusster und entschiedener durchsetzt. Mehr und mehr sieht er sich dazu gedrängt, das ausschließende ästhetisch-humanistische Ideal, das er in Italien festgestellt und das er im Verein mit Schiller und Humboldt zu seiner höchsten Durchbildung geführt hatte, zu beschränken."

Index